13

张远山作品集

庄子传笺注本

上

北京出版集团
北京出版社

本书说明

《庄子传》是第二个写作十年（2005—2015）之庄子工程的第四部庄学专著，写于2010年3月至2012年9月，九稿而成。正文50余万字，笺注30余万字。笺注包括史料原文及其考证辨析，作为正文"无一事无来历"之依据。《庄子传》撰写期间，另撰三文解密战国史三大公案，结集为《战国秘史》，见第十五卷。

《庄子传》出版前，仅在《书屋》杂志发表了《庄子传》后记。出版后，《观典》杂志选载了《庄子传》部分章节。2015年至2017年《今晚报》邀我开设个人专栏"道可道"，每周一篇，连载100篇，内有《庄子传》部分内容。

《张远山作品集》之前，《庄子传》有三个版本。江苏文艺出版社2013年1月版，书名《庄子传：战国纵横百年纪》，分为上、下二册，未收笺注。天地出版社2020年2月版，书名《相忘于江湖：庄子与战国时代》，合为一册，未收笺注。北京华景时代2025年版，收入笺注，书名《庄子传笺注本》，分为二卷，上卷是正文50余万字，下卷是笺注30余万字。本次收入《张远山作品集》，笺注均在章末，增加人物索引（643人，含十余国的君系在位年厘正）。另增六个相关附录。

目 录

第一部　弃儒学道（前369—前351）

第二部　娶妻为吏（前350—前340）

第三部　辞吏拒相（前339—前331）

第六部　庄惠再游（前304—前295）

第七部　宋灭庄殁（前294—前286）

尾　声　蔺魏弘庄（前285—前282）

出版前记

先秦时代，尤其是百家争鸣的春秋战国时代，是中国思想的黄金时代，亦即中国文明的轴心时代，所以研究中国学问的中国学者乃至全球汉学家，即使专攻宋史研究、明史研究，也都需要基本的先秦知识，正如学一门语言，必须先学该语言的字母表，先秦知识正是中国学问的字母表。然而秦始皇伐灭六国之时，焚烧了六国史书，导致《史记·六国年表》亦即战国纪年的缺失和淆乱，比如缺失西周国史、东周国史、中山国史、秦季君史，淆乱晋国史、田齐史、宋国史、老子史、张仪史、苏秦史、乐毅史、孟尝君史，等等。《史记》战国纪年的缺失和淆乱，导致了《史记》各《本纪》、各《世家》、各《列传》，以及《战国策》等相关古籍的所有战国史料，无法编织为一部合乎逻辑、合乎因果、立体相关、全息互证的战国信史。史学大家陈寅恪深知先秦知识的缺失和淆乱，不得不放弃先秦研究，转向隋唐研究。另有大量先秦研究者，也视厘正战国纪年的缺失和淆乱为畏途。

西晋太康年间河北汲郡战国魏襄王墓出土的《竹书纪年》，原本有望全面厘正《史记》战国纪年的缺失和淆乱，可惜《竹书纪年》又于两宋间亡佚。历代学者都对《史记·六国年表》的缺失和淆乱做了大量厘正，较重要者有司马贞《史记索隐》，雷学淇《竹书纪年义证》，朱右曾、王国维《古本竹书纪年辑校》，方诗铭、王修龄《古本竹书纪年辑证》，林春溥《战国纪年》，黄式三《周季编略》，梁玉绳《史记志疑》，董说《七国考》，顾观光《国策编年考》，钱穆《先秦诸子系年》，陈梦家《六国纪年》，杨宽《战国史料编年辑证》，缪文远《战国策考辨》，诸祖耿《战国策集注汇考》等，其综合成果见于《辞海·战国纪年表》，成为非先秦研究者的大致参考，先秦研究者则仍难凭据。因为《辞海·战国纪年表》远未完善，仍然不能无选择、无遗漏地合理解释《史记》各《本纪》、各《世家》、各《列传》以及《战国策》等相关古籍的所有战国史料。

我治战国史四十多年，以历代学者的研究成果为基础，又对从《史记》到《辞海》的战国纪年做了补充修正，形成了我的《战国纪年厘正表》。《庄子传》的战国史部分，即每一章的前半部分，正是依据我的《战国纪年厘正表》，尽最大可能无选择、无遗漏地把相关战国史料，编织为合乎逻辑、合乎因果、立体相关、全息互证的战国信史：各国诸侯、各国将相的生卒年和在位年，诸子百家的生卒年和活跃年，全都有了明确起讫和明确因果。

2012年完成的《庄子传》，正文50万字，笺注30万字。2013年出版了第一版，书名《庄子传：战国纵横百年纪》；2020年出版了第二版，书名《相忘于江湖：庄子与战国时代》，可惜两版均未保留笺注30万字。本版保留笺注30万字，书名《庄子传笺注本》。

2024年6月18日

笺注凡例

　　其一、正文和笺注所引《庄子》经文、篇名，是我校勘复原的《庄子复原本》（五十二篇）之经文、篇名，见同名拙著（2010年初版、2021年修订版），异于西晋郭象以降的《庄子》传世本（三十三篇）之经文、篇名。凡属西晋郭象所删刘安版《庄子》大全本十九篇之篇名，标为《庄子复原本·惠施》、《庄子复原本·马捶》等。

　　其二、正文和笺注所引《老子》经文、章次，是我校勘复原的《老子》初始本（七十七章），见《老子奥义》（2024年初版），异于西汉刘向以降的一切《老子》传世本（八十一章）之经文、章次，包括影响最大的王弼本《老子》（八十一章）及其注释本。

　　其三、笺注所引《史记》各《本纪》、各《世家》、各《列传》，首次引用作《史记·秦本纪》、《史记·齐世家》、《史记·田世家》、《史记·老子韩非列传》等，后续引用省略书名"史记"，篇名或省略"老子"或省略"韩非"。《齐世家》为《齐太公世家》之简称，《田世家》为《田敬仲完世家》之简称，《老子列传》、《韩非列传》为《老子韩非列传》之简称。其余类推。

　　其四、笺注所引《史记》各《本纪》、各《世家》、各《列传》，如《赵世家》之"（赵敬侯）六年（前381）"，括弧内为我所补。

　　其五、笺注所引其他古籍之原文，也常异于通行本，因为通行本正是战国纪年缺失和淆乱的产物，各有错讹，互相矛盾，又无标准本。

其六、笺注所附作者考辨，综合了历代学者的学术成果，是对正文叙事的坚实支撑和全面论证，或将有助于厘清两千年来的战国讹史。学问无止境，真相无终极，校勘、考辨或有不当，恳请方家教正。

其七、为使笺注诸项眉目清晰，便于阅读，加入以下符号。

以●间隔多条史料。为免多重引号繁缛，史料首尾不加引号。

以▲标示学者观点。通常不标学者书名，详见书尾参考文献。

以■标示作者考辨。每处考辨尽量从简，相关引申另见【附考】。

2024 年 11 月 22 日

庄前略史

　　泰初之时，鸿蒙未开。南海之帝叫倏，北海之帝叫忽，中央之帝叫浑沌。

　　倏、忽时常相遇于浑沌之地，浑沌款待甚厚。

　　倏、忽商议报答浑沌厚德："他人都有七窍用来视听食息，浑沌偏偏没有，我们为他凿开七窍吧。"

　　倏、忽每天为浑沌凿开一窍。七天凿开七窍，浑沌死。

　　倏忽之间，过了十二个上古大年：容成氏，大庭氏，伯皇氏，中央氏，粟陆氏，骊畜氏，赫胥氏，尊卢氏，祝融氏，伏羲氏，神农氏，轩辕氏[1]。其时华夏民族平等自由，没有君主，没有臣民。

　　倏忽之间，过了三个中古小年：夏代，商代，周代。其时华夏民族不再平等自由，有了君主，有了臣民。

　　倏忽之间，过了五个近古瞬间：齐桓公，晋文公，秦穆公，吴王阖闾，越王勾践。其时人间秩序剧烈震荡，君主日益尊贵，臣民日益卑贱。

　　春秋（前770—前481）末年，道家祖师老聃（前570—前470）坚守君柔臣刚的伏羲泰道，儒家祖师孔丘（前551—前479）鼓吹君尊臣卑的尧舜否术。

战国（前481—前221）初年，墨家祖师墨翟（前480—前390）践行君圣臣贤的大禹之道。

天道循环之轮，转入铁血战国。

老聃之徒不事王侯，隐居天下。

孔子之徒臣事王侯，游仕天下。

墨子之徒狙击王侯，游侠天下。

孔子死后二十六年（前453），魏、韩、赵三家分晋，魏国最强。

孔子晚年弟子、卫人子夏（前507—前420）离鲁至魏，臣事魏文侯。

魏文侯（前445—前396在位）师从子夏，任命子夏弟子李悝（前455—前395）为相，在战国初期率先变法。

李悝主持魏国变法，颁布《法经》。废除以礼治国，实行以法治国；废除宗室贵族世袭卿相，开启平民贤士出任官吏；废除西周井田制，扩大亩制，计亩征税，奖励百姓开荒，穷尽地力；实行平籴法，官府于丰年平价收粮，于灾年平价放粮。

李悝相魏十年（前412—前403），变法大成。

魏文侯任命白狄中山人乐羊为将，用了三年（前408—前406）伐灭白狄中山，使之变成魏属中山。

乐羊镇守魏属中山，吴起继任魏将。

卫人吴起（前440—前381），少年丧父，受到乡邻欺辱，扬言必为卿相，报仇雪恨。

乡邻笑其大言。

吴起夜入乡邻之室，杀死三十多人，逃离卫国，临行发誓："不为卿相，决不返国！"[2]

吴起离卫至鲁，师从曾参之孙曾西学儒。其间母亲死去，由于尚未成为卿相，不奔母丧。曾西怒其不孝，将其逐出师门。

不久齐国征伐鲁国，吴起自荐求将。

鲁元公因为吴起之妻是齐人，不敢任用。

吴起于是杀死妻子，成为鲁将，三战皆胜，大败齐军。

鲁人认为吴起杀妻求将，不仁不义。

鲁元公迫于众议，罢免吴起。

吴起离鲁至魏，师从子夏，被魏文侯任命为大将。吴起训练武卒二十万，创建了第一支平民化的职业军队。西伐秦国，攻取河西之地七百里，迫使秦国退守函谷关（今河南灵宝东北）。魏国崛起，成为中原最强。[3]

天下最强的楚国，被迫停止北进中原，转攻为守，修筑了防御魏国南侵的方城（今河南南召县、叶县、方城县、泌阳县、唐河县一线）。

李悝变法、吴起练兵以前，战事起于争端，师出必定有名，旨在解决争端。宗室贵族才是武士，交战使用兵车。兵车百十乘，武士千百人。战事规模小，时间短，仪式性极重，杀戮性极轻。交战数日，死伤百十。胜负一分，双方解兵。负者屈服，争端即止。

李悝变法、吴起练兵以后，战事无关争端，师出无须有名，旨在开疆拓土。贵族武士乘坐兵车，平民百姓充当步卒。兵车千百乘，步卒数十万。征伐规模大，时间长，仪式性极轻，杀戮性极重。交战经年，死伤万千。胜负虽分，仍不解兵。胜者得地，明年续攻。败者失地，图谋收复。攻城略地的全民战争旷日持久，连年不断。邻国不灭，永不休战。

魏文侯死后，魏武侯听信王错谗言，不命吴起为相。

吴起离魏至楚（前383），楚悼王任为宛邑（今河南南阳）太守。

吴起治宛一年，宛邑大治。楚悼王任为相国（前382），仿效魏国，实行变法。

吴起主持楚国变法，仿效李悝变法。加强中央集权，削弱贵族势力；捐除不急之官，奖励战斗之士，建立了第二支平民化的职业军队；奖励百姓开荒，穷尽地力；不许贵族住在郢都，迁往边地垦荒；封君传至三世，封地即予收回。

吴起相楚一年，变法小成。南平百越，西伐弱秦，北击强魏，战无不胜。楚国重新北进中原。[4]

笺注

[1]《庄子·胠箧》：容成氏，大庭氏，伯皇氏，中央氏，栗陆氏，骊畜氏，轩辕氏，赫胥氏，尊卢氏，祝融氏，伏羲氏，神农氏。●《金楼子·兴王》：容成氏，大庭氏，柏皇氏，中央氏，栗陆氏，骊连氏，赫苏氏，宗卢氏，祝和氏，浑沌氏，昊英氏，有巢氏，朱襄氏，葛天氏，阴康氏，无怀氏。●《遁甲开山图》（《帝王世纪》全同）：女娲氏没，大庭氏王。次有伯皇氏，中央氏，栗陆氏，骊连氏，赫胥氏，尊卢氏，祝融氏，混沌氏，昊英氏，有巢氏，葛天氏，阴康氏，朱襄氏，无怀氏。凡十五代，袭庖羲之号。■《金楼子》、《遁甲开山图》、《帝王世纪》可证，《庄子·胠箧》之"轩辕氏"当属后人增入。

[2]《孙子吴起列传》：其少时，家累千金，游仕不遂，遂破其家，乡党笑之，吴起杀其谤己者三十余人。

[3]《苏秦列传》：苏秦说魏襄王曰："今窃闻大王之卒，武士二十万，苍头二十万，奋击二十万，厮徒十万，车六百乘，骑五千匹。"●《苏秦列传集解》：《汉书·刑法志》曰："魏氏武卒，衣三属之甲，操十二石之弩，负矢五十，置戈其上，冠胄带剑，赢三日之粮，日中而趋百里，中试则复其户，利其田宅。"

[4]《孙子吴起列传》：吴起者，卫人也，好用兵。尝学于曾子，事鲁君。齐人攻鲁，鲁欲将吴起，吴起取齐女为妻，而鲁疑之。吴起于是欲就名，遂杀其妻，以明不与齐也。鲁卒以为将。将而攻齐，大破之。鲁人或恶吴起曰："起之为人，猜忍人也。其少时，家累千金，游仕不遂，遂破其家，乡党笑之，吴起杀其谤己者三十余人，而东出卫郭门。与其母诀，啮臂而盟曰：'起不为卿相，不复入卫。'遂事曾子。居顷之，其母死，起终不归。曾子薄之，而与起绝。起乃之鲁，学兵法以事鲁君。鲁君疑之，起杀妻以求将。夫鲁小国，而有战胜之名，则诸侯图鲁矣。且鲁卫兄弟之国

也，而君用起，则是弃卫。"鲁君疑之，谢吴起。吴起于是闻魏文侯贤，欲事之。文侯问李克曰："吴起何如人哉?"李克曰："起贪而好色，然用兵司马穰苴不能过也。"于是魏文侯以为将，击秦，拔五城。……文侯以吴起善用兵，廉平，尽能得士心，乃以为西河守，以拒秦、韩。魏文侯既卒，起事其子武侯。……吴起惧得罪，遂去，即之楚。楚悼王素闻起贤，至则相楚……于是南平百越，北并陈蔡，却三晋，西伐秦。

楚父宋母（前381—前370）

楚悼王崩吴起死楚，宋休公殁庄全逃宋

前381年，岁在庚子。庄前十二年。宋休公二十六年（卒）。

周安王二十一年。秦献公四年。楚悼王二十一年（卒）。魏武侯十五年（晋桓公八年）。韩文侯六年。赵敬侯六年。田齐太公二十年（姜齐康公二十年）。燕简公三十五年。鲁恭公二年。卫声公二年。郑君乙十五年。越王翳三十一年。中山桓公二十二年。

魏文侯变法以后，遵循君柔臣刚的泰道：以上事下，礼贤下士；以强事弱，友爱韩、赵。韩烈侯、赵烈侯均尊魏文侯为三晋盟主。

魏武侯继位以后，奉行君尊臣卑的否术，居上慢下，傲视贤士；恃强凌弱，驱遣韩、赵。韩文侯仍然尊魏，赵敬侯不再尊魏。

魏武侯大怒。前年（前383）伐赵，攻取兔台（今地不详）。去年（前382）伐赵，攻取刚平（今河南清丰）。魏、赵反目成仇。

今年，赵敬侯得知吴起离魏相楚，邀约楚悼王共同伐魏。

楚悼王乐于推助三晋内战，吴起痛恨魏武侯弃用，于是欣然助赵伐魏。

赵军伐魏，楚军助阵，攻取了棘蒲（今河北魏县南）。[1]

正在此时，楚悼王熊疑死了，在位二十一年（前401—前381）。

太子熊臧继位，即楚肃王。

楚悼王丧礼，阳城君举手为号，七十余家宗室贵族同时箭射吴起。

吴起处变不惊，大叫："看我如何用兵！"

纵身扑向楚悼王尸身。

吴起被射成刺猬，楚悼王尸身被射成豪猪。

楚肃王大怒。车裂吴起之尸，平息宗室贵族不满。严惩叛乱贵族，株连三族。通缉阳城君，收回其封地阳城（今河南登封）。[2]

阳城君逃出郢都（今湖北江陵），不敢再回阳城，亡命天涯。

楚军兵临阳城。

墨家巨子孟胜召集属下墨者："我与阳城君，论私谊是师友，论公义是君臣。阳城君把守卫阳城的重任托付给我，我将与阳城共存亡！"

弟子徐弱说："如果有益于阳城君，夫子不妨赴死。既然无益于阳城君，夫子赴死不利于光大墨子之道。"

孟胜说："墨子之道，言必信，行必果。我如果违背诺言，今后天下诸侯寻求严师、贤友、良臣，必将不再信托墨者，而将信托儒者。我之赴死，乃是践行墨子之道。我将把巨子之位，传给宋国墨者大贤田襄子，必能光大墨子之道！"

徐弱说："既然如此，弟子愿意先死，为夫子开路。"

言毕拔剑自刎，激励其他墨者。

孟胜弟子三人，从楚至宋，把巨子之位传给田襄子，准备返回阳城。

田襄子制止："如今我是巨子，命令你们留在宋国！"

三人说："孟胜还在阳城，我们不能听命夫子！"

三人仍然返回阳城，与孟胜同死。

楚军攻破阳城，墨家第二代巨子孟胜（前420—前381），与其属下一百八十位墨者，全体战死[3]。事在墨子（前480—前390）死后九年。[4]

晨曦薄雾之中，鸡鸣四起，郢都城门开启。

年轻的楚国士人庄全，携带家财细软和经史图籍，出了郢都北门，沿着夏路走向中原。

走出十里，天已大亮。

庄全驻足，回望远在天际的郢都，告别故乡。

楚人把中原称为诸夏，把通往中原之路称为夏路。周幽王烽火戏诸侯，犬戎攻破镐京（今陕西西安西北），伐灭西周朝（前1046—前771）。周平王东迁洛阳（今河南洛阳），开启王权衰落的东周朝（前770—前256）。六十六年后（前704），楚武王（前740—前690）率先叛周称王，开启了春秋时代（前770—前481）的诸侯争霸。此后二百余年，楚国持续北进中原，伐灭邓、英、夔、江、六、蓼、庸、舒、唐、顿、胡、陈、蔡、莒、杞等中原弱小诸侯，夏路不断向北延长。直到战国初期，魏国变法崛起，楚国不再北进，夏路止于方城一线。

庄全走出方城，到达楚国北部边邑息县（今河南息县），拜访世交屈宜臼。

屈宜臼喜出望外："多年不见，为何今日有兴出游？"

庄全黯然神伤："大王严惩参与叛乱的七十余家宗室，包括庄氏。我受到株连，准备前往中原暂避，顺道与你话别。"

屈宜臼说："七十余家宗室，也有屈氏，恐怕我也难免受到株连。何况前年吴起担任宛邑太守，即来息县见我。我鄙夷其为人，知其必乱楚国，未予理睬。去年吴起升任楚相，又来息县见我，要我支持变法。我痛斥变法违背天道，楚国不需要吴起这种名为贤人的奸人。"[5]

庄全说："既然如此，你也应该暂避。"

屈宜臼说："今日已晚，明日同行。"

次日一早，屈宜臼问："你打算去哪里？"

庄全说："宋国很少卷入诸侯乱战，一直保持中立。我想去宋国。"

屈宜臼说："宋国是殷商遗邦，遭到天下鄙视。中原三晋，魏、赵反目，互伐不休。我想去韩国。"

二人同行，到达十字路口。

屈宜臼说："但愿肃王尽快大赦，你我就能返国相见。"言毕继续北行，前往韩都宜阳（今河南宜阳）。

庄全折而东行，前往宋都商丘（今河南商丘），独自吟诵自幼熟读的《卫风·河广》：

> 谁谓河广？一苇航之。
> 谁谓宋远？跂予望之。
> 谁谓河广？曾不容刀。
> 谁谓宋远？曾不崇朝。

庄周出生前十二年，其父庄全逃楚奔宋。

庄全一到宋都商丘，在位二十六年（前406—前381）的宋休公田死了。十一岁的太子辟兵继位，即宋桓公。[6]

笺注

[1]《赵世家》：赵敬侯六年（前381），借兵于楚，伐魏，取棘蒲。■赵敬侯六年（前381）借兵于楚伐魏，起因是赵敬侯四年（魏武侯十三年，前383），魏伐赵兔台，赵敬侯五年（魏武侯十四年，前382），齐、魏又为卫攻赵，取赵刚平。此前魏、赵和睦，魏武侯十三年（前383）、十四年（前382）连续伐赵，为魏、赵关系恶化之始，导致此后百年魏、赵敌对，牵动三晋，波及天下。楚国乐见三晋内斗，故出兵助赵伐魏。

[2]《孙子吴起列传》：楚之贵戚尽欲害吴起。及悼王死，宗室大臣作乱而攻吴起，吴起走之王尸而伏之。击起之徒因射刺吴起，并中悼王。悼王既葬，太子立，乃使令尹尽诛射吴起而并中王尸者。坐射起而夷宗死者七十余家。●《吕览·贵卒》：吴起谓荆王曰："荆所有余者，地也；所不足者，民也。今君王以所不足益所有余，臣不得而为也。"于是令贵人往实广虚之地。皆甚苦之。荆王死，贵人皆来。尸在堂上，贵人相与射吴起。吴起号呼曰："吾示子吾用兵也。"拔矢而走，伏尸插矢而疾言曰："群臣乱

王!"吴起死矣,且荆国之法,丽兵于王尸者尽加重罪,逮三族。吴起之智可谓捷矣。●《韩非子·和氏》(又见《难言》《问田》):吴起枝解于楚。■《战国策·秦策三》《淮南子·缪称训》及《主术训》《韩诗外传》卷一、《吕览·执一》均言吴起车裂枝解,证明楚肃王亦敌视吴起,吴起若非伏于楚悼王尸身,无法报仇。

[3]《吕览·上德》:墨者巨子孟胜,善荆之阳城君。阳城君令守于国,毁璜以为符,约曰:"符合听之。"荆王薨,群臣攻吴起,兵于丧所,阳城君与焉。荆罪之,阳城君走。荆收其国。孟胜曰:"受人之国,与之有符。今不见符,而力不能禁,不能死,不可。"其弟子徐弱谏孟胜曰:"死而有益阳城君,死之可矣;无益也,而绝墨者于世,不可。"孟胜曰:"不然。吾于阳城君也,非师则友也,非友则臣也。不死,自今以来,求严师必不于墨者矣,求贤友必不于墨者矣,求良臣必不于墨者矣。死之,所以行墨者之义而继其业者也。我将属巨子于宋之田襄子。田襄子,贤者也,何患墨者之绝世也?"徐弱曰:"若夫子之言,弱请先死以除路。"还殁头前于孟胜。因使三人传巨子于田襄子。孟胜死,弟子死之者百八十。三人已致令于田襄子,欲反死孟胜于荆,田襄子止之曰:"孟子已传巨子于我矣,当听。"遂反死之。墨者以为,不听巨子,不察严罚厚赏,不足以致此。今世之言治,多以严罚厚赏,此上世之若客也。

[4]墨家是主张非攻、维持和平、独立于天下诸侯的准军事组织。"巨子"意为第一弟子。墨子首徒禽滑釐(前470—前400)为第一代墨家巨子,卒年早于墨子(前480—前390)。墨子弟子孟胜(前420—前381)为第二代墨家巨子,墨子再传弟子田襄子(前410—前355)为第三代墨家巨子。

[5]《说苑·指武》:吴起为苑守,行县适息,问屈宜白曰:"王不知起不肖,以为苑守,先生将何以教之?"屈公不对。居一年,王以为令尹,行县适息,问屈宜白曰:"起问先生,先生不教。今王不知起不肖,以为令尹,先生试观起为之也!"屈公曰:"子将奈何?"吴起曰:"将均楚国之爵而平其禄,损其有余而继不足,厉甲兵以时争于天下。"屈公曰:"吾闻昔善治国家者,不变故,不易常。今子将均楚国之爵而平其禄,损其有余而继其不足,是变其故而易其常也。且吾闻兵者凶器也,争者逆德也。今子

阴谋逆德，好用凶器，殆人所弃，逆之至也，淫泆之事也，行者不利。且子用鲁兵，不宜得志于齐，而得志焉；子用魏兵，不宜得志于秦，而得志焉。吾闻之曰：'非祸人不能成祸。'吾固怪吾主之数逆天道，至今无祸。嘻！且待夫子也。"吴起惕然曰："尚可更乎？"屈公曰："不可。"吴起曰："起之为人谋。"屈公曰："成刑之徒，不可更已！子不如敦处而笃行之，楚国无贵于举贤。"

[6]《宋世家》：六十四年（当据《左传》作四十八年），景公卒。宋公子特攻杀太子而自立，是为昭公。……昭公四十七年（当作四十四年，据宋景公、宋悼公在位年数）卒，子悼公购由立。悼公八年（当据《竹书纪年》作十八年）卒，子休公田立。休公田二十三年（当作二十六年，据前三君、后三君在位年数）卒，子辟公辟兵立。辟公三年（当据钱穆作四十一年）卒，子剔成立。剔成四十一年（当据钱穆作三年），剔成弟偃攻袭剔成，剔成败奔齐，偃自立为宋君。……王偃立四十七年（当据钱穆作五十二年，前286），齐湣王与魏、楚伐宋，杀王偃，遂灭宋而三分其地。●《左传》鲁哀公二十六年（前469）：宋景公无子，取公孙周之子得与启畜诸公宫，未有立焉。……冬十月，公游于空泽，辛巳卒于连中。……大尹奉启以奔楚，乃立得。●《宋世家索隐》引《竹书纪年》：宋悼公十八年卒。●清华简《系年》第二十二章：楚声桓王即位元年（前407），晋（烈）公止会诸侯于任，宋悼公将会晋公，卒于鼬。▲钱穆：《宋世家》景公六十四年卒，《年表》作六十六。据《左传》宋景卒在鲁哀二十六年（前469），是四十八年卒也。其明年（前468），为周定王元年，昭公之元当在此年。……四十一年乃桓侯在位之年，而剔成则在位三年。■据《左传》，宋景公在位四十八年（前516—前469），《宋世家》误多十六年。宋昭公在位四十四年（前468—前425），《宋世家》误多三年。据《竹书纪年》，宋悼公在位十八年（前424—前407），《宋世家》误少十年。前三君在位年数厘正之后，合于清华简《系年》宋悼公卒于楚声王元年（前407）。钱穆《先秦诸子系年》又厘正了宋国最后三君的在位年数：宋辟公（宋桓公）在位四十一年（前380—前340），宋剔成君弑君篡位、当年改元而在位三年（前340—前338），《宋世家》误倒二君在位年数，且误以戴剔成为宋桓公之子。

宋康王在位五十二年（前337—前286）而齐灭宋（前286），《宋世家》误少五年。前三君（宋景公、宋昭公、宋悼公）、后三君（宋桓公、宋剔成君、宋康王）在位年数厘正之后，则居中的宋休公在位二十六年（前406—前381），《宋世家》误少三年。至此宋君在位年数全部厘正。

二

周封田齐宋后摄政，戴驩相宋庄全居蒙

前380年，岁在辛丑。庄前十一年。宋桓侯元年。

周安王二十二年。秦献公五年。楚肃王元年。魏武侯十六年
（晋桓公九年）。韩文侯七年。赵敬侯七年。田齐太公二十一年（封
侯。姜齐康公二十一年）。燕简公三十六年。鲁恭公三年。卫声公
三年。郑君乙十六年。越王翳三十二年。中山桓公二十三年。

年初，周安王被迫册封齐相田和为诸侯。[1]

二十五年前（前405），齐国大夫田会发动叛乱，与齐相田悼子争夺田
氏宗长。魏文侯、韩景侯、赵烈侯联合出兵，帮助田悼子平定叛乱，诛杀
田会。次年（前404），田悼子报答三晋，胁迫齐宣公出面，请求周威烈王
册封三晋为诸侯。齐宣公被迫服从田悼子。次年（前403），周威烈王被迫
服从齐宣公（实为服从田悼子），在三家分晋（前453）之后五十年，册封
乱臣魏文侯、韩景侯、赵烈侯为诸侯[2]。次年（前402），周威烈王死，周
安王继位。次年（前401），齐宣公死，齐康公继位。田悼子死，田和继任
齐相。

田成子、田襄子、田庄子、田悼子、田和，田氏世袭齐相，已经五世。

七年前（前387），齐相田和尚未封侯，已把齐康公逐出齐都营丘，迁
至海滨。

今年，魏武侯请求周安王册封田和为诸侯，报答田悼子当年胁迫齐宣

公为三晋请封。

周安王被迫服从魏武侯，在田氏代齐（前481）之后百年，册封乱臣田和为侯。

田和受封为侯，即田侯和。

田侯和为了显示田齐取代姜齐，立刻把姜齐太公受封以后沿用六百余年的齐都营丘，改名临淄（今山东淄博），然后胁迫郑君乙叛魏亲齐。

魏武侯大怒，与韩文侯共同伐齐，攻至桑丘（今山东兖州西北）。[3]

宋桓公十二岁，服丧已毕，正式即位。此时尚未成年，不能亲政。太后摄政，戴驩相宋。[4]

宋桓公，名辟兵。辟通避。宋休公为太子取名辟兵，意在避免兵祸。作为商代遗邦，面对环伺在侧的姬姓周室诸侯和异姓功臣诸侯，春秋争霸以降，宋国竭力避免卷入诸侯乱战。

庄周出生前十一年，庄全离开宋都商丘，卜居距离商丘不远的蒙邑（今安徽蒙城）。

蒙邑在蒙泽旁边，蒙山脚下，是宋国宗室后裔聚居之地。蒙泽又名孟泽、孟诸，是历代宋君狩猎之地。

庄全从蒙邑南门入城，先在曹氏旅店暂住，等待楚肃王大赦。

店主曹夏，得知庄全避祸至宋，加以劝慰："一百多年前，宋景公伐灭曹国[5]。我们曹国后裔，四世居宋，已是宋人[6]。你若一直居宋，子孙将来也是宋人。其实无论住在哪个诸侯国，臣民都要纳税完粮。"

庄全说："是啊！《小雅·北山》有言：'普天之下，莫非王土。率土之滨，莫非王臣。'天下一家，你我都是周天子的臣民。"

庄全在曹氏旅店对面，购置一处院落。又在南门外面，买地三十亩，开垦园圃。种植橘树、桃树、梨树、山楂树等果树，楸树、柏树、桑树等材木。

蒙邑人不知园圃主人姓名，仅知是荆楚人，于是称主人为荆氏，称园圃为荆园。[7]

庄全每天步出南门，来到荆园，经营园圃。

休憩之时，举目南眺，聊解乡愁。

劳作之余，回到城里。独居清闲，常去兼营酒食的曹氏旅店吃饭喝酒，向各国客商打听楚国消息，向蒙邑酒客了解宋民风俗。

楚国不属中原，而属南蛮。宋国虽属中原，却是商代遗邦。楚、宋两国均有浓郁古风，异于诸夏各国。

宋国民风，淳厚古朴，闲易好正。[8]

庄全非常喜欢，逐渐安心客居。

一日，庄全又至曹氏旅店。

曹夏说："有位齐国客商说，周安王已经册封田和为诸侯。姜太公的封国，已经名存实亡。"

庄全说："田成子弑杀齐简公以后，这是迟早之事！"

曹夏说："愿闻其详。"

庄全说："一百年前（前481），田成子弑杀齐简公，孔子劝说鲁哀公征讨，鲁哀公自身难保，不从其请。孔子愤而绝笔《春秋》，两年后（前479）含恨而死[9]。此后田氏世袭齐相五世，齐平公、齐宣公、齐康公均为田氏傀儡。不过齐平公、齐宣公仍然住在齐都营丘。七年前（前387，田和十四年，姜齐康公十四年），齐康公被田和赶出营丘，迁至海滨，田和已成齐国的实际君主。如今田和封侯，齐国正式易主，尽管国号不变，但是姜齐变成了田齐，营丘改名为临淄。"

曹夏说："如此看来，不论周安王是否册封田氏为诸侯，田氏代齐已是事实。"

庄全说："事实是一回事，名分是另一回事！孔子有言：'名不正则言不顺，言不顺则事不成。'周威烈王册封三晋为诸侯，就是正式承认三家乱臣分晋。周安王册封田氏为侯，就是正式承认田氏乱臣篡齐。册封乱臣贼子为诸侯，就是鼓励犯上作乱。春秋时代，尽管王权渐衰，但是周天子从不册封乱臣贼子为诸侯。战国以来，周天子两次被迫册封乱臣贼子为诸侯，成了听命于乱臣贼子的傀儡，天下也就成了乱臣贼子的天下！"

曹夏说："难怪魏武侯刚为田齐请封成功，立刻又与韩文侯共伐田齐。"

庄全说："西周时期王权鼎盛，礼乐征伐自天子出。春秋时代王权渐衰，礼乐征伐自诸侯出。如今王权式微，礼乐征伐自大夫出。礼崩乐坏至此，周祚即将告终！"

曹夏说："幸好春秋以来，我们宋国多出仁君，很少卷入诸侯乱战。今年即位的宋桓公，也是一位仁君。"

庄全说："是啊！我之所以离楚至宋，正是因为宋国多出仁君，很少卷入诸侯乱战。"

笺注

[1]《田世家》：魏文侯（当作魏武侯）乃使使言周天子（周安王）及诸侯，请立齐相田和为诸侯。周天子许之。（姜齐）康公之十九年（当作二十一年，前380），田和立为齐侯，列于周室，纪元年。●《齐世家》：（姜齐）康公十九年（当作二十一年，前380），田常曾孙田和始为诸侯。●《六国表》：田和亦灭齐而有之，六国之盛自此始。

[2]《周本纪》：威烈王二十三年（前403），九鼎震。命韩、魏、赵为诸侯。

[3]《韩世家》：韩文侯七年（前380），伐齐，至桑丘。郑反晋。●《魏世家》：魏武侯七年（当作十六年，前380），伐齐，至桑丘。

[4]楚相称为"令尹"，宋相称为"太宰"，本书统称"相国"（原称"相邦"，汉代避刘邦讳，改为"相国"，今从），简称"相"。

[5]《郑世家》：郑定公十四年（前487），宋景公灭曹。二十年（前481），齐田常弑其君简公。●《管蔡世家》：蔡成侯四年（前487），宋灭曹。十年（前481），齐田常弑其君简公。●《韩非子·饰邪》：曹恃齐而不听宋，齐攻荆而宋灭曹。●《说苑·正谏》：虞不用宫之奇，而晋并之。陈不用子家羁，而楚并之。曹不用僖负羁，而宋并之。莱不用子猛，而齐

并之。吴不用子胥，而越并之。■宋景公三十年（前487，周敬王三十三年），宋灭曹。

[6]今有安徽蒙城、河南民权、山东曹州三地，争夺庄周故里。本书仍取安徽蒙城。另两地也有可能。河南民权距商丘最近，此为民权即蒙邑之证。山东曹州旧为曹国,《庄子复原本·曹商》(郭象版拼接于《庄子·列御寇》)记载蒙邑人曹商嘲笑庄周，曹商当为曹国后裔，此为蒙邑即曹州之证。

[7]《庄子·人间世》：宋有荆氏者，宜楸柏桑。■"荆氏"见于《庄子·人间世》,"荆园"为笔者拟名。

[8]《管子·水地》：宋之水，轻劲而清，故其民闲易而好正。是以圣人之化世也，其解在水。故水一则人心正，水清则民心易，一则欲不污，民心易则行无邪。是以圣人之治于世也，不人告也，不户说也，其枢在水。

[9]鲁哀公十四年（前481），田成子弑齐简公，古本《春秋》止于此年。今本《春秋》止于鲁哀公二十七年（前468），乃后人增补。孔子死于鲁哀公十六年（前479）。关于春秋末年和战国始年，旧史囿于周王在位年，多取前476年（周元王元年）。本书以孔子绝笔《春秋》之年为准，取前481年。本书始年为前381年，进入战国已有百年，战国前期已终，战国中期已始。

三

白圭使宋戴骟亲楚，田和聘贤子綦逃名

前379年，岁在壬寅。庄前十年。宋桓侯二年。

周安王二十三年。秦献公六年。楚肃王二年。魏武侯十七年
（晋桓公十年）。韩文侯八年。赵敬侯八年。田齐太公二十二年
（卒。姜齐康公二十二年）。燕简公三十七年。鲁恭公四年。卫声
公四年。郑君乙十七年。越王翳三十三年（迁都吴邑）。中山桓
公二十四年。

去年魏武侯邀约韩文侯、赵敬侯共同伐齐，韩文侯从命，赵敬侯抗命。
今年赵敬侯伐魏，攻取了黄邑（今河南内黄）。[1]

魏武侯大怒，问策白圭："先君在位之时，韩、赵听命。寡人即位以
来，韩文侯听命，赵敬侯抗命。长此以往，寡人难以称霸中原，遑论争霸
天下。"

白圭说："春秋中期，晋文公（前636—前628在位）以后，中原晋国最
强，四裔楚国最强，晋、楚争霸天下两百余年。宋国处于晋、楚之间，一
向亲晋，多次主持晋、楚弭兵大会[2]。三家分晋以来，中原变成魏国最强，
四裔仍是楚国最强，于是变成魏、楚争霸天下。宋国处于魏、楚之间，一
向亲魏。如今赵敬侯不奉主公为三晋盟主，去年田和封侯以后，又与主公
争霸中原。主公不如与宋结盟，让宋国牵制北面的赵国、东面的田齐、南

面的楚国。我愿使宋，劝说宋相戴骢延续春秋传统，重新与魏结盟。"

魏武侯听从其言，命其使宋。

白圭从魏都安邑（今山西夏县）来到宋都商丘，拜见戴骢："宋桓公一旦成年，就会亲政，相国必将归政。如今宋桓公年少，渴望名誉，相国不如请求魏武侯遣使至宋，赞扬宋桓公事母至孝。太后就会长期摄政，相国就能长期执政。"

戴骢闻言心动，重赏白圭。

白圭归魏复命。

魏武侯大喜，然而等了很久，宋使没来。

戴骢原已准备派遣公孙颀使魏，实施白圭之策。

公孙颀谏阻："正用白圭之策，必将收效甚微。唯有反用其策，才能收效甚巨。"

戴骢不解："如何反用其策？"

公孙颀说："当年晋、楚争霸，晋强而楚弱，宋国才会亲晋。三家分晋以后，魏国最强，所以魏、楚继续争霸，但是魏国仅有三分之一晋地，已经变成楚强而魏弱，宋国应该转而亲楚。何况宋国亲魏已久，假如正用白圭之策，继续亲魏，仅是锦上添花，魏武侯必将视为当然，不会全力支持相国。唯有反用白圭之策，转而亲楚，才是雪中送炭，楚肃王必将全力支持相国。"

戴骢听从其言，命其不再使魏，转而使楚。

公孙颀使楚。

楚肃王喜出望外，尽从其请，遣使至宋，祝贺宋太后寿辰，赞扬宋桓公大孝。

太后大悦，不再亲理朝政，听凭戴骢专权。

从此以后，戴骢每年都以宋桓公名义，为太后寿辰举行盛大庆典，强化宋桓公的孝子形象。楚肃王也年年遣使，祝贺宋太后寿辰，赞扬宋桓公大孝，巩固楚、宋联盟。

宋桓公的大孝之名，播于天下。为名所劫，事母愈恭。[3]

田侯和为了显示开国气象，刻意礼贤下士，收揽人心。

田齐群臣进言："《周易》有言：'大君有命，开国承家，小人勿用。'主公受封开国，应该重用君子，不能重用小人。"

田侯和于是亲往泰山，拜见老聃之徒子綦，重金聘为国师。

齐人子綦，不满田齐取代姜齐，隐居泰山多年，拒见田和。

田侯和执礼愈恭，坚请一见。

子綦只好接见田和，但是拒绝担任国师。

田侯和不悦，回到临淄，群臣三次祝贺。

田侯和大怒："寡人亲自礼聘子綦，竟然遭到拒绝，你们为何三次祝贺？"

群臣说："主公去年得到周王册封，乃是凭借外在的国力；主公今年得到子綦接见，乃是凭借内在的贤德。赢得周王之心，仅有封赏；赢得民众之心，可有天下。子綦是名闻天下的老聃之徒，一向拒见任何诸侯。主公是得到子綦接见的唯一诸侯，必为天下唯一贤君，可喜可贺！"

田侯和转怒为喜，自居天下唯一贤君，欲与魏、楚争霸天下，首先南伐越国。[4]

齐国地处山东半岛，东临大海，西邻鲁国，北隔渤海与燕相望，南为九夷吴越之地。当年周武王把助周灭商的第一功臣姜太公分封于齐，又把周室嫡系周公、召公分封于鲁、燕，正是为了利用地理限制，预防齐国坐大。春秋中期，周室衰弱，齐桓公以管仲为相，九合诸侯，一匡天下，成为春秋第一霸，主张尊王攘夷，而不开疆拓土，既是因为周礼尚未彻底崩坏，也是因为齐国地理天然受限。晋文公继起，成为春秋第二霸，晋国处于中原，地理不受限制，于是四面拓土，伐灭众多诸侯，结果疆土太大，尾大不掉，六卿瓜分六军，晋室衰弱。魏氏、韩氏、赵氏伐灭范氏、中行氏、知氏，三家分晋。秦穆公、吴王阖闾、越王勾践继起称霸，无不大力拓土。

当年越王勾践（前496—前464在位）北灭吴国（前473），顺势北进，把越都从会稽（今浙江绍兴）北迁琅玡（今山东胶南，前468），进霸中原。经过越王鹿郢（前464—前459在位）、不寿（前458—前449在位）、朱句（前448—前412在位）三世，越国渐弱，田齐渐强。

如今田侯和开国图霸，无法向东拓土，不便向西、向北拓土，于是南伐越国。

越王翳畏惧田齐，立刻把越都南迁吴邑（今江苏苏州）。[5]

田侯和离去以后，子綦隐几而坐，仰天而嘘。

弟子颜成子游问："夫子为何异于往常，形骸如同槁木，德心如同死灰？"

子綦说："我必事先外荡真德，田和才会知道我；我必事先卖弄有道，田和才会收买我。如果我不外荡真德，田和怎能知道我？如果我不卖弄有道，田和怎会收买我？唉！我悲哀于自丧真德的人，我又悲哀于悲哀他人的人，我又悲哀于悲哀他人之悲哀的人。今后我将更加远离庙堂，所以形骸如同槁木，德心如同死灰。"[6]

庄周出生前十年，子綦为了避免再受田侯和撄扰，离开齐地泰山，移居宋国蒙邑，住在南门，与曹氏旅店为邻，与庄全的院落隔街相望。又在南门之外买地百亩，开垦园圃。

蒙邑人不知园主姓名，仅知是齐人，于是称为齐园。

齐园不种别物，专种漆树。齐、漆音近，蒙邑人又称齐园为漆园。

子綦的漆园，与庄全的荆园相邻，但是大了三倍。因为子綦一家人口众多，除了弟子颜成子游，还有八个儿子。

庄全在荆园劳作，很少见到子綦，时常见到子綦的子弟出入漆园，种植漆树，割取漆液。

蒙邑人也很少见到子綦，因其住在南门，称为南郭子綦。[7]

田侯和去年封侯代齐，今年伐越拓地，正在志得意满，突然死去。在位二十二年（前400—前379），前二十年是姜齐之相，后二年是田齐之君。

太子田剡继位，即田侯剡。[8]

子綦移居蒙邑不久，得知田和死讯。

子游问："田和已死，夫子是否打算返齐？"

子綦说："田和虽死，田氏篡齐已成定局。我已不想返齐，唯愿终老于宋。"

笺注

[1]《赵世家》：赵敬侯八年（前379），拔魏黄城。

[2]宋共公十年（前579，《左传》成公十二年）举行第一次晋、楚弭兵大会，不久晋、楚再战。宋平公三十年（前546，《左传》襄公二十七年）举行第二次晋、楚弭兵大会。

[3]《战国策·宋卫策》：（白圭）谓大尹曰："君日长矣，自知政，则公无事。公不如令楚贺君之孝，则君不夺太后之事矣，则公常用宋矣。"●《韩非子·说林下》：白圭谓宋令尹曰："君长，自知政，公无事矣。今君少主也，而务名，不如令荆贺君之孝也，则君不夺公位，而大敬重公，则公常用宋矣。"■《宋卫策》之"谓"者，即《韩非子·说林下》之白圭。《宋卫策》之"大尹"，《说林下》之"令尹"，即《韩非子·内储说上》之宋太宰戴驩。魏臣白圭游说宋太宰戴驩亲魏，戴驩反用白圭之策而亲楚。

[4]、[6]《庄子复原本·管仲》（郭象版拼接于《徐无鬼》）：南伯子綦隐几而坐，仰天而嘘。颜成子入见曰："夫子，物之尤也。形固可使若槁骸，心固可使若死灰乎？"曰："吾尝居山穴之中矣。当是时也，田和一睹我，而齐国之众三贺之。我必先之，彼故知之；我必卖之，彼故鬻之。若我而不有之，彼恶得而知之？若我而不卖之，彼恶得而鬻之？嗟乎！我悲人之自丧者，吾又悲夫悲人者，吾又悲夫悲人之悲者，其后而日远矣。"

[5]《越世家索隐》：翳三十三年（前379）迁于吴。■越王勾践二十四

年（前473）灭吴，越都从会稽北迁琅玡，进霸中原。越王翳三十三年（前379），受到田齐逼迫，越都又从琅玡南迁吴邑。

[7]"南郭子綦"见于《庄子·齐物论》，"南伯子綦"见于《庄子·人间世》、《庄子·管仲》，二者为同一人。

[8]《田世家》：齐侯太公和立二年（前379），和卒，子桓公午立。●《田世家索隐》引《竹书纪年》：齐康公二十二年，田侯剡立。■田和在位二十二年（前400—前379），前二十年（前400—前381）为姜齐之相，后二年（前380—前379）为周封之侯。田恒（史籍多避汉文帝刘恒讳而改为田常）为田齐取代姜齐之始，田和为田齐取代姜齐的始封之君。田和太子田侯剡在位四年（前378—前375），田和庶子田午弑田侯剡篡位，抹去田侯剡，当年改元，在位十八年（前375—前358）。《庄子·胠箧》："田成子有乎盗贼之名，而身处尧舜之安；小国不敢非，大国不敢诛，十二世有齐国。"第一世田成子田恒（前481—前454），第二世田襄子田盘（前453—？），第三世田庄子田白（？—前411），第四世田悼子（前410—前401），第五世田齐太公田和（前400—前379，前380年被周安王册封为诸侯），第六世田侯剡（前378—前375，在位四年，实记三年），第七世齐桓公田午（前375—前358，弑兄篡位，当年改元），第八世齐威王田因齐（前357—前319），第九世齐宣王田辟疆（前319—前301，短丧而当年改元），第十世齐湣王田地（前300—前284），第十一世齐襄王田法章（前283—前265），第十二世齐王建（前264—前221）。齐王建元年（前264），庄子已殁二十二年，故《胠箧》非庄亲撰，为庄门后学所撰。《田世家》田齐之君仅十世，脱二世，即田庄子之后脱田悼子，田侯和之后脱田侯剡，故其田齐纪年错乱。

田齐伐燕三晋共救，戴驩用术固位专权

前378年，岁在癸卯。庄前九年。宋桓侯三年。

周安王二十四年。秦献公七年。楚肃王三年。魏武侯十八年
（晋桓公十一年）。韩文侯九年。赵敬侯九年。田侯剡元年（姜齐
康公二十三年）。燕简公三十八年。鲁恭公五年。卫声公五年。
郑君乙十八年。越王翳三十四年。中山桓公二十五年。

田侯剡服丧已毕，正式即位。继续开疆拓土，转而北伐燕国。

魏武侯对田侯和伐越已经不满，对田侯剡伐燕更为震怒，遂邀约韩文
侯、赵敬侯伐齐救燕。

韩文侯仍然从命。

赵敬侯与燕结盟，又不愿东邻田齐崛起，于是不再抗命。

三晋联军伐齐救燕，攻至齐地灵丘（今山东高唐南）。[1]

楚肃王对中原乱战幸灾乐祸，作壁上观。

宋相戴驩亲楚，与楚同进退，也不愿介入中原乱战，只想大权独揽，
唯恐属下欺瞒自己。

一日傍晚，戴驩吩咐心腹："听说傍晚时分，常有马车停在李太史门
前。你去那里守候，看看有何情况。"

心腹复命："没有看见马车，但是看见有人捧着漆盒，进了李太史家，

稍后出门，手上漆盒没了。"

次日，戴驩质问李太史："昨晚的漆盒，是怎么回事？"

李太史大惊，如实坦白："有人送礼请托。愿受相国责罚！"

从此以后，大臣们不敢对戴驩有所隐瞒。[2]

一日清早，戴驩吩咐少庶子："你去南门集市，看看有无异样。"

少庶子复命："一切如常，毫无异样。"

戴驩问："你看见了什么？"

少庶子说："南门内外非常热闹，挤满赶集的牛车。"

戴驩于是申斥南门小吏："南门内外，为何牛屎很多？"

南门小吏大惊，赶紧认错："是我失职。立刻派人清扫！"

从此以后，小吏们不敢对戴驩有所隐瞒。[3]

庄周出生前九年，戴驩专权于宋。

一日，庄全又至曹氏旅店。

曹夏说："连日大雨，我家围墙淋坏倒塌。我儿子说，不修好围墙会招来窃贼。我没在意。昨天晚上，果然来了窃贼。你说我儿子聪不聪明？"

庄全说："确实聪明！"

曹夏又说："我疑心，窃贼可能是隔壁齐国老头的儿子。"

庄全问："窃贼一般不偷邻居。你为何怀疑？"

曹夏说："昨天早上，老头告诉我，不修好围墙会招来窃贼，愿意让他儿子帮我修补围墙。"[4]

庄全问："南郭先生好意提醒，热心帮忙，你为何反倒怀疑？"

曹夏说："因为他预知会有窃贼。"

庄全问："如果南郭先生想让儿子做贼，何必事先提醒你？"

曹夏说："听说老头足智多谋，事先提醒，或许是想看我有无防备。见我不当回事，就让儿子来了。今天早上，老头见了我，样子鬼鬼祟祟。我问他是否知情，老头转身离去，显然心里有鬼。"

庄全大笑："南郭先生被你当面侮辱，不理你算是很客气了。换了别人，没准会让儿子打你一顿！"

曹夏不再自信："莫非是我疑神疑鬼？"

次日，庄全走到对街，拜访子綦："曹家失窃，先生既有先见之明，又有古道热肠，特来拜识。"

子綦说："我好意提醒，没想到反被怀疑。"

庄全笑了："我们楚国也有这种人。有个人丢了一把斧子，疑心是邻居所偷，不久在门后找到。疑心邻居之时，他越看邻居越像小偷；找到斧子以后，他越看邻居越不像小偷。"[5]

子綦也笑："我们齐国也有这种事。我的朋友淳于髡有个邻居，灶口笔直，还把柴禾堆在灶旁，淳于髡提醒邻居当心失火，建议改弯灶口，挪开柴堆。邻居不听，后来灶火果然引燃柴堆。街坊都来救火，总算损失不大。那人杀羊备酒，感谢街坊，但是不谢淳于髡。"

庄全说："看来到处都有这种人这种事！"

子綦说："当今天下，无不鄙视根本，重视细末！对待身体病患、邦国乱政，同样如此。良医治病于未发，明君防乱于将生。庸医昏君疏忽于杜绝兆萌，勤快于病乱已成，所以先谋之臣少有嘉赏，救难之士常获荣宠。"[6]

庄全说："先生之言，令我获益非浅！"

一日，庄全又问子綦："先生年事已高，家人又多，为何离齐居宋？"

子綦说："逃名。"

庄全说："我是避祸，乃是人情之常。先生逃名，殊非人情之常。孔子有言：'君子疾没世而名不称焉。'"

子綦说："人各有志。孔子之徒好名，老聃之徒逃名。"

庄全问："先生既来宋国，为何不居商丘，却来蒙邑？"

子綦说："我原先住在泰山，乃因泰山之名取自《归藏》泰卦。如今我移居蒙邑，仍因蒙邑之名取自《归藏》蒙卦。"

庄全说："我在楚国，自幼师从軒臂子弓学儒，读过《周易》，但没读过《归藏》。"

子綦大惊："你师从楚人馯臂子弓，竟没读过《归藏》？"

庄全问："先生为何如此吃惊？"

子綦说："孔子五十四岁周游列国，在宋得到《归藏》，六十八岁返鲁。在鲁最后五年，完成《春秋》，同时研究《周易》。不明《周易》之义，于是参考《归藏》。孔子七十三岁死去，子贡、曾参先后成为弟子领袖，于是子夏携带《周易》《归藏》至魏。子夏易学，传于楚人馯臂子弓。你身为馯臂子弓弟子，竟然只读过《周易》，没读过《归藏》，岂非怪事？"

庄全说："我第一次听说孔子、子夏读过《归藏》，馯臂子弓从未说过。不知《归藏》《周易》有何不同？"

子綦说："我来宋国之前，也没读过《归藏》，仅知周室、宋国、魏国藏有《归藏》。所以离齐至宋，先往商丘寻访《归藏》，果然被我找到。但我研究《归藏》时日未久，尚不清楚《归藏》《周易》的差异，以及商道、周道的差异。"

庄全说："先生既在商丘得到《归藏》，为何不居商丘，却来蒙邑？"

子綦说："我在商丘看见一棵大树，十分奇异，千乘之车，也可隐没庇荫其下。我想此树必有异材。仰头看它的细枝，弯曲不能做成栋梁。低头看它的大根，剖开不能做成棺椁。舔其树叶，口烂而舌伤。嗅其气味，使人狂醉三日不醒。我由此领悟，此树乃是不材之木，所以能够如此硕大。自古神人，因此不愿成材。我既然不愿受到齐君搅扰，也不愿受到宋君搅扰，所以卜居蒙邑。"[7]

庄全说："先生的识见行事，真是大异凡俗！"

子綦问："你又为何不居商丘，也来蒙邑？"

庄全说："庄氏、屈氏都有人参与叛乱，我住在郢都受到株连，屈宜臼住在息县没受株连。可见住在国都，易被乱政波及，遭遇池鱼之殃。"

子綦问："屈宜臼不是也离楚往韩了吗？"

庄全说："他不是受到叛乱株连，而是曾经痛斥吴起，反对变法，担心受到楚肃王追究。"

子綦赞叹："世人大多治于已乱，你和屈宜臼却能治于未乱，十分难得！"

笺注

[1]《魏世家》：魏武侯九年（当作新元十八年，前378），……伐齐，至灵丘。●《韩世家》：韩文侯九年（前378），伐齐，至灵丘。●《赵世家》：赵敬侯九年（前378），伐齐。齐伐燕，赵救燕。●《田世家》：齐威王元年（当作田侯剡元年，前378），三晋因齐丧来伐我灵丘。■三者所记为同年之事。田侯剡元年（前378），齐伐燕，魏、韩、赵伐齐救燕至灵丘，田齐史遂言三晋因齐丧而伐齐。《田世家》田齐纪年淆乱，误为齐威王之父田齐桓公田午之丧，实为田侯剡之父田齐太公田和之丧。

[2]《韩非子·内储说上》：戴驩，宋太宰，夜使人曰："吾闻数夜有乘辒车至李史门者，谨为我伺之。"使人报曰："不见辒车，见有奉笥而与李史语者，有间，李史受笥。"

[3]《韩非子·内储说上》：商太宰使少庶子之市，顾反而问之曰："何见于市？"对曰："无见也。"太宰曰："虽然，何见也？"对曰："市南门之外，甚众牛车，仅可以行耳。"太宰因诚使者："无敢告人吾所问于女。"因召市吏而诮之曰："市门之外，何多牛屎？"市吏甚怪太宰知之疾也，乃悚惧其所也。■商即宋，商太宰即宋相戴驩。

[4]《韩非子·说难》：宋有富人，天雨墙坏。其子曰："不筑，必将有盗。"其邻人之父亦云。暮而果大亡其财。其家甚智其子，而疑邻人之父。

[5]《吕览·去尤》：人有亡鈇者，意其邻之子。视其行步，窃鈇也；颜色，窃鈇也；言语，窃鈇也；动作态度，无为而不窃鈇也。抇其谷而得其鈇，他日复见其邻之子，动作态度，无似窃鈇者。其邻之子非变也，己则变矣。变也者无他，有所尤也。■鈇即斧。

[6]《新论·见征》：淳于髡至邻家，见其灶突之直，而积薪在旁，曰："此且有火灾。"即教使更为曲突，而远徙其薪。灶家不听。后灾，火果及积薪，而燔其屋。邻里并救击，乃灭止。而亨羊具酒，以劳谢救火者，曲突远薪，固不肯呼淳于髡饮饭。智者讥之云："教人曲突远薪，固无恩泽；焦头烂额，反为上客。"盖伤其贱本而贵末也。岂夫独突薪可以除害哉？而

人病国乱，亦皆如斯。是故良医医其未发，而明君绝其本谋。后世多损于杜塞未萌，而勤于攻击已成，谋臣稀赏，而斗士常荣，犹彼人，殆失事之重轻。察淳于髡之预言，可以无不通，此见征之类也。

[7]《庄子·人间世》：南伯子綦游乎商之丘，见大木焉有异，结驷千乘，将隐庇其所藾。子綦曰："此何木也哉？此必有异材夫！"仰而视其细枝，则拳曲而不可以为栋梁；俯而视其大根，则轴解而不可以为棺椁；舐其叶，则口烂而为伤；嗅之，则使人狂酲三日而不已。子綦曰："此果不材之木也，以至于此其大也。嗟乎神人，以此不材。"

赵伐中山魏救同宗，九方卜幸子綦祈福

前377年，岁在甲辰。庄前八年。宋桓侯四年。

周安王二十五年。秦献公八年。楚肃王四年。魏武侯十九年（晋桓公十二年）。韩文侯十年（卒）。赵敬侯十年。田侯剡二年（姜齐康公二十四年）。燕简公三十九年。鲁恭公六年。卫声公六年。郑君乙十九年。越王翳三十五年。中山桓公二十六年。

蜀国伐楚，攻取了兹方（今湖北松滋）。
楚肃王修筑了扞关（今湖北宜昌），预防蜀国侵袭。[1]

赵敬侯首伐中山，战于房子（今河北高邑）。
魏武侯驰救中山，赵军退兵。[2]

庄全请教子綦："赵敬侯为何伐中山？魏武侯为何救中山？"
子綦说："说来话长。东周王室衰弱，诸侯忙于争霸。东匈奴鲜虞部落的白狄支族，趁乱南侵中原，在黄河北岸的太行山地区，建立中山国。山地易守难攻，而且不宜农耕，周边诸侯无意争夺。白狄中山得以嵌入晋国东部，立国二百余年。晋国仅在中山胡骑出境劫掠之时，才予击退。三家分晋（前453）以后，中山不与魏、韩接壤，嵌入赵国东部，导致赵国南部本土与北部代郡之间，仅有羊肠小道相连。赵国一直把白狄中山视为心腹大患，然而无法伐灭。魏文侯变法强国以后，用了三年（前408—前406）伐灭白狄中山，使之变成魏属中山，至今已有二十九年。白狄中山，定都于顾邑（今河北定州）。魏属中山，迁都至灵寿（今河北平山）。"

庄全问："魏国、中山既然不接壤，魏文侯如何统治中山？"

子綦说："魏文侯先封长子魏击为中山国君，即中山武公（前405—403在位）。三年后（前403）周威烈王册封三晋为诸侯，魏文侯召回魏击，立为太子，改封幼子魏挚为中山国君。魏挚就是如今的中山桓公，即位已有二十六年。魏击就是如今的魏武侯，即位已有十九年。"

庄全大惊："原来魏武侯与中山武公竟是一人，又与中山桓公是兄弟！"

子綦说："白狄中山尽管变成了魏属中山，仍是赵国的心腹大患。魏文侯团结三晋，赵烈侯暂时隐忍不发，没有征伐中山。魏武侯称霸中原，欺压韩、赵，赵敬侯不再隐忍，于是四年前趁着吴起离魏相楚，与楚悼王共同伐魏，前年又单独伐魏攻取黄邑，今年又首伐中山，魏武侯当然要救中山。赵敬侯首伐中山，无功而返，肯定不会罢休。赵、魏必将因为中山而长期敌对。"

庄全说："子夏有言：'学而优则仕。'先生对天下大事了如指掌，竟不出仕，实在是太浪费了。"

子綦笑了："你是子夏之徒，我不是子夏之徒。孔子之徒为学，必欲治国平天下。老聃之徒为道，仅求自治其身。"

相士九方歅，游说天下诸侯，来到宋国，晋见宋桓公，为其相面。

宋桓公苦于太后摄政，戴驩专权，没有良策，面色忧虑。

九方歅说："齐国高士子綦，今居宋国蒙邑。君侯宜于礼敬，必定大吉。"

宋桓公听从其言，与九方歅同往蒙邑。

车驾到达蒙邑南门，集市林立，人头攒动，仪仗执事高呼"回避"。

南门小吏拦住执事，禀报宋桓公："执事冲犯主公名讳，简直疯了！"[3]

宋桓公沉吟半响，命令回宫。

九方歅问："君侯已到城门，为何不见子綦就要返回？"

宋桓公说："你说此行大吉，小吏却说执事冲犯寡人名讳，大为不吉。"

九方歂说："不许冲犯名讳，乃是周礼，并非殷礼。无知小吏习染周礼，不知殷礼，不足为怪。君侯身为宋君，何必拘泥周礼？"

宋桓公说："周礼重视名讳，殷礼重视吉凶。当年宋湣公在蒙泽打猎，被南宫万弑杀，可见蒙邑确实不吉。你代寡人拜见子綦，聘为国师。"[4]

即命车驾返回商丘。

九方歂后悔以吉凶逢迎宋桓公，又因吉凶而出现波折，只好独自拜见子綦："我为宋桓公相面，宋桓公得知先生居宋，特地前来拜见，已到南门，因有急事返回，命我礼聘先生为国师。"

子綦问："令祖九方皋师从伯乐，擅长相马。先生为何改为相人？"

九方歂说："相马之值，富仅千金。相人之值，富可敌国。"

子綦问："相马之术和相人之术，有何不同？"

九方歂说："相马之术，仅相其命，不相其运。相人之术，既相其命，又相其运。命由天定，运由人移，所以相人主要不是相其先天之命，而是相其后天之运。先生之运，我不敢言。愿为先生的儿子相面，看看谁有福运。"

子綦叫来八个儿子，站在九方歂面前。

九方歂说："先生幼子南郭梱，最有福运。"

子綦问："有何福运？"

九方歂说："将与国君同案共食，终其一生。"

子綦顿时老泪纵横："梱儿从不害人，为何遭此厄运？"

九方歂大为诧异："庶民能与国君同案共食，福泽惠及三族，何况父母？先生为此哭泣，岂非拒绝福运？看来儿子有福，父亲无福！"

子綦说："与国君同案共食，仅是人运之幸，并非天命之福。酒肉只能供养口鼻，不能葆养德心。假如我从不放牧，母羊却从房子西南角跑出来，从不打猎，鹌鹑却从房子东南角跑出来，你不觉得奇怪？我的儿子遨游天地之间，从天空获得快乐，从大地获得食物，从不算计，从不作怪，从不接受外物撄扰，从不向往人运之幸，梱儿为何竟与国君同案共食？凡有怪异征兆，必定先有怪异行为。民众顺命无过而遭遇上天降灾，必是人君悖道而行，阴阳运行失调。我不是为梱儿遭遇上天降灾而流泪，而是为万民生逢悖道之世而流泪。"[5]

九方歂为宋桓公礼聘子綦失败，不敢回商丘复命。转道前往郑国，又去游说郑君乙。

庄周出生前八年，子綦拒绝宋桓公礼聘。

曹氏旅店的酒客，议论纷纷。

一人问："宋桓公驾临蒙邑，已经到了南门，为何突然返回商丘？"

一人答："听说宋桓公打算礼聘南郭先生为国师，因有急事而赶回商丘，另派使者转达其意。南郭先生没有接受礼聘！"

曹夏将信将疑："齐国老头有何异能，宋桓公竟然聘为国师？老头竟然拒绝？"

从此以后，蒙邑人尊敬子綦，不称南郭子綦，改称南伯子綦。[6]

宋桓公等了很久，不见九方歂复命，却等来了报丧的韩国使者。

韩文侯死了，在位十年（前386—前377）。

太子继位，即韩哀侯。

韩哀侯任命叔父韩傀为相。[7]

笺注

[1]《楚世家》：楚肃王四年（前377），蜀伐楚，取兹方。于是楚为扦关以距之。●《楚世家正义》:《古今地名》云：荆州松滋县，古鸠兹地，即楚兹方是也。●《楚世家索隐》:《郡国志》巴郡鱼复县，有扦关。

[2]《赵世家》：赵敬侯十年（前377），与中山战于房子。

[3]《宋世家》：休公田二十三年（当作二十六年）卒，子辟公辟兵立。辟公三年（当作四十一年）卒，子剔成立。●《宋世家索隐》:《纪年》作"桓侯璧兵"，则璧兵谥桓也。又《庄子》云"桓侯行，未出城门，

其前驱呼辟，蒙人止之，后为狂也"。司马彪云："呼辟，使人避道。蒙人以桓侯名辟，而前驱呼辟，故为狂也。"■《太平御览》卷七三九引《庄子》佚文："宋桓侯行，未出城门，其前驱呼辟，至于家，家人正之，以为狂也。""蒙"讹为"家"，"止"讹为"正"。宋桓侯名辟兵，古文"辟"通"避"。《宋世家》称"辟公"，乃因宋君之爵位为公爵。《竹书纪年》称"桓侯"，乃因宋桓侯二十五年（前356）朝魏，贬号称侯，见下第十四章。

[4]《宋世家》：宋湣公十一年（前681）秋，湣公与南宫万猎，因博争行，湣公怒，辱之曰："始吾敬若；今若，鲁虏也。"万有力，病此言，遂以局杀湣公于蒙泽。■宋桓公继位，当年改元，故宋湣公在位十一年（前691—前681），记为十年（前691—前682）。

[5]《庄子复原本·管仲》(郭象版拼接于《徐无鬼》)：子綦有八子，陈诸前，召九方歅曰："为我相吾子，孰为祥？"九方歅曰："梱也为祥。"子綦瞿然喜曰："奚若？"曰："梱也将与国君同食，以终其身。"子綦索然出涕曰："吾子何为，以至于是极也？"九方歅曰："夫与国君同食，泽及三族，而况父母乎？今夫子闻之而泣，是御福也。子则祥矣，父则不祥。"子綦曰："歅，汝何足以识之？尔以梱祥邪？尽于酒肉，入于鼻口矣，尔何足以知其所自来？吾未尝为牧，而牂生于奥；未尝好畋，而鹑生于宎。若勿怪，何邪？吾所与吾子游者，游于天地。吾与之邀乐于天，吾与之邀食于地；吾不与之为事，不与之为谋，不与之为怪；吾与之乘天地之诚，而不以物与之相撄。吾与之一委蛇，而不与之为事所宜。今也然，有世俗之偿焉。凡有怪征者，必有怪行。殆乎！非我与吾子之罪，几天与之也。吾是以泣也。"无几何，而使梱之于燕。盗得之于道，全而鬻之则难，不若刖之则易，于是乎刖而鬻之于齐。适掌康公之闺，然身食肉而终。

[6]"南郭子綦"见于《庄子·齐物论》，"南伯子綦"见于《庄子·人间世》。

[7]《韩世家》：韩文侯十年（前377），文侯卒，子哀侯立。■史籍失载韩文侯、韩哀侯之名。

季真使宋越王再弑，子綦治生梱子被劫

前376年，岁在乙巳。庄前七年。宋桓侯五年。

周安王二十六年（卒）。秦献公九年。楚肃王五年。魏武侯二十年（晋桓公十三年）。韩哀侯元年。赵敬侯十一年。田侯剡三年（姜齐康公二十五年）。燕简公四十年。鲁恭公七年。卫声公七年。郑君乙二十年。越王翳三十六年（被弑，诸咎篡位三月被弑）。中山桓公二十七年。

赵敬侯再次征伐中山，战于中人（今河北唐县）。

魏武侯再次驰救中山，赵军再次退兵。[1]

魏武侯命令季真："寡人三年前派遣白圭使宋，劝说宋桓公亲魏，以便牵制楚、赵、齐，结果戴驩反而亲楚。如今赵敬侯一伐再伐中山，寡人一救再救中山，不是长久之计。你可再次使宋，劝说宋桓公叛楚亲魏。"

季真奉命使宋，离开安邑之前，叔父季梁告诫："你先去拜见戴驩，最好连续拜见三次。如果戴驩以礼相待，才可晋见宋桓公，否则必有危险。"

季真到达商丘，拜见戴驩："相国执政以来，宋境国泰民安，宋民真是有福！"

戴驩大悦，言谈甚欢。

次日，季真再次拜见戴驩："如今魏国强盛，楚国衰弱，相国不该亲楚，应该亲魏，否则必将有祸。"

戴驩不悦，表情冷淡。

季真告辞："相国为了固位专权，无视宋国安危，恐怕难以长久！"

遂不再晋见宋桓公，径直返魏复命："戴驩仍然拒绝亲魏！"

魏武侯大怒戴驩，仅因忙于对付楚、赵、齐，暂时无暇伐宋。[2]

年中，周安王姬骄死了，在位二十六年（前401—前376）。

太子姬喜继位，即周烈王。

天下诸侯亲赴洛阳，吊唁周安王，朝觐周烈王。按照周公制定的周礼，诸侯根据封爵先后和爵秩高低，论资排辈，依次排班。

鲁恭公、卫声公、宋桓公等西周旧封诸侯，国力微弱，疆土狭小，由于先封而爵高，排班在前。

魏武侯、韩哀侯、赵敬侯、田侯剡等东周新封诸侯，国力强盛，疆土广大，由于后封而爵低，排班在后。

新兴列强大为不满，从此不再亲赴洛阳吊唁、朝觐。[3]

三年前，越王翳迫于田齐征伐，把越都从琅玡南迁吴邑，激化内部矛盾，引发宗室内乱。

今年，越国连续发生宫廷政变。

七月，越王翳被太子诸咎弑杀，在位三十六年（前411—前376）。

诸咎弑父篡位，即越王诸咎。

十月，越王诸咎被越国贵族弑杀。在位三月（前376），不计入越国纪年。

越国贵族另立越王翳次子、诸咎之弟孚错枝，即越王孚错枝。[4]

庄周出生前七年，越国两次弑君，宋民安居乐业。

庄全请教子綦："我的荆园，税率是二十税一，获利不多。先生的漆园，税率是二十税五，为何获利很多？"

子綦说："范蠡助越灭吴以后，居于宋国定陶。定陶处于天下之中，而且水陆交汇，汇通天下万物，税率是天下之最，获利也是天下之最。范蠡运用老聃之道，无为而无不为，富甲天下。"

庄全问："老聃之道如何用于经商？如何无为而无不为？"

子綦说："范蠡之时，税率低于现在，不易明白。不如以今人白圭为例，更易明白。魏人白圭，经商仿效范蠡，同样富甲天下。魏武侯于是重用白圭，继续推行李悝的穷尽地力之术。所以魏武侯之时，又比魏文侯之时更加富强。白圭仕魏之前，主要经营五谷、丝绸、漆料。五谷为食，丝绸为衣，漆料为用，均为民生不可或缺之物。五谷丰收之年，白圭低价收购五谷囤积，高价卖出丝绸、漆料。五谷歉收之年，白圭低价收购丝绸、漆料囤积，高价卖出五谷。三者轮转，年年均获巨利。三者获利不同，税率因而不同。五谷获利一倍，税率是十税一。丝绸获利二倍，税率是十税二。漆料获利五至十倍，税率是二十税五。"[5]

庄全问："既然如此，先生为何仅仅经营漆园，而不经营五谷、丝绸？"

子綦说："五谷丰歉，常受旱涝影响。丝绸之物，违背老聃之教'不贵难得之货'。我的漆园所产漆料，一半卖给定陶商家，获利五倍，一半贩运天下各国，获利十倍，虽然课税最重，仍可衣食无忧，还能周济亲友。你的荆园所产果木，获利二倍，虽然课税较轻，但是一遇旱涝，就易亏本。"

庄全大为佩服："原来老聃之道不仅可以治国，同样可以治生。"

子綦分遣八子，前往天下各国贩漆，七子先后返回。

颜成子游带着子綦幼子南郭椆，前往燕国贩漆，最后独自归宋。

子游说："我们在燕国卖掉漆料，然后返宋，未出燕境，遇到打劫的盗贼。我被打昏，醒来以后，没有找到南郭椆。"

南郭椆的妻儿大哭。

庄全听到哭声，走到对街探询，劝慰子綦："或许南郭椆确如九方歅所言，另有奇遇，受到燕简公重用，竟与国君同食？"

子綦说："祸福倚伏，妄猜无益。"

半年以后，南郭梱从齐国派人返回宋国，送来一信：燕国盗贼把他掳至齐国，原拟把他卖身为奴。怕他逃跑，刖其一足，卖给了姜齐康公。姜齐康公为他装了假腿，命他入侍后宫。

庄全劝慰子綦："《左传》曾说，当年齐景公滥用刑罚，很多齐人都被刖足，结果假腿涨价，鞋子跌价。齐国假腿，因而成为天下最为精良的假腿。南郭梱装了齐国假腿，必能行走自如。"

子綦说："即使装了假腿行走自如，但是梱儿入侍后宫，已成宦官，必定已被阉割。"

十一年前，姜齐康公被田侯和逐出营丘（临淄），迁至海滨，仅食一邑，从此不思振作，沉溺酒色乐舞。[6]

南郭梱被阉入宫，为姜齐康公创编了一套乐舞。

姜齐康公问："这一乐舞，有何来历？"

南郭梱说："这一乐舞，名叫万舞，取自《诗经》。《邶风·简兮》有言：'简兮简兮，方将万舞。'《商颂·那》有言：'庸鼓有斁，万舞有奕。'《鲁颂·閟宫》有言：'万舞洋洋，孝孙有庆。'"

姜齐康公一闻"孝孙有庆"，想起姜太公辅佐周武王开创王业，管仲辅佐齐桓公开创霸业，羞愧于祖宗基业败于己手，悲从中来，随着万舞节拍，吟诵《邶风·简兮》：

> 简兮简兮，方将万舞。
> 日之方中，在前上处。
> 硕人俣俣，公庭万舞。
> 有力如虎，执辔如组。
> 左手执籥，右手秉翟。
> 赫如渥赭，公言锡爵。
> 山有榛，隰有苓。

云谁之思？西方美人。

彼美人兮，西方之人兮。[7]

姜齐康公重赏南郭梱，命其执掌后宫。

从此以后，南郭梱与姜齐康公同案共食，餐餐有肉。[8]

笺注

[1]《赵世家》：赵敬侯十一年（前376），魏、韩、赵共灭晋，分其地。伐中山，又战于中人。●《韩世家》：哀侯元年（前376），与赵、魏分晋国。●《魏世家》：魏武侯十一年（当作二十年，前376），与韩、赵三分晋地，灭其后。■《史记》谓今年（前376）魏、韩、赵分晋灭其后，误前二十九年。晋灭之年实为晋静公二年（前347），详见第二十三章。

[2]《韩非子·说林下》：宋太宰贵而主断。季子将见宋君，梁子闻之曰："语必可与太宰三坐乎，不然，将不免。"季子因说以贵主而轻国。■季子，即季真（前395—前315）。梁子，即季梁（前410—前340）。季梁为季真叔父。

[3]《周本纪》：安王立二十六年（前376），崩，子烈王喜立。■史家多以周安王卒年（前376）为春秋终年，以周烈王元年（前375）为战国始年。

[4]《越世家索隐》引《竹书纪年》：翳三十三年（前379）迁于吴。三十六年（前376）七月，太子诸咎弒其君翳。十月，粤杀诸咎。粤滑，吴人立子孚错枝为君。■"粤"即越，"粤滑"即越乱，"吴人"即越都吴邑之人。

[5]《周礼·地官·载师》：凡任地，国宅无征。园廛二十而一，近郊十一，远郊二十而三，甸稍县都皆无过十二。唯其漆林之征，二十而五。

[6]《田世家》：（姜齐）宣公卒，子康公贷立。贷立十四年（前387），淫于酒妇人，不听政。（田齐）太公乃迁（姜齐）康公于海上，食一城，以奉其先祀。

[7]《墨子·非乐》：昔者（姜）齐康公兴乐万，万人不可衣短褐，不可食糠糟，曰："食饮不美，面目颜色不足视也；衣服不美，身体从容丑羸不足观也。"是以食必粱肉，衣必文绣。此掌不从事乎衣食之财，而掌食乎人者也。是故子墨子曰："今王公大人，惟毋为乐，亏夺民衣食之财以拊乐，如此之也。"是故子墨子曰："为乐非也。"■墨子（前480—前390）卒年，约为姜齐康公（前400—前375在位）十一年（前390），未见姜齐康公之死。"子墨子曰"可证，《墨子·非乐上》为墨家后学所撰，非墨子亲撰。

[8]已见上章注5引《庄子复原本·管仲》（郭象版拼接于《徐无鬼》）。

田午弑君子綦悲子，韩哀灭郑御寇避寇

前375年，岁在丙午。庄前六年。宋桓侯六年。

周烈王元年。秦献公十年。楚肃王六年。魏武侯二十一年
（晋桓公十四年）。韩哀侯二年（灭郑）。赵敬侯十二年。田侯
剡四年（被弑）＝田齐桓公元年（姜齐康公二十六年，被弑）。
燕简公四十一年。鲁恭公八年。卫声公八年。郑君乙二十一年
（灭）。越王孚错枝元年。中山桓公二十八年。

田侯剡及其太子田喜，被庶弟田午弑杀[1]。在位四年（前378—前
375），实计三年。

田午弑兄篡位，当年改元。不再称侯，僭称为公，即田齐桓公。

田午不承兄统，把田侯剡从田齐世系中抹去。直承父统，把田侯和追
称为田齐太公。[2]

姜齐康公姜贷，也被田午弑杀，在位二十六年（前400—前375）。

田午不敢让姜齐绝祀，又让姜齐康公的太子继位，即姜齐幽公。[3]

姜齐幽公不敢反抗田午，迁怒于南郭梱，以助长父君沉溺乐舞的罪名，
予以诛杀。

南郭梱受刑之前，派人送信至宋。

子綦叹息不已，但无悲色。

庄全大感诧异："三年前九方歅预言，南郭梱将与国君同案共食，食肉终生，先生为此流泪。如今南郭梱被姜齐幽公诛杀，先生为何竟无悲色？"

子綦说："我们老聃之徒认为，人生有四种境界：全生、亏生、早夭、迫生[4]。身心俱全，谓之全生。身体不全，谓之亏生。心灵不全，谓之迫生。梱儿先被燕国盗贼刖足，已经亏生。后被姜齐康公阉割，沦为迫生。早夭乃是迫生的解脱，并不可悲。与其迫生，不如早夭。"

太后摄政，戴骓专权。

宋桓公无事可做，迷恋各种技艺。

一个木匠晋见宋桓公："我有木刻奇技，能在荆棘的刺尖，雕刻一只背着小猴的母猴。"

宋桓公赏赐三乘马车，命其雕刻。

过了一月，宋桓公问及。

木匠说："已经大体刻成，还要细细打磨。不过主公必须斋戒三月，禁绝酒肉女色，才能观看，否则必将不吉。"

又过一月，宋桓公又问。

木匠说："主公斋戒仅有一月，此时观看，仍然不吉。"

又过一月，宋桓公又问。

木匠说："主公斋戒仅有二月，此时观看，仍然不吉。"

又过一月，宋桓公又问。

木匠说："主公斋戒三月，是否停过一天？否则仍然不吉。"

宋桓公默然。

戴骓大怒："此人明知主公不能斋戒三月，才敢欺骗主公！"

宋桓公醒悟，命令木匠："不论吉凶，寡人都要观看！"

木匠说："既然如此，我去取来！"

出门立刻逃走，不知所踪。[5]

魏武侯不满足于仅为中原最强，渴望取代楚国，成为天下最强。愤怒于楚国迫使宋国叛魏，于是伐楚，攻打榆关（今河南舞阳）。

韩哀侯趁着魏、楚交战，请示晋桓公而得允准，尽遣倾国之兵，一举伐灭郑国。

郑君乙在位二十一年（前395—前375），身死国灭，郑国绝祀。

韩哀侯又请示晋桓公而得允准，把韩都从宜阳迁至郑都，改名新郑（今河南新郑）。[6]

庄周出生前六年，韩哀侯灭郑迁都，郑民散于天下。

郑国老儒裘氏，带着弟子郑缓，逃到宋国，暂住曹氏旅店。[7]

曹夏问："老先生为何出门远行？"

裘氏叹息："韩哀侯伐灭郑国，诛杀郑君乙，灭绝郑祀。礼崩乐坏，莫此为甚！"

曹夏十分诧异："三家分晋已久，至今不敢灭绝晋祀。田氏篡齐已久，至今不敢灭绝姜祀。韩哀侯灭郑之后，为何立刻灭绝郑祀？假如当年周武王灭商之后，立刻灭绝商祀，哪里还有我们宋国？"

一位韩国客商为韩哀侯辩护："韩哀侯伐灭郑国，迁都新郑，无不请示晋桓公，全都获得允准。"

曹夏更为奇怪："二十八年前（前403），周威烈王已封三晋为诸侯。如今韩哀侯灭郑迁都，为何还要请示晋桓公？"

庄全说："三晋之中，韩国最弱。韩君虽已封为诸侯，仍然尊重三晋宗主晋君，以此牵制魏、赵。"

裘氏大怒："韩哀侯为何仅仅尊重三晋宗主晋君，却不尊重天下共主周王？东周王室倚重郑国，一如西周王室倚重鲁国。其他诸侯都不敢灭郑，韩哀侯却敢灭郑，岂非不把周天子放在眼里？"

庄全劝解："东周王室倚重郑国，乃是东周初年的老黄历。诸侯兼并弱国数百年，西周初年册封的五十五个姬姓诸侯国[8]，早已所剩无几。如今天下七雄，韩国疆域最小，国力最弱，韩哀侯灭郑，正是为了与列强争雄。"

曹夏问："此话怎讲？"

庄全说："秦国处于中原之西，可向西戎拓地。魏、赵、燕处于中原之北，可向北狄、东胡拓地。齐国处于中原之东，可向东夷拓地。楚国处于中原之南，可向南蛮拓地。韩国处于周室四围，居于天下之中，四邻皆强，除了伐灭郑国，无法拓地。"

曹夏说："韩国仅是七雄之中最弱，还能伐灭郑国与列强争雄。我们宋国也居天下之中，又比韩国更弱，岂非只能听凭列强宰割？"

庄全说："当今天下，楚、魏、赵、韩、齐、燕、秦七雄，都是万乘之国。宋、鲁、卫、越、中山五国，都是千乘之国。滕、邹等等十来个小国，则是百乘之国。鲁国亲齐，卫、越亲魏，中山与魏同宗，可保暂时无忧。宋国是殷商遗邦，四邻都是万乘之国，处境确实最为凶险！"

曹夏大为发愁："魏、楚争霸，宋国原先亲魏，免于战事多年。如今改为亲楚，恐怕凶多吉少。"

子綦感叹："郑人列子已有七十多岁，不知如今去了哪里。"

庄全问："列子是何许人？"

子綦说："列子名叫列御寇，师从老聃弟子关尹，身处乱世，自求天命之福，拒绝人运之幸。"

庄全说："愿闻其详。"

子綦娓娓道来——

郑君乙（前395—前375在位）之父郑繻公（前422—前396在位），受制于郑相泗子阳，一如宋桓公受制于宋相戴驩。

郑人列子隐而不仕，家境贫困，妻儿面有饥色。

门客向泗子阳进言："列御寇是有道之人，住在相公之国，竟然如此贫困，莫非相公不好贤士？"

泗子阳于是命人送粮给列子。

列子坚辞不受。

列子之妻心怀怨望，捶胸顿足："我听说，成为有道之人的妻儿，都能安逸享乐，如今我们母子竟然面有饥色。相国仰慕先生而送来粮食，先生竟然拒绝。我们母子为何如此命苦？"

列子说："泗子阳不了解我，如今听信他人之言笼络于我，将来也会听信他人之言加罪于我。"

不久郑繻公诛杀了泗子阳，株连党羽。列子未受牵连。[9]

庄全问："列子为何能有先见之明？"

子綦说："列子未必预知泗子阳及其党羽的下场，仅是认为近名必定近刑，趋利必将趋祸，所以逃名逃利，防患未然。"

庄全问："列子将会如何应对亡国之祸？"

子綦说："楚灭陈后，老聃西行入秦，不知所终。韩灭郑后，列子大概也会不知所终。"

庄全感叹："如今王纲解纽，诸侯争霸，小人当道，何处才是乐土？"

笺注

[1]《田世家》田齐太公田和之后脱田侯剡，学界多据《竹书纪年》补入，但多认为田侯剡在位十年，当为在位四年；又因田午弑兄篡位当年改元，实计三年。田午为战国田齐桓公，姜小白为春秋姜齐桓公，两者不宜混淆。

[2]《田世家索隐》引《竹书纪年》："田侯剡立。后十年（当作后四年，前375），齐田午弑其君及孺子喜而为公。"《春秋后传》亦云："田午弑田侯及其孺子喜而兼齐，是为桓侯。"《田世家索隐》又引《竹书纪年》：（田）齐桓公十一年（当作十四年，前362），弑其君母。■田午弑田侯剡及其太子喜，又弑田侯剡之母。田侯剡之母为田和正妻，故田侯剡为田和太子。田午之母非田和正妻，故田午为田和庶子。

[3]《齐世家》：（姜齐）宣公五十一年（前405；当作五十五年，前401）卒，子康公贷立。田会反廪丘（前405）。二十六年（前375），（姜齐）康公卒，吕氏遂绝其祀。田氏卒有齐国。■《齐世家》姜齐康公之后，脱姜齐幽公。《魏世家索隐》引《竹书纪年》"（姜）齐幽公之十八年，而（田齐）

威王立", 可证姜齐康公二十六年(前400—前375)之后, 另有姜齐幽公十八年(前374—前357), 姜齐乃绝其祀。姜齐幽公卒年, 即田齐威王元年(前357)。

[4]《吕览·贵生》: 子华子曰: "全生为上, 亏生次之, 死次之, 迫生为下。"■子华子(前380—前320)为杨朱(前395—前335)弟子, 所言"人生四境", 承于《老子》"侯王四境", 详见拙著《老子奥义》。其书《子华子》已佚。

[5]《韩非子·外储说左上》: 宋人有请为燕王以棘刺之端为母猴者, 必三月斋, 然后能观之。燕王因以三乘养之。右御、冶工言王曰: "臣闻人主无十日不燕之斋。今知王不能久斋以观无用之器也, 故以三月为期。凡刻削者, 以其所以削必小。今臣冶人也, 无以为之削, 此不然物也。王必察之。"王因囚而问之, 果妄, 乃杀。冶人又谓王曰: "计无度量, 言谈之士多棘刺之说也。"一曰: 燕王好微巧, 卫人请以棘刺之端为母猴。燕王说之, 养之以五乘之奉。王曰: "吾试观客为棘刺之母猴。"客曰: "人主欲观之, 必半岁不入宫, 不饮酒食肉, 雨霁日出, 视之晏阴之间, 而棘刺之母猴乃可见也。"燕王因养卫人, 不能观其母猴。郑有台下之冶者谓燕王曰: "臣为削者也。诸微物必以削削之, 而所削必大于削。今棘刺之端不容削锋, 难以治棘刺之端。王试观客之削, 能与不能可知也。"王曰: "善。"谓卫人曰: "客为棘刺之母猴, 何以治之?"曰: "以削。"王曰: "吾欲观见之。"客曰: "臣请之舍取之。"因逃。

[6]《战国策·魏策四》二: 郑恃魏以轻韩, (魏)伐榆关而韩氏亡郑。●《战国策·西周策》十四: 郑恃魏而轻韩, 魏伐蔡而郑亡(于韩)。●《韩非子·饰邪》: 郑恃魏而不听韩, 魏攻荆而韩灭郑。●《郑世家》: 郑君乙二十一年(前375), 韩哀侯灭郑, 并其国。●《韩世家》: 韩哀侯二年(前375)灭郑, 因徙都郑。●《韩世家索隐》引《竹书纪年》: 魏武侯二十一年(前375), 韩灭郑, (韩)哀侯入于郑。二十二年, 晋桓公邑哀侯于郑。■韩哀侯二年, 韩都从宜阳(今河南宜阳)迁至新郑(今河南新郑), 此后韩亦称郑。

[7]《庄子·列御寇》: 郑人缓也, 呻吟裘氏之地, 只三年而缓为儒,

河润九里，泽及三族。

[8]《左传》昭公二十八年：（武王）兄弟之国者十有五人，姬姓之国者四十人。●《史记·汉兴以来诸侯年表》：武王成康所封数百，而同姓五十五。●《荀子·儒效》：（周公）立七十一国，姬姓独居五十三。■《左传》、《史记》均言姬姓封国"五十五"，《荀子·儒效》独言"五十三"，"三"当为"五"之讹。

[9]《庄子·让王》：子列子穷，容貌有饥色。客有言之于郑子阳者曰："列御寇，盖有道之士也。居君之国而穷，君无乃为不好士乎？"郑子阳即令官遗之粟。子列子出见使者，再拜而辞。使者去，子列子入。其妻望而拊心曰："妾闻为有道者之妻子，皆得佚乐，今有饥色。君遇而遗先生食，先生不受，岂非命也哉？"子列子笑谓之曰："君非自知我也。以人之言而遗我粟，至其罪我也，又且以人之言。此吾所以不受也。"其卒，民果作难而杀子阳。●《郑世家》：郑繻公二十五年（前398），郑君杀其相子阳。二十七年（前396），子阳之党共弑繻公骀而立幽公弟乙为君，是为郑君。●《楚世家》：楚悼王四年（前398），楚伐周。郑杀子阳。

史儋叛周作谶媚秦，聂政刺韩由相及君

前374年，岁在丁未。庄前五年。宋桓侯七年。

周烈王二年。秦献公十一年。楚肃王七年。魏武侯二十二年（晋桓公十五年）。韩哀侯三年（被弑）＝韩懿侯元年。赵敬侯十三年（卒）＝赵成侯元年。田齐桓公二年（姜齐幽公元年）。燕简公四十二年。鲁恭公九年。卫声公九年。越王孚错枝二年。中山桓公二十九年。

周烈王即位两年，碌碌无为，不敢申斥伐灭郑国的韩哀侯。

周太史儋失望至极，携带周室独有的图书典籍，离开周都洛阳，前往秦都栎阳（今陕西临潼），晋见秦献公。

秦献公喜出望外："太史为何离开王都，光临敝国？"

太史儋说："我夜观天象，推算历数，特来告知：起初周与秦合，后来周与秦分。分五百年而复合，合十七年而霸王出。"

秦献公问："此言何意？"

太史儋说："'起初周与秦合'，就是秦室始祖非子以降，秦为西周附庸。'后来周与秦分'，就是秦国开国之君秦襄公以降，秦为东周诸侯。'分五百年而复合'，就是东周成为秦国附庸。'合十七年而霸王出'，将来事至即明，天机不可预泄。"[1]

秦献公雄心大起，命令史官把太史儋的谶语著于《秦记》，传诸后世，砥砺子孙。

太子嬴渠梁（秦孝公）时年八岁，铭记太史儋谶语。

此后六世秦君，均以太史儋谶语自励，直到秦昭王伐灭东周，秦始皇伐灭六国。

庄周出生前五年，太史儋叛周仕秦。

庄全请教子綦："东周王室衰微，东周史官不断携带图书典籍，出奔诸侯求仕。有奔晋求仕者，有奔鲁求仕者，有奔楚求仕者，但是从无奔秦求仕者。为何太史儋奔秦求仕？"

子綦说："当年老聃失望于东周，并未寄望于秦国，所以至秦而隐。太史儋不仅失望于东周，而且寄望于秦国，所以奔秦求仕，造作谶语，谄媚秦献公。这是春秋与战国的重大不同，中原文明已失信心，中原士人已失底气。"

庄全问："老聃与太史儋，相差百年有余，为何世人视为一人？"

子綦说："世人妄传老聃是长生不死的仙人。其实世上无人不死，仙话均属鬼话。老聃亲传弟子、再传弟子都已死了，何况老聃？老聃晚年至秦，死于秦国，其友秦佚曾经吊丧。"[2]

庄全问："先生为何如此熟悉老聃之事？"

子綦说："老聃弟子范蠡助越灭吴，随后离越至齐，躬耕海滨。齐国欲聘范蠡为相，范蠡又离齐至宋，居于定陶。范蠡居齐之时，文子师从范蠡。后来我又师从文子。"[3]

庄全失惊："先生常常言及老聃、关尹、范蠡、列御寇、杨朱，我原先以为先生博学多识，仅是泛泛言及。没想到先生竟是老聃传人！"

子綦淡淡一笑："我们老聃之徒，不重师人，只重师天。"

庄全欲言又止，似有难言之隐。

赵敬侯赵章死了。在位十三年（前386—前374），实计十二年。

太子赵种继位，即赵成侯。当年改元。

庶弟赵胜叛乱争位，事败被诛。[4]

韩哀侯被刺身亡。在位三年（前376—前374），实计二年。

刺客当场自杀，身份不明。

太子韩若山继位，即韩懿侯。当年改元。[5]

庄全请教子綦："各国易君，为何既有翌年改元，也有当年改元？"

子綦说："父君死后，子君通常本年服丧，翌年改元。翌年改元之弊，就是父君如果死于上半年，下半年之事记于父君末年，容易误解为发生于父君生前，所以父君如果死于年初，子君常常当年改元。假如后君篡弑前君，不承前君统绪，不为前君服丧，也会当年改元。当年改元同样有弊，前君末年、后君元年实为一年，常常离为二年。一君误多一年，数君误多数年，纪年就会淆乱，史事就有误差。依君纪年，实非良法。"

庄全问："如何纪年，方为良法？"

子綦说："三代以前无君，伏羲画八卦，叠为六十四卦，以象一年四季的天道循环。又以十天干纪日，十二地支纪月，配成六十甲子，用于纪年。甲子纪年，无关君主生死，才是纪年良法。可惜三代以降，天道隐微，人道僭妄，天下无不依君纪年。如今行之既久，积非成是，终于积重难返。"

庄全听到子綦主张无君，大惊失色，不敢接口。

宋桓公无事可做，仍然沉迷各种技艺。

一个宋国玉匠晋见宋桓公："我有雕玉绝技，能用玉石雕出树叶，混在真树叶里，无人能辨真假。"

宋桓公问："寡人观看之前，是否需要斋戒？"

玉匠说："主公无须斋戒。"

宋桓公觉得此人不是骗子，赏赐五乘马车，命其雕刻。

过了三月，宋桓公问及。

玉匠说："雕刻很费时日。"

过了半年，宋桓公又问。

玉匠说："人工欲夺天工，主公不能着急。"

宋桓公忘了此事，再也不问。

玉匠一直安享供养。[6]

　　庄全挂念客居韩国的屈宜臼，年初得知韩哀侯被刺身亡，刺客身份不明，一直挂念此事。年底，一位齐国客商来到曹氏旅店，告知详情——

　　　　韩相韩傀专权跋扈，与大夫严遂为敌，准备诛杀严遂。

　　　　严遂离韩奔齐，寻访勇士，决意为国除奸。

　　　　齐人说："行侠仗义的齐国勇士，首推聂政。如今躲避仇家追杀，举家迁居魏国轵邑（今河南济源），屠狗为业。"

　　　　严遂离齐至魏，拜识居于轵邑深井里的聂政，献上百金，为聂母祝寿。

　　　　聂政问："先生是否有事？"

　　　　严遂说："我遍访天下勇士，欲除巨奸大恶。齐人多称足下高义，如今初识足下，不敢有请！"

　　　　聂政说："老母尚在，不敢以身许人，不能接受重金。"

　　　　严遂再拜而去，居于卫国。

　　　　两年以后，聂母死去。

　　　　聂政辞别姐姐："我是一介市井匹夫，严遂折节下交，以百金为老母贺寿。我虽不受其金，严遂实为我的知己。如今老母天年已终，我当为知己者所用。"

　　　　离魏至卫，拜见严遂："当初老母尚在，不敢以身许人。如今老母不幸已死，愿为先生效命。"

　　　　严遂说："韩哀侯的叔父韩傀，相韩以后，欺君虐民，灭郑绝祀，罪不可赦。我曾派遣多人行刺，因其侍卫众多，均告失败。如今幸得足下不弃，最好多带助手，确保成功。"

　　　　聂政说："人多必争得失，争功必定泄密，行刺必将失败。"

　　　　独自离卫至韩，到达新郑。

　　　　韩哀侯正与群臣在东孟宫宴饮，宫门内外站满侍卫。

　　　　聂政如入无人之境，闯入宫门，挺剑直取韩傀。

韩傀转身抱住韩哀侯，大声呼救。

聂政一剑刺死韩傀，兼及韩哀侯。

太子太傅许异，飞脚踢昏太子，自己倒地装死。

宫内侍卫围攻聂政，都被聂政杀死。

宫外侍卫奔入宫中，继续围攻聂政。

聂政难以脱身，举剑自剌脸面，自挖双目，自剖其腹，出肠而死。

太子韩若山继位为韩懿侯，任命许异为相，把刺客尸体挂于市井，悬赏千金征询识者，无人能识。

聂政姐姐闻讯，辞别邻居："刺客必是吾弟聂政。自残面目，必是不愿连累于我。我岂能苟且偷生，埋没吾弟英名！"

前往新郑，抚尸痛哭，大声宣布："刺客乃是吾弟，居于魏国轵邑深井里的齐人聂政！受严遂所托，替天行道，只想刺杀奸相韩傀，不慎误伤韩哀侯！"

言毕自刭而死。[7]

笺注

[1]《周本纪》：烈王二年（前374），周太史儋见秦献公曰："始周与秦国合而别，别五百载复合，合十七岁而霸王者出焉。"●《秦本纪》：秦献公十一年（前374），周太史儋见献公曰："周故与秦国合而别，别五百岁复合，合七十七岁而霸王出。"《封禅书》：周太史儋见秦献公曰："秦始与周合，合而离，五百岁当复合，合十七年而霸王出焉。"《封禅书索隐》："合十七年伯王出：自昭王灭周（前256）之后至始皇元年（前238）诛嫪毐，正一十七年。孟康云：周封秦为别，秦并周为合。"●《老子列传》：自孔子死（前479）之后百二十九年（前350），而史记周太史儋见秦献公曰："始秦与周合，合五百岁而离，离七十岁而霸王者出焉。"或曰儋即老子，或曰非也，世莫知其然否。老子，隐君子也。▲钱大昕：太史儋语，《周本纪》载之，《秦本纪》载之，《封禅书》、《老子列传》又载之，盖重出者四矣。《秦

本纪》作"七十七岁",《老子列传》作"七十岁",皆传写之讹。■周太史儋与老子非同时代人。

[2]老聃弟子关尹,见《史记·老子韩非列传》、《庄子·天下》。老聃弟子庚桑楚,见《庄子·庚桑楚》。老聃弟子柏矩,见《庄子·则阳》。老聃弟子范蠡,见《国语·越语》。老子之友秦佚,见《庄子·养生主》。

[3]《越绝书》:去越入齐,老身西陶。仲子由楚,伤中而死。●《货殖列传》:范蠡既雪会稽之耻,乃喟然而叹曰:"《计然》之策七,越用其五而得意。既已施于国,吾欲用之家。"乃乘扁舟浮于江湖,变名易姓,适齐为鸱夷子皮,之陶为朱公。朱公以为陶天下之中,诸侯四通,货物所交易也。乃治产积居。与时逐而不责于人。故善治生者,能择人而任时。十九年之中三致千金,再分散与贫交疏昆弟。此所谓富好行其德者也。后年衰老而听子孙,子孙修业而息之,遂至巨万。故言富者皆称陶朱公。■《计然》为范蠡所撰书名,旧多误以为人名,又误以为计然即老聃弟子文子,为范蠡之师。《越绝书》、《吴越春秋》之文子均比范蠡年轻,故范蠡(前536—前448)当为老聃弟子,文子(前470—前390)当为范蠡弟子,南郭子綦(前420—前340)当为文子弟子。

[4]《赵世家》:烈侯太子章,是为敬侯。……十二年(当作十三年,前374),敬侯卒,子成侯种立。成侯元年,公子胜与成侯争立,为乱。■赵敬侯十三年即赵成侯元年,赵成侯当年改元。故赵敬侯在位十三年(前386—前374),记为十二年(前386—前375)。

[5]《韩世家》:哀侯六年(当作三年,前374),韩严(严遂)弑其君哀侯,而子懿侯立。●《韩世家索隐》引《竹书纪年》:魏武侯二十二年(前374年),晋桓公邑哀侯于郑。韩山坚贼其君哀侯,而立韩若山。●《晋世家索隐》引《竹书纪年》:魏武侯以(晋)桓公十九年卒,韩哀侯、赵敬侯并以(晋)桓公十五年(前374)卒。■韩山坚即韩严(严遂),韩若山即韩懿侯。韩哀侯在位三年(前376—前374),因韩懿侯当年改元而实计二年。《韩世家》误书韩哀侯在位六年,年数误多四年;韩懿侯在位十二年不误,元年误后四年;韩昭侯在位二十六年,年数误少四年,元年误后四年。此后不误。

[6]《韩非子·喻老》：宋人有为其君以象为楮叶者，三年而成。丰杀茎柯，毫芒繁泽，乱之楮叶之中而不可别也。此人遂以功食禄于宋邦。列子闻之曰："使天地三年而成一叶，则物之有叶者寡矣。"

[7]《韩策二》二二：韩傀相韩，严遂重于君，二人甚相害也。严遂政议直指，举韩傀之过。韩傀以之叱之于朝。严遂拔剑趋之，以救解。于是严遂惧诛，亡去游，求人可以报韩傀者。至齐，齐人或言："轵深井里聂政，勇敢士也，避仇隐于屠者之间。"严遂阴交于聂政，以意厚之。聂政问曰："子欲安用我乎？"严遂曰："吾得为役之日浅，事今薄，奚敢有请？"于是严遂乃具酒，觞聂政母前。仲子奉黄金百镒，前为聂政母寿。聂政惊，愈怪其厚，固谢严仲子。仲子固进，而聂政谢曰："臣有老母，家贫，客游以为狗屠，可旦夕得甘脆以养亲。亲供养备，义不敢当仲子之赐。"严仲子辟人，因为聂政语曰："臣有仇，而行游诸侯众矣，然至齐，闻足下义甚高。故进百金者，特以为夫人粗粝之费，以交足下之欢，岂敢有求邪？"聂政曰："臣所以降志辱身，居市井者，徒幸而养老母。老母在，政身未敢以许人也。"严仲子固让，聂政竟不肯受。然仲子卒备宾主之礼而去。久之，聂政母死，既葬，除服。聂政曰："嗟乎！政乃市井之人，鼓刀以屠，而严仲子乃诸侯之卿相也，不远千里，枉车骑而交臣，臣之所以待之至浅鲜矣，未有大功可以称者，而严仲子举百金为亲寿，我虽不受，然是深知政也。夫贤者以感忿睚眦之意，而亲信穷僻之人，而政独安可嘿然而止乎？且前日要政，政徒以老母。老母今以天年终，政将为知己者用。"遂西至濮阳，见严仲子曰："前所以不许仲子者，徒以亲在。今亲不幸已死，仲子所欲报仇者为谁？"严仲子具告曰："臣之仇，韩相傀。傀又韩君之季父也，宗族盛，兵卫设，臣使人刺之，终莫能就。今足下幸而不弃，请益具车骑壮士以为羽翼。"政曰："韩与卫，中间不远，今杀人之相，相又国君之亲，此其势不可以多人，多人不能无生得失，生得失则语泄，语泄则韩举国而与仲子为仇也，岂不殆哉！"遂谢车骑人徒，辞独行，仗剑至韩。韩适有东孟之会，韩王及相皆在焉，持兵戟而卫者甚众。聂政直入，上阶刺韩傀。韩傀走而抱哀侯，聂政刺之，兼中哀侯，左右大乱。聂政大呼，所杀者数十人。因自皮面抉眼，自屠出肠，遂以死。韩取聂政尸于市，县购之千金，

久之莫知谁子。政姊闻之，曰："弟至贤，不可爱妾之躯，灭吾弟之名，非弟意也。"乃之韩，视之曰："勇哉！气矜之隆，是其轶贲、育而高成、荆矣。今死而无名，父母既殁矣，兄弟无有，此为我故也。夫爱身，不扬弟之名，吾不忍也。"乃抱尸而哭之曰："此吾弟，轵深井里聂政也。"亦自杀于尸下。晋、楚、齐、卫闻之曰："非独政之能，乃其姊者亦列女也。"聂政之所以名施于后世者，其姊不避菹醢之诛，以扬其名也。●《韩策三》六：东孟之会，聂政、阳坚刺相（韩傀）兼君（哀侯）。许异蹴哀侯（当作懿侯）而殪之，立以为郑君。韩氏之众无不听令者，则许异为之先也。是故哀侯（当作懿侯）为君，而许异终身相焉。而韩氏之尊许异也，欲其尊哀侯（当作懿侯）也。今日郑君不可得而为也，虽重申（申不害）相之焉，然而吾弗为云者，岂不为过谋哉！昔齐桓公九合诸侯，未尝不以周襄王之命。然则虽尊襄王，桓公亦定霸矣。九合之尊桓公也，犹其尊襄王也。今日天子不可得而为也，虽为桓公吾弗为云者，岂不为过辩而不知尊哉！韩氏之士数十万，皆戴哀侯（当作懿侯）以为君，而许异独取相焉者，无他；诸侯之君，无不任事于周室也，而桓公独取霸者，亦无他也。今强国将有帝王之疊，而以国先者，此桓公、许异之类也。岂可不谓善谋哉？夫先与强国之利，强国能王，则我必为之霸；强国不能王，则利用辟其兵，使之无伐我。然则强国事成，则我立帝而霸；强国之事不成，犹之厚德我也。今与强国，强国之事成则有福，不成则无患，然则先与强国者，圣人之计也。■聂政事又见《韩非子·说林上》、《刺客列传》。韩懿侯在位十二年（前374—前363），"许异终身相"（《韩策三》六），至韩昭侯十一年（前352）被申不害取代。

宋桓成丁耽溺宫帏，轮扁论孔教诲田午

前373年，岁在戊申。庄前四年。宋桓侯八年。

周烈王三年。秦献公十二年。楚肃王八年。魏武侯二十三年
（晋桓公十六年）。韩懿侯二年。赵成侯二年。田齐桓公三年（姜
齐幽公二年）。燕简公四十三年（卒）。鲁恭公十年。卫声公十
年。越王孚错枝三年（被弑）。中山桓公三十年。

田齐封侯之前，世袭齐相五世，专擅齐政百年，然而名不正言不顺，
不敢开疆拓土。封侯以后，取代姜齐已获周王承认，于是征越伐燕，侵鲁
攻卫，开疆拓土，争霸中原。

魏武侯不能容忍田齐与魏争霸中原，以田午弑杀田侯剡、姜齐康公为
罪名，邀约赵、燕共同伐齐。

赵成侯拒绝从命，燕简公欣然从命。

魏、燕联合伐齐。

魏军从西向东伐齐，攻至博陵（今山东茌平）。

燕军从北向南伐齐，攻至林营（今地不详）。

鲁恭公趁机收复了齐侵鲁地阳关（今河南鲁山）。

燕简公因为弱燕战胜强齐，喜极而死，在位四十二年（前415—前
373）。

太子继位，即燕桓公。[1]

庄周出生前四年，六月盛夏，中原大雪。[2]

庄全请教子綦："六月下雪，以前是否有过？"

子綦说："自古未闻。"

庄全问："吉凶如何？"

子綦说："以天观之，是天心寒彻。以人观之，是人心寒彻。以世观之，是君子道消，小人道长。以易观之，是泰道日消，否术日长。"

庄全问："孔子推崇周公之礼，整顿君臣纲纪，明辨君子小人。如今孔子之徒遍布天下，诸侯无不礼贤下士，重用孔子之徒，为何竟会君子道消，小人道长，君臣纲纪更加混乱？"

子綦说："一是时移世易，周公之礼已经不合当今时势。二是各国君主虽然声称遵循孔子之道，各国卿相虽然大都自称孔子之徒，也都愿意重用君子，远离小人，但是仍然不能挽救周公之礼，无法重整君臣纲纪。"

庄全问："是何缘故？"

子綦说："不妨以你熟知的吴起为例。吴起师从曾西、子夏，正是孔子之徒，劝说鲁元公、魏文侯、楚悼王重用君子，远离小人，正是自居君子。曾西、王错、屈宜臼也是孔子之徒，同样自居君子，认为吴起是小人，所以劝说鲁元公、魏武侯、楚悼王重用君子，远离小人。鲁元公、魏文侯、楚悼王重用吴起之时，当然是把吴起视为君子。鲁元公、魏武侯弃用吴起、楚肃王车裂吴起之时，又把吴起视为小人。难道吴起受到重用之时是君子，不受重用之时却变成了小人？可见判别君子、小人的标准，并非永恒不变的天道，而是不断改变的人道。所谓孔子之徒遍布天下，实为吴起之流遍布天下。"

庄全大为疑惑："如此说来，孔子之道莫非无益于天下？"

子綦说："我的朋友轮扁从齐国来信，说起他对田午进言，可以回答你的问题。"

庄全说："愿闻其详。"

子綦娓娓道来——

田齐桓公田午，近年征越伐燕，侵鲁攻卫，开疆拓土，欲霸中原，需要大量兵车。齐国大匠轮扁，受命制造兵车的车轮。

轮扁在殿堂之下凿制车轮，看见田午在殿堂之上读书，放下锤子、凿子，走上殿堂："主公所读，是何人之书？"

田午说："圣人孔子之书。"

轮扁问："孔子还在吗？"

田午说："早已死了。"

轮扁说："那么主公所读之书，岂非古人的糟粕？"

田午大怒："寡人读书，轮匠哪有资格妄议？说得通则罢，说不通处死！"

轮扁说："我是轮匠，只能以凿制车轮来看此事。凿制车轮，榫眼太松就爽滑不固，榫眼太紧就滞涩难入。如何做到榫眼不松不紧，只能得之于手，领悟于心，口不能言。我不能晓谕儿子，儿子不能传我之技，所以我年届七十，仍然自己动手凿制车轮。古人及其不可言传的论道之意，都已死了。那么主公所读之书，岂非古人的糟粕？"[3]

子綦又说："田午听了轮扁之言，鉴于今年魏、燕、鲁共同伐齐，明白了孔子之道难以解决现实难题，于是在临淄北门设立稷下学宫，招纳各国才士。轮扁劝我返齐，出任稷下学士。用我毕生所学，教化天下士人。"[4]

庄全问："先生是否打算返齐？"

子綦摇头："轮扁对孔子之道的批评，合于老聃之道。但是田午设立稷下学宫，招纳天下才士，意在富国强兵，并非欲行老聃之道。"

庄全问："我听老师说，孔子曾经问礼于老聃，所以老聃之道不异于孔子之道。为何轮扁对孔子之道的批评，竟然合于老聃之道？"

子綦说："轮扁之言，合于《老子》之言'执今之道，以御今之有'。"

庄全惊问："我读过《老子》，记得是'执古之道'，为何先生说是'执今之道'？"

子綦说："你读的《老子》，已被主张法古的儒生改过了。《老子》原文是'执今之道'[5]，因为道体古今不变，万世永存。但是古今时势不同，古今外境不同，因而道体的显现之用，古今也有不同。古之道体的显现之用，与古之时势外境相应。今之道体的显现之用，与今之时势外境相应。主张'执古之道'，就会泥古不化，囿于古之道体的显现之用，不知今之道体的显现之用。"

宋桓公二十岁，冠礼以后，本应亲政，却被孝子之名所劫，不敢提出亲政。

太后说："你迷恋无用之技，容易上当受骗，怎能治理国家！"

宋桓公只好听凭太后继续摄政，听任戴驩继续专权。仅仅主持春秋大祭、太后寿辰庆典。纳了许多姬妾，沉湎宫帏之乐。

四年前，越国太子诸咎弑杀其父越王翳，篡位自立。三个月后，越国贵族又弑杀越王诸咎，改立越王翳次子孚错枝为越王。

越王孚错枝，今年又被越国贵族弑杀，在位三年（前375—前373）。

大夫寺区平定了叛乱，欲立越王翳第三子王子搜为越王。

王子搜鉴于四年之中父兄三次被弑，不愿为王，逃进深山，躲入开采丹砂的洞穴。

寺区找到山洞，在洞口燃烧艾草，把拒绝继位的王子搜熏出山洞。

王子搜被迫继位，即越王初无余之。[6]

庄全请教子綦："宋人对宋桓公评价不一，有人说是仁孝之君，有人说是无为之君。先生如何看待？"

子綦说："宋桓公尚未亲政，不易判断。亲政以后依然仁孝，才是仁孝之君。亲政以后依然无为，才是无为之君。"

庄全又问："有人说王子搜拒绝为君，必为仁义之君。先生如何看待？"

子綦说："王子搜并非厌恶为君，仅是厌恶为君导致的祸患。王子搜可谓不肯以国伤生的智者，符合《老子》之言：'贵以身为天下，若可以托天下；爱以身为天下，若可以寄天下。'王子搜不愿为君，所以越人更愿奉他为君。渴望为君的愚人，大多仅见为君之富贵，不知为君之祸患，必定以国伤生，必定不配为君。世上愚人太多，智者太少，所以老聃之徒或主张虚君，或主张无君。"

庄全又闻子綦主张无君，不再吃惊。[7]

笺注

[1]《田世家》：齐威王六年（当作桓公午三年，前373），鲁伐我，入阳关。晋伐我，至博陵。●《燕世家》：燕厘公二十年（当作四十三年，前373），伐败齐于林营。厘公卒，桓公立。●《燕世家索隐》引《竹书纪年》：燕简公四十五年（当作四十三年，前373）卒。■燕厘公即燕简公，复谥"简厘"。

[2]《赵世家》：赵成侯二年（前373），六月雨雪。■《史记》"六月雨雪"仅此一例，后世用为典故。

[3]《庄子·天道》：桓公读书于堂上。轮扁斫轮于堂下，释椎凿而上，问桓公曰："敢问公之所读者何言邪？"公曰："圣人之言也。"曰："圣人在乎？"公曰："已死矣。"曰："然则公之所读者，古人之糟粕矣夫？"桓公曰："寡人读书，轮人安得议乎？有说则可，无说则死。"轮扁曰："臣也，以臣之事观之。斫轮，徐则甘而不固，疾则苦而不入。不徐不疾，得之于手，而应于心，口不能言，有数存焉于其间。臣不能以喻臣之子，臣之子亦不能受之于臣，是以行年七十，而老斫轮。古之人与其不可传也，死矣。然则公之所读者，古人之糟粕矣夫？"■先秦齐桓公有二。一是春秋姜齐之齐桓公小白（前685—前643在位），早于孔子（前551—前479）。二是战国田齐之齐桓公田午（前375—前358在位），晚于孔子。旧多误视《庄子·天道》之桓公为姜齐桓公，不合文中所言"圣人（孔子）已死"。

[4]稷下学宫始建于桓公午（前375—前358在位），大成于齐威王（前357—前319在位），极盛于齐宣王（前319—前301在位），衰落于齐湣王（前300—前284在位），重建于齐襄王（前283—前265在位），废弃于齐王建（前264—前221在位）。

[5]马王堆《老子》帛甲本、帛乙本均作"执今之道，以御今之有"，《老子》传世本改为"执古之道，以御今之有"。详见拙著《老子奥义》。

[6]《越世家索隐》引《竹书纪年》：吴人立子孚错枝为君（前376）。明年（前375），大夫寺区定粤乱，立初无余之。■《越世家索隐》引《竹书纪年》不全，"明年"前当有未引之文。孚错枝在位三年（前375—前373），初无余之元年为前372年。

[7]《庄子·让王》：越人三世杀其君。王子搜患之，逃乎丹穴。而越国无君，求王子搜不得，从之丹穴。王子搜不肯出，越人熏之以艾，乘以王舆。王子搜援绥登车，仰天而呼曰："君乎！君乎！独不可以舍我乎？"王子搜非恶为君也，恶为君之患也。若王子搜者，可谓不以国伤生矣，此固越人之所欲得为君也。●《越世家》：王翳卒，子王之侯立。●《越世家索隐》：故《庄子》云"越人三弑其君，子搜患之，逃乎丹穴不肯出，越人熏之以艾，乘以王舆"……王之侯即无余之也。■王之侯即王子搜，王子搜即初无余之，因四年间越君三弑，故逃。《越世家》脱诸咎、孚错枝二君，当为越人讳言，史公不知。杨宽误以王子搜为无颛。翳、诸咎、孚错枝、初无余之四世均被弑，无颛始得善终。

徐无鬼讽谏魏武侯，楚庄全娶妻宋狶韦

前372年，岁在己酉。庄前三年。宋桓侯九年。

周烈王四年。秦献公十三年。楚肃王九年。魏武侯二十四年（晋桓公十七年）。韩懿侯三年。赵成侯三年。田齐桓公四年（姜齐幽公三年）。燕桓公元年。鲁恭公十一年。卫声公十一年（卒）。越王初无余之元年。中山桓公三十一年。

老聃之徒徐无鬼，不满魏武侯穷兵黩武，一直隐居缙山（今山西平定）。今年前往安邑，经由大夫女商引见，晋见魏武侯。

魏武侯大悦："寡人礼聘先生，先生一再拒绝！如今是否隐居山林太久，身心疲病，才肯来见寡人？"

徐无鬼说："君侯征伐天下，一心图霸，必定身心疲病，我特来慰劳君侯。为何君侯反倒慰劳我？"

魏武侯十分诧异："此话怎讲？"

徐无鬼说："君侯若是放纵自己的嗜欲，助长自己的好恶，身心就会大病。君侯若是节制自己的嗜欲，摈除自己的好恶，身心就会小病。"

魏武侯不悦，昂首看着天上。

徐无鬼于是转换话题："我想告诉君侯，我如何相狗。下品之狗，吃饱就能满足，德性如同狸猫。中品之狗，昂首看着天上，德性非常自负。上品之狗，从来不露凶相，德性非常谦逊。"

魏武侯不明其意。

徐无鬼又说："我之相狗，又不如我之相马。国马经过训练，行走之时，笔直如绳，弯曲如钩，方者中矩，圆者中规。然而经过训练的国马，不如天然成材的天下马。天下马心怀忧虑，若有亡失，貌似不善奔跑，但是一旦奔跑，立刻超逸绝尘，瞬间不知所往。"

魏武侯大笑，忘了不快。

徐无鬼告辞而出。

女商问徐无鬼："先生有何言说，引得主公大笑？我常对主公进言，谈到治国，就说《诗》、《书》、《礼》、《乐》。谈到打仗，就说《金版》、《六韬》，主公从来不笑。我还立过无数大功，主公也未对我启齿一笑。"

徐无鬼说："我只是说了如何相狗，如何相马。"

女商更为迷惑："我谈论主公最有兴趣的治国打仗，主公从来不笑。先生谈论主公毫无兴趣的相狗相马，主公为何大笑？"

徐无鬼说："你是否知道越国逃亡者心情如何变化？离乡数日，遇见相知的朋友，就会喜悦；离乡十天半月，遇见相识的同乡，就会喜悦；离乡一年，遇见像人的猿猴，就会喜悦。这是因为离乡越久，思乡越深。逃入荒漠之人，行走于野草丛生、鼬鼠出没的小径，踉跄于空旷的原野，只要听到行人的跫跫足音就会喜悦，何况听到兄弟亲戚的咳唾言笑？很久以来，魏武侯听到的都是假人假言，却听不到真人真言！"[1]

卫声公眼见鲁恭公去年趁着魏、燕伐齐，收复了齐侵鲁地阳关，今年也出兵收复了齐侵卫地薛陵（今山东鄄城北）。

卫声公姬训因为弱卫小胜强齐，喜极而死，在位十一年（前382—前372）。

太子姬不逝继位，即卫成公。[2]

赵成侯久已不满卫国亲魏敌赵，采纳赵相大成午之策，趁着卫国易君治丧，出兵伐卫，攻取了七十三个乡邑。

卫成公面临亡国，向魏求救。

魏武侯立刻伐赵，在蔺邑（今山西柳林）击败赵军。[3]

徐无鬼再次晋见魏武侯。

魏武侯旧话重提："先生隐居山林，食用橡栗，饱餐葱韭，摈弃寡人很久了！如今是想念酒肉了呢，还是打算辅佐寡人？"

徐无鬼也旧话重提："不敢享用君侯的酒肉，特来慰劳君侯疲病的身心。"

魏武侯再次不悦："此言何意？"

徐无鬼不再转换话题："天地养育万物，一视同仁。登临高位者，不可自矜尊贵；居处下位者，不必自惭贫贱。君侯身为万乘之主，劳苦一国民众，供养一己耳目口鼻，心神必定不安。人之心神，必定喜好和谐，厌恶奸邪；君侯心有奸邪，已成大病，所以特来慰劳。"

魏武侯辩解："寡人非常爱护民众，一直准备为了仁义而罢兵。"

徐无鬼说："君侯爱护民众，正是残害民众的开始。君侯为了仁义而罢兵，正是导致战争的根源。君侯如此作为，必定失败。凡是既成之善，都是作恶的工具。君侯声称为了仁义，近于虚伪。凡有形迹，必定导致伪形；凡有小成，必定导致自矜；凡有变更，必定导致外战。君侯只有不在谯楼之间陈列鹤行兵阵，不在祭坛之宫检阅步卒车兵；不藏逆天之心，不用智巧胜人，不用谋略胜人，不用战争胜人，才是真正的仁义。诛杀别国士民，兼并别国土地，用于奉养一己私欲，满足一己心神，这种战争，善在何处？胜在何处？君侯不如停止有为，修复胸中诚意，顺应天地实情，不再撄扰民众，民众就已脱离死地，何须为了仁义而罢兵？"

魏武侯听从其言，撤回救卫之兵，不再逼迫赵国归还侵卫之地。

卫国被赵攻取大部分国土，得魏之救免于亡国，从此沦为魏国附庸。[4]

玉匠花了三年时间，终于雕成一片假树叶，混在真树叶里，请宋桓公找出来。

宋桓公找不出来。

玉匠取出假树叶献上。

宋桓公惊叹不已，重赏玉匠。

玉匠领赏告退。

宋桓公请来太后，让她从树叶堆里找出假树叶。

太后找不出来。

宋桓公取出假树叶，太后惊叹不已，赞赏宋桓公没有白等三年。

宋桓公召来戴骥，也让他从树叶堆里找出假树叶。

戴骥也找不出来。

宋桓公十分得意。

戴骥说："主公找出来，让我见识一下。"

宋桓公找了半天，没有找到，急出一头大汗。

戴骥说："主公恐怕又被骗了！"

宋桓公说："刚才还在，寡人和太后均亲眼所见！"

戴骥说："现在怎么没了？"

宋桓公大窘，派人去找玉匠，玉匠已经逃走。

宋桓公弄巧成拙，仍然不敢提出亲政。[5]

庄周出生前三年，庄全娶妻。

庄全客居宋国十年，没有盼到楚肃王大赦，放弃返楚之念，迎娶猜韦氏之女。

娶妻以后，庄全乡愁大减。男耕女织，夫妇恩爱，时常共读《诗经》。

猜韦氏问："《诗经》十五国风，为何多言齐女、宋女美貌？"

庄全说："周礼规定，同姓不婚。所以中原姬姓诸侯，多娶齐女、宋女。"

猜韦氏问："楚、秦也非姬姓，为何中原诸侯少娶楚女、秦女？"

庄全说："楚是南蛮，秦是西戎，又少美女。齐、宋均在中原，又多美女。"

猜韦氏问："孔子有言：'未见好德如好色者。'你是好德，还是好色？"

庄全笑了："好色不碍好德，何必有所偏废？"

一边击掌，一边吟诵《陈风·衡门》：

> 岂其食鱼，必河之鲤？
> 岂其娶妻，必宋之子？

笺注

[1]《庄子·徐无鬼》：徐无鬼因女商见魏武侯。武侯劳之曰："先生病矣！苦于山林之劳，故乃肯见于寡人？"徐无鬼曰："我则劳于君，君又何劳于我？君将盈嗜欲，长好恶，则性命之情病矣；君将黜嗜欲，掔好恶，则耳目病矣。我将劳君，君又何劳于我？"武侯超然不对。少焉，徐无鬼曰："尝语君，吾相狗也：下之质，执饱而止，是狸德也；中之质，若视日；上之质，若亡其一。吾相狗，又不若吾相马也。吾相马：直者中绳，曲者中钩，方者中矩，圆者中规，是国马也，而未若天下马也。天下马有成材，若恤若失，若丧其一；若是者，超轶绝尘，不知其所。"武侯大悦而笑。徐无鬼出。女商曰："先生独何以说吾君乎？吾所以说吾君者，横说之则以《诗》、《书》、《礼》、《乐》，纵说之则以《金版》、《六韬》；奉事而大有功者，不可为数，而吾君未尝启齿。今先生何以说吾君，使吾君悦若此乎？"徐无鬼曰："吾直告之吾相狗马耳。"女商曰："若是乎？"曰："子不闻夫越之流人乎？去国数日，见其所知而喜；去国旬月，见所尝见于国中者而喜；及期年也，见似人者而喜矣。不亦去人滋久，思人滋深乎？夫逃虚空者，藜藋柱乎鼪鼬之径，踉位其空，闻人足音跫然而喜矣，又况乎昆弟亲戚之謦咳其侧者乎？久矣夫，莫以真人之言謦咳吾君之侧乎？"

[2]《田世家》：齐威王七年（当作桓公午四年，前372），卫伐我，取薛陵。●《卫世家》：卫声公十一年（前372）卒，子成侯遬立。●《卫世家索隐》：遬音速。《系本》作"不逝"。上穆公已名遬，不可成侯更名，则《系本》是。■《系本》即《世本》，唐避李世民讳而改。卫成侯之名，本书从《世本》。

[3]《赵世家》：赵成侯三年（前372），太戊午为相。伐卫，取乡邑七十三。魏败我蔺。●《魏世家》：魏武侯十五年（当作二十四年，前372），败赵北蔺。■太戊午，《赵世家》赵肃侯十六年又作"大戊午"，《韩非子·内储说下》、《韩策一》均作"大成午"。

[4]《庄子·徐无鬼》：徐无鬼见武侯。武侯曰："先生居山林，食芋栗，餍葱韭，以摈寡人，久矣夫！今老邪？其欲干酒肉之味邪？其寡人亦有社稷之福邪？"徐无鬼曰："无鬼生于贫贱，未尝敢饮食君之酒肉，将来劳君也。"君曰："何哉？奚劳寡人？"曰："劳君之神与形。"武侯曰："何谓邪？"徐无鬼曰："天地之养也一，登高不可以为长，居下不可以为短。君独为万乘之主，以苦一国之民，以养耳目鼻口，夫神者不自许也。夫神者，好和而恶奸；夫奸，病也，故劳之。唯君不病之，何也？"武侯曰："欲见先生久矣。吾欲爱民，而为义偃兵，其可乎？"徐无鬼曰："不可。爱民，害民之始也；为义偃兵，造兵之本也。君自此为之，则殆不成。凡成美，恶器也。君虽为仁义，几且伪哉！形固造形，成固有伐，变固外战。君亦必无盛鹤列于丽谯之间，无行徒骥于锱坛之宫；无藏逆于德，无以巧胜人，无以谋胜人，无以战胜人。夫杀人之士民，兼人之土地，以养吾私与吾神者，其战不知孰善？胜之恶乎在？君勿若已矣，修胸中之诚，以应天地之情，而勿撄。夫民死已脱矣，君将恶乎用夫偃兵哉？"

[5]事见引子第八章注6。

魏武伐楚赵成攻秦，狗猛酒酸子綦解惑

前371年，岁在庚戌。庄前二年。宋桓侯十年。

周烈王五年。秦献公十四年。楚肃王十年。魏武侯二十五年（晋桓公十八年）。韩懿侯四年。赵成侯四年。田齐桓公五年（姜齐幽公四年）。燕桓公二年。鲁恭公十二年。卫成侯元年。越王初无余之二年。中山桓公三十二年。

魏武侯再次伐楚，攻取了鲁阳（今河南鲁山）。[1]

赵成侯去年伐卫，今年转而伐秦，在高安（今地不详）击败秦军。[2]

秦献公前败于魏，今败于赵，深感耻辱，誓报三晋侵秦之仇。

宋桓公召见戴剔成："寡人无事可做，先生有何建议？"

戴剔成说："主公姬妾众多，宫殿狭小，不妨建造新宫。"

宋桓公听从其言，得到太后允准，任命戴剔成为司城，负责建造新宫。

戴骥十分明白，宋桓公重用戴剔成，意在分己之权，好在戴剔成与己同宗，为己提拔，一向依附自己，于是热心支持建造新宫，举荐匠石担任大匠。

匠石师从齐国大匠轮扁，尽得其传，学成返宋，担任宋国大匠，带领工人建造新宫，挖出一块美玉。[3]

匠石献给戴剔成："这是稀世珍宝！君子才配拥有，小人不配拥有。"

戴剔成说："你把美玉视为珍宝，我把不受美玉视为珍宝。"

命令匠石把美玉献给太后。

太后大悦。

戴剔成廉洁奉公，深受宋民爱戴。[4]

宋国定陶有个富商，名叫监止。

一日闲逛，路过一家古玩铺，看中一块璞玉。

店主开价百金。

监止取过璞玉，知道开价偏低。于是不动声色，手持美玉，翻来覆去挑剔瑕疵，要求降价。

旁边一人争买："我愿出百金。"

店主伸手索回璞玉。

监止佯装失手，璞玉跌在地上，碎成几块。

店主要求赔偿百金。

监止赔付百金，带回碎玉，分别琢磨加工，转手卖出千金。

监止长袖善舞，深受宋民羡慕。[5]

宋国定陶有个富商，把女儿嫁给卫国士人。

送嫁之时，富商教导女儿："你掌管夫家钱财，必须多藏私蓄。"

女儿不解："何必如此？"

富商说："卫风多淫，士多妻妾，恩爱难以长久。你多藏私蓄，万一丈夫把你休了，再嫁之时就有丰厚嫁妆，别人必将争相娶你。"

女儿嫁到卫国夫家，遵循其父教导，常把私蓄送回宋国父家。

夫家发现此事，把她休了，遣回宋国。

富商先见之明，深受宋民敬佩。[6]

宋国有个农夫，原本家境富裕，一天在田间耕地，在一棵树桩旁边，捡到一只撞死的兔子。

从此以后，农夫不再耕地，天天守在树桩旁边，等待兔子撞死。

等了很久，没有等到兔子，变得一贫如洗。

宋人守株待兔，成为天下笑谈。[7]

庄周出生前二年，宋国民风大变。

曹夏请教庄全："小店一向门庭若市，酒客众多，近来门庭冷落，酒客稀少，藏酒全都变酸，先生是否明白原因？"

庄全说："我也不明白！"

曹夏说："南伯无所不知，你可否替我问问？"

庄全奇怪："你与南伯为邻，为何自己不问？"

曹夏嗫嚅："我曾怀疑南伯的儿子是窃贼，担心南伯见怪。"

庄全说："事隔多年，南伯怎会计较？既然如此，我代你去问。"

立刻走到隔壁院落，回来告诉曹夏："南伯说，你店里新养一条恶狗，吓得酒客不敢来了。"

曹夏恍然大悟，杀了恶狗，倒掉酸酒，另进新酒。

曹氏旅店迅速恢复了往日的酒客盈门。[8]

庄全请教子綦："我初来宋国之时，宋国民风淳正。如今宋国民风大变，究竟是何原因？"

子綦说："宋人原本淳朴敦厚，近来浇薄势利，乃是因为戴驩为了固位专权，热衷用术，于是上行下效，民风大变。"

庄全说："宋人擅长经商，商贾用术几百年，民风仍然淳朴。为何戴驩用术十年，民风迅速败坏？"

子綦说："周武王伐灭殷商，殷商贵族沦为平民，因为不会耕稼，只好从事货卖，结果多成富人。天下遂称贾人为商人，宋国定陶遂成天下第一商都。但是宗室贵族可以因贵而富，商贾富族不能因富而贵，商贾之业仍是贱业，商贾富族仍是贱民。宗法制度之下，民众无不仰慕宗室贵族，无不鄙视商贾富族，所以商贾富族用术数百年，宋国民风仍然淳朴敦厚。戴驩用术十年，宗室贵族、宋国上下竞相仿效，宋国民风迅速趋于诈伪。"

庄全问："我还是不明白，为何商贾用术不会败坏民风，宗室用术就会败坏民风？"

子綦说："商贾没有逆天行术的权势，想要经商致富，必须凭借顺应天道的人术，所以人术愈精，天道愈尊。宗室拥有逆天行术的权势，想要争权致贵，必须凭借违背天道的人术，所以人术愈精，天道愈卑。顺应天道的人术，谓之泰道。违背天道的人术，谓之否术。民众遵循泰道，不会丧失真德而趋于诈伪。民众奉行否术，必将丧失真德而趋于诈伪。"

庄全问："先生又说泰道、否术，可否详论？"

子綦说："我研究《归藏》与《周易》的差别，仅有数年，理解不深，心得有限。大体而言，《归藏》专崇泰道，《周易》专崇否术。泰道用柔，否术用刚。"

庄全仍然一头雾水。

笺注

[1]《魏世家》：魏武侯十六年（当作二十五年，前371）伐楚，取鲁阳。●《楚世家》：楚肃王十年（前371），魏取我鲁阳。

[2]《赵世家》：赵成侯四年（前371），与秦战高安，败之。■《秦记》讳而不记，《秦本纪》亦未记。

[3]匠石见于《庄子·人间世》、《庄子·徐无鬼》。

[4]《韩非子·喻老》：宋之鄙人得璞玉而献之子罕，子罕不受。鄙人曰："此宝也，宜为君子器，不宜为细人用。"子罕曰："尔以玉为宝，我以不受子玉为宝。"是以鄙人欲玉，而子罕不欲玉。故曰："欲不欲，而不贵难得之货。"●《吕览·异宝》：宋之野人耕而得玉，献之司城子罕，子罕不受。野人请曰："此野人之宝也，愿相国为之赐而受之也。"子罕曰："子以玉为宝，我以不受玉为宝。"故宋国之长者曰："子罕非无宝也，以所宝者异也。"■司城子罕即戴剔成。司城为职，子罕为字，剔成为名。

[5]《韩非子·说林下》：宋之富贾有监止子者，与人争买百金之璞玉，因佯失而毁之，负其百金，而理其毁瑕，得千镒焉。

[6]《淮南子·泛论训》：宋人有嫁子者，告其子曰："嫁未必成也。有如出，不可不私藏。私藏而富，其于以复嫁易。"其子听父之计，窃而藏之。若公知其盗也，逐而去之。其父不自非也，而反得其计。

[7]《韩非子·五蠹》：宋人有耕田者，田中有株，兔走，触株折颈而死，因释其耒而守株，冀复得兔，兔不可复得，而身为宋国笑。今欲以先王之政，治当世之民，皆守株之类也。■成语：守株待兔。

[8]《韩非子·外储说右上》：宋人有酤酒者，升概甚平，遇客甚谨，为酒甚美，县帜甚高，然而不售，酒酸。怪其故，问其所知间长者杨倩，倩曰："汝狗猛耶?"曰："狗猛则酒何故而不售?"曰："人畏焉。或令孺子怀钱挈壶雍而往酤，而狗迓而龁之，此酒所以酸而不售也。"

魏武侯死戴驩玩火，楚肃王崩庄母怀胎

前370年，岁在辛亥。庄前一年。宋桓侯十一年。

周烈王六年。秦献公十五年。楚肃王十一年（卒）。魏武侯二十六年（卒。晋桓公十九年）。韩懿侯五年。赵成侯五年。田齐桓公六年（姜齐幽公五年）。燕桓公三年。鲁恭公十三年。卫成侯二年。越王初无余之三年。中山桓公三十三年。

田午篡位以后，征越伐燕，侵鲁攻卫，意在开疆拓地，不料遭到魏、燕征伐，弱小的鲁、卫也趁机收复失地，于是亲往洛阳朝觐周烈王。以此昭告天下，田齐已非乱臣贼子，乃是周室正封诸侯。

周烈王即位六年，天下诸侯均不来朝。突然得到田午朝觐，受宠若惊，隆重接待。[1]

田午正在得意，不料激起了不愿再受周王约束的天下诸侯更大不满。

赵成侯三年前拒绝与魏武侯共同伐齐，如今因为田午朝觐周烈王，立刻伐齐，攻取了甄邑（今山东鄄城）。[2]

正在此时，魏武侯魏击死了，在位二十六年（前395—前370）。[3]

三十一岁的太子魏罃继位，即魏惠侯。三十六年后叛周称王，史称魏惠王。[4]

中山桓公魏挚离开灵寿（今河北平山），亲赴安邑（今山西夏县），吊唁兄长魏击，朝拜侄子魏罃。

魏挚被魏文侯封为中山国君，已有三十三年，第二次回到自幼所居的安邑。第一次是二十六年前，魏挚回到安邑，吊唁父君，朝拜兄长，首次见到五岁的侄子魏罃。

如今魏挚拜于阶下，内心忐忑，不知兄长魏击死后，侄子魏罃能否继续帮助中山抵御赵国威胁。

魏惠侯看见魏挚既是自己叔父[5]，又是中山国君，仍然拜在自己脚下，顿时雄心大起。立志光大父祖之业，取代日薄西山的东周王朝，让天下诸侯全都拜在自己脚下。

魏惠侯在魏国西部的安邑刚刚继位，庶弟公中缓在魏国东部的邺城（今河北磁县）起兵争位。

戴骥命令公孙颀："我用你之策，一再拒绝叛楚亲魏。幸而魏武侯忙于征伐齐、赵，驰救中山，一直没空伐宋。魏惠侯继位，年轻气盛，很有可能伐宋。如今公中缓起兵争位，正是削弱魏国的良机。但是弱宋不能直接挑战强魏，你可游说赵成侯、韩懿侯支持公中缓，促使魏国内乱。"

公孙颀奉命，先到邯郸，游说赵成侯："公中缓与魏惠侯争位，魏惠侯得到王错支持，据有从安邑到上党的魏国西部，实力强大。公中缓仅有从邺城到大梁的魏国东部，处于劣势。君侯若与韩懿侯共同出兵支持公中缓，把魏国一分为二，赵国就能取代魏国，成为中原霸主。"

赵成侯问："韩懿侯是否愿意支持公中缓？"

公孙颀说："我愿使韩，劝说韩懿侯追随君侯。"

公孙颀又往新郑，游说韩懿侯："赵成侯派我使韩，邀约君侯共同出兵支持公中缓，把魏国一分为二，韩、赵从此不必听命于魏。"

韩懿侯欣然同意。

赵成侯、韩懿侯亲自领兵支持公中缓，在浊泽（今河南长葛）击败魏军，杀死王错，包围了魏惠侯。

赵成侯说:"不如杀死魏惠侯,让公中缓在魏国西部为君,赵、韩瓜分魏国东部。"

韩懿侯说:"杀死魏惠侯,天下必定谴责我们暴虐。瓜分魏国东部,天下必定谴责我们贪婪。不如让魏惠侯在魏国西部为君,让公中缓在魏国东部为君。强魏一分为二,其弱一如宋、卫,我们从此不必听命于魏。"

赵成侯不同意。

韩懿侯半夜撤兵。

魏惠侯趁机突破浊泽之围,躲过杀身之祸,免于分国之患。[6]

庄周出生前一年,魏武侯死后二子争位。

庄全请教子綦:"赵成侯、韩懿侯为何介入魏国争位之战?"

子綦说:"魏武侯凭借魏文侯的霸业,欺压韩、赵。韩国被迫屈服,赵国不肯屈服。如今魏武侯死去,公中缓与魏惠侯争位,赵成侯打算趁机削弱魏国,然后伐灭中山,韩懿侯打算趁机削弱魏国,不再依附魏国。"

庄全问:"戴驩又为何离间三晋,派遣公孙颀游说赵、韩支持公中缓?"

子綦说:"魏国横亘中原,两头大,中间小,西部又远远大于东部,东西部之间仅有上党一线相连。西部与秦相邻,东部与赵、韩、宋相邻。赵国在魏国东部之北,韩国在魏国东部之南,宋国在魏国东部之东。戴驩为了专权于宋,叛魏亲楚,担心魏国报复,所以用术玩火,离间三晋,试图趁机削弱魏国。由于赵、韩异心,戴驩不仅没能消除魏国威胁,反而得罪魏国更深。魏国一旦结束内乱,必将报复宋国!我们客居宋国,看来安稳日子不多了!"

庄全喃喃自语:"但愿楚肃王早日大赦,我可以早日返楚。"

正在此时,楚肃王熊臧死了。在位十一年(前380—前370),无子。

其弟熊良夫继位,即楚宣王。[7]

昭奚恤相楚。

戴驩派遣公孙颀使楚,吊唁楚肃王,朝拜楚宣王,延续楚、宋之盟,希望凭借强楚,抵御强魏报复。

庄全得知楚肃王死讯，失望至极，告诉身怀六甲的猕韦氏："我客居宋国十一年，天天盼着楚肃王大赦，可以带你返楚。没想到楚肃王至死没有大赦！"

猕韦氏问："居楚居宋，有何分别？"

庄全说："怎么没有分别？若能回到楚国，儿子生下来就是楚人。若是留在宋国，儿子生下来就是宋人。"

猕韦氏说："楚国是南蛮，宋国是诸夏，居楚不如居宋。"

庄全说："如今天下乱战，诸侯敢于征伐弱宋，不敢征伐强楚。儿子如果居楚，可以免于战祸。"

猕韦氏说："这倒有理！但你怎么知道一定是生儿子？生儿生女，由不得你我。"

庄全说："不管生儿生女，我都希望他们免于战祸。"

猕韦氏说："尽管楚强宋弱，但是究竟居楚能免战祸，还是居宋能免战祸，同样由不得你我。"

庄全夫妇处于忧虑之中，但是想到即将为人父母，又充满期待和喜悦。

笺注

[1]《赵策三》十三：昔齐威王尝为仁义矣，率天下诸侯而朝周。周贫且微，诸侯莫朝，而齐独朝之（前370）。居岁余（前369），周烈王崩，诸侯皆吊，齐后往。■周烈王崩于桓公午七年（前369），齐威王元年（前357）为周显王十一年，故朝周烈王者为桓公午，非齐威王。策文因田齐之年淆乱而误。

[2]《田世家》：齐威王九年（当作桓公午六年，前370），赵伐我，取甄。

[3]《魏世家》：十六年（当作二十六年，前370），武侯卒。●《魏世家索隐》引《竹书纪年》：魏武侯二十六年卒。●《晋世家索隐》引《竹书纪年》：魏武侯以（晋）桓公十九年（前370）卒。■魏文侯称侯前旧元二十二年（前445—前424），称侯后新元二十八年（前423—前396），合计在位五十年（前445—前396）。《魏世家》不记魏文侯旧元，误记魏文侯

新元为三十八年而多十年，又误记魏武侯在位十六年而少十年。

[4]《魏世家》：魏文侯二十五年（当作四十六年，前400），子击生子䓖。■魏惠王魏䓖，生于魏文侯四十六年（称侯后新元二十四年，前400），四年后（前396）祖父魏文侯魏斯卒。魏武侯魏击在位二十六年（前395—前370）卒，魏惠王魏䓖继位时三十一岁。

[5]中山桓公魏挚，是魏文侯魏斯之幼子，魏武侯魏击之弟，故为魏惠王魏䓖之叔父。详见拙著《隐秘的战国真史》。

[6]《魏世家》：子䓖与公中缓争为太子。公孙颀自宋入赵，自赵入韩，谓韩懿侯曰："魏䓖与公中缓争为太子，君亦闻之乎？今魏䓖得王错，挟上党，固半国也。因而除之，破魏必矣，不可失也。"懿侯说，乃与赵成侯合军并兵以伐魏，战于浊泽，魏氏大败，魏君围。赵谓韩曰："除魏君，立公中缓，割地而退，我且利。"韩曰："不可。杀魏君，人必曰暴；割地而退，人必曰贪。不如两分之。魏分为两，不强于宋、卫，则我终无魏之患矣。"赵不听。韩不说，以其少卒夜去。惠王之所以身不死，国不分者，二家谋不和也。若从一家之谋，则魏必分矣。故曰："君终，无適（嫡）子，其国可破也。"●《赵世家》：赵成侯五年（前370），伐齐于鄄。魏败我怀。攻郑，败之，以与韩，韩与我长子。六年（当作五年，前370），中山筑长城。伐魏，败浊泽，围魏惠王。■魏武侯卒年（前370），公中缓争立。《魏世家》把魏惠王元年提前一年，遂误以公中缓争立在魏惠王元年。

[7]《楚世家》：楚肃王十一年（前370），肃王卒，无子，立其弟熊良夫，是为宣王。

第一部

弃儒学道（前369—前351）

烈王崩周田午叱主，赵韩迁晋庄周生宋

前369年，岁在壬子。庄周一岁。宋桓侯十二年。

周烈王七年（卒）。秦献公十六年。楚宣王元年。魏惠王元年（晋桓公二十年，卒）。韩懿侯六年。赵成侯六年。田齐桓公七年（姜齐幽公六年）。燕桓公四年。鲁恭公十四年。卫成侯三年。越王初无余之四年。中山桓公三十四年。

年初，中原发生异事：太阳渐被黑物蚕食，直至吞没。白昼如同黑夜。[1]

古人不知日食原理，视为天狗吞日。

天下惶惶不可终日，不知有何大祸。

不久，周烈王姬喜死了。在位七年（前375—前369），无子。

庶弟姬扁继位，即周显王。[2]

天下诸侯恍然大悟，天狗吞日乃是周烈王死亡的预兆，庆幸祸事与己无关。

周王名义上仍是天下共主，诸侯表面上仍须遵守周礼。纷纷遣使至周，吊唁周烈王，朝觐周显王。

田齐使者，到达洛阳最晚。

周显王大怒，诛杀田齐使者。遣使至齐，痛斥田午："天崩地裂，天子下席。东藩之臣田午不敬天子，使者迟到，已予诛杀！田午必须亲至洛阳谢罪！"

田午大怒，遣使至周，叱骂周显王："周烈王无子，你才侥幸继位。你的生母，并非周安王的王后，仅是周安王的婢女！你怎敢诛杀寡人使者？"

周显王本想重振天子威仪，结果反遭侮辱，勃然大怒，命令天下诸侯伐齐。

田午去年朝觐周烈王，今年叱骂周显王，前恭后倨，非礼之至，沦为天下笑柄。[3]

魏惠侯在平阳（今山西临汾）击败公中缓的叛军和支持公中缓的赵军。诛杀公中缓，任命公叔痤为相[4]。随即得知宋太后死讯，于是准备伐宋。

公叔痤谏阻："宋太后死去，楚国遣使吊丧。主公刚刚平定叛乱，不宜违背礼义，趁丧伐宋！"

魏惠侯说："宋国叛魏亲楚，父君派遣白圭、季真两次使宋，戴骦一再抗命，如今又唆使赵成侯、韩懿侯支持公中缓叛乱。寡人若不伐宋，怎能号令天下？"

公叔痤说："自古两国交战，无不闻丧罢兵。伐丧违背礼义，必定不祥。宋太后既死，宋桓公必将亲政，未必继续亲楚。主公不妨暂缓伐宋，静观其变。"

魏惠侯听从其言，暂不伐宋，转而伐韩，在马陵（今河南范县）击败韩军。然后移师伐赵，在怀邑（今河南武陟）击败赵军。[5]

赵成侯、韩懿侯胁迫晋桓公："魏惠侯征伐韩、赵，破坏三晋团结，主公应予申斥！"

晋桓公不敢招惹强魏，拒绝从命。

赵成侯、韩懿侯大怒，把晋桓公逐出晋都曲沃（今山西闻喜），迁至屯留（今山西长治）。

晋桓公姬颀不能守护先君宗庙，痛心疾首，不久病死于屯留。在位二十年（前388—前369）。[6]

赵成侯为了牵制魏国，不愿灭绝晋祀，于是另立晋桓公太子，即晋悼公。[7]

韩懿侯则把女儿韩姬，嫁给晋悼公，立为正夫人。[8]

戴骓上朝，献策宋桓公："主公孝名，闻于天下。应该奉行孔子之教，为太后服丧三年。"

宋桓公不敢触怒戴骓，以免招致变故，只好继续扮演孝子，缓图长久之计。

戴骓为了预防宋桓公除丧以后亲政，大力培植党羽，除了重用同宗戴剔成，又提拔同宗戴盈、戴不胜。太后死后，宋桓公服丧，戴骓不再受太后掣肘，专权更甚。

戴骓及其重用的戴氏同宗，均为宋戴公（前799—前766在位）后裔，以谥为姓。戴氏专擅宋政，业已数世。

年末，秦国发生异事：桃树本应春天开花，竟然花期提前数月，冬天开花。

秦献公认为，这是阳气聚于秦国的征兆，视为花瑞。命令史官著于《秦记》，举国庆贺。[9]

庄周（前369—前286）生于宋国蒙邑，一岁。

时为战国中期，父为楚人，母为宋人。

道家祖师老聃（前570—前470），儒家祖师孔丘（前551—前479），已死百余年。墨家祖师墨翟（前480—前390），已死二十多年。

魏人杨朱（前395—前335），二十七岁。

卫人商鞅（前390—前338），鲁人尸佼（前390—前330），楚人许行（前390—前315），二十二岁。

郑人申不害（前385—前337），齐人邹忌（前385—前319）、田忌（前385—前315），十七岁。

宋人惠施（前380—前300），魏人张仪（前380—前310）、子华子（前380—前320），齐人孙膑（前380—前320），十二岁。

魏人公孙衍（前375—前293），七岁。

邹人孟轲（前372—前289），四岁。

笺注

[1]《开元占经》卷一〇一引《竹书纪年》：梁惠成王元年（前369），昼晦。■梁惠成王即魏惠王，复谥"惠成"。魏惠王九年（前361），魏都从安邑（今山西夏县）迁至大梁（今河南开封），此后魏亦称梁。《孟子》有《梁惠王》。

[2]《周本纪》：十年（当作七年，前369），烈王崩，弟扁立，是为显王。■"十"为"七"之讹。

[3]《赵策三》十三：昔齐威王（当作齐桓公午）尝为仁义矣，率天下诸侯而朝周。周贫且微，诸侯莫朝，而齐独朝之（前370）。居岁余（前369），周烈王崩，诸侯皆吊，齐后往。周（显王）怒，赴于齐曰："天崩地坼，天子下席，东藩之臣田婴齐后至，则斮之。"威王（当作齐桓公午）勃然怒曰："叱嗟，尔母婢也。"卒为天下笑。故生则朝周，死则叱之，诚不忍其求也。■周烈王崩于桓公午七年（前369），吊周烈王者为桓公午，非齐威王。策文因田齐之年淆乱而误。周显王姬扁为周烈王姬喜之庶弟，生母非周安王姬骄之王后，故桓公午斥周显王"尔母婢也"。

[4]《水经·浊漳水注》引《竹书纪年》：梁惠王元年（前369），邺师败邯郸师于平阳。■《太平寰宇纪》五十五相州临漳县下引《竹书纪年》同。

[5]《魏世家》：魏惠王二年（当作元年，前369），魏败韩于马陵，败赵于怀。●《韩世家》：韩懿侯二年（当作六年，前369），魏败我马陵。■《魏世家》魏惠王元年误前一年。《韩世家》韩哀侯在位年数误多四年，导致韩懿侯元年误后四年。

[6]《晋世家索隐》引《竹书纪年》：晋桓公二十年（前369），韩共侯（即韩懿侯）、赵成侯迁晋桓公于屯留。■《水经·浊漳水注》引《竹书纪

年》同一事，于魏惠成王元年（前369）。韩共侯即韩懿侯，复谥"共懿"。

[7]《晋世家》：十七年（当作二十年，前369），（晋）孝公（即晋桓公）卒，子静公俱酒立。●《韩世家》：韩昭侯十年（当作十四年，前349），韩姬弑其君悼公。●《韩世家索隐》：《纪年》姬亦作玘。姬是韩大夫，而王邵亦云：不知悼公何君也。●《六国表》秦孝公十三年（349）：韩姬弑其君悼公。■《韩世家》、《六国表》"韩姬弑其君悼公"，均证晋孝公（即晋桓公）之后有晋悼公一世二十年（前368—前349）。三晋均无悼公，悼公必为晋桓公之子晋悼公。《晋世家》晋孝公（即晋桓公）之后，脱晋悼公。

[8]《韩世家》：韩昭侯十年（当作十四年，前349），韩姬弑其君悼公。●《韩世家索隐》：《纪年》姬亦作玘。姬是韩大夫，而王邵亦云：不知悼公何君也。●《六国表》秦孝公十三年（349）：韩姬弑其君悼公。■《晋世家》晋孝公（即晋桓公）之后，脱晋悼公一世二十年（前368—前349）。韩懿侯今年（前369）嫁女韩姬（韩昭侯之妹）于晋悼公，以便监视控制，二十年后（前349）韩姬弑晋悼公。

[9]《秦本纪》：秦献公十六年（前369），桃冬花。

二

宋桓嘉孝郑缓骤贵，显王立威赵韩伐周

前368年，岁在癸丑。庄周二岁。宋桓侯十三年。

周显王元年。秦献公十七年。楚宣王二年。魏惠王二年（晋悼公元年）。韩懿侯七年。赵成侯七年。田齐桓公八年（姜齐幽公七年）。燕桓公五年。鲁恭公十五年。卫成侯四年。越王初无余之五年。中山桓公三十五年。

赵成侯遣使至魏，晋见魏惠侯："田午弑兄篡位八年，弑杀齐康公，辱骂周显王，征伐诸侯，嚣张跋扈。田氏崛起，不利三晋。魏、赵应该借用周显王之命，共同伐齐！"

魏惠侯尽管不满赵成侯支持公中缓，仍很乐意与赵联手遏制田齐。

赵、魏借用周显王之命，共同伐齐，攻破了齐国防御三晋的西部长城。田午被迫求和，赵、魏退兵。[1]

魏军既退，齐将田寿怒而伐魏，围攻魏国东部重镇观泽（今河南清丰）。魏都安邑远在魏国西部，观泽守军迟迟等不到援军，开城投降齐国。魏惠侯鞭长莫及，只好把观泽割让给齐国。[2]

赵成侯又遣使至韩，晋见韩懿侯："周显王去年即位，妄想重振天子威仪，诛杀田齐使者，命令诸侯伐齐，嚣张跋扈。韩、赵应该共同伐周，不许周显王继续自居天下共主。"

韩懿侯早已不满东周王朝盘踞于韩国腹心,十分乐意与赵共同削弱周室。

赵、韩共同伐周,围攻洛阳。

周显王没能重振天子威仪,反而招来赵、韩征伐。从此认清形势,再也不敢逞威。[3]

宋桓公继续为母服丧,仍未亲政。除了主持春秋大祭,接见各国使者,沉迷无用之技,耽溺宫帏之乐,又开始迷恋乐舞,尤其迷恋郑卫乐舞。

宋桓公逐渐发现,戴氏党羽并非铁板一块。戴剔成忠于戴驩,戴盈忠于宋桓公,戴不胜不偏不倚。

为免戴驩疑忌,宋桓公不敢召见戴盈、戴不胜,只能以询问新宫建造进度的名义,不断召见戴驩最为倚重的戴剔成。

宋桓公告诉戴剔成:"相国治国有方,国泰民安。寡人为母服丧,不必理政。唯愿宋民尽孝父母,尽忠国君。"

戴剔成心领神会,宋桓公是以自己的大孝,暗示戴驩的不忠,于是献策:"主公以身作则,为母尽孝,深受宋民爱戴。不妨下令表彰孝子,宋国必能大治。"

宋桓公假装糊涂:"表彰孝子,为何就能大治?"

戴剔成说:"圣人有言:忠臣必出孝子之门。只有父慈子孝,才能君仁臣忠。只有孝敬父母,才能忠于国君。"

宋桓公听从其言,命令各地官员举荐孝子,予以表彰。

戴驩深知宋桓公意在借势行棋,仍然不动声色,热心支持。

大儒裘氏的弟子郑缓,被蒙邑县令举荐为孝子,得到宋桓公重用,爵为官师,主持太学。

曹氏旅店的酒客,议论纷纷。

一人问:"郑缓原是郑国人,为何得到宋桓公重用?"

庄全说:"七年前韩哀侯灭郑,郑缓之父死于战乱。郑缓追随其师裘氏，逃到蒙邑，为父服丧六年，被人视为孝子。"

另一人问："我们宋国，从国君到庶民，一向只为父母服丧一年。宋桓公是天下闻名的大孝子，也只为太后服丧三年。郑国的习俗，为何与宋国如此不同？"

曹夏说："并非郑、宋习俗不同，而是孔子之徒主张厚葬久丧。我们墨子之徒，一向反对厚葬久丧，主张薄葬短丧。其实孔子仅仅主张服丧三年，所以孔子死后，弟子大多服丧三年，唯有子贡服丧六年。郑缓仿效子贡，倾其家财，也为其父服丧六年，遭到众人嘲笑。去年郑缓服丧期满，大事操办除丧之礼，惊动了县令。恰好今年宋桓公表彰孝子，郑缓得到县令举荐。"

有人不以为然："子贡、郑缓家财万贯，才能服丧六年。庶民久丧，废耕废织，不能治家，怎能称为孝子？国君久丧，废礼废事，不能治国，怎能称为仁君？"

有人艳羡郑缓："郑缓败家久丧，貌似愚蠢，但是如今爵为官师，骤然富贵，不仅补回全部损失，而且大赚一笔，确实非常聪明！"

庄周二岁，牙牙学语。

猕韦氏告诉庄周："爸爸是楚国人，楚国庄氏是楚庄王后裔，正如鲁国三桓是鲁桓公后裔，宋国戴氏是宋戴公后裔。妈妈是宋国人，宋国猕韦氏，比宋国还要久远。早在殷商时代，就有豕韦氏，猕、豕都是猪。猪是初民最早驯化的动物，列于六畜之首。你整天吃了又睡，睡了又吃，就像一头小猪猡，猡猡猡猡。"

一边说，一边用嘴直拱小庄周。

小庄周听不懂妈妈的话，却被妈妈拱得咯咯笑个不停。

庄全抱着小庄周，去见子綦："去年田午叱骂周显王，今年赵成侯、韩懿侯征伐洛阳。先生如何看待？"

子綦说："东周王室虽然权威尽失，但是诸侯叱骂周王，征伐周都，均属史无前例。东周王朝，恐怕已经时日无多。"

庄全忧心忡忡："王朝更替，必将天下大乱。"

子綦接过小庄周，抱在手里，喜爱之极，顺口念诵《老子》："含德之厚者，比于赤子。"

庄全说："先生如此喜爱庄周，莫非看出庄周身负异禀？"

子綦说："婴儿的先天真德，大同小异。人之大异，在于后天能否葆守真德，不在先天真德厚薄。若能长葆先天真德，则薄者若厚。若是丧失先天真德，则厚者若薄。所以《老子》有言：'恒德不离，复归于婴儿。'"

庄全说："先生精通《归藏》、《周易》，可否为庄周占上一卦，看看他一生吉凶如何？"

子綦说：《归藏》仅仅昭示天命，从不卜筮人运。《周易》仅仅卜筮人运，然而遮蔽天命。如果不知天命，卜筮再精，仍难预知人运之吉凶。一旦领悟天命，无须卜筮，就能预知人运之吉凶。"[4]

庄全大为失望，看着无忧无虑的儿子，充满忧虑。

笺注

[1]《赵世家》：赵成侯七年（前368），侵齐，至长城。■参看上章注3。

[2]《魏世家》：魏惠王三年（当作二年，前368），齐败我观。●《水经·河水注》引《竹书纪年》：梁惠王二年（前368），齐田寿率师伐我，围观，观降。●《田世家》：（齐威王）遂起兵西击赵、卫，败魏于浊泽而围惠王。惠王请献观以和解，赵人归我长城。■《魏世家》魏惠王元年误前一年，据《竹书纪年》厘正。《田世家》纪年淆乱，导致恒公午八年（前368）齐败魏观等事，误系于齐威王。

[3]《赵世家》：赵成侯七年（前368），与韩攻周。■《韩世家》、《周本纪》失记。

[4]《庄子·庚桑楚》：老子曰："……能无卜筮而知吉凶乎？"

赵韩劫王周分二国，栎阳雨金秦祭五帝

前367年，岁在甲寅。庄周三岁。宋桓侯十四年。

周显王二年（周分为二）。秦献公十八年。楚宣王三年。魏惠王三年（晋悼公二年）。韩懿侯八年。赵成侯八年。田齐桓公九年（姜齐幽公八年）。燕桓公六年。鲁恭公十六年。卫成侯五年。越王初无余之六年。中山桓公三十六年。

西周威公姬竈死了，在位四十八年（前414—前367）。

太子姬朝继位，即西周惠公。

庶弟姬根发动叛乱，与兄争位，导致西周威公九个月不得安葬。

赵成侯、韩懿侯出兵支持姬根，迫使周显王把王都洛阳（今河南洛阳）和仅剩的辖地巩县（今河南巩义），全部封给姬根，称东周国。

姬根成为东周国开国之君，即东周惠公。[1]

庄全请教子綦："东周朝与东周国，究竟是何关系？"

子綦说："说来话长。七十二年前，周贞定王姬介（前468—前441在位）死后，太子姬去疾继位，即周哀王。三个月后，周哀王之弟姬叔弑兄篡位，即周思王。五个月后，周思王之弟姬嵬又弑兄篡位，即周考王（前440—前426在位）[2]。周考王担心幼弟姬揭也想弑兄篡位，于是把洛阳西面的河南之地封给姬揭。东周朝之下，从此多出一个西周国[3]。姬揭是西周国开国之君，即西周桓公（前439—前415在位）。西周桓公姬揭死后，太子姬寯继位，即西周威公。如今西周威公姬寯死了[4]，太子姬朝继位为西周惠公，庶弟姬根争位，得到赵成侯、韩懿侯支持，周显王被迫把所有辖地封给姬根。姬根成了东周国开国之君，即东周惠公[5]。东周朝之下，从此又多出一个东周国。"

庄全问："赵成侯、韩懿侯既然支持西周国二子争位，应该废黜太子姬朝，让庶子姬根继位为西周国君，为何强迫周显王把所有辖地封给姬根，另立一个东周国？"

子綦说："赵成侯、韩懿侯不想继续听命魏国，于是前年趁着魏武侯二子争位，打算分魏为二，由于意见不合而失败。赵成侯、韩懿侯不想继续尊奉晋君为三晋宗主，于是前年把晋君迁至屯留。赵成侯、韩懿侯不想继续尊奉周王为天下共主，于是去年围攻王都洛阳，今年趁着西周国二子争位，把东周王朝分为两个公国。"[6]

庄全感叹："周显王继位以后，试图重振天子威仪，结果先被田午辱骂，后被赵成侯、韩懿侯征伐，如今又被赵成侯、韩懿侯剥夺所有辖地，沦为独守王宫的孤家寡人，变成了寄居东周国的房客，再无'普天之下，莫非王土；率土之滨，莫非王臣'的威仪。东周王朝已经名存实亡！"

子綦说："晋国太史屠黍，很多年前就已预见今年之变。"

庄全说："愿闻其详。"

子綦细说原委——

晋幽公十五年（前414，西周威公元年），晋国太史屠黍离开晋国，出奔西周国。

西周威公刚刚即位，请教屠黍："当今天下诸侯，哪个最先亡国？"

屠黍说："晋国。"

西周威公问："是何缘故？"

屠黍说："晋幽公骄奢淫逸，毫无德义。我先进言：'日月星辰的运行混乱，这是天象在对主公示警！'晋幽公说：'这与寡人何干?'我又进言:'如今大臣多行不义,百姓都有怨气,这是人事在对主公示警!'晋幽公又说:'这与寡人何干?'我再进言:'如今主公不用贤良,邻国不服,这是外境在对主公示警!'晋幽公又说:'这与寡人何干?'晋幽公违背天时地利人和,无视亡国先兆,所以晋国最先灭亡。"

三年以后(前411,西周威公四年,晋幽公十八年),晋幽公半夜出宫,与妇人淫乱,被其秦国夫人嬴氏弑杀。魏文侯趁机以戡乱为名,另立晋烈公。晋国从此名存实亡。[7]

西周威公又请教屠黍:"接下来,哪个诸侯最先亡国?"

屠黍说:"白狄中山。"

西周威公问:"是何缘故?"

屠黍说:"天地生人,必须上下有序,男女有别,这是人类异于禽兽之处。白狄中山的胡人风俗,君臣不分上下,男女也无分别,以昼为夜,以夜继日,无休无止,纵情享乐,歌舞好悲。君主不知其恶,乃是亡国之征,所以白狄中山必将最先灭亡。"

三年以后(前408,西周威公七年,魏文侯十六年),魏文侯命令乐羊征伐白狄中山,三年后伐灭。[8]

西周威公又请教屠黍:"接下来,哪个诸侯最先亡国?"

屠黍不答。

西周威公再问。

屠黍说:"君侯之国!"

西周威公大为恐惧,寻访贤人,拜义蒔、田邑为卿相,命史骈、赵骈为谏臣,去除苛刻法令三十九条。再次请教屠黍:"寡人如此作为,能否免于亡国?"

屠黍说:"国家即将兴盛,上天就会赐予圣贤之士和谏诤之士。国家即将灭亡,上天就会降予祸乱之人和谄谀之人。君侯能知戒惧,终君之身可免亡!"[9]

子綦说:"今年西周威公死去,果然二子争位,东周王朝分裂为二公国。"

庄全大惊:"屠黍为何能够未卜先知,预言一再应验?"

子綦说:"屠黍与老聃一样,都是太史。殷商以来,太史执掌天文历法和人事卜筮。《归藏》用于天文历法,天道循环,不占即知循环。龟卜用于卜筮人事,人道吉凶,卜筮乃知吉凶。天道循环,超越人道交替。周人仅知《周易》可以卜筮人道吉凶,不知《归藏》可以预知天道循环。"

秦都栎阳,下了一场陨石雨,陨石里面含有金属。

群臣拜贺:"七年前周太史儋预言秦必代周,此后多有祥瑞相应。前年地出花瑞,预兆秦国阳气大盛。今年天降金瑞,预兆秦国以金为兵。主公只要祭祀白帝,必能以金为兵,击败中原诸侯。"

秦献公大喜,于是建造畦畤,祭祀白帝。[10]

庄全请教子綦:"中原诸侯无不祭祀黄帝,秦君为何独祭白帝?"

子綦说:"商代信仰五帝教,以五行、五方、五色配五帝:东方木,配青帝;西方金,配白帝;南方火,配赤帝;北方水,配黑帝;中央土,配黄帝。周灭商后,废除商代五帝教,确立周代一神教,独祭东方青帝,改名东皇泰一,奉为唯一天帝。西周王室强大,诸侯无不放弃商代五帝教,改信周代一神教。但是周天子独享在东岳泰山祭祀泰一天帝的特权,诸侯不得僭祭。诸侯只能在国中立坛,祭祀中央黄帝,以示臣服居于天下之中的周天子。秦君迟至东周始封诸侯,其时东周王室已弱,所以秦君没有改信周代一神教,仍然信仰商代五帝教。秦人居于中原之西,所以独祭西方白帝。"

庄全问:"秦人既然信仰商代五帝教,应该明白商王独享祭祀五帝的特权,诸侯不得僭祭,怎能僭祭白帝?"

子綦说:"秦襄公护送周平王东迁洛阳,因功封为诸侯,成为秦国开国之君,立都犬丘,即在犬丘建造西畤,僭祭白帝。随后秦文公迁都秦邑,又在秦邑另建鄜畤,继续僭祭白帝。后来秦德公迁都雍城,秦宣公不满足于仅仅僭祭白帝,除了在雍城另建武畤以僭祭白帝,又增建密畤以僭祭青帝，又增建好畤以僭祭黑帝。后来秦灵公迁都泾阳，又在吴阳增建上畤以僭祭赤帝，增建下畤以僭祭黄帝，从此秦人同时僭祭五帝，显露代周为王之志。秦献公迁都栎阳以后，先有周太史儋作谶媚秦，后有今年栎阳雨金，于是又在栎阳另建畦畤以僭祭白帝。历代秦君僭祭的白帝，仅是五帝之一，其位低于中央黄帝，更低于东皇泰一。如今秦献公僭祭的白帝，已经高居另外四帝之上，再次显露代周为王之志。"[11]

庄全问："东周礼崩乐坏，诸侯违背周礼，孔子之徒无不贬斥。为何秦国违背周礼僭祭五帝，孔子之徒从不贬斥？"

子綦说："孔子之徒仅仅在乎中原诸侯违背周礼，并不在乎僻处西鄙的秦国违背周礼。"

庄全看着蹒跚学步的庄周，充满忧虑。

庄周三岁，吮着手指，浑然不知世事险恶。

笺注

[1]《周本纪》:（西周）威公卒，子惠公代立，乃封其少子于巩以奉王，号东周惠公。●《赵世家》：赵成侯八年（前367），与韩分周以为两。●《韩非子·内储说下》：公子朝，（西）周（国）太子也，弟公子根甚有宠于君。君（西周威公）死，遂以东周叛，分为两国。●《韩非子·难三》：公子宰，（西）周（国）太子也。公子根有宠，遂以东周反，分而为两国。●《韩非子·说疑》：（西）周威公身杀，国分为二。●《吕览·先识》:（西）周威公薨，肂九月不得葬，周乃分为二。

[2]《周本纪》：二十八年，定王崩，长子去疾立，是为哀王。哀王立三月，弟叔袭杀哀王而自立，是为思王。思王立五月，少弟嵬攻杀思王而自立，是为考王。此三王皆定王之子。

[3]《周本纪正义》引《帝王世纪》：考哲王封弟揭于河南，续周公之官，是为西周桓公。●《世本·居篇》：西周桓公揭，居河南。■周考王封其幼弟姬揭于河南城，为西周国开国之君西周桓公。周考王复谥"考哲"。

[4]《庄子·达生》崔譔注：周威公寇。

[5]《世本·居篇》：东周惠公名班，居洛阳。■《韩非子·内储说下》、《韩非子·难三》谓名"根"，今从。东周惠公为西周桓公幼子、西周惠公幼弟，东周国开国之君。

[6]《世本·居篇》：敬王东居成周，遂徙都。赧王徙居西周。●《周本纪》：王赧时东西周分治。王赧徙都西周。■《周本纪》不确。东西周分治，始于周显王二年（前367），比王赧即位（前314）早五十三年。王赧徙都西周，即离东周朝之都（成周）洛阳王宫，移居河南的西周国。详见拙著《隐秘的战国真史》之《西周国、东周国秘史》。

[7]《晋世家》：十八年（前411），幽公淫妇人，夜窃出邑中，盗杀幽公。●《晋世家索隐》引《竹书纪年》：十八年（前411），晋夫人秦嬴贼公于高寝之上。■晋幽公荒淫而死，屠黍视为晋亡。晋幽公十八年（前411）死，魏文侯诛晋乱，另立傀儡之君晋烈公。晋烈公九年（前403），周威烈王册封三晋为诸侯。此后晋烈公（前411—前389）、晋桓公（前388—前369）、晋悼公（前368—前349）、晋静公（前348—前347）虽延晋祀五十余年，晋已名存实亡。

[8]魏文侯十六年（前408）始伐中山，魏文侯十八年（前406）伐灭中山。屠黍把魏伐中山首年，视为中山亡年。

[9]《吕览·先识》（《说苑·权谋》同）：晋太史屠黍见晋之乱也，见晋公之骄而无德义也，以其图法归周。（西）周威公见而问焉，曰："天下之国孰先亡？"对曰："晋先亡。"威公问其故，对曰："臣比在晋也，不敢直言，示晋公以天妖，日月星辰之行多以不当。曰：'是何能为？'又示以人事多不义，百姓皆郁怨。曰：'是何能伤？'又示以邻国不服，贤良不举。曰：'是何能害？'如是，是不知所以亡也，故臣曰晋先亡也。"居三年，晋果亡。威公又见屠黍而问焉，曰："孰次之？"对曰："中山次之。"威公问其故，对曰："天生民而令有别，有别，人之义也，所异于禽兽麋鹿也，君臣上下之所以立也。中山之俗，以昼为夜，以夜继日，男女切倚，固无休息，康乐，歌谣好悲，其主弗知恶，此亡国之风也。臣故曰中山次之。"居三年，中山果亡。威公又见屠黍而问焉，曰："孰次之？"屠黍不对。威公固问焉，对曰："君次之。"威公乃惧，求国之长者，得义莳、田邑而礼之，得史驎、

赵骈以为谏臣，去苛令三十九物，以告屠黍。对曰："其尚终君之身乎！"曰："臣闻之，国之兴也，天遗之贤人与极言之士；国之亡也，天遗之乱人与善谀之士。"威公薨，犨九月不得葬，周乃分为二。

[10]《秦本纪》：秦献公十八年（前367），雨金栎阳。●《水经·渭水注》：秦献公十八年雨金于是处也。●《封禅书》：栎阳雨金，秦献公自以为得金瑞，故作畦畤栎阳，而祀白帝。■《六国表》误记于秦献公十七年（前368）。

[11]《秦始皇本纪》引《秦记》：襄公立，享国十二年（封侯前七年，封侯后五年）。初为西畤。●《秦始皇本纪索隐》：襄公，秦仲孙，庄公子，救周，周始命为诸侯。初为西畤，祠白帝。●《封禅书》：秦襄公作西畤，祠白帝。秦文公作鄜畤，祭白帝。自未作鄜畤也，而雍旁故有吴阳武畤，雍东有好畤，皆废无祠。秦宣公作密畤，祭青帝。秦灵公作吴阳上畤，祭黄帝；作下畤，祭炎帝。●《封禅书集解》引应劭曰：秦襄公自以居西戎，主少昊之神，作西畤，祠白帝。至献公时栎阳雨金，以为瑞，又作畦畤，祠白帝。少昊，金德也。●《封禅书索隐》：太康《地理志》云：畤在栎阳故城内。其畤如畦，故曰畦畤。●《六国表序》：太史公读《秦记》，至犬戎败幽王，周东徙洛邑，秦襄公始封为诸侯，作西畤用事上帝，僭端见矣。■秦之五畤：西畤（前770）、鄜畤（前756）、密畤（前672）、上畤（前422）、下畤（前422），为分祭五帝之所。

四

苏宫落成蔡姬娱民，杨朱过宋子綦会友

前366年，岁在乙卯。庄周四岁。宋桓侯十五年。

周显王三年。秦献公十九年。楚宣王四年。魏惠王四年（晋悼公三年）。韩懿侯九年。赵成侯九年。田齐桓公十年（姜齐幽公九年）。燕桓公七年。鲁恭公十七年。卫成侯六年。越王初无余之七年。中山桓公三十七年。

年初，春汛大发。黄河龙门之水，泛红三天，然后恢复原样。[1]

魏惠侯在与秦相邻的魏国边邑武堵（今陕西华州）修筑城墙。又往韩邑宅阳（今河南荥阳东南）会见韩懿侯[2]，随后魏、韩联合伐秦，在秦邑洛阴（今陕西大荔）被秦军击败。[3]

赵成侯伐齐，战于阿邑（今山东阳谷）。[4]

今年是西周惠公元年，也是东周惠公元年。[5]

西周惠公姬朝，东周惠公姬根，均为西周威公姬竈之子，去年争位，分周为二。为了争夺正统，谥号都是惠公。

东周国开国以后，一直与西周国敌对。

宋桓公二十六岁，为母服丧三年已毕。即位十五年，终于亲政。

戴骠再无理由继续专权，被迫归政。

戴剔成上朝，献策宋桓公："主公亲政，气象一新，恰好新宫建成，可为新宫取一嘉名，必定大吉大利。"

宋桓公说："寡人沉睡已久，如今苏醒，可名苏宫。"

宋桓公亲自主持苏宫落成典礼，命令宠姬蔡姬表演歌舞，允许宋国臣民观赏。

其时风靡天下的郑卫之音，好作悲歌，因为悲歌感人至深，催人泪下。天下诸侯，无不以悲求乐。然而蔡姬的歌舞，不作悲歌。观者闻之，均无悲色，无不欢悦。

宋桓公处境已悲，不欲以悲求乐，认为蔡姬的欢歌乐舞大吉大利，于是重赏蔡姬。[6]

庄全请教子綦："孔子迷恋西周雅乐，聆听以后三月不知肉味，痛恨郑卫之音，斥为亡国之音，担心郑卫之音取代西周雅乐，声称最为厌恶紫之夺朱。但是韩哀侯灭郑、赵成侯残卫以后，郑卫乐工流散天下，郑卫之音反而彻底取代了西周雅乐，是何原因？"

子綦说："我讲个故事，你就会明白。"——

魏文侯请教国师子夏："寡人在庙堂之上，冠服端正，正襟危坐，聆听西周之乐，为何越听越疲倦，昏昏欲睡？寡人在寝宫之中，便服去冠，随意而坐，欣赏郑卫之乐，为何越听越兴奋，不知疲倦？"

子夏说："主公在庙堂之上所听西周古乐，进退有序，乐音和正；始奏以文，终奏以武；文武之道，一张一弛；文则治民，武则治乱；先之以正，归之于雅。君子聆听西周古乐，可以遵循古道，修身齐家，平治天下。主公在寝宫之中所听郑卫新音，进退无序，乐音奸滥；始奏沉溺，终奏不止；倡优子女之术，不知君臣父子。聆听郑卫新音，不能遵循古道，不能修身齐家，平治天下。主公问的是乐，好的是音。乐、音固然相近，实质大为不同。"

魏文侯问："有何不同?"

子夏说："圣人立父子,正君臣,确立纲纪。纲纪既正,天下大定。天下大定,然后正六律,和五声,弦歌《雅》、《颂》。《大雅·文王之什》有言:'貊其德音,其德克明。克明克类,克长克君,王此大邦。克顺克比,比于文王,其德靡悔。既受帝祉,施于孙子。'可见有德之音才配称乐,无德之音不配称乐!主公喜欢无德之音,怎能成为有德之君?"

魏文侯问："无德之音,从何而来?"

子夏说："郑音好滥淫志,宋音燕女溺志,卫音趋数烦志,齐音傲僻骄志。四国之音,无不淫于色,害于德,所以不可用于庙堂之上,不可作为祭祀之乐。"[7]

庄全问："既然郑宋卫齐之音,无不淫于色,害于德,子夏为何不斥宋齐之音,仅斥郑卫之音?"

子綦说："宋国是商代遗邦,齐国与周室异姓,郑、卫则与周室同姓,所以子夏无须贬斥宋齐之乐,仅斥郑卫之乐为靡靡之音、亡国之音,以此警告东周诸侯,殷鉴不远。"

庄全恍然大悟："原来如此!"

子綦又说："其实郑、卫、齐之乐,都受宋乐影响,而宋乐正是商乐。孔子、子夏反对郑卫之乐,实为反对商宋之乐。"

庄全大奇："所言何据?"

子綦说："殷商崇信鬼神,乐舞本为娱神,所以殷商乐舞热烈欢快,使人听了不知疲倦。周人崇信人文,乐舞不再娱神,转而成为人礼秩序,所以西周乐舞清雅恭敬,使人听了昏昏欲睡。但是西周人乐仅合人道,商宋天乐合于天道,所以东周诸侯在庙堂之上,不得不听合于人道的西周雅乐,在寝宫之中,喜欢听合于天道的东周新乐。而郑、卫、齐与宋相邻,所谓东周新乐、郑卫之音,实为商宋古乐。由于商亡于周,所以孔子把受到商宋古乐影响的郑卫之乐,视为亡国之音。否则当时郑卫未亡,怎能把郑卫之乐称为亡国之音？"

庄全大为信服："我学儒之时，老师从未说过这些。"

魏人杨朱三十岁，带着十五岁的弟子子华子，来到蒙邑，住在曹氏旅店。

杨朱拜见子綦："我师从老聃弟子庚桑楚，久闻先生是文子弟子，隐居泰山，传承泰道，一直无缘拜识。如今得知先生移居宋国，特来拜访。"

子綦说："听说庚桑楚学成老聃之道以后，住在畏垒山，辞退骄矜的使女和自得的男仆，留下不骄矜的使女和不自得的男仆。三年以后，畏垒地区大获丰收。真是神人之功啊！"

杨朱说："夫子住在蒙邑十多年，宋民也深受夫子熏陶。"

子綦说："我哪有如此德行？"

杨朱说："隔壁曹氏旅店的店主曹夏，有妾二人，一丑一美。曹夏宠爱丑妾，冷落美妾。我十分奇怪，问其原因。曹夏说：'美妾自矜其美而骄纵，所以我不视为美。丑妾自惭其丑而谦和，所以我不视为丑。'我告诫弟子：'行贤而无自贤之心，何往不受爱戴？'曹夏有此见识，岂非夫子熏陶所致？"[8]

子綦说："与我无关。老聃之徒自知无知，如同曹夏的丑妾自知其丑，所以不敢骄矜自得。孔子之徒自矜其知，如同曹夏的美妾自矜其美，所以骄矜自得。当今君主一如曹夏，尽管不喜欢骄矜自得者，自己仍是骄矜自得者。"

杨朱说："先生之言，深得老聃之道精髓。说来惭愧，当年我师从庚桑楚，学成以后归魏，践行老聃之道，薄有微名，又往畏垒山面见庚桑楚。一路上我骄矜自得，旅店主人和客人都把我视为大人物。我一到旅店，店主立刻出门迎接。我一入旅店，男主人铺设坐席，女主人递巾送梳。客人避席侧身，烤火者避开灶旁，让我靠近灶口烤火取暖。我离开旅店，店主又送出很远。庚桑楚下山接我，在桥上与我相遇，仰天叹气：'原先以为你可以教诲，如今始知你不可教诲！'我不敢答话，跟随庚桑楚回到畏垒山，才敢请教：'请问夫子，弟子错在哪里？'庚桑楚说：'你神态傲慢，目光骄矜，谁愿与你共处？老聃有言，大白当如有污，盛德当如不足。你如此骄矜自得，岂是老聃之徒！'我羞愧变色，敬受教诲，返魏途中不再骄矜自得，不再被旅店主客视为大人物。店主不迎不送，客人与我争抢坐席。"[9]

子綦说："知雄守雌，负阴抱阳，正是泰道精髓。庚桑楚得到老聃真传，先生又得庚桑楚真传，必能大弘泰道！"

杨朱离去以后，子綦向庄全提及杨朱在曹氏旅店的见闻。

庄全大为佩服："曹夏宠爱丑妾，冷落美妾，我虽然知道，却熟视无睹。杨朱一见，即有真知灼见，道行果然高深！"

子綦说："道在万物，无处不可悟道。"

庄全问："我有一事不明。世人无不喜欢被人视为大人物，老聃之徒为何不愿被人视为大人物？"

子綦说："被人视为大人物，久而久之必将缺乏自知，自视高人一等，自矜无所不知，不能自知无知，必将违背天道。《老子》有言：'知不知，上矣。不知不知，病矣。是以圣人之不病，以其病病也，是以不病。'老聃之徒，无不自知无知，反对强不知以为知。一旦强不知以为知，必定心无所容，坚执伪德，鼓吹伪道。只有自知无知，才能虚空其心，葆全真德，容受真道。"

庄周四岁，趴在地上，瞪大眼睛看着一只缓缓爬行的蜗牛。

笺注

[1]《水经·河水注》引《竹书纪年》：魏惠王四年（前366），河水赤于龙门三日。

[2]《魏世家》：魏惠王五年（当作四年，前366），与韩会宅阳。城武堵，为秦所败。●《韩世家》：韩懿侯五年（当作九年，前366），与魏惠王会宅阳。■《魏世家》魏惠王元年误前一年，《韩世家》韩懿侯元年误后四年。

[3]《六国表》秦献公十九年（前366）：败韩、魏洛阴。

[4]《赵世家》：赵成侯九年（前366），与齐战阿下。

[5]西周威公太子西周惠公姬朝去年继位，今年始计元年。西周威公庶子东周惠公姬根去年争位受封，今年始计元年。西周惠公、东周惠公元年相同、谥号相同。

[6]《太平御览》卷四八八引《庄子》佚文：宋桓侯筑苏宫，使蔡讴，观者数百，倍去之，无有悲色，君乃赏蔡。

[7]《礼记·乐记》：魏文侯问于子夏曰："吾端冕而听古乐，则唯恐卧。听郑、卫之音，则不知倦。敢问古乐之如彼，何也？新乐之如此，何也？"子夏对曰："今夫古乐，进旅退旅，和正以广；弦匏笙簧，会守拊鼓；始奏以文，复乱以武；治乱以相，讯疾以雅；君子于是语，于是道古，修身及家，平均天下，此古乐之发也。今夫新乐，进俯退俯，奸声以滥，溺而不止，及优侏儒，獿杂子女，不知父子；乐终不可以语，不可以道古。此新乐之发也。今君之所问者乐也，所好者音也。夫乐者，与音相近而不同。"文侯曰："敢问何如？"子夏对曰："夫古者天地顺而四时当，民有德而五谷昌，疾疢不作而无妖祥，此之谓大当。然后圣人作，为父子君臣，以为纪纲，纪纲既正，天下大定。天下大定，然后正六律，和五声，弦歌《诗》、《颂》。此之谓德音，德音之谓乐。《诗》云：'莫其德音，其德克明。克明克类，克长克君，王此大邦。克顺克俾，俾于文王。其德靡悔，既受帝祉，施于孙子。'此之谓也。今君之所好者，其溺音乎！"文侯曰："敢问溺音何从出也？"子夏对曰："郑音好滥淫志，宋音燕女溺志，卫音趋数烦志，齐音敖辟乔志。此四者，皆淫于色而害于德，是以祭祀弗用也。"

[8]《庄子·山木》：阳子之宋，宿于逆旅。逆旅之人有妾二人，其一人美，其一人恶，恶者贵而美者贱。阳子问其故。逆旅小子对曰："其美者自美，吾不知其美也；其恶者自恶，吾不知其恶也。"阳子曰："弟子记之！行贤而去自贤之心，安往而不爱哉？"●《韩非子·说林上》：杨子过于宋，东之逆旅，有妾二人，其恶者贵，美者贱。杨子问其故。逆旅之父答曰："美者自美，吾不知其美也；恶者自恶，吾不知其恶也。"杨子谓弟子曰："行贤而去自贤之心，焉往而不美？"■《韩非子·说林上》抄自《庄子·山木》。

[9]《庄子·寓言》：阳子居南之沛，老聃西游于秦，邀于郊，至于梁而遇老子。老子中道仰天而叹曰："始以汝为可教，今不可也。"阳子居不答。至舍，进盥漱巾栉，脱屦户外，膝行而前曰："向者弟子欲请夫子，夫子行不闲，是以不敢。今闲矣，请问其过。"老子曰："尔睢睢，尔盱盱，尔谁与居？大白若辱，盛德若不足。"阳子居蹴然变容曰："敬闻命矣！"其往也，舍迎将。其家公执席，妻执巾栉，舍者避席，炀者避灶。其返也，舍者与之争席矣。■杨朱（前395—前335）并非老聃（前570—前470）亲传弟子，而是老聃数传弟子，其师不详。杨朱或为老聃弟子庚桑楚（约前540—约前450）的再传弟子。

魏惠伐宋攻取仪台，孟轲慕孔庄周敬墨

前365年，岁在丙辰。庄周五岁。宋桓侯十六年。

周显王四年。秦献公二十年。楚宣王五年。魏惠王五年（晋悼公四年）。韩懿侯十年。赵成侯十年。田齐桓公十一年（姜齐幽公十年）。燕桓公八年。鲁恭公十八年。卫成侯七年。越王初无余之八年。中山桓公三十八年。

魏惠侯召见公叔痤："四年前宋太后死去，相国谏阻寡人伐宋。宋桓公亲政四年，仍然亲楚，寡人已经失去耐心。"

公叔痤说："既然如此，我愿领兵伐宋！"

公叔痤领兵伐宋，攻取了仪台（今河南虞城）。[1]

宋桓公询问群臣："寡人幼年即位，母后摄政，相国执政，不知当初为何改亲魏为亲楚，导致如今魏惠侯伐宋？"

戴骓辩解："春秋中期以后，晋、楚争霸天下，由于晋强楚弱，所以宋国亲晋敌楚较为有利。三家分晋以后，魏、楚争霸天下，由于魏国仅有三分之一晋地，变成楚强魏弱，所以宋国亲楚敌魏更为有利。"

宋桓公说："三家分晋之初，魏国仅有三分之一晋地。魏文侯变法以后，拓地千里，难道还是魏弱楚强？"

戴骓继续辩解："楚国方圆五千里，魏文侯拓地千里，仍然不过方圆两千里。何况乐羊伐灭的中山，不属魏国本土。吴起伐取的秦国河西七百里地，仅在魏国西部。魏都安邑远在强大的魏国西部，仅有弱小的魏国东部与宋相邻。宋国如果继续亲魏敌楚，一旦楚、齐、赵、韩伐宋，魏军远水救不了近火。所以我禀明太后，改为亲楚敌魏。"

宋桓公转问群臣："相国之言，是否有理？"

戴盈、戴不胜面面相觑，都不说话。

戴剔成打破僵局："相国之言，确有道理。"

宋桓公明白群臣不敢反对戴驩，只好说："亲楚虽有道理，但是相国不该派遣公孙颀游说赵、韩，支持公中缓争位。否则宋国即使亲楚，魏惠侯也未必伐宋。现在有何良策？"

戴驩再次辩解："我派遣公孙颀游说赵、韩支持公中缓，意在削弱魏国，但又避免与魏国公开敌对。如今魏军来伐，可以向楚求救。"

戴剔成提出异议："楚宣王即位五年，十分软弱，仅知守住方城一线，不再兵出方城与魏争霸。向楚求救不但请不来救兵，反而更加激怒魏惠侯。不如诛杀公孙颀，向魏惠侯谢罪！"

宋桓公问戴驩："相国以为如何？"

戴驩感激戴剔成帮助自己度过了危机，立刻赞成："司城之策甚好！"

宋桓公提拔戴剔成担任右师，执掌兵权，领兵抵御魏军。诛杀公孙颀，派遣戴不胜使魏求和。

戴不胜出使魏都安邑，晋见魏惠侯："公孙颀内欺宋君，外结诸侯，未奉君命，擅自游说赵、韩乱魏，得罪君侯。敝国之君已经诛杀公孙颀，恳请君侯息怒退兵！"

魏惠侯大悦，命令公叔痤停止伐宋，移师伐韩，在浍邑（今山西侯马）击败韩军。[2]

赵成侯不满魏惠侯征伐宋、韩，于是攻打亲魏的卫国，夺取了甄邑（今山东鄄城）。[3]

魏惠侯大怒，命令公叔痤停止伐韩，准备伐赵。

邹人孟轲八岁，与寡母相依为命。

孟轲三岁丧父，家境贫寒。孟母迁居城外，近于墓地。

孟轲见人丧葬，嬉游其间，助人挖掘墓穴。

孟母说："此地不宜吾子成长！"迁居城内，近于集市。

孟轲见人货卖，嬉游其间，助人吆喝买卖。

孟母说："此地不宜吾子成长！"迁居学宫之旁。

孟轲见人读书，嬉游其间，模仿儒生的进退揖让。

孟母大悦，教导孟轲："孔子两岁丧父，以君为父，践行周公之道。生前得到诸侯礼敬，死后被鲁哀公称为尼父！你三岁丧父，也应以君为父，读孔子之书，做孔子之徒，行孔子之道。"

孟轲从此终身敬慕孔子，师从孔子之孙孔伋的门人学儒。[4]

庄周五岁，魏惠侯伐宋。

庄周首次遭遇战争，询问庄全："魏国为何攻打宋国？"

庄全说："你还太小，我无法让你明白。跟我去见南伯，让他告诉你！"

庄全带着庄周，去见子綦："我当年离楚至宋，乃是因为宋国很少卷入诸侯乱战。客居宋国十七年，魏、韩、赵、燕、齐、楚、秦不断交战，宋国一直未曾卷入，魏惠侯为何伐宋？"

子綦说："宋国处于天下之中，乃是四战之地，很难免于征伐。何况戴骥相宋十几年，为了固位专权而叛魏亲楚，早已触怒魏武侯。魏武侯死后，戴骥又命公孙颀唆使韩、赵支持公中缓与魏惠侯争位，更加激怒魏惠侯，终于招来魏伐。"

曹夏过来通报消息："宋桓公已经诛杀公孙颀，向魏惠侯谢罪，魏军已退。"

子綦说："看来戴骥为了自保，抛出死党公孙颀做替罪羊。"

曹夏感叹："假如墨子在世，魏惠侯必定不敢伐宋！"

庄周问："墨子是谁？"

庄全说："墨子是宋国先贤，墨家祖师，曾经制止楚惠王伐宋。"

庄周说："我要听墨子的故事！"

庄全缓缓道来——

八十年前（前444），你高祖父之时，楚惠王（前488—前432在位）为了与晋争霸，重金礼聘鲁国大匠公输般（前507—前430），建造进攻城池的云梯，准备征伐亲晋敌楚的宋国。

宋国大贤墨子（前480—前390），当时三十七岁，已经创立墨家组织，总部设在宋国，任命弟子禽滑釐为墨子弟子的首领——巨子。

墨子得知楚国准备伐宋，步行十天十夜，从商丘赶到郢都，拜见公输般。

公输般问："先生见我何事？"

墨子说："宋国有个罪人，我想请先生杀了他！"

公输般不悦。

墨子说："愿以十金相谢！"

公输般说："我信守道义，从不杀人！"

墨子起身，拜了两拜："那么先生为何替楚惠王建造云梯，准备伐宋？难道先生信守的道义，不许杀死一个有罪之人，允许杀死众多无罪之人？"

公输般起身，拜了两拜："先生言之有理！但是楚惠王已经决定伐宋。"

墨子问："先生能否把我引荐给楚惠王？"

公输般说："可以。"

墨子晋见楚惠王："有人自己原有好车，却偷窃邻人的破车；自己原有华服，却偷窃邻人的破衣；自己原有梁肉，却偷窃邻人的糟糠。大王以为如何？"

楚惠王说："那人不守道义，必有偷窃之病。"

墨子说："楚国方圆五千里，如同好车、华服、梁肉。宋国方圆五百里，如同破车、破衣、糠糟。大王却要伐宋，岂非与那人相同？"

楚惠王说："先生言之有理！但是公输般已经造好了伐宋的云梯。"

墨子说："大王伐宋，有违道义。虽有云梯，仍难取胜。"

楚惠王面露不信。

公输般面露自负。

墨子解下腰带，围成一圈，当做城墙，手持玉版，当做器械，与公输般演练攻守。

公输般的攻城战术变换九次，都被墨子的守城战术击败。

墨子说："你的攻城战术已经穷尽，我的守城战术远未穷尽。"

公输般微笑："我还有最后一招，但不想说。"

墨子也微笑："我知道你的最后一招，也不想说。"

楚惠王问："你们打什么哑谜？"

墨子说："公输先生以为，只要杀了我，就能攻破宋国。其实杀了我也没用，我的弟子禽滑釐，率领三百墨者，手持守城器械，正在商丘等待楚军。"

公输般无言以对。

楚惠王放弃伐宋。

庄周拍手大叫："墨子真是大英雄！"

子綦说："后面还有一件小事。墨子自楚返宋，回到商丘，恰逢下雨，想在城门里面避雨。城门小吏关上城门，不让墨子避雨。"[5]

庄周问："为什么？"

子綦说："因为守城士兵不知道墨子是大英雄，救了宋国，也救了城门小吏。你想想，俗人不能防止众人得病，但能医治众人之病。圣人能够防止众人得病，所以无须医治众人之病。众人是感谢俗人，还是感谢圣人？"

庄周说："众人感谢俗人，因为众人不知圣人。"

子綦笑了："你比很多大人还要明白！"

笺注

[1]《魏世家》：魏惠王六年（当作五年，前365），伐取宋仪台。■《魏

世家》魏惠王元年误前一年。

[2]《韩世家》：韩懿侯九年（当作十年，前365），魏败我浍。

[3]《赵世家》：赵成侯十年（前365），攻卫，取甄。

[4]《列女传》卷一《母仪传》：邹孟轲之母也，号孟母。其舍近墓。孟子之少也，嬉游为墓间之事，踊跃筑埋。孟母曰："此非吾所以居处子也。"乃去舍市傍。其嬉戏为贾人衒卖之事。孟母又曰："此非吾所以居处子也。"复徙舍学宫之傍。其嬉游乃设俎豆揖让进退。孟母曰："真可以居吾子矣。"遂居之。及孟子长，学六艺，卒成大儒之名。君子谓孟母善以渐化。《诗》云："彼姝者子，何以予之？"此之谓也。孟子之少也，既学而归，孟母方绩，问曰："学何所至矣？"孟子曰："自若也。"孟母以刀断其织。孟子惧而问其故，孟母曰："子之废学，若吾断斯织也。夫君子学以立名，问则广知，是以居则安宁，动则远害。今而废之，是不免于厮役，而无以离于祸患也。何以异于织绩而食，中道废而不为，宁能衣其夫子，而长不乏粮食哉！女则废其所食，男则堕于修德，不为窃盗，则为虏役矣。"孟子惧，旦夕勤学不息，师事子思，遂成天下之名儒。君子谓孟母知为人母之道矣。《诗》云："彼姝者子，何以告之？"此之谓也。●《韩诗外传》卷九：孟子少时诵，其母方织。孟子辍然中止，乃复进。其母知其喧也，呼而问之曰："何为中止？"对曰："有所失复得。"其母引刀裂其织，以此诫之。自是之后，孟子不复喧矣。孟子少时，东家杀豚。孟子问其母曰："东家杀豚何为？"母曰："欲啖汝。"其母自悔失言。曰："吾怀妊是子，席不正不坐，割不正不食，胎教之也。今适有知而欺之，是教之不信也。"乃买东家豚肉以食之，明不欺也。《诗》曰："宜尔子孙承承兮。"言贤母使子贤也。

[5]《墨子·公输》（另见《宋卫策》、《吕览》、《尸子》、《淮南子》等）：公输盘为楚造云梯之械，成，将以攻宋。子墨子闻之，起于齐，行十日十夜而至于郢，见公输盘。公输盘曰："夫子何命焉为？"子墨子曰："北方有侮臣，愿藉子杀之。"公输盘不说。子墨子曰："请献十金。"公输盘曰："吾义固不杀人。"子墨子起，再拜曰："请说之。吾从北方闻子为梯，将以攻宋。宋何罪之有？荆国有余于地，而不足于民，杀所不足而争所有余，不可谓智。宋无罪而攻之，不可谓仁。知而不争，不可谓忠。争而不得，不

可谓强。义不杀少而杀众，不可谓知类。"公输盘服。子墨子曰："然乎不已乎？"公输盘曰："不可，吾既已言之王矣。"子墨子曰："胡不见我于王？"公输盘曰："诺。"子墨子见王，曰："今有人于此，舍其文轩，邻有敝舆，而欲窃之。舍其锦绣，邻有短褐而欲窃之。舍其粱肉，邻有糠糟而欲窃之。此为何若人？"王曰："必为窃疾矣。"子墨子曰："荆之地方五千里，宋之地方五百里，此犹文轩之与敝舆也。荆有云梦，犀兕麋鹿满之，江汉之鱼鳖鼋鼍为天下富，宋所为无雉兔狐狸者也，此犹粱肉之与糠糟也。荆有长松、文梓、楩楠、豫章，宋无长木，此犹锦绣之与短褐也。臣以三事之攻宋也，为与此同类，臣见大王之必伤义而不得。"王曰："善哉！虽然，公输盘为我为云梯，必取宋。"于是见公输盘。子墨子解带为城，以牒为械，公输盘九设攻城之机变，子墨子九距之。公输盘之攻械尽，子墨子之守圉有余。公输盘诎，而曰："吾知所以距子矣，吾不言。"子墨子亦曰："吾知子之所以距我，吾不言。"楚王问其故，子墨子曰："公输子之意，不过欲杀臣。杀臣，宋莫能守，可攻也。然臣之弟子禽滑厘等三百人，已持臣守圉之器，在宋城上而待楚寇矣。虽杀臣，不能绝也。"楚王曰："善哉！吾请无攻宋矣。"子墨子归，过宋。天雨，庇其闾中，守闾者不内也。故曰：治于神者，众人不知其功。争于明者，众人知之。

秦献效戎恢复斩首，庄全述祖抱愧范蠡

前364年，岁在丁巳。庄周六岁。宋桓侯十七年。

周显王五年。秦献公二十一年。楚宣王六年。魏惠王六年（晋悼公五年）。韩懿侯十一年。赵成侯十一年。田齐桓公十二年（姜齐幽公十一年）。燕桓公九年。鲁恭公十九年。卫成侯八年。越王初无余之九年。中山桓公三十九年。

秦献公召见章蟜："魏惠侯凭借父祖两代之威，即位以后连伐韩、赵、宋、秦。寡人决定先发制人，命你领兵伐魏。但是吴起训练武卒以后，秦军长期败于魏军。没有非常手段，难以战胜强魏。你领兵伐魏，杀敌之后，立刻斩首！"

章蟜奉命伐魏，在石门（今山西运城西南）击败魏军，斩首六万。

赵成侯、韩懿侯尽管不满魏惠侯，得知秦军效法西戎，斩敌之首，无不大怒，立刻联合救魏。

章蟜不敢与三晋联军交战，凯旋栎阳。

秦献公大喜，命令史官把这一历史上首次斩首记录，著于《秦记》。用六万魏军之首，垒成一座首冢，纪念这一历史性胜利。

周显王不满三晋伐周、分周，苦于无力惩戒，于是遣使至秦，祝贺秦献公大胜三晋，赐予黼黻之服。[1]

宋桓公去年借助魏国伐宋，采纳戴剔成之策，诛杀戴驩死党公孙颀。

戴驩党羽受到重创，迅速分化，纷纷投靠戴剔成。

戴驩年老体衰，权势日削，众叛亲离，失去了楚宣王支持。

庄周六岁，秦军首次胜魏，斩首六万。

庄全带着庄周，郑重拜见子綦，拜了两拜。

子綦深感意外："你我相识多年，何必拘于俗礼？"

庄全说："我有一件心事，久愧于心，一直不敢说出。"

子綦更加诧异："我不记得你曾对不住我。"

庄全说："不是我对不住先生，而是我的曾祖父庄生，曾经对不住先生的师祖范蠡。"

子綦大笑："我知道此事，也曾猜想你是庄生之后。此事早已过去，你为何久愧于心？"

庄全陷入回忆，说起那段往事——

范蠡是楚国宛邑人[2]，我的朋友屈宜臼是楚国息县人。息县属宛邑管辖，范蠡乃是屈宜臼的同乡前辈。我家不仅与息县的屈氏是世交，也与宛邑的范氏是世交。我的曾祖父庄生，年轻之时是范蠡的至交好友。

后来范蠡离楚至越，助越灭吴，然后离越至齐，隐居海滨。父子治产数年，富甲齐国。齐人闻其贤名，聘其为相。范蠡不愿相齐，尽散其财而去，移居宋国定陶。定陶处于天下之中，是水陆交汇的天下第一商都。范蠡隐居定陶，应时转物，获取什一之利，富甲天下。天下皆称陶朱公。[3]

范蠡共有三子，长子生于楚，次子生于越，幼子生于陶。

范蠡居陶之时，已经年老，老大掌管家事。

老二返楚祭祖，因事与人相争，误伤人命，被捕下狱，即将受刑。

范蠡说："杀人应该偿命，但是千金之子不能死于市井。"

即命幼子携带千金，往楚救兄。

范大请命往楚救弟，范蠡不允。

范大说："我是长兄，二弟有难，父亲不让我去，却让三弟去，是我不肖。"

打算自杀。

范妻劝说范蠡："老三未必能救老二，何必逼得老大先死？"

范蠡无奈，改命范大往楚救弟，郑重嘱咐："你一到郢都，先去拜见我的至友庄生。庄生廉洁正直，被楚惠王聘为国师。你只需交出千金，然后听命庄生，切勿自作主张！"

范大唯恐千金不够，另带私蓄百金，前往郢都。

庄生住在郢都郊外，家境贫困，门外长满野草。

范大拜见庄生，交出千金。

庄生说："你快返回定陶，不要留在郢都！老二一旦获释，不要打听原因！"

范大辞去。

庄生嘱咐妻子："范蠡为救次子，让长子送来千金，不可挪用。事成以后，我再派人送到定陶，还给范蠡。"

庄妻问："为何不让范大直接带回千金，却要如此费事？"

庄生说："范蠡如果亲来，自然不必费此周折。范大不了解我，若不留下千金，不信我能救范二，就会转托他人，坏我大事。"

范大没有返回定陶，又入郢都。以私蓄百金，贿赂楚惠王近臣。希望双管齐下，确保万无一失。

庄生进城入宫，晋见楚惠王："我夜观星象，发现客星入犯楚国星野，不利于楚。"

楚惠王问："寡人应该怎么做，才能免除灾祸？"

庄生说："唯有推行德政。"

楚惠王说："国师请回，寡人明白了！"

立刻下令封存三钱之府。

近臣通报范大:"大王听我之言,决定大赦。你弟弟误伤人命,并非死罪,也在大赦之列。"

范大问:"怎能肯定必定大赦?"

近臣说:"大王每次大赦之前,都要封存三钱之府。昨晚已经下令封存了三钱之府。"

范大又往郢都郊外,重访庄生。

庄生惊问:"你为何不回定陶?"

范大说:"二弟获救之前,我不敢离开。听说楚惠王即将大赦,特来辞别先生!"

庄生说:"既然如此,千金分毫未动,都在屋里。你取走吧!"

范大径直入屋,取走千金。

庄生大怒,又去晋见楚惠王:"大王欲行大赦,意在修德免祸,造福楚民。如今市井传言,都说富人陶朱公之子杀人获罪,重金贿赂大王左右,大王因此大赦,免其一死。"

楚惠王大怒:"寡人固然德薄,怎会为了一个富人之子而听信左右,妄施政令?今天先诛陶朱公之子,明天再行大赦!"

庄全说:"庄生没能救出范二,愧对范蠡,很快抱憾而死。几年前,我得知先生是范蠡再传弟子,不敢提起此事。但是心里一直不安,今天特来谢罪!"

子綦说:"我曾猜想庄生是你同宗,没想到竟是曾祖,实在失敬!庄生为此抱愧,你也为此不安,乃因你们不知后事。"

庄全惊问:"后事如何?"

子綦陷入回忆之中——

范大带着范二遗体回到定陶,范氏亲友无不痛哭,唯有范蠡大笑。

范妻大为生气:"老二死了,你为何不哭反笑?"

范蠡说:"我早已知道,老三救兄必成,老大救弟必败。"

范妻问:"同样是救,为何结果不同?"

范蠡说:"老大生在楚国,长于贫穷之中,过于吝惜钱财,所以救弟必败。老三生在定陶,长于富裕之中,一向轻视钱财,所以救兄必成。"

范妻问:"庄生是你至友,也不贪图千金,为何竟对老大取走千金动怒,又让老二重新入死?"

范蠡说:"庄生运转天机,老大不明,众人不知,你也如此。我深知庄生不会为了老二一人,淆乱楚国法律,所以让老大听命庄生,不可妄作主张。庄生劝说楚惠王大赦,乃是贤臣之正道,救出众多楚国犯人,顺便惠及老二。老大不听我言,不遵庄生之命,妄作主张,又去贿赂佞臣。如此一来,楚人必将相信,老二是获救于佞臣之邪术,众多楚国犯人顺便获救,仅是掩盖邪术的幌子。从此以后,邪术必将遮蔽正道,楚国法律将因一人之私而动摇。庄生宁愿负我所托,让老二服罪,也不愿让自己所行正道,反而推助了邪术。"

范妻恍然大悟。

范大羞愧无地。[4]

庄全大惊:"庄生反复提及抱愧范蠡,从未说过为何动怒。我们庄生后人,一直不理解庄生,没想到范蠡如此理解庄生。"

子綦笑了:"庄生、范蠡均为老聃之徒,自然心意相通。"

庄全长揖再拜:"我压在心头多年的石头,如今终于落地。但我仍有一疑,楚国庄氏是楚庄王后裔,人数众多,先生为何猜想庄生是我先祖?"

子綦指指听得入迷的庄周:"因为庄周如此颖悟!"

笺注

[1]《秦本纪》:秦献公二十一年(前364),与晋战于石门,斩首六万,天子贺以黼黻。●《六国表》秦献公二十一年(前364):章蟜与晋战石门,

斩首六万，天子贺。●《周本纪》：显王五年（前364），贺秦献公，献公称伯。●《赵世家》：赵成侯十一年（前364），秦攻魏，赵救之石阿。●《楚世家》：宣王六年（前364），周天子贺秦献公。秦始复强，而三晋益大，魏惠王、齐威王（当作田齐桓公）尤强。

[2]《吴越春秋》：蠡字少伯，乃楚宛三户人也。●《越绝书》：范蠡其始居楚也，生于宛橐，或伍户之虚。

[3]《越绝书》：在越为范蠡，在齐为鸱夷子皮，在陶为朱公。●《货殖列传》：昔者越王勾践困于会稽之上，乃用范蠡、计然。计然曰："知斗则修备，时用则知物，二者形则万货之情可得而观已。故岁在金，穰；水，毁；木，饥；火，旱。旱则资舟，水则资车，物之理也。六岁穰，六岁旱，十二岁一大饥。夫粜，二十病农，九十病末。末病则财不出，农病则草不辟矣。上不过八十，下不减三十，则农末俱利，平粜齐物，关市不乏，治国之道也。积著之理，务完物，无息币。以物相贸易，腐败而食之货勿留，无敢居贵。论其有余不足，则知贵贱。贵上极则反贱，贱下极则反贵。贵出如粪土，贱取如珠玉。财币欲其行如流水。"修之十年，国富，厚赂战士，士赴矢石，如渴得饮，遂报强吴，观兵中国，称号"五霸"。范蠡既雪会稽之耻，乃喟然而叹曰："计然之策七，越用其五而得意。既已施于国，吾欲用之家。"乃乘扁舟浮于江湖，变名易姓，适齐为鸱夷子皮，之陶为朱公。朱公以为陶天下之中，诸侯四通，货物所交易也。乃治产积居。与时逐而不责于人。故善治生者，能择人而任时。十九年之中三致千金，再分散与贫交疏昆弟。此所谓富好行其德者也。后年衰老而听子孙，子孙修业而息之，遂至巨万。故言富者皆称陶朱公。

[4]《越世家》：范蠡事越王勾践，既苦身戮力，与勾践深谋二十余年，竟灭吴，报会稽之耻，北渡兵于淮，以临齐、晋，号令中国，以尊周室，勾践以霸，而范蠡称上将军。还反国，范蠡以为大名之下，难以久居，且勾践为人可与同患，难与处安，为书辞勾践曰："臣闻主忧臣劳，主辱臣死。昔者君王辱于会稽，所以不死，为此事也。今既以雪耻，臣请从会稽之诛。"勾践曰："孤将与子分国而有之。不然，将加诛于子。"范蠡曰："君行令，臣行意。"乃装其轻宝珠玉，自与其私徒属，乘舟浮海以行，终不

反。于是句践表会稽山以为范蠡奉邑。范蠡浮海出齐，变姓名，自谓鸱夷子皮，耕于海畔，苦身戮力，父子治产。居无几何，致产数十万。齐人闻其贤，以为相。范蠡喟然叹曰："居家则致千金，居官则至卿相，此布衣之极也。久受尊名，不祥。"乃归相印，尽散其财，以分与知友乡党，而怀其重宝，闲行以去，止于宋国陶邑，以为此天下之中，交易有无之路通，为生可以致富矣。于是自谓陶朱公。复约要父子耕畜，废居，候时转物，逐什一之利。居无何，则致赀累巨万。天下称陶朱公。朱公居陶，生少子。少子及壮，而朱公中男杀人，囚于楚。朱公曰："杀人而死，职也。然吾闻千金之子不死于市。"告其少子往视之。乃装黄金千溢，置褐器中，载以一牛车。且遣其少子，朱公长男固请欲行，朱公不听。长男曰："家有长子曰家督，今弟有罪，大人不遣，乃遣少弟，是吾不肖。"欲自杀。其母为言曰："今遣少子，未必能生中子也，而先空亡长男，奈何？"朱公不得已而遣长子，为一封书遗故所善庄生。曰："至则进千金于庄生所，听其所为，慎无与争事。"长男既行，亦自私赍数百金。后遗庄生金。至楚，庄生家负郭，披藜藋到门，居甚贫。然长男发书进千金，如其父言。庄生曰："可疾去矣，慎毋留！即弟出，勿问所以然。"长男既去，不过庄生而私留，以其私赍献遗楚国贵人用事者。庄生虽居穷阎，然以廉直闻于国，自楚（惠）王以下皆师尊之。及朱公进金，非有意受也，欲以成事后复归之以为信耳。故金至，谓其妇曰："此朱公之金。有如病不宿诫，后复归，勿动。"而朱公长男不知其意，以为殊无短长也。庄生闲时入见楚王，言"某星宿某，此则害于楚"。楚王素信庄生，曰："今为奈何？"庄生曰："独以德为可以除之。"楚王曰："生休矣，寡人将行之。"王乃使使者封三钱之府。楚贵人惊告朱公长男曰："王且赦。"曰："何以也？"曰："每王且赦，常封三钱之府。昨暮王使使封之。"朱公长男以为赦，弟固当出也，重千金虚弃庄生，无所为也，乃复见庄生。庄生惊曰："若不去邪？"长男曰："固未也。初为事弟，弟今议自赦，故辞生去。"庄生知其意欲复得其金，曰："若自入室取金。"长男即自入室取金持去，独自欢幸。庄生羞为儿子所卖，乃入见楚王曰："臣前言某星事，王言欲以修德报之。今臣出，道路皆言陶之富人朱公之子杀人囚楚，其家多持金钱赂王左右，故王非能恤楚国而赦，乃以朱公子故也。"楚王大怒曰："寡人虽不德耳，奈何以朱公之子故而施惠乎！"令论杀朱公子，明日遂下赦令。朱公长男竟持其弟丧归。至，其母及邑人尽哀之，唯朱公独笑，曰："吾固知必杀其弟也！彼非不爱其弟，顾有所不能忍者也。是少与我俱，见苦，为生难，故重弃财。至如少弟者，生而见我富，乘坚驱良逐狡兔，岂知财所从来，故轻弃之，非所惜吝。前日吾所为欲遣少子，固为其能弃财故也。而长者不能，故卒以杀其弟，事之理也，无足悲者。吾日夜固以望其丧之来也。"故范蠡三徙，成名于天下，非苟去而已，所止必成名。卒老死于陶，故世传曰陶朱公。

宋桓有为兼用儒墨，庄周学弈初闻阴阳

前363年，岁在戊午。庄周七岁。宋桓侯十八年。

周显王六年。秦献公二十二年。楚宣王七年。魏惠王七年（晋悼公六年）。韩懿侯十二年（卒）。赵成侯十二年。田齐桓公十三年（姜齐幽公十二年）。燕桓公十年。鲁恭公二十年。卫成侯九年。越王初无余之十年。中山桓公四十年。

韩懿侯韩若山死了，在位十二年（前374—前363）。

太子韩武继位，即韩昭侯。

许异继续相韩。[1]

秦献公召见章蟜："去年伐魏大胜，由于赵成侯、韩懿侯救魏，未竟全功。如今韩懿侯死去，正是伐魏良机。"

章蟜奉命再次伐魏，进攻魏国西部重镇少梁（今陕西韩城）。

韩昭侯正在为父治丧，无暇救魏。

赵成侯再次救魏，章蟜再次退兵。[2]

宋桓公分化戴驩党羽以后，宋相戴驩与右师戴剔成的暗斗，趋于明朗。

宋桓公召见戴盈、戴不胜："前年魏惠侯伐宋，寡人诛杀公孙颀，终于化险为夷。如今寡人应该如何作为，才能免于诸侯征伐？"

戴盈是孔子之徒，于是献策："魏文侯师从孔子弟子子夏，子夏死后又师从子夏弟子田子方、段干木，重用子夏弟子李悝、吴起，得以富国强兵，称霸中原。此后天下诸侯无不仿效魏文侯，重用孔子之徒。孔子先祖乃是宋人，所以孔子创立的儒学，实为商宋之道。主公想要避免诸侯征伐，必须富国强兵，重用孔子之徒。"

戴不胜是墨子之徒，于是献策："孔子虽是宋人后裔，却推崇周公制定的周礼，所以孔子创立的儒学，实为西周之道，并非商宋之道。宋人墨子创立的墨学，才是商宋之道。如今周王昏弱，周分为二，周礼崩坏，周道式微，周室诸侯无不背弃周道，重用墨子之徒。当今墨家巨子田襄子也是宋人，墨家总部设在宋国，弟子众多，势力强大。主公想要避免诸侯征伐，想要富国强兵，不应重用孔子之徒，而应重用墨子之徒。"

宋桓公兼采戴盈、戴不胜之言，重用大儒裘氏的弟子郑缓、墨家巨子田襄子的弟子惠盎。

庄周七岁，庄全不愿让儿子荒嬉无度，教以围棋。

棋枰对角，各置黑白二子。

父子对弈，庄周执黑先行。

子綦踱到对街，旁观棋局，微笑不语。

一局终了，庄全邀请子綦："庄周长棋很快，我已负多胜少。先生可否指点庄周一二？"

子綦毫不推辞，把对角两枚白子，换成黑子。

庄周大不服气："父亲与我分先，我已胜多负少。先生为何让我四子？"

子綦说："我先问你，棋枰为何预置四子？"

庄周搔搔头："父亲只说必须预置四枚座子，没说原因。"

子綦指指棋枰中心："这一点位，有无专名？"

庄周说："专名天元。"

子綦又问："座子之位，天元之位，有无总名？"

庄周说："总名星位。"

子綦又问："这五个点位，为何既有专名，又有总名？"

庄周又搔搔头："父亲也没说过。"

子綦又问："其他点位，有无专名、总名？"

庄周说："没有。"

子綦又问："为何少数点位既有专名，又有总名，多数点位既无专名，又无总名？"

庄周回答不出，转头看看父亲。

庄全说："先生的问题，问得十分奇怪。"

子綦说："万物之名，均有来历。围棋同样如此。"

庄周大为兴奋："父亲说过围棋的来历，相传为圣君唐尧发明。但我不明白，唐尧既然是圣君，应该忙于治国平天下，为何发明围棋？父亲说，唐尧的儿子丹朱不贤，荒嬉无度，所以唐尧发明围棋教导丹朱。我更不明白了，丹朱既然荒嬉无度，教他围棋岂非更加荒嬉无度？父亲说，他也不明白。"

子綦笑了："唐尧为了教导丹朱而发明围棋，不是希望丹朱沉迷游戏，而是希望丹朱领悟天道。"

庄周十分奇怪："下棋怎能领悟天道？"

子綦说："先说棋枰。唐尧发明的棋枰，纵横仅有九路。九是最大阳数，九九八十一个点位，对应的是所有星辰。五个重要点位，对应五个重要星辰，所以称为星位。棋枰中心的点位，对应的是永居天中、作为万物之元的北极星，所以称为天元。所有棋子围绕天元，对应的是所有星辰围绕北极星。纵横九路围成六十四格，一格对应一卦，就是伏羲六十四卦。伏羲六十四卦，乃是演示天文历法，亦即太阳围绕北极星旋转一年的轨道。太阳运行一年之道，即为天行之道。行棋之前预置的四枚座子，对应的是一年四季。每季的中心春分、夏至、秋分、冬至，对应的是泰、乾、否、坤四卦。其余六十卦，每卦六爻，合计三百六十爻，对应的是一年三百六十天。每季三个月九十天，对应的是十五卦九十爻。每个月三十天，对应的是五卦三十爻。"

庄周瞪大了眼睛，庄全也闻所未闻。

子綦又说："再说棋子。棋子分为黑白，乃寓阴阳。无论天上星辰，还是世间万物，均为浑沌一气化生。天道主宰浑沌一气，浑沌一气分判，分出阴阳二气。阴阳二气相交，衍生天地万物。天道无生无死，无始无终，循环往复，永恒不变。道生万物，无不有生有死，有始有终；气聚则生，气散则死，死后化为别物，所以生物有生死，死物有成毁，但是阴阳二气永无生死，循环往复，永恒变化。棋子之行，对应的是元气之行。每子四气，气紧则危，气宽则安。生物必有二眼，死物必无二眼，棋之生死亦然。其余种种，不必赘述。行棋次序，执白先下，执黑后下，因为白为阳气，动而先行，黑为阴气，静而后应。"

庄周问："丹朱学棋以后，是否领悟了天道？"

子綦说："丹朱只把围棋当作游戏，没有领悟天道，唐尧只好禅位虞舜。九路棋枰变化太少，后人为了增加趣味，扩为纵横十九路，共计三百六十一点。扩大棋枰并非任意，中心一点天元，仍然对应北极；其余三百六十点，仍然对应一年三百六十天。但是棋枰扩大以后，后人不再明白唐尧发明围棋之意，乃是演示伏羲六十四卦，后人更不明白伏羲始画六十四卦之意，乃是演示天道天命，于是把伏羲六十四卦降格为卜筮人运的工具。后人又尊阳卑阴，认为先下者为卑，后下者为尊，于是把行棋次序，改为黑子先下，白子后下。这就把阳气先行，阴气后应，变成了阴气先行，阳气后应，违背了阴阳运行的根本原理。"

庄周问："如此说来，学棋就是学道？"

子綦说："正是。棋道隐寓太阳一年四季循环往复的天道。对应春分的泰卦，坤阴居上，乾阳处下，用柔，主生；对应秋分的否卦，乾阳居上，坤阴处下，用刚，主死。下棋者行泰用柔，其气必宽，气宽则生。下棋者行否用刚，其气必紧，气尽则死。"

庄周大为高兴："那我以后天天下棋，就能领悟天道了。"

子綦说："天天下棋，必将荒嬉无度。棋戏为技，从属于道。以道御技，技无不精。以技废道，技入魔道。学技仅是学道的辅助。技若不精，道必空疏。道为首，技为足，无首不知方向，无足不能近道。有技无道，方向必错，就会背道而驰。有道无技，方向虽对，仍然难以近道。"

言毕拍下一子，置于天元。[3]

笺注

[1]《韩世家》：十二年（前363），懿侯卒，子昭侯立。■韩懿侯名若山，韩昭侯名武，均见《竹书纪年》。

[2]《赵世家》：赵成侯十二年（前363），秦攻魏少梁，赵救之。■赵成侯顾及三晋一体，敌视夷秦，秦伐魏时，多次救魏。

[3]唐代《敦煌棋经》：棋有三百六十一道，效周天之度数。棋有白黑，阴阳分也；骈罗列布，效天文也。●元代《玄玄棋经》：夫棋之制也，有天地方圆之象，有阴阳动静之理，有星辰分布之序，有风雷变化之机。●北宋《棋经》：夫万物之数，从一而起。局之路三百六十有一，一者生数之主，据其极而运四方也，三百六十以象周天之数。分而为四，以象四时。隅各九十路，以象其日。外周七十二路，以象其候。枯棋三百六十，白黑相半，以法阴阳。局之线道谓之枰，线道之间谓之罫。

八

郑缓役人遣弟学墨，庄全适人命子习儒

前362年，岁在己未。庄周八岁。宋桓侯十九年。

周显王七年。秦献公二十三年。楚宣王八年。魏惠王八年（晋悼公七年）。韩昭侯元年。赵成侯十三年。田齐桓公十四年（姜齐幽公十三年）。燕桓公十一年（卒）。鲁恭公二十一年。卫成侯十年。越王初无余之十一年。中山桓公四十一年。

魏惠侯召见公叔痤："八年前赵成侯、韩懿侯支持公中缓叛乱，寡人一直耿耿于怀。如今宋桓公已经臣服，韩懿侯已经死去，寡人必须惩罚赵成侯！"

公叔痤谏阻："秦献公两度伐魏，赵成侯两度救魏，主公为何还要伐赵？"

魏惠侯不听，强命公叔痤为主将，巴宁、爨襄为副将，领兵伐赵。[1]

公叔痤无奈，只好奉命伐赵。

韩昭侯服满除丧，正式即位。

许异上朝进言："魏惠侯比魏武侯更加横霸，不念赵成侯两度救魏击秦之恩，仍然不忘旧仇而伐赵。主公应该发兵救赵！"

韩昭侯听从其言，发兵救赵。

魏军在浍邑（今山西侯马）大败赵、韩联军[2]，俘获赵将乐祚，攻取赵邑皮牢（今山西翼城东北）、列人（今河北肥乡）、肥邑（今河北藁城

西南)。

魏国东境，逼近赵都邯郸。

魏惠侯大悦，亲自郊迎公叔痤，赏赐一百万亩良田。

公叔痤拒绝受赏："魏军强大，乃是吴起当年训练武卒之功。战胜赵、韩，乃是巴宁、爨襄之功。我无尺寸之功！"

魏惠侯说："《老子》有言：'圣人无积，尽以为人，己愈有；既以与人，己愈多。'相国具有长者之风，既为寡人战胜强敌，又不忘前圣今贤之功，应该增加赏赐！"

增加赏赐公叔痤四十万亩良田。又赏赐巴宁、爨襄各十万亩良田，赏赐吴起后人二十万亩良田。[3]

秦献公召见庶长国："寡人曾命章蟜两次伐魏，均因赵、韩救魏而被迫退兵。如今魏惠侯伐赵，韩昭侯救赵，魏军大败赵、韩。你可领兵再次伐魏，赵、韩必将不再救魏。"

庶长国奉命伐魏，再次围攻少梁（今陕西韩城）。

赵成侯、韩昭侯果然不再救魏。

魏惠侯命令公叔痤救援少梁。

魏军武卒原本长胜秦军，如今畏惧斩首，临阵溃逃，公叔痤兵败被俘。

魏惠侯为了保住少梁，不得不把少梁东南的繁庞（今陕西韩城东南）割让给秦国。

秦献公不敢逼魏过甚，于是撤围少梁，释放公叔痤。[4]

公叔痤获释归魏，病重将死。

魏惠侯亲往相府探视："相国病危，已经不可讳言。何人可以继任为相？"

公叔痤说："我的门客商鞅，今年二十九岁。尽管年少，又是卫人，却是旷世奇才，可以继我为相。"

魏惠侯默然，起身告辞。

公叔痤又说："主公不用商鞅，最好立刻诛杀。否则商鞅转仕诸侯，必定不利魏国。"

魏惠侯佯装答应，出了相府，告诉左右："相国先劝寡人重用商鞅，后劝寡人诛杀商鞅。真是老糊涂了！"

公叔痤叫来商鞅："我先举荐你继我为相，主公没有答应。我又劝说主公杀你，主公已经答应。我是先公后私。你可速离安邑，逃回卫国！"

商鞅说："主公既然不听先生之言用我，又怎能听先生之言杀我？"[5]

公叔痤死后，魏惠侯果然不用、不杀商鞅，任命白圭为相。[6]

商鞅继续留在安邑，与公子魏卬为友。研究李悝《法经》，学习富国强兵之术。

燕桓公死了，在位十一年（前372—前362）。

太子继位，即燕文公。[7]

田齐桓公田午弑兄篡位，至今十四年，反对势力仍然强大。

田午肃清反对势力，清洗宗室群臣。弑杀了嫡母，即其父田侯和的正夫人，其兄田侯剡的生母。[8]

宋桓公兼用儒墨，重用大儒裘氏的弟子郑缓，墨家巨子田襄子的弟子惠盎。

宋国士人闻风而动，不是师从裘氏学儒，就是师从田襄子学墨。

郑缓也命其弟郑翟，师从田襄子学墨。

郑翟不解："你学儒受到宋桓公重用，为何让我学墨？"

郑缓说："宋桓公兼用儒墨，乃因儒术以文治心，墨术以刑治身。惠盎学墨，受到重用，又命其弟惠施学墨。万一宋桓公改变国策，或者后一宋君改变国策，重儒不重墨，惠氏兄弟必将同时失宠。我学儒，你学墨，无论宋君是重儒不重墨，还是重墨不重儒，必有一人当令，均可光大郑氏门楣。"

郑翟大为折服，于是师从田襄子学墨。[9]

惠盎之弟惠施，今年十九岁，天资卓绝，远胜其兄，是墨家巨子田襄子的杰出弟子。

庄周八岁，到了发蒙年龄。[10]

庄全请教子綦："我不知庄周是应该学儒，还是应该学墨。"

子綦问："为何犹豫不决？"

庄全说："我生于楚国，自幼学儒，所以想让庄周学儒。但是庄周生在宋国，宋国乃是墨家母邦，所以又想让庄周学墨。"

子綦问："我一直奇怪，庄生乃是老聃之徒，范蠡之友，你为何自幼学儒？"

庄全说："曾祖未能救出范蠡之子，抱愧而死。祖父认为老聃之道无用，于是让父亲学儒，我也如此。如今我客居宋国，入其国，随其俗。宋桓公兼用儒墨，所以庄周学儒也可，学墨也可。"

子綦问："倘若宋桓公改变政策，或者下一位宋君改变宋桓公之策，既不重墨，也不重儒，岂非学儒也不可，学墨也不可？"

庄全说："儒墨乃是当今两大显学，学儒学墨，均可安身立命。"

子綦说："依凭外境，趋赴显学，干禄固然不难，但是无关安身立命。唯有因循真德，才能安身立命。"

庄全猛然醒悟："先生言之有理！我暂时居宋，不该依凭外境，让庄周学墨，仍应因循真德，让庄周学儒。"

言毕兴冲冲而去。

子綦看着庄全背影，不禁失笑："父亲的真德，岂是儿子的真德？"

庄周按照父命，师从裘氏学儒，先读《论语》。

裘氏教导庄周："天下士人，大多学儒。宋国士人，大多学墨。当今天下，共有三道，除了孔子之道、墨子之道，另有老子之道。老子之道是狷者之道，无为退守，其弊在于不及。墨子之道是狂者之道，有为进取，其弊在于太过。孔子有言：'过犹不及。'孔子之道是叩其两端、允执厥中的中道，既非不及，亦非太过，完全无弊。士人学儒，必能安身立命！"

庄周回家，转告庄全。

庄全带着庄周，又去请教子綦："先生以为裘氏之言如何？"

子綦微笑："老聃之道，无为无不为。无为是退守，无不为是进取，实为中道，并无不及之弊。墨子之道，阳刚有余，确有太过之弊。孔子之道，阴柔有余，也有小过之弊。儒墨共同之过，乃是坚执有为人道，泯灭无为天道。"

庄全问："儒书《易传》有言：'天行健，君子以自强不息。'先生以为也有小过吗？倘若人生无为，怎能自强不息？"

子綦说："《易传》为子夏之徒所撰，多悖道术。不过《易传》此言，略有道术遗意。"

庄全问："先生既然认为孔子之道小过，《易传》多悖道术，为何又认为《易传》此言仍有道术遗意？"

子綦说："因为第一句主张无为，第二句主张无不为，合于老聃之道。"

庄全大惑不解："恕我愚钝，两句似乎都是主张有为，均非主张无为。"

子綦说："你自幼学儒，所以把第一句误读为'天，行健'，以为与第二句'君子以自强不息'相同，都是主张有为。其实第一句读作'天行，健'。'天行'之义，就是无为天道之运行。'健'之义，就是无为天道之运行强健。第二句'君子以自强不息'之义，才是君子有为而自强不息。两句意为：无为天道运行强健，永恒不息；君子首先遵循天道而无为，其次自强不息而无不为。"

庄全大惊："先生尽管言之成理，我仍有一疑：天道运行强健而永恒不息，怎能视为无为？"

子綦说："天道运行强健而永恒不息，不为尧存，不为桀亡，不偏一人，不偏一物，正是无为。天道唯有无为，才能运行强健，永恒不息。天道唯有无不为，才能造化天地，繁衍万物。所以天地万物均应仿效天道之无为，亦即顺应天道而无为。天地万物又应仿效天道之无不为，亦即因循内德而无不为。因为物德禀自天道，因循内德而无不为，正是顺应天道而无为。唯有首先顺应无为天道，领悟'天行，健'，然后才能因循无不为的物德，'君子以自强不息'。尧舜的有为，桀纣的妄为，均属悖道丧德，程度尽管有异，本质并无不同。"

庄全说："先生把圣王尧舜，与恶君桀纣等量齐观，似乎难以服人。"

子綦微微一笑，不再多言。

庄周听了，不知父亲和子綦谁是谁非。

笺注

[1]《水经·浊漳水注》引《竹书纪年》：梁惠王八年（前362），惠成王伐邯郸，取列人。伐邯郸，取肥。■《竹书纪年》常以"邯郸"称赵国，非指赵都邯郸。

[2]《六国表》赵成侯十三年（前362）：魏败我于浍。●《六国表》韩庄侯九年（当作韩昭侯元年，前362）：魏败我于浍。●《赵世家》：赵成侯十三年（前362），魏败我浍，取皮牢。成侯与韩昭侯遇上党。●《魏世家》：魏惠王九年（当作八年，前362），伐败韩于浍。魏惠王十年（当作八年，前362），伐取赵皮牢。■魏于同年同地败赵、败韩，可证魏攻赵，韩救赵，魏于浍邑击败赵、韩联军。《赵世家》"魏败我浍，取皮牢"为同年事，《魏世家》误为两年之事。

[3]《魏策一》八：魏公叔痤为魏将，而与韩、赵战浍北，禽乐祚。魏王说，郊迎，以赏田百万禄之。公叔痤反走，再拜辞曰："夫使士卒不崩，直而不倚，挠而不避者，此吴起之余教也，臣不能为也。前脉形地之险，阻决利害之备，使三军之士不迷惑者，巴宁、爨襄之力也。县赏罚于前，使民昭然信之于后者，王之明法也。见敌之可击，鼓之不敢怠倦者，臣也。王特为臣之右手不倦，赏臣何也？臣何力之有乎？"王曰："善。"于是索吴起之后，赐之田二十万。巴宁、爨襄田各十万。王曰："公叔岂非长者哉！既为寡人胜强敌矣，又不遗贤者之后，不掩能士之迹，公叔何可无益乎？"故又与田四十万，加之百万之上，使百四十万。故《老子》曰："圣人无积，尽以为人，己愈有；既以与人，己愈多。"公叔当之矣。

[4]《魏世家》：魏惠王九年（当作八年，前362），与秦战少梁，虏我将公孙痤，取庞。●《秦本纪》：秦献公二十三年（前362），与魏晋战少梁，虏其将公孙痤。●《赵世家》：赵成侯十三年（前362），秦献公使庶长国伐魏少梁，虏其太子痤。■魏惠王太子名申，《赵世家》"太子痤"误。《秦本纪》"公孙痤"当作"公叔痤"。公叔痤死于魏（见下注5），可证被秦释归。

[5]《商君列传》：商君者，卫之诸庶孽公子也，名鞅，姓公孙氏，其祖本姬姓也。鞅少好刑名之学，事魏相公叔座为中庶子。公叔座知其贤，未及进。会座病，魏惠王亲往问病，曰："公叔病有如不可讳，将奈社稷何？"公叔曰："座之中庶子公孙鞅，年虽少，有奇才，愿王举国而听之。"王嘿然。王且去，座屏人言曰："王即不听用鞅，必杀之，无令出境。"王许诺而去。公叔座召鞅谢曰："今者王问可以为相者，我言若，王色不许我。我方先君后臣，因谓王即弗用鞅，当杀之。王许我。汝可疾去矣，且见禽。"鞅曰："彼王不能用君之言任臣，又安能用君之言杀臣乎？"卒不去。惠王既去，而谓左右曰："公叔病甚，悲乎，欲令寡人以国听公孙鞅也，岂不悖哉！"●《魏策一》九：魏公叔座病，惠王往问之。曰："公叔病，即不可讳，将奈社稷何？"公叔座对曰："座有御庶子公孙鞅，愿王以国事听之也。为弗能听，勿使出竟。"王弗应，出而谓左右曰："岂不悲哉！以公叔之贤，而谓寡人必以国事听鞅，不亦悖乎！"公孙座死，公孙鞅闻之，已葬，西之秦，孝公受而用之。秦果日以强，魏日以削。此非公叔之悖也，惠王之悖也。悖者之患，固以不悖者为悖。

[6]《韩非子·内储说下》有"白圭相魏"，可证白圭事魏武侯而未相，事魏惠王而继公叔座为相。魏惠王以商鞅年少而不相，当以白圭年长而相之。白圭约生于前395年，约长商鞅五岁。

[7]《燕世家》：桓公十一年（前362）卒，文公立。

[8]《田世家索隐》引《竹书纪年》：（田）齐桓公十一年（当作十四年，前362），弑其君母。■"君"即田侯剡，"君母"即田侯剡之母。十四年前（前375）田午弑田侯剡及其太子田喜而篡位，未敢弑田侯剡之母，因为田侯剡之母乃田午之父田和正妻。庶子田午君位已固之后，乃弑嫡兄田侯剡之母；正如庶子秦昭王君位已固之后，乃弑嫡兄秦武王之母（见下第六十五章）。

[9]《庄子·列御寇》：郑人缓也，呻吟裘氏之地，只三年而缓为儒，河润九里，泽及三族，使其弟墨。

[10]《汉书·艺文志》：古者八岁入学。

赵韩伐秦魏迁大梁，庄读《诗经》质疑君臣

前361年，岁在庚申。庄周九岁。宋桓侯二十年。

周显王八年。秦献公二十四年＝秦孝公元年。楚宣王九年。
魏惠王九年（晋悼公八年）。韩昭侯二年。赵成侯十四年。田齐
桓公十五年（姜齐幽公十四年）。燕文公元年。鲁恭公二十二
年。卫成侯十一年。越王初无余之十二年（被弑）。中山桓公
四十二年。

年初，赵成侯、韩昭侯为了阻止秦军凭借斩首之威危及中原，联合
伐秦。[1]

秦献公嬴师隰，刚刚开始图强，即遭赵、韩共伐，忧急而死。在位
二十四年（前384—前361），实计二十三年。

二十一岁的太子嬴渠梁继位，即秦孝公。当年改元。[2]

四月甲寅（初三），魏惠侯把魏都从西部的安邑（今山西夏县），迁至
东部的大梁（今河南开封）。[3]

宋桓公急召群臣问策："魏惠侯为何迁都大梁？"

戴剔成说："秦献公连年伐魏，赵、韩无不救魏。去年魏惠侯击败赵、
韩，秦献公趁机伐魏，赵、韩不再救魏。魏惠侯无力独自抗秦，于是避秦

东迁。"

戴驩不同意："迁都乃是大事，并非想迁就迁。三年前秦献公第一次伐魏，赵、韩救魏。去年秦献公第三次伐魏，赵、韩不救魏，魏惠侯怎么可能今年避秦迁都？九年前魏惠侯即位以后，就已开始建筑大梁城、大梁宫、夹林、兰台，筹备迁都。"

宋桓公问："魏惠侯如果并非避秦，为何迁都？"

戴驩说："为了争霸天下，代周为王！大梁宫的规格，不仅僭越周礼规定的诸侯宫殿规格，而且超过了洛阳王宫的规格。三家分晋以后，赵国在北，韩国在南，魏国居中。魏文侯东灭中山，西伐秦国，攻取河西七百里地，秦国退守函谷关以西。其时三晋团结，魏国东部处于韩、赵之间，十分安全，所以魏文侯定都安邑，重点防范秦国。但是秦简公、秦惠公、秦出公时期，秦国内乱不止，对魏毫无威胁。秦献公平定内乱以后，仍然无力收复河西七百里地。魏武侯不再满足于仅为三晋盟主，进而称霸中原，导致三晋离心。韩国原与洛阳相邻，拥有控制周王的地理优势。赵敬侯把赵都从晋阳（今山西太原）南迁邯郸（今河北邯郸），正是为了靠近洛阳，与韩国争夺对周王的控制权。近年赵、韩先伐周，后分周，都是为了控制周王。魏惠侯不愿赵、韩捷足先登，安邑又离洛阳太远，难以与韩、赵争夺对周王的控制权。况且田齐封侯以后，与魏争霸中原，不断征伐魏国东部。因此魏惠侯即位之初，为了控制周王，争霸天下，代周为王，即已决定东迁大梁。"

宋桓公说："相国言之有理！但是相国曾说，当年亲楚敌魏，乃因魏都安邑处于靠近秦国的魏国西部，不在靠近宋国的魏国东部。四年前魏都远在安邑，魏惠侯尚且伐宋，寡人诛杀公孙顾，魏兵始退。如今魏惠侯东迁大梁，与宋近在咫尺，宋国继续亲楚敌魏，岂非将成魏惠侯首伐之国？"

戴驩诚惶诚恐："彼一时，此一时。我没料到今日之变。"

戴剔成打圆场："相国当年亲楚，固有当年之宜。如今形势不同，自应调整国策。"

宋桓公问："右师以为，应该如何调整？"

戴剔成说:"魏为中原霸主,楚为天下霸主,均为宋之强邻。相国长期亲楚,容易招来魏伐。主公如果立刻亲魏,又易招来楚伐。魏惠侯东迁大梁,并非针对宋国,而是针对赵、韩、齐、楚。主公不妨先看赵、韩反应,再看齐、楚反应,然后根据诸侯动向,调整国策。"

宋桓公听从戴剔成,静观诸侯如何因应魏都东迁。

魏惠侯东迁大梁,采纳白圭之策,区别对待赵、韩。

对长期敌魏的赵成侯示好,把以前伐赵所侵的榆次(今山西榆次)、阳邑(今山西太谷),还给赵国。[4]

对近年叛魏亲赵的韩昭侯强硬,立刻伐韩,攻取了泫氏(今山西高平),改名高平。

韩昭侯采纳许息之策,亲往巫沙(今河南荥阳北)朝拜魏惠侯。

魏惠侯大悦,停止伐韩。[5]

庄周九岁,继续师从裘氏学儒。

裘氏说:"去年发蒙识字,已读《论语》,今年开读六经。孔子有言:'不学《诗》,无以言。'先读《诗经》,浏览十五《国风》,重点研读《雅》、《颂》。"

庄周有疑:"《小雅·北山》说:'普天之下,莫非王土;率土之滨,莫非王臣。'天下之土,为何全都属王?天下之人,为何生而为臣?"

裘氏说:"一贯三才谓之王,君王主宰天地人三才,所以孔子有言:'君子有三畏:畏天命,畏大人,畏圣人之言。'大人尚须敬畏,何况君王?"

庄周仍然有疑:"同样是人,为何有人天生是主宰臣民的君王,有人天生是被君王主宰的臣民?为何臣民必须敬畏君王,君王不必敬畏臣民?"

裘氏大怒:"胡言乱语,大逆不道!"

庄周受到训斥,回家又问庄全。

庄全说:"孔子不言天道,仅言人道,老聃兼言天道、人道。裘氏是孔子之徒,所以仅提孔子之言,不提老聃之言,难怪你会有疑。裘氏若是提及老聃之言，你就不会有疑。《老子》同样有言：'人之所畏，亦不可以不畏。'又说：'道大，天大，地大，王亦大。域中有四大，而王居其一焉。人法地，地法天，天法道，道法自然。'你看，道、天、地、王，合称四大。既然人人敬道、敬天、敬地，当然应该人人敬王。"

庄周说："《老子》之言，仍很可疑。既然前面说'王亦大'、'王居其一'，为何后面不说'王法地'，却说'人法地'？"

庄全被问住了，只好带着庄周去问子綦。

子綦告诉庄全："我对你说过，你读的是《老子》伪本。《老子》原文，前一句是：'人之所畏，亦不可以不畏人。'意为，既然臣民敬畏侯王，那么侯王也不能不敬畏臣民。后一句是：'道大，天大，地大，人亦大。域中有四大，而人居其一焉。人法地，地法天，天法道，道法自然。'意为，道生万物，无不尊贵。侯王如果自居尊贵，臣民如果自居卑贱，全都违背天地之道。" [6]

庄全大惊："为何《老子》会有伪本？"

子綦说："孔子之徒，尤其是子夏之徒，鼓吹君尊臣卑的否术，反对君柔臣刚的泰道，所以把《老子》原文'亦不可以不畏人'，改成'亦不可以不畏'。删去一字，其义立刻反转，变成了：既然人人敬畏君王，那么我也不能不敬畏君王。又把《老子》原文'人亦大'、'人居其一'，改成'王亦大'、'王居其一'。老聃原义是人人都与道、天、地一样尊贵，篡改二字，其义立刻反转，变成了：只有君王才与道、天、地一样尊贵，其他人都天生卑贱。《老子》伪本，完全违背老聃原义！"

庄全没想到一向平和的子綦，竟然如此激愤，惊愕得说不出话。

子綦摸摸庄周的脑袋，笑了："你竟然无师自通，看出《老子》伪本不通，真是异才！"

年底，越国又发生了近年以来的第四次弑君。

十余年前，越王翳及其长子越王诸咎、次子越王孚错枝，四年之内连续被弑。越王翳的三子王子搜不愿为王，被大夫寺区逼迫而继位，即越王初无余之。

初无余之另有一弟，即越王翳的幼子王子豫。

初无余之也有四子，长子立为太子。

王子豫眼看三位兄长相继为王，也想继兄为王，于是向初无余之进谗："太子似有仿效诸咎之心，大王不可不防！"

初无余之听信其谗，诛杀长子，改立次子为太子。

王子豫又进谗。初无余之又诛杀次子，改立三子为太子。

王子豫又进谗。初无余之又诛杀三子，改立幼子无颛为太子。

王子豫又进谗。初无余之将信将疑，不忍诛杀仅存的幼子。

大夫寺区已死，其弟寺忠执掌兵权，献策太子无颛："大王轻信王子豫，已诛太子三兄。太子危在旦夕！"

无颛大恐，命令寺忠攻破王宫，诛杀了王子豫，弑杀了初无余之。

初无余之临死叹息："寡人不听王子豫之言，不忍诛杀幼子，终于难逃弑杀之祸！"[7]

初无余之被弑，在位十二年（前372—前361）。神主牌位入于太庙，死称莽安。

无颛弑父篡位，即越王无颛。[8]

裘氏大怒："越人连弑四君，成何体统！"

庄周问："被弑的越王，为王之前名叫王子搜，为王之后名叫初无余之，被弑之后名叫莽安。一王为何三名？"

裘氏说："越人是断发文身的南蛮，一王三名不合周礼，乃是毫无道理的蛮风夷俗！"

庄周不敢再问，回家又问庄全："裘氏不告诉我一王为何三名，只说一王三名不合周礼。"

庄全说："裘氏精通周礼，所言一定不错。"

庄周说："但我更想知道一王为何三名，南伯一定愿意告诉我。"

言毕奔向对街。

庄全也想知道，跟着走到对街。

子綦大笑："你凡事都要追问究竟，难怪裘氏不喜欢你！越国王子，全都有名有字，这与中原相同。比如越王翳四子，各有其名，即诸咎、孚错枝、搜、豫；又各有其字，即伯、仲、叔、季。越国王子一旦成为越王，另有生称、死称，这与中原不同。比如越王勾践，生称是勾践，死称是菼执。越王不寿，生称是不寿，死称是盲姑。王子搜，其名为搜，其字为叔，成为越王以后，生称是初无余之，死称是莽安。如今的越王，同样有名有字，但是不让外人知道，目前仅知生称是无颛，死后当然另有死称。"

庄周问："越王的名字，为何不让外人知道？"

子綦说："这是初民萨满教遗风。萨满教认为，他人死后为鬼，祖先死后成神。巫蛊诅咒之术，就是借助鬼神之力，诅咒仇人致病致死。欲施巫蛊诅咒，先须制作人偶，上书仇人之名。初民认为，不书仇人之名，鬼神无法准确施害，诅咒必定无效。为了预防仇家施以巫蛊诅咒，避免孩童夭折，孩童均以排行为字，暂不取名。成丁以后，才会取名，但是仅为长辈亲友所知。平辈亲友虽知其名，仍然仅称其字，称名即为不敬。庶民的排行是老大、老二、老三、老四，士人的排行是伯、仲、叔、季，其意相同。排行天下通用，无法施以巫蛊诅咒。"

庄周又问："越国王子为王之后，为何另有生称、死称？"

子綦说："仍是初民萨满教遗风。萨满教认为，君王生前为王，当用生称替代其名，以防巫蛊诅咒。君王死后成神，当用死称替代生称，以便庇佑子孙。商代多神教，与初民萨满教略有不同，就是区分君王、臣民，臣民死后为鬼，商王死后成神，所以商王死后无不称帝。周代一神教，又与商代多神教大为不同，首先区分人王、天帝，人死无不为鬼，不再成神，所以周王死后不再称帝，各有专用死称，即按周公制定的谥法，选取专用谥号；其次区分君王、臣民，臣民死后为鬼，采用通用死称，父死称考，母死称妣。假如臣民没有子嗣，无人称其考妣，就是孤魂野鬼。越人僻处南鄙，仍奉初民萨满教，不奉中原的商代多神教和周代一神教，所以越王死后成神，既不称帝，也不称谥，各有专用死称。"

庄周拍手大笑："南伯真是无所不知！"

子綦肃然正色："宇宙广大，天道无极，没人无所不知！唯有自知无知，方能略多其知。"

庄全大为惊骇："先生为何如此了解蛮风夷俗？"

子綦说："蛮风夷俗，仅是异于中原如今通行的周礼，但是多与中原曾经通行的夏礼、商礼相关。道家出于史官，熟知三代之礼，所以孔子曾向老聃问礼。儒家专崇周礼，把夏礼、商礼视为非礼，乃是囿于一方一隅之陋，自矜一时一地之知。万物尽管殊理，天下其实同道。"

笺注

[1]《赵世家》：赵成侯十四年（前361），与韩攻秦。

[2]《秦本纪》：秦献公二十四年（前361），献公卒，子孝公立，年已二十一岁矣。

[3]《魏世家》：魏惠王三十一年（当作九年，前361）……徙治大梁。●《魏世家集解》引《竹书纪年》(又见《魏世家索隐》、《孟子·梁惠王上正义》)：梁惠王九年（前361）四月甲寅徙都大梁。

[4]《水经·洞涡水注》引《竹书纪年》：梁惠王九年（前361），与邯郸榆次、阳邑。■"邯郸"指赵国，非谓赵都。

[5]《太平御览》一六三、《太平寰宇记》卷四四泽州高平县、《路史·国名纪》己注引《竹书纪年》：魏惠王九年（前361），晋取泫氏。■"晋"即魏。●《水经·济水注》引《竹书纪年》：魏惠王九年（前361），王会郑厘侯于巫沙。■郑厘侯即韩昭侯，复谥"昭厘"。

[6]《老子》初始本："人之所畏，亦不可以不畏人。"《老子》传世本改为："人之所畏，亦不可以不畏。"●《老子》初始本："道大，天大，地大，人亦大。域中有四大，而人居其一焉。人法地，地法天，天法道，道法自然。"《老子》传世本改为："道大，天大，地大，王亦大。域中有四大，而王居其一焉。人法地，地法天，天法道，道法自然。"■详见拙著《老子奥义》。

[7]《吕览·审己》：越王授有子四人。越王之弟曰豫，欲尽杀之，而为之后。恶其三人而杀之矣。国人不说，大非上。又恶其一人而欲杀之，越王未之听。其子恐必死，因国人之欲逐豫，围王宫。越王太息曰："余不

听豫之言，以罹此难也。"亦不知所以亡也。■"授"即搜，王子搜即初无余之。

[8]《越世家索隐》引《竹书纪年》：初无余之十二年，寺区弟忠弑其君，[是为]莽安，次无颛立。无颛[十]八年薨，是为菼蠋卯。■越王有生称和死称。越王勾践，死称"菼执"。越王不寿，死称"盲姑"。越王初无余之，死称"莽安"。越王无颛，死称"菼蠋卯"。

戴驩罢相剔成专权，庄读《尚书》质疑本末

前360年，岁在辛酉。庄周十岁。宋桓侯二十一年。

周显王九年。秦孝公二年。楚宣王十年。魏惠王十年（晋悼公九年）。韩昭侯三年。赵成侯十五年。田齐桓公十六年（姜齐幽公十五年）。燕文公二年。鲁恭公二十三年。卫成侯十二年。越王无颛元年。中山桓公四十三年。

魏惠侯去年东迁大梁，归还了以前侵赵之地。
今年魏惠侯伐齐，赵成侯助魏伐齐。[1]

东周惠公姬根死了，在位七年（前366—前360）。
太子姬杰继位，即昭文君，东周国第二代国君。[2]

秦孝公二十二岁，举行冠礼，身佩宝剑。[3]
周显王遣使观礼，希望秦国扶助周室。[4]
秦孝公得到周显王支持，雄心勃勃，决心继承父志，恢复秦穆公霸业，收复被魏侵夺的河西七百里地，于是颁布招贤令："从前秦穆公修德行武，东平晋乱，以黄河为界；西霸戎狄，辟地千里；被周天子尊为霸主，中原诸侯来贺，为后世开立基业，非常光荣美好。不幸秦厉公、秦躁公、秦简公、秦出公祸乱国政，内忧不断，无暇抵御魏国征伐，失去河西七百里地。

从此秦国受到山东诸侯鄙视，羞耻莫此为甚！先君秦献公即位以后，迁都栎阳，重修秦穆公政令，镇守安抚边境，东伐魏国，决心收复秦穆公故土。寡人每每念及先君未能实现其志，常感痛心。从今以后，无论是外国客卿，还是本国群臣，只要能够进献奇计，富强秦国，寡人必将拜为卿相，裂土分封。"

随即出兵，东围魏国的陕城（今河南三门峡西），北斩义渠的獂王。[5]

庄全请教子綦："秦孝公为何招贤？"

子綦说："魏惠侯东迁大梁，称霸中原，争霸天下，对秦国减轻了压力。秦孝公年轻气盛，雄心勃勃，抓住这一机会，准备收复被魏攻取的河西七百里地。"

庄全问："秦孝公能否实现目标？"

子綦说："这要看中原士人是否应召入秦。秦人乃是西戎，仅有宗室贵族，没有士人阶层。秦孝公招贤，希望中原士人入秦。但是孔子有言：'夷狄之有君，不如诸夏之无也。'中原士人多为孔子之徒，严于夷夏大防，恐怕不愿降志辱身，求仕夷秦。"

果如子綦所言，秦孝公颁布招贤令一年，中原士人无一应召。

宋桓公经过多年韬光养晦，兼用儒墨，巧妙借用魏国伐宋、迁都等外力，分化戴驩党羽，翦除戴驩死党，逐步瓦解了盘根错节的戴驩势力。今年在戴剒成、戴盈、戴不胜等重臣支持之下，终于罢免了专权二十年（前380—前361）的戴驩，任命深受宋民爱戴、素有清廉之名的戴剒成为相。

戴剒成相宋，立刻抄没戴驩家产，把商丘东门的戴驩宅第，转赐给宋桓公宠臣郑缓。又提拔郑缓之弟郑翟。

宋桓公大悦。

郑缓学儒大贵，郑翟学墨大贵。兄弟并显于朝，河润九里，泽及三族。

庄周十岁，匡章（前360—前290）、尹文（前360—前285）生于齐国，宋钘（前360—前290）生于宋国。

庄周继续师从裘氏学儒，开读《尚书》。

庄全要求庄周："《尚书》之中，《周书》最为重要，必须细读。"

狶韦氏说："我们宋国是殷商遗邦，应该细读《商书》。"

庄周说："《商书》、《周书》全是教训，没有故事，我不喜欢。《虞夏书》都是故事，我还比较喜欢。但我更喜欢父亲藏书里的故事书。"

庄全问："你读了我的藏书？"

庄周说："快要读完了。"

庄全问："喜欢什么书？"

庄周说："最喜欢《山海经》和《齐谐》。那些鸟首蛇身的鬼怪故事，夸父逐日，精卫填海，后羿射日，嫦娥奔月，都很好玩。刑天以乳为目，以脐为口，更加好玩。是否天下到处都有鬼神？"

庄全说："除了天帝，别无鬼神！"

狶韦氏说："鬼神遍布天下，各有其名。既有其名，必有其实。"

庄周大为兴奋："有些什么鬼神？"

狶韦氏说："江河之鬼，名为罔象。丘陵之鬼，名为峷。山岭之鬼，名为夔。"

庄周说："《山海经》提到了夔，只说一足，没说是山岭之鬼。还有什么鬼神？"

狶韦氏继续说："旷野之鬼，名为彷徨。湖泽之鬼，名为委蛇。湿地之鬼，名为履。灶台之鬼，名为髻。厕所之鬼，名为雷霆。东北屋之鬼，名为倍阿、鲑蠪。西北屋之鬼，名为泆阳。"

庄全打断狶韦氏："这些都是宋人承自殷商的萨满教迷信，知之无益。孔子虽是宋人后裔，却不喜欢商人崇鬼，所以鄙弃商道，尊崇周道，主张'敬鬼神而远之'，平生'不语怪力乱神'。"

狶韦氏说："自古相传，怎能说是迷信？"

庄周问："孔子既然不信鬼神，为何主张'祭神如神在'？"

庄全说："孔子认为，三代之礼既有因袭，又有损益。祭祀鬼神，有利于约束人心，淳厚风俗。"

庄周读毕《尚书》，请教裘氏："夫子曾说，君主为本，臣民为末。为何《虞夏书·五子之歌》记载大禹之言，却说'民惟邦本，本固邦宁'？"

裘氏说："人必以首为本，以足为末。民若无君，如人无首。《虞夏书》、《商书》不可尽信，唯有《周书》可信。所谓尽信《书》不如无《书》，即指《虞夏书》、《商书》而言。"

庄周未解疑惑，回家又问庄全。

庄全回答不出。

庄周去问子綦，庄全又跟随而去。

庄周问："孔子推崇尧舜，不推崇大禹。墨子反对儒家，既推崇尧舜，更推崇大禹，是否与大禹所言'民惟邦本，本固邦宁'有关？"

子綦说："正是。孔子之徒传习《诗》、《书》、《礼》、《乐》，不管《诗》、《书》、《礼》、《乐》原义，而是随意解释，任意取舍。《诗》、《书》、《礼》、《乐》的个别语句合于孔子之言，孔子之徒就寻章摘句，视为依据。《诗》、《书》、《礼》、《乐》的许多语句不合孔子之言，孔子之徒就说，尽信《书》不如无《书》。"

庄全说："庄周之疑，我也从小就有，老师也像裘氏一样回答。如今庄周问起，我才发现老师并未说服我，只是我相信老师，不再追究。先生认为，究竟是大禹之道'民惟邦本，本固邦宁'正确，还是孔子之道'君主为本，臣民为末'正确？"

子綦说："大禹之言正确。"

庄全问："先生有无依据？"

子綦说："本末之言，取义于树。树之本在下，树之末在上。本即树根，可以喻下、喻足、喻民，怎能喻上、喻首、喻君？末即树梢，可以喻上、喻首、喻君，怎能喻下、喻足、喻民？大禹之言和墨子之道，取义正确，均未颠倒本末。孔子之道，取义错误，颠倒本末！"

庄全大惊："先生之言，真是前所未闻！那么老聃之道，以何为本，以何为末？"

子綦说："《老子》明言：'贵必以贱为本，高必以下为基。'君王尽管居上为首，然而属末不属本。臣民尽管居下为足，然而属本不属末。老聃之道，承续《归藏》泰道，主张君柔臣刚，因而以民为本，以君为末。孔子之道，承续《周易》否术，主张君尊臣卑，因而以君为本，以民为末。"

庄全震惊至极，喃喃自语："看来我自幼所学所信的孔子之道，确有许多可疑不通之处。"

笺注

[1]《赵世家》：赵成侯十五年（前360），助魏攻齐。●《水经·渠水注》引《竹书纪年》：魏惠王十年（前360），入河水于甫田。又为大沟而甫水。瑕阳人自秦导岷山青衣水来归。

[2]《六国表》周显王九年（前360）《集解》引《竹书纪年》：东周惠公杰薨。▲杨宽：杰为昭文君名。疑当作"东周惠公薨，子杰立"。■杨说是。《周本纪正义》"（东周惠公）子武公，为秦所灭"误。西周国有"武公"，东周国无"武公"。东周惠公之子为东周昭文君姬杰。东周昭文君元年为周显王十年（前359），一百多年后秦庄襄王元年（前249）灭东周。

[3]秦孝公生于秦献公四年（前381），去年（前361）二十一岁，今年二十二岁举行冠礼。■《秦始皇本纪》："惠文王生十九年而立。……昭襄王生十九年而立。……始皇生十三年而立。"《秦本纪》："惠文王三年，王冠，带剑。……昭襄王三年，王冠。……始皇帝九年四月己酉，王冠。"可知秦君均于二十二岁举行冠礼，异于中原二十岁举行冠礼。

[4]《秦本纪》：秦孝公二年（前360），天子致胙。

[5]《秦本纪》：秦孝公元年（当作二年，前360），河山以东强国六，与齐威、楚宣、魏惠、燕悼、韩哀、赵成侯并。淮泗之间小国十余。楚、魏与秦接界。魏筑长城，自郑滨洛以北，有上郡。楚自汉中，南有巴、黔中。周室微，诸侯力政，争相并。秦僻在雍州，不与中国诸侯之会盟，夷翟遇之。孝公于是布惠，振孤寡，招战士，明功赏。下令国中曰："昔我缪公自岐雍之间，修德行武，东平晋乱，以河为界，西霸戎翟，广地千里，

天子致伯，诸侯毕贺，为后世开业，甚光美。会往者厉、躁、简公、出子之不宁，国家内忧，未遑外事，三晋攻夺我先君河西地，诸侯卑秦、丑莫大焉。献公即位，镇抚边境，徙治栎阳，且欲东伐，复缪公之故地，修缪公之政令。寡人思念先君之意，常痛于心。宾客群臣有能出奇计强秦者，吾且尊官，与之分土。"于是乃出兵东围陕城，西斩戎之獠王。

十一

商鞅入秦进言三道，庄习礼乐得闻真君

前359年，岁在壬戌。庄周十一岁。宋桓侯二十二年。

周显王十年。秦孝公三年。楚宣王十一年。魏惠王十一年
（晋悼公十年）。韩昭侯四年。赵成侯十六年。田齐桓公十七年
（姜齐幽公十六年）。燕文公三年。鲁恭公二十四年。卫成侯十三
年。越王无颛二年。中山桓公四十四年。

魏惠侯东迁大梁，称霸中原，争霸天下，首要目标是贬黜三晋宗主晋
君，确立魏国的三晋盟主地位。

韩昭侯去年朝拜魏惠侯，今年奉魏惠侯之命，攻取了晋悼公的食邑
屯留（今山西长治），及其周边之地尚子（今山西长子）、涅邑（今山西
武乡）。

魏惠侯、韩昭侯又邀约赵成侯，把晋悼公从屯留迁至端氏（今山西
沁水）。

三晋从此不再奉晋君为宗主。[1]

卫人商鞅，鉴于弱卫依附强魏，在卫难以施展抱负，于是离卫至魏，
投靠魏相公叔痤。

三年前，魏惠侯不听公叔痤之言，不用、不杀商鞅。两年前，魏惠侯
东迁大梁，魏卬、商鞅随之同往大梁。去年秦孝公招贤，商鞅并未马上入

秦：一是魏惠侯东迁，称霸中原，争霸天下，正是用人之际；二是中原士人均有夷夏大防，或者出仕母邦，或者出仕诸夏，绝不出仕四夷。

商鞅在大梁苦等两年，魏惠侯仍不用他。今年三十二岁，携带李悝《法经》[2]，前往栎阳，投靠秦孝公宠臣景监。

秦孝公二十三岁，正在苦恼招贤一年无人应召入秦，立刻召见商鞅。

第一次召见，听得昏昏欲睡，斥责景监举荐不当。

第二次召见，仍然听不进去，又斥景监举荐不当。

第三次召见，终于大悦，长谈数日，不知厌倦。

景监问商鞅："先生第三次进言，为何让主公如此欢喜？"

商鞅说："我第一次进言帝道，第二次进言王道，主公无不厌闻。第三次进言霸道，主公终于大悦。但是仅行霸道，难以胜过商周。必须由霸而王，由王而帝，才能胜过商周。"[3]

庄全请教子綦："先生认为中原士人多有夷夏大防，不会应召入秦。为何商鞅应召入秦？"

子綦感叹："先是太史儋离周仕秦，如今商鞅又离魏仕秦，说明中原士人正在失去操守，又说明子夏之徒异于孔子之徒。"

庄全问："士人游说君主，总是仅言自己崇信之道，为何商鞅依次进言三道？"

子綦说："商鞅第一次进言的帝道，乃是墨子之道，第二次进言的王道，乃是孔子之道，都不是商鞅崇信之道。第三次进言的霸道，乃是子夏、李悝之道，才是商鞅崇信之道。"

庄全问："商鞅是李悝弟子，李悝是子夏弟子，子夏是孔子弟子。为何商鞅不先言子夏、李悝之道，也不先言孔子之道，反而先言墨子之道？"

子綦说："商鞅求仕夷狄之君，已经失去操守，所以只想投秦孝公所好。"

庄全问："为何先言墨子之道，就能投秦孝公所好？"

子綦说："墨子之道，就是五帝之道，商代之道。秦人信仰商代五帝教，所以商鞅猜想秦孝公可能喜欢墨子的帝道。"

庄全问："秦孝公为何不喜欢墨子的帝道？"

子綦说："孔子的王道，就是三王之道，君位世袭，卿相世禄。墨子反对孔子的王道，主张帝道，就是五帝之道，君位禅圣，卿相让贤。如今卿相世禄已经打破，但是君位世袭尚未打破，所以天下诸侯大都喜欢孔子之徒，不喜欢墨子之徒。商鞅欲投秦孝公所好，进言墨子的帝道失败，只好改言孔子的王道。"

庄全问："秦孝公为何又不喜欢孔子的王道？"

子綦说："孔子的王道，主张尊王，即尊周王。如今中原诸侯尚且不尊周王，何况秦孝公？商鞅进言孔子的王道又失败，只好改言子夏、李悝的霸道，又做出重大修改，所以秦孝公大悦。"

庄全问："愿闻其详。"

子綦说："子夏、李悝的霸道，就是五霸之道。五霸之道创于管仲，要义是尊王攘夷。尊王就是尊周王，攘夷就是攘四夷。孔子认为，管仲的霸道，其利是尊王攘夷，其弊是礼乐征伐从诸侯出，所以五霸尊王攘夷，结果是诸侯越来越强，周王越来越弱。孔子有见于霸道之弊，子夏、李悝则有见于霸道之利，于是改造了管仲的霸道，一是继续尊王攘夷，二是变革王法。魏文侯师从子夏，重用李悝，变法图强，既放大霸道之利，更放大霸道之弊，结果是诸侯更强，周王更弱。商鞅又改造了子夏、李悝的霸道，不再尊周王，而是尊国君，不再攘四夷，而是仕夷秦，所以秦孝公大悦。"

庄周十一岁，继续师从裘氏学儒，阅读《礼》《乐》，研习礼、乐。

裘氏说："孔子开创儒家，士人必学的礼、乐、射、御、书、数，称为六艺，属于实践范畴。君子必学的《诗》《书》《礼》《乐》《易》《春秋》，称为六经，属于理论范畴。六艺之礼、乐，与六经之《礼》《乐》相辅相成。礼教、乐教是孔子之道的核心。孔子有言：'君子立于礼，成于乐。君子和而不同。'《礼记·乐记》有言：'乐者，天地之和也；礼者，天地之序也。''乐者为同，礼者为异。'君子学乐，就能与人相和。君子学礼，就能与人不同。"

庄周学习礼、乐以后，要求学习射、御、书、数。

裘氏说："六艺之中，礼、乐为本，是道；射、御、书、数为末，是技。君子宜学礼、乐之道，小人才学射、御、书、数之技。"

庄周说："我已学了《周颂》、《大雅》、《小雅》之乐，还想学习《商颂》之乐。"

裘氏不许。

庄周问："我们是宋人，为何只学周代之乐，不学商代之乐？"

裘氏说："你母亲是宋人，你父亲是楚人，你虽然生在宋国，仍是楚人。郑国虽亡，我仍是郑人。无论郑人、楚人、宋人，都是周王之臣。儒门乐教，限于周代之乐。宋国虽是殷商遗邦，但是周王仅仅特许宋君演奏《商颂》之乐，宋国士人作为周王之臣，不得研习《商颂》之乐。"

庄周十分失望，请求父亲为他另择乐师，学习《商颂》之乐。

庄全、狶韦氏从其所愿，让庄周师从鲁遽，学习《商颂》之乐，又学习弹琴、鼓瑟、吹箫、击缶。

庄周精力旺盛，好学不倦，又师从宋国名医文挚，学习医术。[4]

庄周问子綦："我师从裘氏学儒，裘氏说，必须明白人之君臣。我师从鲁遽学乐，鲁遽说，必须明白音之君臣。我师从文挚学医，文挚说，必须明白药之君臣。为何天地万物皆有君臣？"

子綦说："众人之君，众音之君，众药之君，仅是主宰一类的假君，并非主宰万类的真君。假君服从真君，才是真道。假君遮蔽真君，就是伪道。"

庄周问："什么是主宰万类的真君？"

子綦说："独立而不改，周行而不殆的天道！"[5]

笺注

[1]《赵世家》：赵成侯十六年（前359），与韩、魏分晋，封晋君以端氏。●《水经·浊漳水注》引《竹书纪年》：梁惠王十二年（当作十一年，

前359），郑取屯留、尚子、涅。●《太平寰宇记》卷四五潞州长子县引《竹书纪年》：郑取屯留、长子。■韩取晋君之屯留，赵、韩、魏徙晋君至端氏，当属同时之事，故《水经·浊漳水注》之"梁惠王十二年"，当非《竹书纪年》原文，而是沿袭《魏世家》之魏惠王十二年（当作十一年，前359），即赵成侯十六年、晋悼公十年。

[2]《晋书·刑法志》：秦汉旧律，其文起自魏文侯师李悝，悝撰次诸国法，著《法经》。……商鞅受之以相秦。

[3]《秦本纪》：秦孝公三年（前359），卫鞅说孝公变法修刑，内务耕稼，外劝战死之赏罚，孝公善之。●《商君列传》：公叔既死，公孙鞅闻秦孝公下令国中求贤者，将修缪公之业，东复侵地，乃遂西入秦，因孝公宠臣景监以求见孝公。孝公既见卫鞅，语事良久，孝公时时睡，弗听。罢而孝公怒景监曰："子之客妄人耳，安足用邪！"景监以让卫鞅。卫鞅曰："吾说公以帝道，其志不开悟矣。"后五日，复求见鞅。鞅复见孝公，益愈，然而未中旨。罢而孝公复让景监，景监亦让鞅。鞅曰："吾说公以王道而未入也。请复见鞅。"鞅复见孝公，孝公善之而未用也。罢而去。孝公谓景监曰："汝客善，可与语矣。"鞅曰："吾说公以霸道，其意欲用之矣。诚复见我，我知之矣。"卫鞅复见孝公。公与语，不自知膝之前于席也。语数日不厌。景监曰："子何以中吾君？吾君之驩甚也。"鞅曰："吾说君以帝王之道比三代，而君曰：'久远，吾不能待。且贤君者，各及其身显名天下，安能邑邑待数十百年以成帝王乎？'故吾以强国之术说君，君大说之耳。然亦难以比德于殷周矣。"

[4]《吕览·至忠》：齐王疾痏，使人之宋迎文挚，文挚至，视王之疾，谓太子曰："王之疾必可已也。虽然，王之疾已，则必杀挚也。"太子曰："何故？"文挚对曰："非怒王则疾不可治，怒王则挚必死。"太子顿首强请曰："苟已王之疾，臣与臣之母以死争之于王。王必幸臣与臣之母，愿先生之勿患也。"文挚曰："诺。请以死为王。"与太子期，而将往不当者三，齐王固已怒矣。文挚至，不解屦登床，履王衣，问王之疾，王怒而不与言。文挚因出辞以重怒王，王叱而起，疾乃遂已。王大怒不说，将生烹文挚。太子与王后急争之，而不能得，果以鼎生烹文挚。爨之三日三夜，颜色不

变。文挚曰："诚欲杀我，则胡不覆之，以绝阴阳之气？"王使覆之，文挚乃死。夫忠于治世易，忠于浊世难。文挚非不知活王之疾而身获死也，为太子行难，以成其义也。

[5]《庄子·徐无鬼》：或者若鲁遽者邪？其弟子曰："我得夫子之道矣。吾能冬爨鼎而夏造冰矣。"鲁遽曰："是直以阳召阳，以阴召阴，非吾所谓道也。吾示子乎吾道。"于是为之调瑟，废一于堂，废一于室；鼓宫宫动，鼓角角动，音律同矣。夫或改调一弦，于五音无当也，鼓之，二十五弦皆动。未始异于声，而音之君已形也。且若是者邪？

商鞅变法剽成亲魏，庄读《春秋》质疑圣贤

前358年，岁在癸亥。庄周十二岁。宋桓侯二十三年。

周显王十一年。秦孝公四年。楚宣王十二年。魏惠王十二年
（晋悼公十一年）。韩昭侯五年。赵成侯十七年。田齐桓公十八年
（卒。姜齐幽公十七年）。燕文公四年。鲁恭公二十五年。卫成侯
十四年。越王无颛三年。中山桓公四十五年。

魏惠侯去年成功废黜了晋悼公的三晋宗主地位，赵国成了阻止魏国成
为三晋盟主的最后障碍，于是邀请赵成侯在魏地葛孽（今河北肥乡）会见。

赵成侯赴会，与魏惠侯分庭抗礼。

魏惠侯明白赵成侯不愿事魏，缓图收赵之策。[1]

商鞅得到秦孝公重用，主持变法。精心准备一年，参考李悝《法经》，
制定了秦国新法。

群臣上朝，纷纷反对商鞅新法。

甘龙说："圣人不易民而教，智者不变法而治。"

商鞅说："这是世俗之言！庶民安于旧俗，学者溺于成见。三王不同
礼，照样称王。五霸不同法，照样称霸。"

杜挚说："若无百倍之利，不可变法；若无十倍之功，不改器具。效法
古人，必无过错。遵循旧礼，必无邪祟。"

商鞅说："治理百姓，其道不一。只要便利国家，不必效法古人。因此汤、武不循古人而称王，夏、商不改旧礼而灭亡。反对古人，不可非议；遵循旧礼，不足推崇。"

秦孝公不顾群臣反对，下达变法令，命令商鞅颁布新法。[2]

商鞅为了显示法出必行，先在栎阳南门放了一棵三丈高的树木，张榜公告："搬至北门，重赏十金!"

栎阳民众全都不信，三天无人应命。

商鞅更改公告："搬至北门，重赏五十金!"

一个秦民将信将疑，把树木从南门搬到北门。

商鞅发放赏金，颁布新法。[3]

其一，尊君强国，废礼崇法。废除"刑不上大夫，礼不下庶人"之旧礼，实行"王子犯法，与庶民同罪"之新法。有功必赏，有罪必罚。法律面前，人人平等。

其二，废除贵族制度，另立二十等爵。宗室若无军功，不赐爵位。

其三，尊卑、爵秩、等级不同，田地数量、宅第规格、衣冠服饰、奴仆多寡相应不同。

其四，全体秦民，均为编户齐民。伍户为保，什保为甲，保甲连坐。保甲之内，一人犯法，不告奸者腰斩。告奸者，与杀敌者同赏。匿奸者，与降敌者同罚。

其五，崇本抑末。以商为末，重其利税；以农为本，轻其赋役。奴婢勤于耕织而富，恢复庶民身份。庶民从事商业而贫，收监罚为奴婢。

其六，奖励开荒。家有二子，必须分家，另行开垦荒地。不分家者，赋役加倍。

其七，耕战治国。全体农夫，兼为士兵。耕时为农，战时为兵。

其八，奖励公战，严禁私斗。凡有私斗，依法严惩。

其九，重赏军功，无功不封。斩敌一首，晋爵一级。[4]

中原诸侯得知秦国变法，反应强烈。

韩昭侯立刻伐秦，在西山（今陕西陈仓）被秦军击败。[5]

魏惠侯任命龙贾为河西守将，在秦、魏边境修筑防秦长城。[6]

楚宣王在方城之外，挖掘护城河，引入黄河之水。[7]

田齐桓公田午死了。二十二岁弑兄篡位，在位十八年（前375—前358），终年三十九岁（前396—前358）。

太子田因齐继位，即齐威公。五年后叛周称王，史称齐威王。[8]

戴剔成放弃亲楚，转而亲魏。

魏惠侯大悦。

戴剔成鉴于戴驩重用同宗而败，罢黜戴盈、戴不胜。迎合宋桓公，继续重用儒墨，奖励忠孝。

宋桓公大悦。

戴剔成外得魏惠侯支持，内得宋桓公信任，专权甚于戴驩。

庄周十二岁，继续师从裘氏学儒，开读《春秋》。

裘氏说："孔子所著《春秋》，字字精妙，不过十分难懂。必须参考《左传》、《公羊传》、《穀梁传》，才能读懂。"

庄周问："晋灵公被弑，《春秋》说'赵盾弑其君'，《左传》却说'赵穿弑其君'。究竟是《春秋》对，还是《左传》对？"

裘氏说："都对！《左传》'赵穿弑其君'是质实之论。《春秋》'赵盾弑其君'是诛心之论，乃是最为精妙的春秋笔法，褒扬忠臣孝子，贬斥乱臣贼子。《春秋》既成，乱臣贼子无不畏惧！"

庄周大为不解："假如没有《左传》，无法知道弑杀晋灵公的并非赵盾，而是赵穿。为了褒贬而遮蔽史实，弑君者逃脱了罪责，乱臣贼子岂非更加无所畏惧？"

裘氏被问住了。

庄周又问："齐庄公被弑，《春秋》说'崔杼弑其君'，《左传》也说'崔杼弑其君'。孔子为何不再使用春秋笔法？"

裘氏大为生气："两书不同，你有疑问。两书相同，你也有疑问！学问学问，先学后问。学好之前，不许乱问！"

庄周说："我想知道，如果没有《左传》，如何分辨孔子在何处用了春秋笔法，在何处没用春秋笔法。"

裘氏大怒："你对孔子毫无敬意，岂是孔子之徒？"

庄周回家，又问庄全："良史应该秉笔直书，先明史实，再加褒贬。孔子著《春秋》，多用曲笔。史实不明，褒贬何用？"

庄全又被问住。

庄周去问子綦。

子綦笑了："《春秋》多用曲笔，意在避讳。《公羊传》明言：'为尊者讳，为亲者讳，为贤者讳。'"

庄周问："如果不为尊者讳，尊者是否不再尊？如果不为亲者讳，亲者是否不再亲？如果不为贤者讳，贤者是否不再贤？"

子綦大笑："正是！《老子》有言：'夫天下多忌讳，而民弥叛。'"

庄周又问："既然'为尊者讳'，那么赵盾尊于赵穿，为何讳赵穿而诬赵盾？赵盾、崔杼地位相当，为何诬赵盾而不诬崔杼？"

子綦说："按照《周易》否术，君绝对尊，臣绝对卑。赵盾是臣，与赵穿相比是相对尊者，与晋灵公相比是绝对卑者。至于相对尊、相对卑的不同臣子，为何有人要讳要诬，有人不讳不诬，恐怕孔子也回答不了。"

曹夏丑妾的儿子曹商，已经六岁，成了庄周的玩伴。

庄周喜欢带着曹商，在南门外面的荆园、漆园，捉虫子，挖蚯蚓，玩蝈蝈，斗蟋蟀，追蝴蝶。

二人玩够回家，走进蒙邑南门，看见众人围观各种卖艺者，有耍拳者，斗鸡者，卖药者。尤以围观耍猴者最多，热闹非凡。

猴子戴着帽子，穿着衣服，在耍猴艺人的指挥下，摇摇摆摆，直立行走，样子非常滑稽。

围观众人，哄然叫好。

曹商说："我不愿做围观的众人，愿做耍猴的艺人。"

庄周说："我不愿做耍猴的艺人，更不愿做被耍的猴子。"

笺注

[1]《赵世家》：赵成侯十七年（前358），成侯与魏惠王遇葛孽。

[2]《秦本纪》：孝公善之。甘龙、杜挚等弗然，相与争之。卒用鞅法（前358），百姓苦之。●《商君列传》：孝公既用卫鞅，鞅欲变法，恐天下议己。卫鞅曰："疑行无名，疑事无功。且夫有高人之行者，固见非于世；有独知之虑者，必见敖于民。愚者暗于成事，知者见于未萌。民不可与虑始而可与乐成。论至德者不和于俗，成大功者不谋于众。是以圣人苟可以强国，不法其故；苟可以利民，不循其礼。"孝公曰："善。"甘龙曰："不然。圣人不易民而教，知者不变法而治。因民而教，不劳而成功；缘法而治者，吏习而民安之。"卫鞅曰："龙之所言，世俗之言也。常人安于故俗，学者溺于所闻。以此两者居官守法可也，非所与论于法之外也。三代不同礼而王，五伯不同法而霸。智者作法，愚者制焉；贤者更礼，不肖者拘焉。"杜挚曰："利不百，不变法；功不十，不易器。法古无过，循礼无邪。"卫鞅曰："治世不一道，便国不法古。故汤武不循古而王，夏殷不易礼而亡。反古者不可非，而循礼者不足多。"孝公曰："善。"以卫鞅为左庶长，卒定变法之令。

[3]《商君列传》：令既具，未布，恐民之不信，已乃立三丈之木于国都市南门，募民有能徙置北门者予十金。民怪之，莫敢徙。复曰"能徙者予五十金"。有一人徙之，辄予五十金，以明不欺。卒下令。

[4]《商君列传》：卫鞅为左庶长，卒定变法之令。令民为什伍，而相牧司连坐。不告奸者腰斩，告奸者与斩敌首同赏，匿奸者与降敌同罚。民有二男以上不分异者，倍其赋。有军功，各以率受上爵；为私斗者，各以轻重被刑大小。僇力本业，耕织致粟帛多者复其身。事末利及怠而贫者，举以为收孥。宗室非有军功论，不得为属籍。明尊卑爵秩等级，各以差次名田宅，臣妾衣服以家次。有功者显荣，无功者虽富无所芬华。

[5]《韩世家》(《六国表》同)：韩昭侯元年（当作五年，前358），秦败我西山。●《燕策一》十四：秦取西山，诸侯西面而朝。■《韩世家》韩哀侯多四年，导致韩懿侯元年误后四年（年数不少），韩昭侯元年亦误后四年（年数亦少四年）。西山即西山大陵，为秦君之陵，又号秦陵山，地在陕西陈仓。参看诸祖耿《战国策集注汇考》1569页注11。

[6]《水经·济水注》引《竹书纪年》：梁惠王十二年（前358），龙贾帅师筑长城于西边。●《淮南子·说林训》：秦通崤塞而魏筑城也。▲《淮南子·说林训》高诱注：魏徙都于大梁，闻秦通治崤关，知欲来东兼之，故筑城设守备也。

[7]《水经·河水注》引《竹书纪年》：魏惠王十二年（前358），楚师出河水以水长垣之外。■"长垣"即方城，在河南南召县、叶县、方城县、沁阳县、唐河县一线。

[8]《田世家》：六年（当作十八年）……（田齐）桓公卒。●《田世家索隐》引《竹书纪年》：梁惠王十二年（前358），当齐桓公十八年（前358），后（前357）威王始见。■出土青铜器"十年陈侯午敦"（现藏华南师范大学历史文化学院文博室）、"十四年陈侯午敦"（现藏中国国家博物馆），证明陈侯午（即田齐桓公午）在位年数多于六年，故《田世家》"六"为"十八"之误合，误少田齐桓公十二年。魏惠王十三年（前357），即齐威王元年（前357）。

助魏伐韩宋取黄池，庄读《周易》质疑泰否

前357年，岁在甲子。庄周十三岁。宋桓侯二十四年。

周显王十二年。秦孝公五年。楚宣王十三年。魏惠王十三年
（晋悼公十二年）。韩昭侯六年。赵成侯十八年。齐威王元年（姜
齐幽公十八年，被弑，灭）。燕文公五年。鲁恭公二十六年。卫
成侯十五年。越王无颛四年。中山桓公四十六年。

魏惠侯无法收服赵成侯，准备先收服韩昭侯，于是邀约戴剔成共同
伐韩。

戴剔成在魏惠侯出兵之前，亲自领兵伐韩，攻取了黄池（今河南封丘）。

魏惠侯随即命令大将庞涓伐韩，攻取了朱邑（今地不详），又围攻宅阳
（今河南荥阳东南）。[1]

韩昭侯听从许异，派遣其弟许息使魏，献地平丘（今河南封丘）、户牖
（今河南兰考）、首垣（今河南长垣东北），作为大梁屏障。

魏惠侯大悦，命令庞涓解围宅阳，又要求韩昭侯割让枳道（今陕西咸
阳东北）、郑鹿（今河南浚县）。[2]

韩昭侯被迫同意，再次前往巫沙朝拜魏惠侯。

魏惠侯大悦："魏、韩一向亲善，只因赵成侯一直与寡人为敌，君侯父
子受其蛊惑，才与寡人不睦。君侯既愿重新亲魏，不如联络中原诸侯，明

年同至大梁，与寡人结盟。"[3]

韩昭侯领命而归，派遣许异联络中原诸侯。

许异出使宋、鲁、卫、赵，邀约明年赴魏结盟。
宋桓公、鲁恭公、卫成公慑于魏威，不敢不从。
赵成侯断然拒绝。[4]

魏惠侯得报，亲往赵地鄗邑（今河北柏乡），会见赵成侯，邀其明年赴魏，参加中原诸侯结盟。
赵成侯断然拒绝。
魏惠侯大怒而归。

赵孟献策赵成侯："主公一再得罪魏惠侯。魏惠侯一旦与中原诸侯结盟，必将首先伐赵，不可不防。"
赵成侯于是派遣赵孟使齐，参加齐威公即位典礼，准备联齐抗魏。[5]

齐威公服满除丧，正式即位。立刻弑杀姜齐幽公，不再另立姜齐新君。
姜齐幽公在位十八年（前374—前357）被弑，姜齐绝祀。[6]
齐威公灭绝姜齐，志得意满，不治国事。沉湎女乐，迷恋猜谜，酷好赛马，常为长夜之饮。

商鞅颁行新法一年，废除贵族特权，改变民众习俗，颠覆秦国传统，激起上层贵族、下层民众普遍不满。
众多宗室贵族，反对新法。
上千秦国民众，从各地来到栎阳，上书秦孝公，抱怨新法不便。
秦孝公不予理睬。

庄周十三岁，继续师从裘氏学儒，开读《周易》。
裘氏说："《周易》历经三圣。伏羲观天察地，始画八卦。文王叠为六十四卦，演为《周易》。孔子撰著《易传》，明其德义。"

庄周说："我读了《周易》、《易传》，有疑之处很多。"

裘氏皱眉："别人都没疑问，你怎么老有疑问？说来听听！"

庄周问："夫子曾说，《周易》首卦为乾，代表天和君，次卦为坤，代表地和臣。《易传·系辞》也说：'天尊地卑，乾坤定矣。卑高以陈，贵贱位矣。''是故法象莫大乎天地。'是不是说，首乾次坤的卦序，法象于天尊地卑？君尊臣卑的周礼，也法象于天尊地卑？"

裘氏大为嘉许："你悟性不错！这又有何疑问？"

庄周说："疑问不在乾、坤二卦的卦序、卦义，而在泰、否二卦的卦象、卦义。否卦的卦象是上乾下坤，正是法象于天尊地卑，取义为君尊臣卑，为何是最凶之卦？泰卦的卦象是上坤下乾，明明是颠倒乾坤，天地易位，取象于地尊天卑，取义为臣尊君卑，为何是最吉之卦？这是《周易》、《易传》的最大疑问！"

裘氏大为意外，张大嘴巴，半天说不出话。

庄周等了半天，没有得到回答，只好改问："还有一个小疑问。《易传·序卦》解释了《周易》六十四卦如此排序的理由，我常常无法理解。比如说，小畜在前，大畜在后，可以理解。但是大过在前，小过在后，无法理解。"

裘氏勃然大怒："你不能体悟圣人之道，老是钻牛角尖，岂是弟子本分！"

庄周又被训斥，回家又问庄全。

庄全仍然回答不出。

庄周又去问子綦，庄全再次跟去。

子綦大笑："庄周啊庄周，你如此疑经谤圣，难怪裘氏生气。你的疑问，不但裘氏不能解答，周文王、孔子也不能解答！"

庄周说："先生能否解答？"

子綦说："不用我来解答，伏羲早已解答。孔子之徒无不妄言：'《周易》历经三圣。伏羲观天察地，始画八卦。文王叠为六十四卦，演为《周易》。孔子撰著《易传》，明其德义。'其实句句皆错！伏羲不仅始画八卦，而且始叠六十四卦卦象，始排六十四卦卦序，始定六十四卦卦名，始明六十四卦卦义。所以夏代《连山》、商代《归藏》都有六十四卦卦象，卦序、卦名、卦义相沿不变。周文王把《连山》、《归藏》演为《周易》，保留六十四卦的卦象、卦名，重排六十四卦的卦序，重定六十四卦的卦义。但是从伏羲画卦到《连山》、《归藏》，卦象、卦名与卦序、卦义原本互相关联。周文王重排的卦序，重定的卦义，都与保留的卦象、卦名互相脱节，产生了严重矛盾。孔子无法弥补、消除周文王造成的脱节、矛盾，只能零零碎碎观其德义。孔子死后，子夏之徒又把孔子的零碎德义加以系统化，撰著《易传》，勉强弥补、竭力消除周文王造成的脱节矛盾，根本无法成功，才有你的这些疑问。"

庄周说："《连山》、《归藏》是否没有这些疑问？"

子綦说："《连山》独藏周室，我没见过。《归藏》不仅藏于周室，而且传于宋国，我在齐之时也没见过。当年孔子周游列国至宋，得到《归藏》，却没明白《归藏》、《周易》的根本差异，所以没有领悟《归藏》真道，仍然坚持《周易》伪道。我离齐至宋，得到《归藏》，研究十几年，虽未完全弄懂，不过大体明白了《周易》与《归藏》的基本差异，可以解答你的两个疑问。"

庄周大为兴奋："快说快说！为何天地易位的泰卦最吉，天地正位的否卦最凶？"

子綦说："世人根据《周易》、《易传》，认为乾为天，坤为地，这是根本错误，彻底违背伏羲画卦、命卦的初义！因为根据《归藏》，伏羲画卦、命卦的初义，乃是坤为天，乾为地。因此泰卦才是天地正位，所以最吉。否卦则是天地易位，所以最凶。"

庄周大奇："《周易》、《易传》对乾坤的解释，与伏羲、《归藏》对乾坤的解释，为何正好相反？"

子綦说："因为《周易》最前两卦的卦序，与《归藏》最前两卦的卦序，正好相反。其他各卦的卦序，也完全不同。《归藏》首卦为坤，次卦为乾。周文王重排卦序，《周易》变成了首卦为乾，次卦为坤。周文王又重定卦义，变成乾为天，坤为地。然而周文王又保留了泰卦、否卦的卦象、卦名，于是乾、坤二卦的卦序、卦义，与泰、否二卦的卦象、卦名，产生了脱节，发生了矛盾。所以说，《归藏》忠于伏羲的泰道，《周易》《易传》背叛了伏羲的泰道，鼓吹否术。"

庄周拍手："最大的疑问解决了，那么其他种种小疑问，也就不存在了。是不是周文王重排了卦序，才会发生大过在前、小过在后的怪事？"

子綦笑了："正是。《归藏》不仅小畜在前，大畜在后，同样小过在前，大过在后。"

庄全忍不住插嘴："先生能否解释，伏羲为何以坤为天，以乾为地？"

子綦说："因为坤为柔，天亦为柔。乾为刚，地亦为刚。天尊地卑仅是天地表象，天柔地刚才是天地本质，表象属外而随时可变，本质属内而永恒不变，所以天尊地卑并非天地之道，天柔地刚才是天地之道。泰卦上坤下乾，取象于天柔地刚的天地本质，取义为君柔臣刚，既是天地之道，也是君臣之道，所以最吉。否卦上乾下坤，取象于天尊地卑的天地表象，既违背天地之道，也违背君臣之道，所以最凶。《易传·系辞》所谓'天尊地卑，乾坤定矣'，乃是颠倒乾坤、违背泰道的一派胡言，如今却成了悖道君臣奉行否术的理论根据。"

庄全带着庄周回家，陷入痛苦之中。

庄周说："我师从裘氏学儒六年，学的都是错误知识。我不想继续师从裘氏，想要转师南伯。"

庄全说："我也在想此事。我糊涂半生，若非南伯点醒，余生也会糊涂到底，但愿你不再像我一样糊涂。我现在的心情，就像丑如厉鬼之人，半夜生了儿子，急急忙忙举火观看，唯恐儿子长得像自己。"[7]

笺注

[1]《韩世家》(《六国表》同)：韩昭侯二年（当作六年，前357），宋取我黄池。魏取我朱。

[2]《水经·河水注》引《竹书纪年》：梁惠王十三年（一作"十一年"，前357），郑厘侯（即韩昭侯）使许息来致地：平丘、户牖、首垣诸邑。及郑驰地，我取枳道，与郑鹿。■韩向魏致地、驰地，即献地，异于《西周策》十二、《韩策二》三（均见附考）所言"韩魏易地"。韩昭侯今年（前357）献地，明年（前356）朝魏。"许异终身相"（《韩策三》六），即韩懿侯在位十二年（前374—前363）韩相均为许异，韩昭侯初年韩相仍为许异，致地之许息当为许异之弟。【附考】《西周策》十二：韩、魏易地，西周弗利。樊余谓楚（怀）王曰："周必亡矣。韩、魏之易地，韩得二县，魏亡二县。所以为之者，尽包二周，多于二县，九鼎存焉。且魏有南阳、郑地、三川而包二周，则楚方城之外危；韩兼两上党以临赵，即赵羊肠以上危。故易成之日，楚、赵皆轻。"楚王恐，因赵以止易也。●《韩策二》三：公仲为韩、魏易地，公叔争之而不听，且亡。史惕谓公叔曰："公亡，则易必可成矣。公无辞以后反，且示天下轻共，公不若顺之。夫韩地易于上，则害于赵；魏地易于下，则害于楚。公不如告楚、赵。楚、赵恶之。赵闻之，起兵临羊肠，楚闻之，发兵临方城，而易必败矣。"■诸家多以《西周策》十二、《韩策二》三之韩、魏易地，解释《水经·河水注》引《竹书纪年》之韩向魏"致地"，实则致地异于易地，而且二事相差三十六年，中隔申不害相韩十五年（前351—前337）及五国相王（前322）等事。韩昭侯六年（前357），许异为相，遂命其弟许息向魏致地，即献地；若为韩、魏易地，韩臣公叔不必争；何况公叔非韩昭侯之臣，乃韩宣王之臣。韩宣王十二年（前321），公仲朋为相，故"公仲为韩、魏易地"，公叔亦为此时重臣。

[3]《水经·济水注》引《竹书纪年》：梁惠王十三年（前357），王及郑厘侯盟于巫沙，以释宅阳之围，归厘于郑。

[4]《魏世家》：魏惠王十四年（当作十三年，前357），与赵会鄗。

[5]《六国表》赵成侯十八年（前357）：赵孟如齐。

[6]《魏世家索隐》引《竹书纪年》：（姜）齐幽公之十八年（前357），而（田齐）威王立（前357）。●《田世家索隐》引《竹书纪年》：梁惠王十二年（前358），当（田）齐桓公十八年（前358），后（前357）威王始见。▲雷学淇："幽公"即"桓公"之讹。▲杨宽是之。■雷、杨均误，混

淆姜齐、田齐之君。齐幽公（前374—前357在位）乃姜齐之君，齐桓公（前375—前358在位）乃田齐之君。田齐桓公卒年（前358），即魏惠王十二年（前358），是齐威王立年。姜齐幽公卒年（前357），即魏惠王十三年（前357），是齐威王元年。齐威王元年弑杀姜齐幽公，姜齐绝祀。

[7]《庄子复原本·泰初》（郭象拼接于《天地》）：厉之人，夜半生其子，遽取火而视之，汲汲然唯恐其似己也。

四国朝魏孙膑归齐，转师子綦庄闻九阶

前356年，岁在乙丑。庄周十四岁。宋桓侯二十五年。

周显王十三年。秦孝公六年。楚宣王十四年。魏惠王十四年（晋悼公十三年）。韩昭侯七年。赵成侯十九年。齐威王二年。燕文公六年。鲁恭公二十七年。卫成侯十六年。越王无颛五年。中山桓公四十七年。

年初，韩昭侯率领鲁恭公、宋桓公、卫成公，共赴大梁，参加大梁宫的岁首朝会，朝拜魏惠侯。

魏相白圭主持了四国朝魏的隆重典礼。

进入战国百余年以后，魏惠侯成功组建了第一个诸侯联盟。

鲁、宋、卫是西周旧封诸侯，国君称公。魏、韩是战国新封诸侯，国君称侯。十四年前，天下诸侯吊唁周安王，朝觐周显王，按照封爵先后和爵秩高低依次排班，鲁公、宋公、卫公在前，魏侯、韩侯在后。如今鲁恭公、宋桓公、卫成公朝拜魏惠侯，颠倒尊卑，不合礼仪。为了合于礼仪，鲁恭公、宋桓公、卫成公被迫贬号为"侯"。魏、韩同封同爵，韩昭侯无须贬号。[1]

魏惠侯看见原本与己平起平坐的四位诸侯拜在自己脚下，大为得意，在范台设宴庆祝。

白圭邀请鲁恭侯："君侯是周公后裔，爵位最高，地位最尊，敬请祝酒!"

鲁恭侯起身避席,致祝酒辞:"从前仪狄作酒,献给大禹,大禹饮酒,觉之甘美,于是疏远仪狄,戒酒不饮,警告说:'后世必有贪恋美酒而亡国者。'从前齐桓公半夜饥饿,易牙烹调五味进献,齐桓公贪食过饱,数日不饿,警告说:'后世必有贪恋美味而亡国者。'从前晋文公宠爱美人南威,三日不听朝,于是疏远南威,戒除美色,警告说:'后世必有贪恋美色而亡国者。'从前楚庄王登上强台,眺望崩山,左为长江,右为洞庭,游玩彷徨,乐而忘死,于是发誓不再登临强台,警告说:'后世必有贪恋高台美池而亡国者。'如今君侯的酒尊,美酒胜过仪狄所作;君侯的食簋,美味胜过易牙所烹;君侯左抱美人白台,右揽美人闾须,美色胜过南威;君侯前为夹林,后为兰台,享乐胜过强台。拥有其中之一,业已足以亡国。君侯兼有四者,怎能不知戒惧?"

鲁恭侯虽然被迫朝魏贬号,仍然恪守周礼,婉言讽谏。

魏惠侯僭窃天子威仪,胁迫四国朝魏,迫使鲁公、宋公、卫公贬号为"侯",名不正言不顺,闻言大惭,只好称谢嘉言。[2]

魏惠侯成为五国盟主,命令庞涓筹备大举伐赵。

魏人庞涓,齐人孙膑,师出同门,共学兵法。学成以后,各归母邦。

庞涓明白孙膑远胜自己,又是孙武后人,家传《孙子兵法》,为免将来魏、齐交战,自己败给孙膑,就把孙膑骗到魏国,膑其双膝。

孙膑躲入齐国使者的马车,逃回齐国,成了齐将田忌的门客。

田忌请教孙膑:"主公喜欢玩乐,最爱与我赛马。我的军马,对阵主公的御马,分为上马、中马、下马,总是三阵全败。先生既学兵法,有无妙计让我反败为胜?"

孙膑说:"此事甚易。将军可用下马对阵主公的上马,先败头阵。再用上马对阵中马,中马对阵下马,就能连胜两阵。"

田忌依计而行,首次胜出。

齐威公大惊,得知计出孙膑,拜为国师。[3]

赵成侯明白魏伐在即，采纳大成午之策，先往燕都蓟城（今北京），与燕文公会盟[4]。又邀宋桓侯同往齐国平陆（今山东汶上北），与齐威公会盟。

宋桓侯准备赴会。

戴剔成谏阻："赵成侯邀请主公参与赵、齐会盟，意在破坏魏、宋之盟。主公如果赴会，必将得罪魏惠侯。"

宋桓侯不听，前往平陆，与赵、齐结盟。

戴剔成内心大怒，隐忍不发。[5]

商鞅三十五岁。变法三年，执法公平无私，罚罪不畏权贵，赏功不偏亲近。

秦国上下一心，气象一新。

秦孝公二十六岁，生太子嬴驷。任命公孙贾为太子太师，嬴虔为太子太傅。[6]

庄周十四岁，不再师从裘氏学儒，转师子綦学道。

子綦说："入我之门，学习老聃之道，必须丧忘儒门六经。"

庄周问："学习老聃之道，应读何书？"

子綦说："《归藏》，《老子》，《文子》。"

曹夏带着儿子曹商，来见子綦："曹商今年八岁，到了发蒙年龄。恳请南伯也收为弟子，得闻《归藏》绝学。"

子綦笑了："我看着庄周、曹商长大，二人同玩同学，正可互相切磋。"

宋桓公朝拜魏惠侯，贬号为"侯"，宋人忿忿不平。

庄周问子綦："魏惠侯强迫四国朝魏，有何图谋？"

子綦说："魏、赵、韩分晋为三，摆脱了三晋宗主晋君的束缚。赵、韩分周为二，三晋又摆脱了天下共主周王的束缚。三晋之中，魏国最强，赵国次强，韩国最弱。魏、赵先争三晋盟主，后争天下共主，韩国夹在魏、赵之间，骑墙摇摆。韩昭侯担心魏伐，被迫朝魏。赵成侯不惧魏伐，不肯朝魏。四国朝魏以后，魏惠侯必将首伐赵国。三晋内战，必将波及中原，祸及天下。魏惠侯奉行否术，鄙弃泰道，恃强凌弱，必有后祸。鲁、卫、宋遵循泰道，朝魏贬号，以弱事强，必有后福。"

庄周问："为何魏惠侯奉行的是否术，鲁、卫、宋遵循的是泰道？"

子綦说："《老子》有言：'大国者下流也，天下之牝也。天下之交也，牝恒以静胜牡。以其静也，故宜为下。'魏惠侯身为大国之君，宜处下流，却处上流；宜下小国，却欺凌小国。违背泰道，必有后祸。鲁、卫、宋朝魏贬号，乃是小国以下大国，遵循泰道，必有后福。"

子綦弟子颜成子游，督导庄周、曹商学道。

曹商问子游："师兄从师多年，可否告知夫子之道的要义？"

子游说："夫子之道，难以言说。我从师以后，一年由文返野，二年因循内德，三年与道相通，四年与物齐同，五年众人来亲，六年鬼神来舍，七年天然有成，八年不知死生，九年达道大妙。"

庄周问："何为一年由文返野？"

子游说："儒墨之道，无不趋文。墨家反儒，其文略少。老聃之道，则是由文返野。"

庄周问："何为二年因循内德？"

子游说："德为道施，因循内德，就是顺应天道。"

庄周问："何为三年与道相通？"

子游说："德为道之一端，循德进道，就能与道相通。"

庄周问："何为四年与物齐同？"

子游说："万物均为天道所生，表象不齐，本质齐同。"

庄周问："何为五年众人来亲？"

子游说："不悟万物本质齐同，必定坚执自我，于是众人不亲。既悟万物本质齐同，必能丧忘我执，于是众人来亲。"

庄周问："何为六年鬼神来舍？"

子游说："天地万物均为一气所化，表象同者为同类，表象异者为异类。领悟同类的本质相同，必将众人来亲。领悟异类的本质亦同，必将鬼神来舍。"

庄周问："何为七年天然有成？"

子游说："顺应天道，因循内德，必能天然有成。"

庄周问："何为八年不知死生？"

子游说："物之始终，人之生死，均为万物表象；囿于万物表象，无法勘破生死大惑。气之聚散，终而复始，死而复生，才是万物本质；领悟万物本质，就能勘破生死大惑。"

庄周问："何为九年达道大妙？"

子游说："天道无始无终，无生无死，无古无今，遍在永在，永恒循环；万物为道所生，为道主宰，有始有终，有生有死，旧终新始，旧死新生，终而复始，始而复终，永恒循环。有此彻悟，至乐大妙！"

庄周受教，醍醐灌顶。

曹商闻言，莫名其妙。[7]

笺注

[1]《魏世家》(《六国表》同)：魏惠王十五年（当作十四年，前356），鲁、卫、宋、郑君来朝。●《卫世家》：卫成侯十六年（前356），卫更贬号曰侯。●《魏世家索隐》引《竹书纪年》：鲁共侯、宋桓侯、卫成侯、郑厘侯来朝，皆在十四年（前356），是也。郑厘侯者，韩昭侯也。韩哀侯灭郑而徙都之，改号曰郑。■鲁、宋、卫之君，西周以降均称"公"，魏史《竹书纪年》因鲁、宋、卫之君朝拜魏侯而贬其为"侯"。鲁、宋之君后又恢复称"公"，卫国已经沦为魏国附庸，卫君再未恢复称"公"，后又从"侯"贬号为"君"。《宋世家》以宋桓侯名"辟兵"，称其为"宋辟公"。

[2]《魏策二》十七：梁王魏婴（莹）觞诸侯于范台，酒酣，请鲁君举觞。鲁君兴，辟席择言曰："昔者，帝女仪狄作酒而美，进之禹，禹饮而甘之，遂疏仪狄，绝旨酒，曰：'后世必有以酒亡其国者。'齐桓公夜半不嗛，易牙乃煎敖燔炙，和调五味而进之，桓公食之而饱，至旦不觉，曰：'后世必有以味亡其国者。'晋文公得南威，三日不听朝，遂推南威而远之，曰：'后世必有以色亡其国者。'楚王登强台而望崩山，左江而右湖，以临彷徨，

其乐忘死，遂盟强台而弗登，曰：'后世必有以高台陂池亡其国者。'今主君之尊，仪狄之酒也；主君之味，易牙之调也；左白台而右闾须，南威之美也；前夹林而后兰台，强台之乐也。有一于此，足以亡其国。今主君兼此四者，可无戒欤？"梁王称善相属。■此时魏惠王尚未称王，策文称为"梁王"，乃是追述。

[3]《孙子吴起列传》：孙武既死，后百余岁有孙膑。膑生阿鄄之间，膑亦孙武之后世子孙也。孙膑尝与庞涓俱学兵法。庞涓既事魏，得为惠王将军，而自以为能不及孙膑，乃阴使召孙膑。膑至，庞涓恐其贤于己，疾之，则以法刑断其两足而黥之，欲隐勿见。齐使者如梁，孙膑以刑徒阴见，说齐使。齐使以为奇，窃载与之齐。齐将田忌善而客待之。忌数与齐诸公子驰逐重射。孙子见其马足不甚相远，马有上、中、下辈。于是孙子谓田忌曰："君弟重射，臣能令君胜。"田忌信然之，与王及诸公子逐射千金。及临质，孙子曰："今以君之下驷与彼上驷，取君上驷与彼中驷，取君中驷与彼下驷。"既驰三辈毕，而田忌一不胜而再胜，卒得王千金。于是忌进孙子于威王。威王问兵法，遂以为师。

[4]《六国表集解》引《竹书纪年》：魏惠王十四年（前356），鲁共侯来朝。邯郸成侯会燕成侯于安邑。■燕成侯即燕文公，复谥"文成"。西周以降，燕君均称"公"，未闻何时贬号称"侯"。

[5]《赵世家》（《六国表》同）：赵成侯十九年（前356），与齐、宋会平陆，与燕会阿。●《田世家》：齐威王二十三年（当作二年，前356），与赵会平陆。

[6]《秦本纪》：秦孝公三年（前359），卫鞅说孝公变法修刑，内务耕稼，外劝战死之赏罚，孝公善之。甘龙、杜挚等弗然，相与争之。卒用鞅法，百姓苦之；居三年（前356），百姓便之。乃拜鞅为左庶长。其事在商君语中。●《秦始皇本纪》：惠文王生十九年而立。■秦惠王嬴驷，秦孝公六年（前356）生，秦孝公二十四年（前338）十九岁立。

[7]《庄子·寓言》：颜成子游谓东郭子綦曰："自吾闻子之言也，一年而野，二年而从，三年而通，四年而物，五年而人来，六年而鬼入，七年而天成，八年而不知死不知生，九年而大妙。"

齐威振作邹忌变法，田襄死宋墨家移秦

前355年，岁在丙寅。庄周十五岁。宋桓侯二十六年。

周显王十四年。秦孝公七年。楚宣王十五年。魏惠王十五年（晋悼公十四年）。韩昭侯八年。赵成侯二十年。齐威王三年。燕文公七年。鲁恭侯二十八年（卒）。卫成侯十七年。越王无颛六年。中山桓公四十八年。

齐威公即位三年，沉湎酒色，热衷赛马，常游稷下学宫，与稷下学士猜谜。国事委托于卿相，百官荒乱，诸侯侵边，国家危在旦夕，群臣无人敢谏。

一日，齐威公又至稷下学宫，与稷下学士饮酒猜谜。

稷下祭酒淳于髡出谜："齐有大鸟，三年不飞不鸣。这是何鸟？"

齐威公沉吟半晌，已明其意，慷慨作答："此鸟不飞则已，一飞冲天；不鸣则已，一鸣惊人。"[1]

立刻召见齐国境内七十二位县令，考核功过。奖赏能吏即墨大夫，封赏万户。烹杀贪官阿邑大夫。[2]

田齐桓公创立的稷下学宫，为齐威公的发愤图强，储备了充足人才。

一天之内，淳于髡举荐了七个稷下学士。[3]

稷下学士邹忌，弹琴进谏齐威公。

三个月后，齐威公任命邹忌为相，实行变法。任命田忌为将，整顿军备。

周边诸侯闻知，纷纷归还侵地。[4]

鲁恭侯姬奋，去年朝魏贬号，讽谏魏惠侯，归鲁以后悲愤而病。今年病死，在位二十八年（前382—前355）。

太子姬屯继位，恢复称"公"，即鲁康公。[5]

魏惠侯去年成功举行四国朝魏，今年继续筹备伐赵，做了五件事。

一是抚赵。送给赵成侯很多檀木。赵成侯用之建造了檀台。[6]

二是会秦。亲往秦地杜平（今陕西澄城），会见秦孝公。秦孝公变法初成，不愿与魏为敌。[7]

三是试齐。亲往齐地，陪同齐威公打猎。齐威公讽刺魏惠侯重物不重人，不欢而散。[8]

四是伐宋。任命二十一岁的公孙衍为将，攻取了黄池（宋侵韩地）。

五是嘉韩。把黄池还给韩国，嘉奖韩昭侯组织四国朝魏。

宋桓侯问戴剔成："戴驩亲楚敌魏二十年，魏惠侯仅仅伐宋一次。寡人采纳相国之策，转而亲魏敌楚，前年助魏伐韩，去年朝魏贬号，今年魏惠侯为何伐宋？"

戴剔成说："主公去年朝魏以后，不听我的劝阻，又往平陆与赵、齐会盟。魏惠侯认为主公亲魏之心不诚，所以伐宋。好在魏军仅仅攻取了我前年助魏伐韩攻取的韩地黄池，没有征伐宋国本土。"

宋桓侯说："寡人不该不听相国劝阻，又与赵、齐会盟！如今又该如何？"

戴剔成说："重新夺回黄池！"

宋桓侯大惊："这样岂非又将激怒魏惠侯？"

戴剔成说："魏惠侯伐取黄池，意在警告主公，把黄池还给韩国，意在奖励韩昭侯，两大意图均已实现。魏惠侯不愿与宋交恶，又在准备伐赵，不会再次伐宋。假如不夺回黄池，将来诸侯都敢随便伐宋，必将后患无穷。"

宋桓侯将信将疑，姑从其言。

戴剔成再次领兵，重新夺回了黄池。

魏惠侯果然不再伐宋，也不许韩昭侯报复宋国，一心一意准备伐赵。

从此以后，宋桓侯对戴剔成言听计从。[9]

田襄子死了。三十岁继任墨家巨子，在位二十七年（前381—前355），终年五十六岁（前410—前355）。[10]

宋桓侯听从戴剔成之言，亲临丧礼。

庄周十五岁，曹商九岁，继续师从子綦学道。

曹夏是田襄子弟子，带着曹商，前往商丘参加田襄子丧礼。

子綦敬仰墨子，让庄周随行前往观礼。

曹夏告诉庄周、曹商："主持丧礼的惠盎，是田襄子的大弟子。站在惠盎旁边的司仪，是惠盎之弟惠施，田襄子的杰出弟子，今年二十六岁，年轻有为。站在惠施旁边的，是郑缓之弟郑翟，田襄子的关门弟子。"

庄周说："久闻惠施贤名，果然英气勃发，不同凡响。田襄子的丧礼如此隆重，棺木为何如此简陋？"

曹夏说："宋桓侯、戴剔成为了笼络墨家，出资筹办了这次隆重丧礼，违背了墨家宗旨。周礼规定：天子的棺椁七重，诸侯的棺椁五重，大夫的棺椁三重，士人的棺椁二重。墨子反对周礼的宗法差等，更反对儒家的厚葬久丧，主张从天子到庶民，一律有棺无椁，棺木只用桐木，厚度只可三寸。田襄子身为墨家巨子，当然恪守墨子之道。田襄子一直拒绝宋桓侯、戴剔成笼络，临死之前，已把巨子之位传给了秦国墨者腹䵍。"[11]

庄周问："墨家主张传贤，惠施如此之贤，田襄子为何不把巨子之位传给惠施？"

曹夏说："戴驩仅求专权，却不好战，所以相宋二十年，未与诸侯动兵。宋国不主动挑衅，加上墨家总部又在宋国，诸侯就不会轻易伐宋。戴剔成不仅专权，而且好战，相宋至今六年，已与韩、魏多次动兵。田襄子认为戴剔成好战嗜杀，违背兼爱非攻的墨子之道，不愿再把墨家总部设在宋国。"

庄周回到蒙邑，请教子綦："田襄子为何不把墨家总部移至中原别国，却要移至中原各国鄙视的秦国？"

子綦说："中原各国实行'礼不下庶人，刑不上大夫'，符合主张礼治的孔子之道，不合主张法治的墨子之道。秦国没有儒士，商鞅变法以后，全体秦民均为编户齐民，实行'王子犯法，与庶民同罪'，符合主张法治的墨子之道，不合主张礼治的孔子之道。"

庄周问："墨子之道与孔子之道为何如此对立？"

子綦说："墨子年轻之时，赴鲁学儒，返宋以后创立墨家，反对儒家的一切主张。儒家推崇三王之道，尤其是周道，主张君位世袭，卿相世禄，所以反对乱臣贼子。墨家推崇五帝之道，尤其是尧、舜、禹之道，主张君位禅圣，卿相让贤，所以巨子之位只传贤人，不传弟子。巨子所居之国，都是儒者较少的非姬姓之国，都不是儒者较多的姬姓诸侯之国，所以墨子、禽滑釐、田襄子居宋，孟胜居楚，腹䵍居秦。墨家推崇的禅让制，确实胜于儒家推崇的世袭制。"

庄周问："墨家后任巨子，均由前任巨子一人指定，怎能保证必为圣贤？"

子綦大为嘉许："前任巨子指定后任巨子，确实难以保证选贤，也有可能变成选恶。幸而目前为止，历任墨家巨子都是大贤。"

庄周又问："墨家总部移至秦国，会对墨家、秦国有何影响？"

子綦说："墨家尚武，主守，意在非攻偃兵。秦国尚武，主攻，意在开疆拓土。两者狭路相逢，或是墨家改变秦国，或是秦国剿灭墨家，或是墨家变质，为秦所用。"[12]

笺注

[1]《滑稽列传》：齐威王之时喜隐，好为淫乐长夜之饮，沉湎不治，

委政卿大夫。百官荒乱，诸侯并侵，国且危亡，在于旦暮，左右莫敢谏。淳于髡说之以隐曰："国中有大鸟，止王之庭，三年不蜚又不鸣，不知此鸟何也？"王曰："此鸟不飞则已，一飞冲天；不鸣则已，一鸣惊人。"于是乃朝诸县令长七十二人，赏一人（即墨大夫），诛一人（阿大夫），奋兵而出。诸侯振惊，皆还齐侵地。威行三十六年。■齐威王即位三年（前357—前355）不事国政，然后振作，"威行三十六年"（前354—前319），在位三十九年（前357—前319）。因齐宣王当年改元，实记三十八年（前357—前320）。

[2]《田世家》：威王初即位以来，不治，委政卿大夫，九年（当作三年，前355，参看《滑稽列传》淳于髡"三年不蜚又不鸣"）之闲，诸侯并伐，国人不治。于是威王召即墨大夫而语之曰："自子之居即墨也，毁言日至。然吾使人视即墨，田野辟，民人给，官无留事，东方以宁。是子不事吾左右以求誉也。"封之万家。召阿大夫语曰："自子之守阿，誉言日闻。然使使视阿，田野不辟，民贫苦。昔日赵攻甄，子弗能救。卫取薛陵，子弗知。是子以币厚吾左右以求誉也。"是日，烹阿大夫，及左右尝誉者皆并烹之。

[3]《齐策三》十：淳于髡一日而见七人于宣王（当作威王）。王曰："子来，寡人闻之，千里而一士，是比肩而立；百世而一圣，若随踵而至也。今子一朝而见七士，则士不亦众乎？"淳于髡曰："不然。夫鸟同翼者而聚居，兽同足者而俱行。今求柴葫、桔梗于沮泽，则累世不得一焉。及之睪黍、梁父之阴，则郄车而载耳。夫物各有畴，今髡，贤者之畴也。王求士于髡，譬若挹水于河，而取火于燧也。髡将复见之，岂特七士也。"■田齐纪年淆乱，策文宣王当作威王。

[4]《田世家》：驺忌子以鼓琴见威王，威王说而舍之右室。须臾，王鼓琴，驺忌子推户入曰："善哉鼓琴！"王勃然不说，去琴按剑曰："夫子见容未察，何以知其善也？"驺忌子曰："夫大弦浊以春温者，君也；小弦廉折以清者，相也；攫之深，醳之愉者，政令也；钩谐以鸣，大小相益，回邪而不相害者，四时也：吾是以知其善也。"王曰："善语音。"驺忌子曰："何独语音，夫治国家而弭人民，皆在其中。"王又勃然不说曰："若夫语五音之纪，信未有如夫子者也。若夫治国家而弭人民，又何为乎丝桐之闲？"

驺忌子曰："夫大弦浊以春温者，君也；小弦廉折以清者，相也；攫之深而舍之愉者，政令也；钩谐以鸣，大小相益，回邪而不相害者，四时也。夫复而不乱者，所以治昌也；连而径者，所以存亡也。故曰：琴音调而天下治。夫治国家而弭人民者，无若乎五音者。"王曰："善。"驺忌子见三月而受相印。淳于髡见之曰："善说哉！髡有愚志，愿陈诸前。"●《说苑·臣术》：齐威王游于瑶台，成侯卿来奏事，从车罗绮甚众，王望之谓左右曰："来者何为者也？"左右曰："成侯卿也。"王曰："国至贫也，何出之盛也？"左右曰："与人者有以责之也，受人者有以易之也。"王试问其说，成侯卿至，上谒曰："忌也。"王不应。又曰："忌也。"王不应。又曰："忌也。"王曰："国至贫也，何出之盛也？"成侯卿曰："赦其死罪，使臣得言其说。"王曰："诺。"对曰："忌举田居子为西河，而秦、梁弱。忌举田解子为南城，而楚人抱罗绮而朝。忌举黔涿子为冥州，而燕人给牲，赵人给盛。忌举田种首子为即墨，而于齐足究。忌举北郭刁勃子为大士，而九族益亲，民益富。举此数良人者，王枕而卧耳，何患国之贫哉？"

[5]《鲁世家》：穆公三十三年卒（前383），子奋立（前382），是为共公。共公二十二年（当作二十八年，前355）卒，子屯立，是为康公。●《鲁世家集解》：徐广曰：皇甫谧云：元乙巳（前376），终丙寅（前355）。■《鲁世家》误。据《魏世家索隐》引《竹书纪年》（见上章注1），鲁恭侯（即鲁共公）去年（前356）参加四国朝魏，在位不止二十二年。皇甫谧《帝王世纪》将鲁恭侯元年移后六年，不合鲁君纪年。

[6]《赵世家》：赵成侯二十年（前355），魏献荣椽，因以为檀台。●《赵世家索隐》：荣椽是良材，可为椽，斫饰有光荣，所以魏献之，故赵因用之以为檀台。●《赵世家集解》引徐广：襄国县有檀台。●《赵世家正义》引《括地志》：檀台在洺州临洺县北二里。

[7]《秦本纪》：秦孝公七年（前355），与魏惠王会杜平。●《太平寰宇记》卷一〇郑州原武县引《竹书纪年》：梁惠王十五年（前355），遣将龙贾筑阳池以备秦。●《水经·济水注》引《竹书纪年》：梁惠王十五年（前355），郑筑长城。

[8]《田世家》：齐威王二十四年（当作三年，前355），与魏（惠）王

会田于郊。魏王问曰:"王亦有宝乎?"威王曰:"无有。"梁王曰:"若寡人国小也,尚有径寸之珠照车前后各十二乘者十枚,奈何以万乘之国而无宝乎?"威王曰:"寡人之所以为宝与王异。吾臣有檀子者,使守南城,则楚人不敢为寇东取,泗上十二诸侯皆来朝。吾臣有肦子者,使守高唐,则赵人不敢东渔于河。吾吏有黔夫者,使守徐州,则燕人祭北门,赵人祭西门,徙而从者七千余家。吾臣有种首者,使备盗贼,则道不拾遗。将以照千里,岂特十二乘哉!"梁惠王惭,不怿而去。●《说苑·臣术》:齐威王游于瑶台,成侯卿来奏事,从车罗绮甚众,王望之谓左右曰:"来者何为者也?"左右曰:"成侯卿也。"王曰:"国至贫也,何出之盛也?"左右曰:"与人者有以责之也,受人者有以易之也。"王试问其说,成侯卿至,上谒曰:"忌也。"王不应。又曰:"忌也。"王不应。又曰:"忌也。"王曰:"国至贫也,何出之盛也?"成侯卿曰:"赦其死罪,使臣得言其说。"王曰:"诺"。对曰:"忌举田居子为西河,而秦、梁弱,忌举田解子为南城,而楚人抱罗绮而朝。忌举黔涿子为冥州,而燕人给牲,赵人给盛。忌举田种首子为即墨,而于齐足究。忌举北郭刁勃子为大士,而九族益亲,民益富。举此数良人者,王枕而卧耳,何患国之贫哉?"■《田世家》齐威王对魏惠王所言檀子、黔夫、种首,即《说苑·臣术》所言邹忌举荐的田解子、黔涿子、田种首子。

[9]《魏世家》:魏惠王十六年(当作十五年,前355),侵宋黄池,宋复取之。●《宋卫策》三:犀首伐黄。

[10]田襄子(前410—前355)为禽滑釐(前470—前400)、孟胜(前420—前381)之后的第三代墨家巨子。

[11]秦国墨者腹䵍(前385—前315)为第四代墨家巨子。

[12]田襄子死后,墨家总部移秦。腹䵍死后,秦国墨家为秦所用,助秦伐蜀,详见第五十四章。

助魏伐赵宋桓骑墙，庄读《归藏》领悟泰道

前354年，岁在丁卯。庄周十六岁。宋桓侯二十七年。

周显王十五年。秦孝公八年。楚宣王十六年。魏惠王十六年（晋悼公十五年）。韩昭侯九年。赵成侯二十一年。齐威王四年。燕文公八年。鲁康公元年。卫成侯十八年。越王无颛七年。中山桓公四十九年。

赵成侯拒绝朝魏，明白魏伐在即。今年先发制人，征伐朝魏四国中最弱的卫国，攻取了漆邑、富丘（均在今河南长垣西南）。[1]

魏惠侯新仇旧恨齐上心头，决意伐赵。又以盟主身份，要求韩昭侯、宋桓侯助魏伐赵。

魏人季梁，正在齐国稷下游学，得知魏惠侯即将伐赵，急忙返回大梁，进谏魏惠侯："我离齐返魏，路过太行山，看见有人驾车北行，想去楚国。我问为何北行？他说马很优良。我说马再优良，北行无法抵达楚国。他又说路费充足。我说路费再充足，北行仍然无法抵达楚国。他又说御者擅长驾车。我说御者再擅长驾车，北行仍然无法抵达楚国。这人其他条件越好，距离楚国越远。主公迁都大梁，志在代周为王，只能以仁义取天下。假如仅因赵成侯拒绝朝魏，就凭国土广大、兵卒精锐，予以征伐，希望广地尊名，那么征伐越多，距离称王越远，正如北行无法抵达楚国！"

魏惠侯不听。[2]

宋桓侯不愿助魏伐赵，假装答应魏惠侯，急派惠盎使赵。

惠盎到达邯郸，晋见赵成侯："魏惠侯欲伐贵国，向宋征兵。魏国兵强权重，宋桓侯不敢不从，但又不愿背叛平陆之盟，请求君侯指示一条两全之策！"

赵成侯说："寡人想不出两全之策，只能告诉先生，宋国如果助魏伐赵，就会削弱赵国，增强魏国，必将不利宋国。"

惠盎说："君侯不妨指定一座边邑，宋军将会围而不攻。"

赵成侯大悦，指定一座边邑。

魏惠侯大喜，以为宋国已经助魏伐赵[3]，命令庞涓率领十万魏军，围攻邯郸。

韩昭侯出兵助魏伐赵。[4]

齐威公趁着魏、韩、宋伐赵，命令田忌伐燕，在泃邑（今河北廊坊三河）被燕军击败。[5]

秦孝公趁着魏、韩、宋伐赵，命令公孙壮伐魏，在元里（今陕西澄城）击败魏军，乘胜攻取少梁（今陕西韩城）[6]。然后移师伐韩，攻打焦城（今河南焦作），未能攻克。[7]

庄周十六岁，曹商十岁，继续师从子綦学道。

曹商说："夫子说《老子》之道就是《归藏》之道，但是弟子看不出《老子》与《归藏》有何关系。"

子綦说："《归藏》之道，在于泰、否二卦。《老子》之道，就是崇尚天柔地刚、君柔臣刚的泰道，贬斥天尊地卑、君尊臣卑的否术。"

曹商问："为何《老子》从不提及泰道、否术？"

子綦说："《归藏》是商书，商亡于周。老聃所处春秋末年，周王虽已衰弱，仍是天下共主，老聃身为东周史官，不能直接崇殷斥周，只能隐晦其言，所以其言恍兮惚兮，其旨隐晦难明。"

庄周问："《周易》承自《归藏》，为何《归藏》崇尚泰道，《周易》推崇否术？"

子綦说："周文王志在代商为王，唯有颠覆《归藏》泰道，才能以《周易》否术灭商。周武王继承周文王之志，以《周易》否术灭商。周公继承周文王之志，以《周易》否术制礼。老聃认为，西周之所以灭亡，东周之所以衰微，就是因为《周易》否术遮蔽了《归藏》泰道，所以《老子》五千文，字字褒扬《归藏》泰道，句句贬斥《周易》否术。"

庄周问："《归藏》卦序与《周易》卦序，有何本质不同？"

子綦说："《归藏》卦序，始于坤、乾，终于比、剥[8]。《周易》卦序，始于乾、坤，终于既济、未济。这是表面不同。《归藏》观天地，辨柔刚，定历法，象天道，从坤、乾到比、剥，六十四卦前后相连，首尾循环，演示的是天道大循环，柔刚大循环，四季大循环。《周易》转用于正君臣，明尊卑，占吉凶，象人道，把六十四卦分成两卦一组的三十二组，每组演示的都是人道的不同小循环，阴阳的不同小循环，吉凶的不同小循环。"

庄周问："《归藏》的六十四卦大循环，为何优于《周易》的两卦小循环？"

子綦说："《归藏》最前的坤、乾二卦，是道生万物之元素；泰、否二卦，是坤、乾之组合；四卦又对应冬至、夏至、春分、秋分。另外六十卦，每卦六爻，每爻对应一天，三百六十爻，对应一年三百六十天。前三十卦是春夏二季的天道运行半圆，对应上半年六个月一百八十天，从冬至到夏至的阳复过程；前后两卦的卦象变动，都是阳爻主动变位，阴爻被动变位。后三十卦是秋冬二季的天道运行半圆，对应下半年六个月一百八十天，从夏至到冬至的阴剥过程；前后两卦的卦象变动，都是阴爻主动变位，阳爻被动变位。阴剥既尽，阳复又始，阳复阴剥永恒循环。阳复谓之归，阴剥谓之藏，故名《归藏》。伏羲画卦制历，夏、商承之，《连山》就是夏历，《归藏》就是商历，都以六十四卦的大循环，表征一年四季阳复阴剥的历法，演示永恒天道的无尽循环。然而《周易》并非周历，抛弃六十四卦的大循环，改为两卦一组的小循环，表征两卦十二爻阴阳消长的占筮，演示短暂人道的偶然吉凶。《连山》、《归藏》的天道大用，于是降为《周易》的人道小用。"

曹商问："殷商不是也用龟卜占筮人道吉凶吗？"

子綦说："殷商用《归藏》演示天道运行，其用至大；另以龟卜占筮人道吉凶，其用至小。周人不再用龟卜占筮人道吉凶，改用《周易》占筮人道吉凶，遮蔽了《归藏》的天道运行，用大于小，违背天道，有何吉凶可言？人道之大吉，常为天道之大凶。"

曹商问："殷商用龟卜占筮人道吉凶，周人用《周易》占筮人道吉凶，似乎半斤八两，老聃为何推崇殷商，贬斥西周？"

子綦说："《归藏》演示的天道运行，永恒不变，观每卦居于六十四卦大循环之何处，意在顺应天道。《周易》占筮的人道吉凶，无时不变，观每爻居于两卦小循环之何处，意在趋吉避凶。老聃有言：'明于天道循环，无须占筮即知人道吉凶。'"

庄周问："《老子》褒扬《归藏》泰道，贬斥《周易》否术，夫子可否举例言之？"

子綦说："《老子》所言'负阴抱阳'，正是上坤下乾的泰卦，合于《归藏》首坤次乾的卦序。《易传·系辞》所言'天尊地卑'，正是上乾下坤的否卦，合于《周易》首乾次坤的卦序。所以《老子》的宗旨是褒扬《归藏》泰道，《易传》的宗旨是鼓吹《周易》否术。"

庄周问："孔子是否明白《归藏》与《周易》不同？"

子綦说："明白！孔子五十四岁周游列国，在宋国得到了《归藏》[9]，从此开始'五十以学易'。孔子明知《周易》否术违背《归藏》泰道，仍然宣布'吾从周'。孔子六十八岁归鲁，传其易学于子夏[10]。孔子死后，子夏带着《周易》、《归藏》至魏[11]，仍然不取《归藏》泰道，仅取《周易》否术。魏文侯师从子夏，以子夏弟子李悝为相，于是鄙弃泰道，奉行否术，率先变法。无论是魏国李悝变法，还是楚国吴起变法、秦国商鞅变法、齐国邹忌变法，各国变法都是鄙弃泰道，奉行否术。所以如今子夏之徒遍布天下，帮助诸侯变法，泰道日益隐微，否术日益猖獗，诸侯日益无道，天下日益乱战，正是阴剥将尽之象。"

庄周问："阴剥将尽，岂非阳复将至？"

子綦说："确实如此！天地之道，永恒不替。复尽则剥，剥尽则复。泰极则否，否极则泰。行泰则生，行否则死。死又复生，终又复始。旧终新始，循环无尽。但是阴剥阳复的天道大循环，乃是万世大年，超出了人生小年。今人处于否术猖獗、阴剥将尽之世，也许不能亲见阳复新始、否极泰来。即便如此，仍当领悟天地之道，深根宁极而待，决不推助否术。"

庄周受教，勤而行之。

曹商闻言，若存若亡。

笺注

[1]《水经·济水注》引《竹书纪年》：梁惠王十六年（前354），邯郸伐卫，取漆、富丘，城之。■"邯郸"指赵国，非谓赵都。

[2]《魏策四》十八：魏（惠）王欲攻邯郸，季梁闻之，中道而反，衣焦不申，头尘不去，往见王曰："今者臣来，见人于大行，方北面而持其驾，告臣曰：'我欲之楚。'臣曰：'君之楚，将奚为北面？'曰：'吾马良。'臣曰：'马虽良，此非楚之路也。'曰：'吾用多。'臣曰：'用虽多，此非楚之路也。'曰：'吾御者善。'此数者愈善，而离楚愈远耳。今王动欲成霸王，举欲信于天下。恃王国之大，兵之精锐，而攻邯郸，以广地尊名，王之动愈数，而离王愈远耳。犹至楚而北行也。"

[3]《宋卫策》四：梁王伐邯郸，而征语于宋。宋君使使者请于赵王曰："夫梁，兵劲而权重，今征语于弊邑，弊邑不从，则恐危社稷；若扶梁，梁伐赵，以害赵国，则寡人不忍也。愿王之有以命弊邑。"赵王曰："然。夫宋之不足如梁也，寡人知之矣。弱赵以强梁，宋必不利也。则吾何以告子而可乎？"使者曰："臣请受边城，徐其攻而留其日，以待下吏之有城而已。"赵王曰："善。"宋人因遂举兵入赵境，而围一城焉。梁王甚说，曰："宋人助我攻矣。"赵王亦说，曰："宋人止于此矣。"故兵退难解，德施于梁而无怨于赵。故名有所加而实有所归。■治《策》诸家多系此条于周显王十五年（前354）。

[4]《魏世家》：魏惠王十七年（当作十六年，前354），围赵邯郸。●

《赵世家》：赵成侯二十一年（前354），魏围我邯郸。●《田世家》：齐威王二十六年（当作四年，前354），魏惠王围邯郸，赵求救于齐。

[5]《水经·鲍丘水注》引《竹书纪年》：齐师及燕战于沟，齐师遁。

[6]《秦本纪》：秦孝公八年（前354），与魏战元里，有功。●《魏世家》：魏惠王十七年（当作十六年，前354），与秦战元里，秦取我少梁。

[7]《水经·渠水注》引《竹书纪年》：魏惠王十六年（前354），秦公孙壮帅师伐郑，围焦城，不克。

[8]南宋·朱元昇《三易备遗·归藏纲目》：循六甲以配六十四卦，始于坤、乾，终于比、剥，而《归藏》之易在是矣。……春秋之时，《归藏》尚无恙也。

[9]《礼记·礼运》：孔子曰："我欲观殷道，吾得《坤乾》焉。"

[10]子夏著有《易传》，史称《子夏易传》，久佚。《子夏易传》当已融入今本《易传》。

[11]子夏携带《归藏》至魏，抄本之一葬入汲冢魏襄王墓，西晋太康年间出土，著录于《隋书·经籍志》、《唐书·艺文志》，宋后亡佚，今存清人马国翰、严可均所辑汲冢《归藏》佚文。1993年湖北江陵王家台15号秦墓再次出土《归藏》。本书所论《归藏》，均据汲冢《归藏》佚文和王家台《归藏》。参看拙著《伏羲之道》。

桂陵胜魏齐威称王，庄读《老子》得闻舌教

前353年，岁在戊辰。庄周十七岁。宋桓侯二十八年。

周显王十六年。秦孝公九年。楚宣王十七年。魏惠王十七年（晋悼公十六年）。韩昭侯十年。赵成侯二十二年。齐威王五年（称王）。燕文公九年。鲁康公二年。卫成侯十九年。越王无颛八年。中山桓公五十年。

庞涓统帅十万魏军，得到韩军配合，去年秋天开始围攻邯郸，延至今年，仍未攻破。

魏惠侯亲往韩地中阳（今山西吕梁），会见韩昭侯，共商破赵之策。[1]

庞涓求胜心切，掘开漳水堤岸，水淹邯郸。

邯郸城墙，四面浸水，岌岌可危。[2]

邯郸城内，房屋久浸倒塌。粮草已尽，赵民易子而食。

赵成侯急向楚、齐求救。

麛皮奉命使楚求救，楚宣王问策群臣。

楚相昭奚恤说："不如不救赵国！魏军如果获胜，必定大割赵地。赵成侯必定不听，又将与魏再战。魏、赵两败俱伤，有利于楚。"

楚将景舍说："昭奚恤之策，不够明智！魏惠侯伐赵，最为担心楚军趁

机袭魏。大王不救赵，赵成侯就会投降魏国，然后与魏惠侯共谋伐楚，怎能有利于楚？大王不如少出救兵，假装救赵。赵国以为楚军来救，必将坚守。魏国发现楚国救兵不多，不足为虑，必将继续攻赵。等到魏、赵两败俱伤，大王再约齐、秦共同伐魏，魏国必破！"

楚宣王采纳景舍之策，命其率领少量楚军，假装救赵。[3]

赵使至齐求救，齐威公犹豫不决。

齐相邹忌，与门客公孙闬商议："魏国强于齐国，主公犹豫是否救赵击魏，我该如何进言？"

公孙闬说："田忌自恃宗室身份，不满相国身为布衣而位居其上。相国不如主张救赵，主公必命田忌为将。田忌如果获胜，功劳归于相国。田忌如果战败，或者战死，无人再与相国争权。"

齐将田忌，与门客孙膑商议："魏国强于齐国，主公犹豫是否救赵击魏，我该如何进言？"

孙膑说："魏国固然强于齐国，庞涓却非良将，远远不如吴起。将军不如主张救赵，必能击败庞涓。"

次日上朝，邹忌劝说齐威公救赵，田忌附议。

齐威公决意救赵，转问孙膑："国师能出奇计，让田忌的弱马，战胜寡人的强马。如果担任救赵主将，必能以弱胜强，战胜强魏。"

孙膑说："我是刑余之人，担任主将有损国威，又让庞涓有所防备。"

齐威公于是任命田忌为主将，孙膑为军师，救赵击魏。

田忌领兵出征，打算直奔邯郸。

孙膑阻止："魏军围攻邯郸，锐卒穷竭于外，老弱疲弊于内。不如直奔大梁，迫使庞涓回救大梁。将军既解邯郸之围，又能以逸待劳，中途袭击魏军，必定大胜。"

田忌听从其计，奔袭大梁。

七月，庞涓攻破邯郸，得知齐军偷袭大梁，于是留下少量魏军驻守邯郸，亲领大军回救大梁。

孙膑在桂陵（今河南长垣西北）设伏，大破魏军，生擒庞涓。[4]

齐威公大喜，齐国击败魏国，已成中原最强，于是叛周称王，史称齐威王。[5]

邹忌决策有功，赐封下邳（今江苏邳州），封号成侯。[6]

景舍率领楚军假装救赵，一直缓进观望。此时趁着齐军大破魏军，立刻攻取了睢水、灖水之间的魏地。[7]

商鞅趁着齐军在魏国东部大破魏军，亲率秦军围攻魏国西部的旧都安邑。[8]

韩昭侯趁着诸强与魏混战，出兵征伐东周国，攻取了巩县周边的陵观（今地不详）、廪丘（今地不详）。东周国又割让高都（今河南洛阳西南）、利邑（今地不详）求和，韩军乃退。[9]

昭奚恤上朝，献策楚宣王："春秋初年楚武王称王至今，历代楚王志在代周，决不容忍其他诸侯称王，吴称王则伐吴，越称王则伐越。魏国从魏文侯以来，称霸中原三世，然而忌惮强楚而不敢称王。如今齐威公一胜魏国，立刻称王，大王不可不伐！"

楚宣王不愿与魏、齐同时敌对，不采其策，听任齐威公称王而不伐。

庄周十七岁，曹商十一岁，继续师从子綦学道，研读《老子》。

庄周说："经过夫子解说，意旨恍惚的《老子》不再难以理解，确实每字每句都是阐发《归藏》泰道，贬斥《周易》否术。不仅'负阴抱阳'是阐发泰道，'知雄守雌'、'知白守黑'、'柔弱胜刚强'亦然。但是弟子仍有一疑：老聃处于春秋末年，殷商灭亡已有五百多年，老聃从何得闻《归藏》泰道？"

子綦说："殷商灭亡虽久，《归藏》泰道却未湮灭。·是周朝太史仍然执掌《连山》、《归藏》、《周易》三易。二是宋国仍然传承《归藏》，所以孔子和我都至宋得见。三是宋国以外的殷商遗民，仍然传承伏羲泰道，比如老聃之师常枞。"

庄周说："愿闻常枞之事。"

子綦缓缓道来——

宋人常枞，原名商容，乃是殷商遗民，出仕齐桓公。

管仲辅佐齐桓公称霸以后，派遣年轻的商容使宋，缔结齐、宋之盟。

管仲、齐桓公死后，商容改名常枞，隐居宋国，直到晚年。

年轻的陈人老聃，得知常枞传承古之道术，于是离陈至宋，师从常枞。

后来常枞将死，老聃问："夫子有何教诲？"

常枞张开嘴巴："我的牙齿还在吗？"

老聃说："不在。"

常枞问："我的舌头还在吗？"

老聃说："还在。"

常枞问："是何缘故？"

老聃说："舌头长存，乃因其柔。牙齿早亡，乃因其刚。"

常枞说："天地之道，已尽于此。"[10]

庄周恍然大悟："舌柔而长存，齿刚而早亡，正是天柔地刚、君柔臣刚的《归藏》泰道，异于天尊地卑、君尊臣卑的《周易》否术。《老子》主张'柔弱胜刚强'，原来得之于常枞舌教。"

子綦笑了："正是。"

曹商说："常枞舌教，似乎不通。常枞老病而死，牙齿已经掉光，才会传其舌教。老聃晚年著书，牙齿也已掉光，才说'柔弱胜刚强'。盗墓者掘到的墓主尸骸，常常没有舌头，只剩牙齿。因为墓主死时，只要还没老到牙齿掉光，死后就会舌头烂掉，牙齿长存，岂非'刚强胜柔弱'？"

子綦笑了："《老子》之言，可以回答你的疑问：'人之生也柔弱，其死也坚强。草木之生也柔脆，其死也枯槁。故曰：坚强者，死之徒也；柔弱者，生之徒也。'遵循柔弱胜刚强的泰道，就能尽其天年，活到牙齿掉光。奉行刚强胜柔弱的否术，就会中道夭亡，死后留着牙齿。"

曹商说："舌头不能咬人，只能被咬。牙齿不会被咬，可以咬人。我虽不想咬人，但也不想被咬。"

子綦问："中道早夭而死，牙齿还能咬人吗？"

曹商说："泰、否都是伏羲六十四卦之一，怎能认定伏羲是褒扬泰道、贬斥否术，而非相反？"

子綦说："伏羲褒扬泰道、贬斥否术，其证不仅见于《归藏》卦象、卦序、卦义，还有诸多旁证。比如伏羲把天帝命名为泰一，把东岳命名为泰山。所以后人把伏羲奉为泰道始祖，称为泰皇。"

曹商问："五方以中为尊。伏羲不把中岳命名为泰山，却把东岳命名为泰山，是否说明伏羲并不遵崇泰道？"

子綦说："伏羲之时的先民，崇拜太阳，尊天贵东，因为东方是日出之方，东岳是日出之山。太阳循环运行之道，正是天地万物循环运行之道，谓之天行之道，简称天道。太阳每天东升西降，昼夜循环无尽，乃是一日之泰道。太阳每年北归南藏，四季循环无尽，则是一年之泰道。所以伏羲把天帝命名为泰一，把东岳命名为泰山。伏羲神农时代，华夏之民都在东岳祭祀太阳，祭祀天帝，祭祀泰道。黄帝尧舜以来，华夏之君都以人道遮蔽天道，不再尊天贵东，变成尊君贵中。五方以中为尊，乃是《周易》否术。五方以东为尊，才是《归藏》泰道。"

曹商又问："《归藏》、《周易》无不承自伏羲六十四卦，为何《归藏》泰道才是伏羲真道，《周易》否术不是伏羲真道？"

子綦说："天道循环运行，固然有泰有否，小年、中年、大年皆然。一年四季是小年的泰否循环，春夏行泰，秋冬行否。百年人生是中年的泰否循环，少壮行泰，老病行否。千年朝代是大年的泰否循环，初盛行泰，衰亡行否。人力不能影响四季的泰否循环，既不能使之行泰而延长，也不能使之行否而缩短。但是人力可以影响人生的泰否循环，或者遵循泰道而长寿，或者奉行否术而早夭。人力也能影响朝代的泰否循环，或者遵循泰道而长祚，或者奉行否术而早亡。遵循泰道，必将人尽天年，朝代昌盛，国泰民安；奉行否术，必将短命夭折，亡国灭家，国否民瘼。世人目光短浅，大多奉行刚强胜柔弱的否术，不愿遵循柔弱胜刚强的泰道。"

曹商闻言，面红耳赤。

笺注

[1]《水经·渠水注》引《竹书纪年》：梁惠王十七年（前353），郑厘侯来朝中阳。●敦煌唐写本《修文典御览》残卷引《竹书纪年》：魏惠王十七年（前353），有一鹤三翔于郓市。

[2]《开元占经》卷一〇一引《竹书纪年》：周显王十六年（一作十四年，前353），邯郸四曀，室坏多死。

[3]、[7]《楚策一》五：邯郸之难，昭奚恤谓楚（宣）王曰："王不如无救赵，而以强魏。魏强，其割赵必深矣。赵不能听，则必坚守，是两弊也。"景舍曰："不然。昭奚恤不知也。夫魏之攻赵也，恐楚之攻其后。今不救赵，赵有亡形，而魏无楚忧，是楚、魏攻赵也，害必深矣，何以两弊也？且魏全兵以深割赵，赵见亡形而知楚之不救己也，必与魏合而以谋楚，故王不如少出兵以为赵援。赵恃楚劲，必与魏战。魏怒于赵之劲，而见楚救之不足畏也，必不释赵。赵、魏相弊，而齐、秦应楚，则魏可破也。"楚因使景舍起兵救赵。邯郸拔，楚取睢、濊之间。■《战国纵横家书》第二十七章，即言魏围邯郸，赵使麛皮使楚求救。

[4]《田世家》：齐威王二十六年（当作五年，前353），魏惠王围邯郸，赵求救于齐。齐威王召大臣而谋曰："救赵孰与勿救？"驺忌子曰："不如勿救。"段干朋曰："不救则不义，且不利。"威王曰："何也？"对曰："夫魏氏并邯郸，其于齐何利哉？且夫救赵而军其郊，是赵不伐而魏全也。故不如南攻襄陵以弊魏，邯郸拔而乘魏之弊。"威王从其计。其后成侯驺忌与田忌不善，公孙阅谓成侯忌曰："公何不谋伐魏，田忌必将。战胜有功，则公之谋中也；战不胜，非前死则后北，而命在公矣。"于是成侯言威王，使田忌南攻襄陵。十月，邯郸拔。齐因起兵击魏，大败之桂陵。于是齐最强于诸

侯，自称为王，以令天下。●《赵世家》：赵成侯二十二年（前353），魏惠王拔我邯郸，齐亦败魏于桂陵。●《魏世家》：魏惠王十八年（当作十七年，前353），拔邯郸。赵请救于齐，齐使田忌、孙膑救赵，败魏桂陵。●《水经·济水注》引《竹书纪年》：齐田期（忌）伐我东鄙，战于桂阳，我师败逋。●《孙子吴起列传索隐》引《竹书纪年》：梁惠王十七年齐田忌败我桂陵。●《孙子吴起列传》：孙膑尝与庞涓俱学兵法。庞涓既事魏，得为惠王将军，而自以为能不及孙膑，乃阴使召孙膑。膑至，庞涓恐其贤于己，疾之，则以法刑断其两足而黥之，欲隐勿见。齐使者如梁，孙膑以刑徒阴见，说齐使。齐使以为奇，窃载与之齐。齐将田忌善而客待之。忌数与齐诸公子驰逐重射。孙子见其马足不甚相远，马有上、中、下辈。于是孙子谓田忌曰："君弟重射，臣能令君胜。"田忌信然之，与王及诸公子逐射千金。及临质，孙子曰："今以君之下驷与彼上驷，取君上驷与彼中驷，取君中驷与彼下驷。"既驰三辈毕，而田忌一不胜而再胜，卒得王千金。于是忌进孙子于威王。威王问兵法，遂以为师。其后魏伐赵，赵急，请救于齐。齐威王欲将孙膑，膑辞谢曰："刑余之人不可。"于是乃以田忌为将，而孙子为师，居辎车中，坐为计谋。田忌欲引兵之赵，孙子曰："夫解杂乱纷纠者不控卷，救斗者不搏撠，批亢捣虚，形格势禁，则自为解耳。今梁赵相攻，轻兵锐卒必竭于外，老弱罢于内。君不若引兵疾走大梁，据其街路，冲其方虚，彼必释赵而自救。是我一举解赵之围而收弊于魏也。"田忌从之，魏果去邯郸，与齐战于桂陵，大破梁军。●《孙膑兵法·擒庞涓》：昔者梁君将攻邯郸，使将军庞涓带甲八万至于茌丘。齐君闻之，使将军忌子带甲八万至……竟。庞子攻卫，北□□，将军忌[子]……卫，救与……曰："若不救卫，将何为？"孙子曰："请南攻平陵。平陵，其城小而县大，人众甲兵盛，东阳战邑，难攻也。吾将示之疑。吾攻平陵，南有宋，北有卫，当途有市丘，是吾粮途绝也。吾将示之不知事。"于是徙舍而走平陵。……陵，忌子召孙子而问曰："事将何为？"孙子曰："都大夫孰为不识事？"曰："齐城、高唐。"孙子曰："请取所……二大夫□以□□□臧□□都横卷四达环涂横卷所□阵也。环途披甲之所处也。吾末甲劲，本甲不断。环途击被其后，二大夫可杀也。"于是段齐城、高唐为两，直将蚁附平陵。挟世环途夹击其后，齐城、高唐当术而大败。将军忌子召孙子问曰："吾攻平陵不得而亡齐城、高唐，当术而厥。事将何为？"孙子曰："请遣轻车西驰梁郊，以怒其气。分卒而从之，示之寡。"于是为之。庞子果弃其辎重，兼趣舍而至。孙子弗息而击之桂陵，而擒庞涓。故曰：孙子之所以为者尽矣。●《齐策一》六：邯郸之难，赵求救于齐。田侯召大臣而谋曰："救赵孰与勿救？"邹子曰："不如勿救。"段干纶曰："弗救，则我不利。"田侯曰："何哉？""夫魏氏兼邯郸，其于齐何利哉？"田侯曰："善。"乃起兵，曰："军于邯郸之郊。"段干纶曰："臣之求利且不利者，非此也。夫救邯郸，军于其郊，是赵不拔而魏全也。故不如南攻襄陵以弊魏，邯郸拔而承魏之弊，是赵破而魏弱也。"田侯曰："善。"乃起兵南攻襄陵。七月，邯郸拔。齐因承魏之弊，大破之桂陵。■《田世家》、《齐策一》段干朋、段干纶均误，当从《孙子吴起列传》、《孙膑兵法·擒庞涓》作孙膑。襄陵亦误，《水经·淮水注》引《竹书纪年》谓次年"惠成王以韩师败诸侯之师于襄陵"。魏、齐三役，一在桂陵（又及平陵），二在襄陵，三在马陵。《田世家》之邹忌谋士公孙阅，当从《齐策一》二、八作公孙闬，"阅"为"闬"之讹。

[5]《田世家》：齐威王二十六年（当作五年，前353），魏惠王围邯郸，赵求救于齐……（齐威王）使田忌南攻襄陵。十月（当从《齐策一》六作七月），邯郸拔。齐因起兵击魏，大败之桂陵。于是齐最强于诸侯，自称为王，以令天下。■魏围邯郸在去年（前354），此乃补叙今年（前353）求救之原因。

[6]《田世家》：驺忌子见三月而受相印。淳于髡见之曰："善说哉！髡有愚志，愿陈诸前。"驺忌子曰："谨受教。"淳于髡曰："得全全昌，失全全亡。"驺忌子曰："谨受令，请谨毋离前。"淳于髡曰："狶膏棘轴，所以为滑也，然而不能运方穿。"驺忌子曰："谨受令，请谨事左右。"淳于髡曰："弓胶昔干，所以为合也，然而不能傅合疏罅。"驺忌子曰："谨受令，请谨自附于万民。"淳于髡曰："狐裘虽敝，不可补以黄狗之皮。"驺忌子曰："谨受令，请谨择君子，毋杂小人其间。"淳于髡曰："大车不较，不能载其常任；琴瑟不较，不能成其五音。"驺忌子曰："谨受令，请谨修法律而督奸吏。"淳于髡说毕，趋出，至门，而面其仆曰："是人者，吾语之微言五，其应我

若响之应声，是人必封不久矣。"居期年，封以下邳，号曰成侯。■齐威公未称王前，自身为周封诸侯（承其父田桓公田午而僭称公），不能封邹忌为侯。邹忌封成侯，必在齐威公称王以后。此后魏惠侯三朝齐威王，齐相已是田婴，可证齐威公称王必在今年。又齐威王收回邹忌封地下邳之后，又灭薛、邳二国，合并为徐州。后将徐州封给田婴，改名薛邑。

[8]《秦本纪》：秦孝公十年（前352），卫鞅为大良造，将兵围魏安邑，降之。■今年（前353）围之，明年（前352）降之。

[9]《水经·伊水注》引《竹书纪年》：梁惠王十七年（前353），东周与郑高都、利。●《韩世家》：韩昭侯六年（当作十年，前353），伐东周，取陵观、邢丘。●《六国表》韩昭侯六年（当作十年，前353）：伐东周，取陵观、廪丘。■《韩世家》韩昭侯元年误后四年。

[10]《文子·上德》：老子学于常枞，见舌而守柔，仰视屋树，退而因川，观影而知持后，故圣人虚无因循，常后而不先，譬若积薪燎，后者处上。●《淮南子·缪称训》：老子学商容，见舌而知守柔矣。●《说苑·敬慎》：常摐有疾，老子往问焉，曰："先生疾甚矣，无遗教可以语诸弟子者乎？"常摐曰："子虽不问，吾将语子。"常摐曰："过故乡而下车，子知之乎？"老子曰："过故乡而下车，非谓其不忘故耶？"常摐曰："嘻，是已。"常摐曰："过乔木而趋，子知之乎？"老子曰："过乔木而趋，非谓敬老耶？"常摐曰："嘻，是已。"张其口而示老子曰："吾舌存乎？"老子曰："然。""吾齿存乎？"老子曰："亡。"常摐曰："子知之乎？"老子曰："夫舌之存也，岂非以其柔耶？齿之亡也，岂非以其刚耶？"常摐曰："嘻，是已。天下之事已尽矣，无以复语子哉！"■《管子·大匡》言齐桓公（前685—前643在位）"收求天下之贤士"，"商容处宋"。齐桓公卒年比老聃生年早半个世纪，商容晚年及于老聃，为之师。商即殷，商容（常枞）为宋人。

襄陵胜齐魏惠止败，悔斥散木匠石改宗

前352年，岁在己巳。庄周十八岁。宋桓侯二十九年。

周显王十七年。秦孝公十年。楚宣王十八年。魏惠王十八年（晋悼公十七年）。韩昭侯十一年。赵成侯二十三年。齐威王六年。燕文公十年。鲁康公三年。卫成侯二十年。越王无颛九年。中山桓公五十一年。

商鞅亲率秦军攻打魏国旧都安邑，从去年延至今年。

安邑守军苦等东部援军不至，开城投降秦军。[1]

商鞅变法七年，成效卓著。乡邑大治，家给人足。道不拾遗，山无盗贼。秦民勇于公战，怯于私斗。

七年前反对新法的宗室、大臣，转而称赞新法。

秦孝公大悦。

商鞅说："这些宗室和大臣，以前批评新法，现在称赞新法，都是妄议国法，动摇教化！孔子有言：'天下有道，则庶民不议。'所以国法只可服从，不许议论。"

秦孝公听从其言，把称赞新法的宗室迁至边邑，把称赞新法的大臣全部贬官。

秦国臣民从此战战兢兢，对于商鞅之法，绝对服从，不敢议论。[2]

魏军去年虽在桂陵败于齐军，仍然占领赵都邯郸。

赵成侯逃出邯郸，恳请齐威王助其复国。

齐威王于是继续伐魏，又命宋、卫出兵助伐。

宋、卫鉴于魏国新败，齐势正盛，于是叛魏亲齐。

宋将景𫘤奉戴剔成之命，卫将公孙仓奉卫成侯之命，领兵助齐伐魏。

田忌、孙膑统帅齐、赵、宋、卫四国联军，在襄陵（今河南睢县）围攻魏军。

魏惠侯陷入危难，请求韩昭侯增援。[3]

韩昭侯召见许异："魏惠侯四面临敌，东与齐战，南与楚战，西与秦战，北与赵战。寡人是否应该救魏？"

许异说："宋、卫已经叛魏亲齐，主公也应叛魏亲齐。"

韩昭侯犹豫不决，又召见申不害："魏惠侯东迁大梁以来，寡人采纳许异之策，叛赵亲魏十年。魏惠侯去年桂陵大败，庞涓被俘，如今又被四国联军围于襄陵。寡人应该继续亲魏，还是像宋、卫一样叛魏亲齐？"

申不害三十四岁，原为郑国京人[4]，韩灭郑后仕韩。明白事关社稷安危，不敢妄言，借口推托："容我深思熟虑，然后答复主公。"

告退出来，劝说赵卓、韩晁："魏国大败于齐，主公面临重大抉择。先生身为人臣，又是一国辩士，理应尽忠进言。"[5]

二人于是向韩昭侯进言，赵卓主张继续亲魏，韩晁主张叛魏亲齐。

申不害在旁观察，已知韩昭侯心意，于是上朝进言："如今魏国与诸侯大战，必将互相削弱。诸侯为了削弱魏国，必将争相亲韩。主公不如继续亲魏，暂时屈于一人之下，必能弱魏强韩，居于万人之上。"[6]

韩昭侯听从申不害，出兵救魏。

魏军得到韩军增援，反败为胜，在襄陵击败齐、赵、宋、卫四国联军。

齐威王认为魏国仍然强大，于是释放庞涓归魏。委托楚将景舍代齐使魏，与魏休兵。[7]

韩昭侯罢免许异，改命申不害为相。[8]

宋桓侯责备戴剔成："相国去年助魏伐赵，结果魏军被齐军击败于桂陵。相国今年助齐伐魏，结果齐军被魏军击败于襄陵。相国为何总是站在失败一方？"

戴剔成面有惭色，暗生异心。

齐威王与魏休兵，命令齐国大匠轮扁建造王宫，规模必须超过大梁宫。

轮扁邀请弟子匠石，往齐助建王宫。

匠石带领弟子往齐，路过鲁都曲阜，看见一棵充当社木的栎树。树冠之大，可以遮蔽数千头牛。树干之粗，需要百臂才能合围。树冠之高可比山峰，十仞以上始有旁枝。可造舟船的旁枝，多达数十。

树下围观膜拜的鲁人，多如集市。

匠石头也不回，行路不止。

弟子驻足饱看，然后追上匠石："我手执斧斤，追随夫子至今，从未见过如此完美的木材。夫子为何行路不止，不肯一观？"

匠石说："那是散木！做成舟船，必定沉没。做成棺椁，必定腐烂。做成器具，必定速朽。做成门户，必渗树脂。做成梁柱，必生蛀虫。这种不材之木，毫无用处，所以如此长寿。"

匠石住在客店，半夜做梦——

栎树说："你鄙视我是毫无用处的散木？那些楂树、梨树、橘树、柚树，都是文木，但是果实一旦成熟，就被摘掉，受尽侮辱，枝干一旦长成，大枝被砍，小枝被折。文木虽有用处，却是自苦其生，自招斧斤，所以中途夭亡，不能终其天年。渴求有用之人，同样如此。不为世俗所用，正是我的大用。你我均为天道所生，你怎能把我视为供你砍伐之物？你这自蹈死地的散人，怎能明白散木？"

匠石惊醒，与弟子参详此梦。

弟子问："栎树既然渴望无用，为何要做社木？"

匠石说:"栎树只是寄身庙堂,任凭不了解它的世人诟病诋毁。若不寄身庙堂,怎能逃脱斧斤之祸?散木意在葆全德心,文木意在保全富贵。你我用文木的观点毁誉散木,岂非南辕北辙?"[9]

匠石到达临淄,面见轮扁,求教栎树托梦之事。

轮扁说:"南郭子綦是老聃之徒,你归宋以后,可以向他请教。"

庄周十八岁,曹商十二岁,继续师从子綦学道。

匠石返回宋国,到蒙邑拜见子綦。

子綦问:"轮扁还在制作车轮吗?"

匠石说:"吾师已经九十多岁,做不动车轮了。他说生命之轮总会停转,天道之轮不会停转。"

子綦含笑点头。

匠石又说:"吾师命我向先生请教栎树托梦之事。"

子綦说:"梦由心生。栎树托梦,实为你之自悟。你已明白,可以把文木雕琢成器,不能把人类雕琢成器。《老子》有言:'朴散则为器。'文木一旦成器,必失其朴。"

匠石说:"我曾读过《老子》,知道'朴散则为器',明白老聃反对成器,但我不太明白,老聃既然反对成器,为何又主张'大器晚成'?难道过早成器不好,晚些成器就好?难道成为小器不好,成为大器就好?"

子綦说:"你与很多人一样,读的也是《老子》伪本!《老子》原文是'大器免成',被人改成了'大器晚成'[10]。改过以后,就与前一句'大方无隅'、后一句'大音希声',前后不通。老聃主张'免成器',并非主张'晚成器',更非主张'成大器'。"

匠石惊问:"为何有人要改《老子》原文?"

子綦说:"因为有人愿意成器,更想成为大器,以便受到诸侯重用,所以改'免'为'晚'。《老子》明确反对成器,怎么可能主张'大器晚成'?"

匠石问:"恕我愚钝,请问《老子》哪句话,明确反对成器?"

子綦说:"'使有什佰人之器而不用'[11],《老子》教诲君主,即使有人在十人、百人之中堪称贤才,也不可重用。至于在千人、万人之中堪称贤才，当然更不可重用，此即《老子》所言'不尚贤，使民不争'。孔子之徒自居圣贤，渴望受到君主重用，于是删掉'人'字，改成'使有什佰之器而不用'。《老子》真义'不用成器之人'，于是变成伪义'不用成器之物'。"

匠石惊呼："难怪《老子》如此难懂，原来关键文字都被改过了！"

子綦说："《老子》说'吾言甚易知'，若非有人妄改，怎会如此难懂?《老子》三次言器，命义无不贯通。'朴散则为器'，阐明守朴至关重要，成器即为降格。'大器免成'，告诫众人要做散木，不要做文木，否则必成小器。'使有什佰人之器而不用'，告诫王侯不可重用那些自诩胜过十人百人千人万人的成器之人。《老子》仅仅反对人们成为被君主使用之器，从未反对人们使用增进福利之器。"

匠石说："感谢先生指教，不仅使我明白了散木之大用，而且使我明白了《老子》之真义。"

子綦笑了："与我无关，实为你之自悟！"

庄周受教，陷入沉思。

曹商闻之，不以为然。

笺注

[1]《秦本纪》(《六国表》同)：(秦孝公) 十年 (前 352)，卫鞅为大良造，将兵围魏安邑，降之。

[2]《秦本纪》：居三年 (前 356)，百姓便之。●《商君列传》：行之十年 (当作七年)，秦民大说，道不拾遗，山无盗贼，家给人足。民勇于公战，怯于私斗，乡邑大治。秦民初言令不便者有来言令便者，卫鞅曰："此皆乱化之民也！"尽迁之于边城。其后民莫敢议令。于是以鞅为大良造。将兵围魏安邑，降之。■秦孝公三年 (前 359) 变法，至秦孝公十年 (前 352) 为七年。

[3]《水经·淮水注》引《竹书纪年》：梁惠成王十七年 (当作十八年，前 352)，宋景敳、卫公孙仓会齐师围我襄陵。■参看本章注 7。去年 (前 353) 桂陵之战，齐胜魏。今年 (前 352) 襄陵之战，魏胜齐。

[4]《老子韩非列传》：申不害者，京人也，故郑之贱臣。●《别录》：京，今河南京县是也。●《括地志》：京县故城在郑州荥阳县东南二十里，郑之京邑也。■申不害（前385—前337）原为郑国京邑人，二十三年前（前375）韩灭郑时十一岁，今年三十四岁。

[5]《韩策一》三：魏之围邯郸也，申不害始合于韩王，然未知王之所欲也，恐言而未必中于王也。王问申子曰："吾谁与而可？"对曰："此安危之要，国家之大事也。臣请深惟而苦思之。"乃微谓赵卓、韩晁曰："子皆国之辩士也，夫为人臣者，言可必用，尽忠而已矣。"■首句"魏之围邯郸也"交代背景，事在韩昭侯九年（前354）。韩救魏于襄陵，事在韩昭侯十一年（前352）。系年于前则误。策文"韩王"误，韩昭侯未曾称王，其子韩宣惠王始称王。

[6]《韩策三》五：谓郑王曰："昭厘侯，一世之明君也；申不害，一世之贤士也。……申不害之计事，曰：'我执珪于魏，魏君必得志于韩，必外靡于天下矣，是魏弊矣。诸侯恶魏必事韩，是我免于一人之下，而信于万人之上也。夫弱魏之兵，而重韩之权，莫如朝魏。'昭厘侯听而行之，明君也；申不害事而言之，忠臣也。"■韩昭侯复谥"昭厘"，简称韩昭侯（《史记》）、郑厘侯（《竹书纪年》）。

[7]《魏世家》：魏惠王十九年（当作十八年，前352），诸侯围我襄陵。筑长城，塞固阳。●《水经·淮水注》引《竹书纪年》：魏惠王十八年（前352），王以韩师败诸侯师于襄陵。齐侯使楚景舍来求成。公会齐、宋之围。

[8]韩懿侯在位十二年（前374—前363），"许异终身相"（《韩策三》六），韩昭侯十一年（前352）被申不害取代。

[9]《庄子·人间世》：匠石之齐，至于曲辕，见栎社树。其大蔽数千牛，絜之百围；其高临山，十仞而后有枝，其可以为舟者旁十数。观者如市。匠石不顾，遂行不辍。弟子厌观之，走及匠石曰："自吾执斧斤以随夫子，未尝见材如此其美也。先生不肯观，行不辍，何邪？"曰："已矣，勿言之矣。散木也！以为舟则沉，以为棺椁则速腐，以为器则速毁，以为门户则液樠，以为柱则蠹。是不材之木也，无所可用，故能若是之寿。"匠石

归，栎社见梦曰："汝将恶乎比予哉？若将比予于文木邪？夫柤梨橘柚，果蓏之属，实熟则剥，剥则辱；大枝折，小枝抴。此以其能苦其生者也，故不终其天年而中道夭，自掊击于世俗者也。物莫不若是。且予求无所可用久矣，几死，乃今得之，为予大用。使予也而有用，且得有此大也邪？且也，若与予也皆物也，奈何哉其相物也？尔几死之散人，又恶知散木？"匠石觉而诊其梦。弟子曰："趣取无用，则为社何邪？"曰："密！若无言！彼亦直寄焉，以为不知己者诟厉也。不为社者，且几有剪乎？且也，彼其所保与众异，尔以义誉之，不亦远乎？"

[10]《老子》初始本"大器免成"，《老子》传世本改为"大器晚成"。详见拙著《老子奥义》。

[11]《老子》初始本"使有什佰人之器而不用"，《老子》传世本改为"使有什佰之器而不用"。苏辙曰："什伯人之器，则材堪十夫伯夫之长者也。"高明曰："什伯人之器，则谓材堪十人百人之长者。"详见拙著《老子奥义》。

十九

魏赵和解韩昭变法，欲为文木曹商易师

前351年，岁在庚午。庄周十九岁。宋桓侯三十年。

周显王十八年。秦孝公十一年。楚宣王十九年。魏惠王十九年（晋悼公十八年）。韩昭侯十二年。赵成侯二十四年。齐威王七年。燕文公十一年。鲁康公四年。卫成侯二十一年。越王无颛十年。中山桓公五十二年。

魏惠侯去年与齐威王和解，今年又亲往邯郸，在漳水岸边与赵成侯达成和解，把邯郸归还赵国。[1]

赵成侯感激齐威王救赵，使赵免于亡国，把女儿赵姬献给齐威王。

赵姬之母嘱咐女儿："你事奉齐威王，千万不可为善！"

赵姬不解："不为善，难道为恶？"

赵母说："为善尚且不可，怎能为恶！"

赵姬问："为何既不可为恶，又不可为善？"

赵母说：《老子》有言：'天下皆知美之为美，斯恶已；皆知善之为善，斯不善已。'齐威王沉湎酒色，后妃众多。王后牟辛最得宠幸，与王后争宠的嫔妃，都没好下场。你新入齐宫，如果为恶，必被齐威王厌恶冷落；如果为善，必被王后嫔妃嫉恨加害。"

赵姬至齐，谨遵母教，既不为恶，也不为善。得到齐威王宠爱，后妃也不嫉恨，生子田辟疆。[2]

大成午献策赵成侯："魏惠侯东迁大梁之前，韩昭侯一直亲赵敌魏。魏惠侯东迁大梁以后，韩昭侯采纳许异之策，叛赵亲魏。如今韩昭侯罢免许异，改命申不害为相，主公既然与魏和解，也应与韩和解。"

赵成侯听从其言，命其使韩。

大成午到达新郑，拜见申不害[3]："先生相韩而支持鄙人，鄙人相赵而支持先生，那么先生和鄙人的权势，都将两倍于现在。"[4]

申不害大悦，献策韩昭侯："魏、赵和解，有利于三晋团结，尤其有利于韩国。因为魏、赵强于韩国，魏胜赵则魏更强，赵胜魏则赵更强，都不利于韩国。如今魏、赵和解，主公应该亲魏友赵。即使魏、赵再战，主公也应该保持中立，不介入魏、赵之战。"

韩昭侯听从其言，召见大成午，与赵和解，从此亲魏友赵。

申不害再次献策："韩国亲魏友赵，仍为三晋最弱。主公只有仿效魏、楚、秦、齐，实行变法，才能富国强兵。"

韩昭侯听从其言，命其主持变法。

申不害变法以后，韩昭侯不遵新法，兼用旧法，随意变更法令。

申不害进谏："新法颁布以来，主公常常听从左右近臣的请托，随意赏赐无功之人，任意提拔无才之人；常常接受宗室贵戚的求情，随意赦免罪人，任意法外施恩。无功之人受赏，有罪之人免罚，怎能变法成功，富国强兵？"

韩昭侯说："旧法行之已久，突然变更法度，臣民一时难以适应，相国不宜操之过急。"

申不害说："变法的宗旨，就是废除'礼不下庶人，刑不上大夫'的礼治，实行'王子犯法，与庶民同罪'的法治。治国之道，在于依法治国，因能授官，因功加赏，因罪施罚。"

韩昭侯说："相国言之有理，寡人不再随意变更法令！"

不久，申不害为堂兄谋求官职。

韩昭侯不允。

申不害不悦。

韩昭侯说："相国曾经教导寡人因能授官，如今却请求寡人授予令兄官职。寡人不允，相国竟然不悦。寡人是应该听从相国的请托，违背相国教导寡人的治国之道呢？还是应该拒绝相国的请托，遵守相国教导寡人的治国之道呢？"

申不害大为羞愧，避席请罪："主公果然是我期盼已久的明君！"[5]

韩昭侯、申不害都不能依法治国，变法收效甚微，仍为三晋最弱。[6]

庄周十九岁，曹商十三岁，继续师从子綦学道。

庄周、曹商在荆园玩耍，用弹弓射鸟。

曹商问庄全："先生为何不种其他树木，只种橘树、桃树、梨树、山楂树、楸树、柏树、桑树？"

庄全说："这些树木，或是果实可口，或是容易成材，都能卖钱。其他树木，或是果实不可口，或是不易成材，不能卖钱。正如有些人能够成材，可以为卿为相，高官厚禄；有些人不能成材，只能为农为商，终生贫贱。"

曹商问："既然树木应该成材，为何人类不该成材？"

庄全问："谁说人类不该成材？"

曹商说："南伯说，成材的文木，必遭斧斤之祸，丧失真德；不成材的散木，才能免于斧斤之祸，永葆真德。"

庄全说："我自幼学习孔子之道，不能完全理解老聃之道。你有疑问，不该问我，该问南伯。"

曹商鼓起勇气，去问子綦："夫子说人应该仿效散木，不应该仿效文木，那么庄周家的荆园，夫子家的漆园，为何不种散木，全种文木？"

子綦说："道生万物，本无贵贱，树木如此，人类亦然。人类按照自己的需求，把树木分出贵贱，贵木称为文木，贱木称为散木。文木对人有用，散木对人无用，所以人类可以种植人类需要的文木，但是人类自己不能变成他人需要的文木。"

曹商问："为何有此区别？"

子綦说："谋生仅是人生起点，而非人生终点。人类可以为了谋生而种植文木，不能为了谋生而让自己变成文木。文木对人类有用，却对自身有害。散木对人类无用，却对自身有益。文木长到双手合围以上，就被寻求拴猴木桩的耍猴人砍伐。长到三围四围，又被寻求高大名贵栋梁的木匠砍伐。长到七围八围，又被寻求棺椁厚板的贵人富商之家砍伐。不能终其天年，只能中途夭于斧斤，这是文木成材的祸患。不仅植物如此，动物、人类同样如此。黄河两岸的诸侯国，每年都要祭祀河神，把牛、猪、人投入黄河献祭，但是不能献祭白额的牛、高鼻的猪、残疾的人。因为巫祝们认为，献祭不材的牛、猪、人，必将惹怒河神，不能禳解灾祸，反而招来不祥。但是对于不能用于献祭的牛、猪、人而言，因为不材而免于成为祭品，实为大祥。所以众人目光短浅，才会愿意成材。神人目光高远，坚决不愿成材！"

庄周问："把树木分为文木、散木，把人类分为君子、小人，是否相同？"

子綦说："既有相同之处，也有不同之处。把树木分为文木、散木，根据的是对全体人类有用无用。把人类分为君子、小人，根据的是对君主有用无用。君主根据统治的需要，把臣民分出贵贱，贵者称为君子，贱者称为小人。君子对君主有用，但对君子有害，因为君子必须为了富贵而迎合君主，不断丧失真德，最终成为假人。小人对君主无用，却对小人有益，因为小人不必为了富贵而迎合君主，可以长葆真德，最终成为真人。追求富贵而渴望成材的人们，多数未能富贵，因而有失无得；少数能够富贵，仍然得不偿失。然而世人常常要到晚年，才会明白有失无得，才会明白得不偿失，悔之已晚。人生方向一错，必将虚度一生。"

庄周说："夫子之言透彻至极，为何世人不能明白？"

子綦说："《老子》有言：'吾言甚易知，甚易行。天下莫能知，莫能行。'如今儒墨之道蛊惑天下，老聃之道无人问津。世人皆知有用之用，不知无用之用，都把谋生视为唯一目标，都把富贵视为至高理想，于是盲目成器成材，付出巨大代价而不自知。"[7]

曹商回家，告诉曹夏："南伯传授的《归藏》之道，常枞之道，老聃之道，全都教人无为退守，成为无用的散木，被咬的舌头。这是小人的失败之道，而非君子的成功之道。当今天下，没有君主愿意践行老聃之道，所以孔子之道、墨子之道成了两大显学。"

曹夏说："没想到南伯的老聃之道，竟是教人无用！如果不是田襄子死后墨家总部移至秦国，我原想让你学墨。好在如今宋桓侯兼重儒墨，裘氏弟子郑缓身为国师，富贵至极，河润九里，泽及三族，你不如转事裘氏学儒。"

曹商大为欢喜："做人不求富贵，更有何求？"

从此不再师从子綦学道，转而师从裘氏学儒，成了郑缓的师弟。[8]

笺注

[1]《赵世家》：赵成侯二十四年（前351），魏归我邯郸，与魏盟漳水上。●《魏世家》(《六国表》同)：魏惠王二十年（当作十九年，前351），归邯郸，与盟漳水上。●《水经·沁水注》引《竹书纪年》：魏惠王十九年（前351），晋取玄武、濩泽。●《魏策三》五：……初时惠王伐赵（前354），战胜于三梁，十万之军拔邯郸（前353），赵氏不割（前352），而邯郸复归（前351）。■策文叙事涉及四年（前354—前351），系于首年则误。

[2]《淮南子·说山训》：人有嫁其女而教之曰："尔行矣，慎无为善！"曰："不为善，将为不善邪？"应之曰："善且由弗为，况不善乎？"●《世说新语·贤媛》：赵母嫁女，女临去，敕之曰："慎勿为好！"女曰："不为好，可为恶邪？"母曰："好尚不可为，其况恶乎？"▲刘孝标注：《淮南子》曰："人有嫁其女而教之者，曰：'尔为善，善人疾之。'对曰：'然则当为不善乎？'曰：'善尚不可为，而况不善乎？'"景献羊皇后曰："此言虽鄙，可以命世人。"▲余嘉锡案：敦煌本古类书残本第二种贞烈部首引献皇后语二条，羊皇后语一条。罗振玉跋谓即晋景献羊后是也。其第四条曰："昔人有女将嫁，其父诫之曰：'慎勿立善名。'女曰：'当作恶，可乎？'父曰：'善名尚不可立，而况于恶乎？'后闻之曰：'善哉！训言"鸟恶网罗，人恶胜己"，

岂虚也哉？'"意与此同而文异。其语较赵母及《淮南子》尤为明晰。盖古之教女者之意，特不愿其遇事表暴，斤斤于为善之名，以招人之嫉妒，而非禁之使不为善也。●谢肇淛《五杂俎》：赵姬女临嫁，出门戒之曰："慎勿为善！"女曰："当为恶邪？"曰："善且勿为，况恶乎？"■儒家鼓励人（对弱者）为善，法家鼓励人（对弱者）为恶（战争是合法为恶，庙堂对民众也是合法为恶）。然而善恶若由庙堂规定，均非真善恶。道家认为不能盲从庙堂善恶观。

[3]《韩世家》：韩昭侯八年（当作十二年，前351），申不害相韩，修术行道，国内以治，诸侯不来侵伐。■前年（前353）桂陵之战齐胜魏之后，去年（前352）韩昭侯采纳申不害之策，没有背叛魏国，魏、韩联军在襄陵之战击败了齐、赵、宋、卫联军。罢免许异，改命申不害为相。

[4]《韩非子·内储说下》：大成午从赵谓申不害于韩曰："以韩重我于赵，请以赵重子于韩，是子有两韩，我有两赵。"●《韩策一》二：大成午从赵来，谓申不害于韩曰："子以韩重我于赵，请以赵重子于韩，是子有两韩，而我有两赵也。"

[5]《韩非子·外储说左上》：韩昭侯谓申子曰："法度甚不易行也。"申子曰："法者，见功而与赏，因能而受官。今君设法度而听左右之请，此所以难行也。"昭侯曰："吾自今以来，知行法矣，寡人奚听矣。"一日，申子请仕其从兄官。昭侯曰："非所学于子也。听子之谒，败子之道乎？亡其用子之谒。"申子辟舍请罪。●《韩策一》四：申子请仕其从兄官，昭侯不许也。申子有怨色。昭侯曰："非所谓学于子者也。听子之谒，而废子之道乎？又亡其行子之术，而废子之谒乎？子尚教寡人，循功劳，视次弟。今有所求，此我将奚听乎？"申子乃辟舍请罪曰："君真其人也！"

[6]《韩非子·内储说上》：韩昭侯握爪，而佯亡一爪，求之甚急。左右因割其爪而效之。昭侯以此察左右之诚不。●《韩非子·内储说上》：韩昭侯使人藏弊袴，侍者曰："君亦不仁矣，弊袴不以赐左右而藏之。"昭侯曰："非子之所知也。吾闻明主之爱，一嚬一笑，嚬有为嚬，而笑有为笑。今夫袴，岂特嚬笑哉！袴之与嚬笑相去远矣。吾必待有功者，故收藏之未有予也。"此谨赏罚之说也。●《韩非子·内储说上》：韩昭侯使骑于县，使者

报，昭侯问曰："何见也？"对曰："无所见也。"昭侯曰："虽然，何见？"曰："南门之外，有黄犊食苗道左者。"昭侯谓使者："毋敢泄吾所问于女。"乃下令曰："当苗时，禁牛马入人田中，固有令，而吏不以为事，牛马甚多入人田中。亟举其数上之；不得，将重其罪。"于是三乡举而上之。昭侯曰："未尽也。"复往审之，乃得南门之外黄犊。吏以昭侯为明察，皆悚惧其所而不敢为非。此为不可测之说也。●《韩非子·二柄》：昔者韩昭侯醉而寝，典冠者见君之寒也，故加衣于君之上，觉寝而说，问左右曰："谁加衣者？"左右对曰："典冠。"君因兼罪典衣与典冠。其罪典衣，以为失其事也；其罪典冠，以为越其职也。非不恶寒也，以为侵官之害甚于寒。●《韩非子·内储说下》：韩昭侯之时，黍种尝贵甚。昭侯令人覆廪，吏果窃黍种而粜之甚多。

　　[7] 文木、散木，见《庄子·人间世》。

　　[8]《庄子·列御寇》：郑人缓也，呻吟裘氏之地，只三年而缓为儒，河润九里，泽及三族。

第二部

娶妻为吏（前350—前340）

二十

秦废井田宋桓黜儒，庄周成丁再闻泰否

前350年，岁在辛未。庄周二十岁。宋桓侯三十一年。

周显王十九年。秦孝公十二年。楚宣王二十年。魏惠王二十年（晋悼公十九年）。韩昭侯十三年。赵成侯二十五年（卒）。齐威王八年。燕文公十二年。鲁康公五年。卫成侯二十二年。越王无颛十一年。中山桓公五十三年（卒）。

魏惠侯与齐、赵和解，获得喘息。今年怒而伐秦，一举收复魏地安邑（今山西夏县）、少梁（今陕西韩城），进围秦地定阳（今陕西延安东南）。[1]

秦孝公发现魏势复振，在彤邑（今陕西华州西南）会见魏惠侯，与魏罢兵。[2]

齐威王不愿魏势复振，准备再次伐魏。

淳于髡进谏："韩子卢是天下最快的猎狗，东郭逡是天下最狡的兔子。韩子卢追逐东郭逡，绕山三圈，翻山五座，结果一起累死。有个农夫，毫不费力捡了便宜。如今齐、魏久战，必将国疲民贫，成为韩子卢、东郭逡。秦、楚必将毫不费力捡到便宜，成为那个农夫！"[3]

齐威王听从其言，放弃伐魏，在齐国西疆加固防魏长城。[4]

商鞅献策秦孝公："主公变法十年，业已大成，诸侯再也不敢轻视秦国。但是主公想要战胜诸侯，尚须废除井田制，扩大亩制，穷尽地力，竭尽民力。"

秦孝公问："为何必须如此？"

商鞅说："古人种地，使用人耕，耕锄之具又是木器，而且水利不兴，亩制宜小，所以周制以百步为亩，百亩一夫。今人种地，改用牛耕，耕锄之具改用铁器，而且水利大兴，亩制宜大，所以秦制应以二百四十步为亩，百亩一夫。"

秦孝公问："为何扩大一倍有余？"

商鞅说："春秋末年，晋国最强，乃因六卿无不废除井田制，实行新亩制。但是六卿的新亩制各有不同，因而其后兴亡不同。"

秦孝公说："愿闻其详。"

商鞅说："当年吴王阖闾曾问孙武：'晋国六卿，谁先灭亡？'孙武说：'范氏、中行氏先亡，知氏次之，韩氏、魏氏又次之，赵氏最后。'吴王阖闾问其理由。孙武说：'范氏、中行氏以一百六十步为亩，知氏以一百八十步为亩，韩氏、魏氏以二百步为亩。五卿虽然亩制渐大，但是均未尽其民力，又把什一税增为伍一税，因而百姓贫穷，公室富有，君主骄矜，群臣奢靡，养士众多，尚功好战，必将依次而亡。赵氏以二百四十步为亩，亩制最大，尽其民力，又不改什一税，因而百姓富有，公室贫穷，君主节俭，群臣收敛，养士甚少，藏富于民，必将国家强固。'后来果如孙武预言，范氏、中行氏先亡，知氏次之。"

秦孝公说："但是如今并非亩制最大、税赋最轻的赵国最强，而是亩制次大、税赋最重的魏国最强。秦国为何不仿效魏国亩制，反而仿效赵国亩制？"

商鞅说："魏文侯任用李悝变法，尽管亩制次大，税赋最重，但是穷尽地力，竭尽民力，亩产高于赵国，魏民交纳税赋以后，所获仍然多于赵民，因此魏国暂时比赵国富强。赵国没有变法，虽然亩制最大，税赋最轻，但是未尽地力，未竭民力，亩产低于魏国，赵民交纳税赋以后，所获仍然少于魏民，因此暂时没有魏国富强，不过仍比亩制、税赋与魏相同的韩国富强。赵国一旦出现明君贤相，实行变法，必将比魏国更为富强，魏、韩仍将先赵而亡。所以主公应该仿效赵国亩制。"[5]

秦孝公心悦诚服，下令废除井田制，采用新亩制，开通阡陌，划定田界。把秦国所有乡邑，合并为三十一县。确立郡县制，本土设县，拓土设郡。宗室贵族不再成为裂土之封君，只能拥有食税之爵秩。县令、郡守、封邑长官，均由国君任命。

商鞅又说："为了避免宗室贵族阻挠亩制、官制改革，同时为了便于东进中原，主公不如放弃先君的临时国都栎阳，但也不能重新西迁旧都雍城，可把国都东迁至渭城。"

秦孝公听从其言，在渭城修建城墙和宫殿。[6]

赵成侯赵种死了，在位二十五年（前374—前350）。赵成侯与魏争强失败，导致邯郸被魏攻陷，尽管去年魏惠侯迫于齐、楚压力而主动归还，今年仍然忧愤而死。

太子赵语继位，即赵肃侯。[7]

赵肃侯继承父志，誓报魏惠侯伐赵破都之仇。

大成午继续相赵。

中山桓公魏挚死了，在位五十三年（前402—前350）。

太子继位，即中山成公，魏属中山第二代国君。[8]

魏惠侯遣使前往灵寿，吊唁叔父之死，祝贺堂弟继位。

中山是魏之属国，并非周封诸侯，天下诸侯不吊不贺。

宋桓侯问策戴剔成："如今魏国由盛转衰，秦、齐变法崛起。天下局势，已从魏、楚争霸，变成魏、齐、楚、秦争霸。宋国夹在四强之间，如何自保？"

戴剔成说："若要自保，唯有富国强兵。若要富国强兵，唯有变法。当今诸侯变法，秦国最为成功。主公若想变法，唯有效法秦国。"

宋桓侯问："如何效法秦国？"

戴剔成说："魏、楚、秦、齐、韩无不变法，秦国之所以变法最为成功，主要原因是罢黜儒者，重用墨者，所以田襄子死后，墨家由宋移秦。主公效法秦国，也应贬黜儒者，重用墨者。"

宋桓侯说："诸侯竞相变法，乃是为了争霸。寡人不想争霸，所以不愿变法。不过相国言之有理，如今天下争霸，儒者无用，墨者有用。其实寡人当初重儒崇孝，仅是为了暗示戴驩不忠。如今戴驩已死，寡人决定不再兼用儒墨，改为罢黜儒者，重用墨者。希望墨家总部重回宋国，使诸侯不敢伐宋。"

戴剔成大喜，罢免儒者郑缓，重用墨者惠盎、郑翟，又礼聘惠盎之弟惠施。

惠施三十一岁，贤名更著，仍然拒绝出仕。

郑缓当初让弟弟郑翟学墨，意在左右逢源，如今事到临头，难以接受罢黜，愤而自杀。[9]

曹商去年转师裘氏学儒，今年宋桓侯黜儒，郑缓自杀，大受打击。

庄周二十岁，苏秦（前350—前284）生于东周国都洛阳郊外，慎到（前350—前275）生于赵国，儿说（前350—前286）生于宋国，詹何（前350—前270）生于楚国，田骈（前350—前275）生于齐国。

庄周成丁，协助庄全经营荆园。

庄周问子綦："宋桓侯亲政之初兼重儒墨，如今为何改为黜儒重墨？"

子綦说："儒家保守，墨家进取。宋桓侯亲政之初，恪守《归藏》泰道，只想保国安民，不愿卷入诸侯混战，以守为主，所以兼用儒墨。如今宋桓侯信任戴剔成，戴剔成信奉《周易》否术，不断卷入诸侯混战，转守为攻，所以改为黜儒重墨。宋国未来，其祸非小。"

庄周问："弟子尚有一事不明。夫子曾说，孔子死后，子夏携带《归藏》、《周易》至魏，为魏文侯师，所以魏文侯尚知崇尚《归藏》泰道，魏武侯才转而信奉《周易》否术，那么孔子、子夏是否并不完全否定《归藏》泰道？"

子綦说："是的。周文王演《周易》，既把《归藏》首坤次乾，改成《周易》首乾次坤，又保留泰、否卦名，就是以否术为主，以泰道为辅，既知天尊地卑仅为天地表象，又知天柔地刚乃是天地本质。孔子推崇文、武之道，一张一弛，也是以否术为主，以泰道为辅，既主张君尊臣卑，也主张君柔臣刚，只不过把君柔臣刚转述为君仁臣忠而已。孔子之徒所撰《礼记》，仍有泰道残迹。《礼记·乐记》所言：'地气上齐，天气下降；阴阳相摩，天地相荡，鼓之以雷霆，奋之以风雨，动之以四时，暖之以日月，而百化兴焉。'正是阐释泰道。天质为坤，坤气为阴，阴气下行，所以说'天气下降'。地质为乾，乾气为阳，阳气上行，所以说'地气上齐'。天之阴气下行，地之阳气上行，所以说'阴阳相摩，天地相荡'。泰道造化万物，所以说'百化兴焉'。"

庄周说："《礼记》仅仅褒扬泰道，却不贬斥否术。《文子》不仅褒扬泰道，而且贬斥否术。《文子·上德》所言：'天气下，地气上；阴阳交通，万物齐同；君子用事，小人消亡，天地之道也。'乃是褒扬泰道。《文子·上德》所言：'天气不下，地气不上；阴阳不通，万物不昌；小人得势，君子消亡，五谷不植，道德内藏。'乃是贬斥否术。"

子綦笑了："正是。《归藏》、《老子》、《文子》，都是褒扬泰道，贬斥否术。《周易》、《易传》、《礼记》，都是否术为主，泰道为辅。孔子死后，孔子之徒教化天下，于是天下君主大多否术为主，泰道为辅。魏文侯师从子夏，正是否术为主，泰道为辅。子夏死后，子夏之徒教化天下，于是天下君主大多抛弃泰道，专用否术。魏武侯师从子夏之徒，正是抛弃泰道，专用否术。"

庄周问："子夏之徒，为何异于孔子之徒？"

子綦说："儒门尽管未悟天道，但是孔子之徒多为君子儒，子夏之徒多为小人儒。孔子晚年，已经发现子夏有小人儒的倾向，所以告诫子夏：'汝为君子儒，勿为小人儒。'如今子夏之徒遍布天下，多为吴起、商鞅那样专用否术的小人儒，鲜有田子方、段干木那样崇尚泰道的君子儒。"

庄周问："田子方、段干木如何崇尚泰道？"[10]

子綦说："我讲个故事，你就会明白。"——

魏武侯魏击还是太子之时，乘车出行，遇见田子方，于是下车行礼。

田子方没有还礼。

魏击不悦："究竟是富贵者可以骄人，还是贫贱者可以骄人？"

田子方说："贫贱者可以骄人，富贵者不可以骄人。诸侯骄人，就会灭国。大夫骄人，就会亡家。至于贫贱者，其行不合于君，其言不用于君，可以移居楚国、越国，如同解脱上吊之绳，何必与富贵者一样以礼下人？"

魏击大怒而去。[11]

庄周说："如此看来，从伏羲到《归藏》，君、臣大都尊崇泰道，贬斥否术。从西周到东周，君、臣大都否术为主，泰道为辅。从春秋到战国，君、臣大都抛弃泰道，强化否术。君、臣为何如此同步？"

子綦说："因为君、臣互动，互相推助，因果循环。君主即位以前，必须从师学道，学习显学，这是臣子影响君主。君主即位以后，必定以显学治理国家，这是君主影响臣子。西周以降，天下显学渐变，君、臣也随之渐变，于是互相推助，因果循环。战国以来，儒墨成为两大显学，虽然主张相反，但都抛弃泰道，强化否术。天下诸侯尊奉儒墨，于是泰道日隐，否术日显。"

笺注

[1]《齐策五》一（苏代说齐湣王）：昔者魏（惠）王拥土千里，带甲三十六万，其强北拔邯郸（前353），西围定阳（前350），又从十二诸侯朝天子（前344），以西谋秦。

[2]《魏世家》(《六国表》同)：魏惠王二十一年（当作二十年，前350），与秦会彤。

[3]《齐策三》十一：齐欲伐魏。淳于髡谓齐（威）王曰："韩子卢者，天下之疾犬也。东郭逡者，海内之狡兔也。韩子卢逐东郭逡，环山者三，腾山者五，兔极于前，犬废于后，犬兔俱罢，各死其处。田父见之，无劳

倦之苦，而擅其功。今齐、魏久相持，以顿其兵，弊其众，臣恐强秦、大楚承其后，有田父之功。"齐王惧，谢将休士也。

[4]《水经·汶水注》引《竹书纪年》：梁惠王二十年（前350），齐筑防以为长城。■《苏秦列传正义》引《竹书纪年》，"齐"下衍"闵王"二字。魏惠王比齐湣王早两代。魏惠王、齐威王同年（前319）卒，齐湣王之父齐宣王继位。

[5]《商君书·垦令》：官属少，征不烦，民不劳，则农多日。农多日，征不烦，业不败，则草必垦矣。●《通典·州郡典》：商鞅佐秦，以一夫力余，地利不尽，于是改制二百四十步为亩，百亩给一夫矣。●银雀山汉墓竹简《孙子兵法·吴问》（撮引）：吴王问孙子曰："六将军分守晋国之地，孰先亡？孰固成？"孙子曰："范、中行氏先亡。""孰为之次？""智氏为次。""孰为之次？""韩、魏为次。赵毋失其故法，晋国归焉。"吴王曰："其说可得闻乎？"孙子曰："可。范、中行氏以百六十步为亩，而伍税之，其田陕，公家富，置士多，主骄臣奢，冀功数战，故曰先。智氏以百八十步为亩，而伍税之，公家富，置士多，主骄臣奢，冀功数战，故为次。韩、巍（魏）以二百步为亩，而伍税之，其田陕，公家富，置士多，主骄臣奢，冀功数战，故为次。赵氏制田，以二百四十步为亩，公无税焉。公家贫，其置士少，主俭臣收，以御富民，故曰固国，晋国归焉。"吴王曰："善。王者之道，厚爱其民者也。"■周制什一税，谓之税。增税谓之赋，合称税赋。五卿"伍税之"，即田税加口赋。赵氏"无税"，仍取什一之田税，不加口赋。其后史实，均如孙武预言。疆场角逐之胜负，定于政经之制度，实为古人卓见。又按：《汉书·艺文志》著录《孙子》八十二篇，今存十三篇。银雀山汉简《吴问》、《四变》、《黄帝伐赤帝》、《地形二》、《见吴王》五篇，均为《孙子》佚文。

[6]《六国表》秦孝公十二年（前350）：初聚小邑为三十一县、令，为田开阡陌。●《秦本纪》：秦孝公十二年（前350），作为咸阳，筑冀阙，秦徙都之（十三年，前349）。并诸小乡，聚集为大县，县一令，四十一县（"四"为"三"讹）。为田开阡陌。●《商君列传》：居三年（降魏安邑后三年），作为筑冀阙宫庭于咸阳（前350），秦自雍徙都之（前349）。而令

民父子兄弟同室内息者为禁。而集小乡邑，聚为县，置令、丞，凡三十一县。为田开阡陌封疆，而赋税平。平斗桶权衡丈尺。

[7]《赵世家》：赵成侯二十五年（前350），成侯卒。公子绁与太子肃侯争立，绁败，亡奔韩。■《赵世家索隐》引《世本》谓肃侯名"语"，《苏秦列传索隐》引《世本》谓肃侯名"言"，今从前者。

[8]详见拙著《隐秘的战国真史》。

[9]《庄子·列御寇》：郑人缓也，呻吟裘氏之地，只三年而缓为儒，河润九里，泽及三族，使其弟墨。儒墨相与辩，其父助翟，缓自杀。

[10]《魏世家》：卜子夏、田子方、段干木。此三人者，君（魏文侯）皆师之。●《魏世家》：文侯受子夏经艺，客段干木，过其闾，未尝不轼也。秦尝欲伐魏，或曰："魏君贤人是礼，国人称仁，上下和合，未可图也。"文侯由此得誉于诸侯。

[11]《魏世家》：子击逢文侯之师田子方于朝歌，引车避，下谒。田子方不为礼。子击因问曰："富贵者骄人乎？且贫贱者骄人乎？"子方曰："亦贫贱者骄人耳。夫诸侯而骄人则失其国，大夫而骄人则失其家。贫贱者，行不合，言不用，则去之楚、越，若脱躧然，奈何其同之哉！"子击不怿而去。■《说文》：躧，舞履也。《广韵》：躧，步也，又作屣。

秦迁咸阳韩姬弑夫，孟轲休妻庄周娶妇

前349年，岁在壬申。庄周二十一岁。宋桓侯三十二年。

周显王二十年。秦孝公十三年。楚宣王二十一年。魏惠王二十一年（晋悼公二十年，被弑）。韩昭侯十四年。赵肃侯元年。齐威王九年。燕文公十三年。鲁康公六年。卫成侯二十三年。越王无颛十二年。中山成公元年。

渭水之滨的渭城，去年修筑城墙，建造宫殿，今年建成。

秦孝公放弃旧都栎阳（今陕西临潼），迁都渭城，改名咸阳（今陕西西安）。[1]

子綦感叹："天下浩劫将至！"

庄周问："夫子何出此言？"

子綦说："秦人立国至今，国都六迁，咸阳是第七都。秦襄公八年（前770），护送周平王东迁洛阳有功，始封诸侯，建都犬丘，历八年，襄公、文公二君。秦文公四年（前762），迁都秦邑，历四十八年，文公、宪公二君。秦宪公二年（前714），迁都平阳，历三十七年，宪公、前出公、武公三君。秦德公元年（前677），迁都雍城，历二百五十五年，德公、宣公、成公、穆公、康公、共公、桓公、景公、哀公、前惠公、悼公、厉共公、躁公、怀公、灵公十五君。秦灵公三年（前422），迁都泾阳，历三十九年，灵公、简公、后惠公、后出公、献公五君。秦献公二年（前383），迁都栎阳，历三十四年，献公、孝公二君。今年是秦孝公十三年（前349），秦孝公采纳商鞅之策，把秦都迁至咸阳，天下必有浩劫！"[2]

庄周说："各国迁都乃是常事，近年就有越王翳从琅玡迁至吴邑，韩哀侯从宜阳迁至新郑，魏惠侯从安邑迁至大梁。为何秦国迁都，天下必有浩劫？"

子綦说："商鞅乃是子夏之徒，把秦国新都渭城，改名为咸阳，正是取象于六爻皆阳的乾卦，取义于强化君尊臣卑的子夏否术。万物无不负阴抱阳，物无纯阴，亦无纯阳。秦国迁都咸阳以后，秦君必将纯阳极尊，秦民必将纯阴极卑，秦军必将有进无退，天下必将大祸临头。《周易》尽管鼓吹否术，仍知乾卦上九对应天帝，乾卦九五对应天子。天子只可居于九五，'飞龙在天'，如果僭居上九，就会'亢龙有悔'。咸阳必为秦兴之都，亦将成为秦亡之都。其兴也勃，其亡也忽。"[3]

二十年前，赵成侯立晋悼公于屯留（今山西长治），韩懿侯把女儿韩姬嫁给晋悼公。

十年前，韩昭侯奉魏惠侯之命，攻取屯留，把晋悼公迁至端氏（今山西沁水）。

今年，韩昭侯又奉魏惠侯之命，指使妹妹韩姬，弑杀夫君晋悼公。

晋悼公在位二十年（前368—前349），被夫人韩姬弑于端氏。

魏惠侯不愿再立晋君，决意灭绝晋祀。[4]

赵肃侯服满除丧，正式即位。年轻气盛，大怒魏惠侯、韩昭侯，决意延续晋祀。

于是出兵端氏，护送晋悼公的太子姬俱酒，前往已被韩国吞并十年的屯留，强行立为晋君，即晋静公。[5]

魏惠侯国力大损，不愿与赵重新开战，只好暂时隐忍。

韩昭侯亲魏友赵，不愿卷入魏、赵矛盾，静观其变。

曹商转师裘氏学儒，已有三年，回家直呼母名。

曹母十分诧异："你学儒三年，为何不知礼仪，直呼母名？"

曹商说："贤如尧舜，尚可直呼其名。大如天地，也可直呼其名。母亲之贤，不如尧舜，母亲之大，不如天地，自然可以直呼母名。"

曹母说："如果你能践行学到的所有知识，可以直呼母名。如果你不能践行学到的所有知识，不能直称母名。"

曹夏问："你学儒以后，为何仅仅直呼母名，却不直呼父名？"

曹商说："《周易》卦序首乾次坤，《易传》主张'天尊地卑'。天尊地卑，君尊臣卑，父尊母卑，男尊女卑，乃是天经地义。所以父尊必须讳名，母卑不必讳名。"

曹夏大悦："孔子之道，果然胜于老聃之道！" [6]

孟轲二十四岁，娶妻多年。

外出归来，进屋看见妻子岔开双腿踞坐，衣衫穿戴不整。

孟轲大为生气，告诉孟母："我回家进屋，媳妇竟然岔开双腿踞坐，衣衫穿戴不整。如此不知礼仪，我要休了她！"

孟母说："《礼经》有言：'将入门，问孰存。将上堂，声必扬。将入户，视必下。'都是为了使人有所准备。你不明夫妇之道，自己不知礼仪，为何反而责备媳妇不知礼仪？"

孟轲羞愧自己一知半解，打消了休妻之念。 [7]

庄周二十一岁，邹衍生于齐国。

庄全夫妇作主，为庄周娶妻钟离氏。 [8]

庄全教导庄周："西周初年，封伯益之后于钟离（今安徽凤阳）。春秋时期，楚国伐灭钟离国。钟离氏散于天下，或居齐国，或居宋国。如今我们客居宋国，与钟离氏联姻，同为天下沦落人，你要善待媳妇。"

庄周谨受父教。

庄周请教子綦："《归藏》是否涉及夫妇之道？"

子綦说："天道无所不包，遍及万物。《归藏》咸卦，就是夫妇之道。"

庄周说："当年裘氏教我《周易》，也说咸卦是夫妇之道。"

子綦问："裘氏如何解说咸卦？"

庄周说："裘氏说，《周易》上经，首乾次坤，专明天地之道；《周易》下经，首咸次恒，专明夫妇之道。天地之道和夫妇之道，均为君臣之道的依据。因为《易传·序卦》有言：'有天地，然后有万物；有万物，然后有男女；有男女，然后有夫妇；有夫妇，然后有父子；有父子，然后有君臣；有君臣，然后有上下；有上下，然后礼仪有所错。夫妇之道，不可以不久也，故受之以恒。'裘氏又说，咸卦上兑下艮，根据《易传·说卦》，兑为少女，艮为少男，所以是夫妇之道。我问，既然夫妇之道是君臣之道的依据，夫尊妇卑是君尊臣卑的依据，那么演示夫妇之道的咸卦，为何妇居上，夫居下？裘氏又被我问住，又骂我疑经谤圣。"

子綦说："当年裘氏回答不了你的疑问，你老来问我。我怎么不记得你问过此事？"

庄周不禁害羞："我先问父亲，父亲说我年纪还小，不宜过早了解夫妇之道。"

子綦笑了："《周易》所言咸卦演示夫妇之道，承自《归藏》。但是子夏之徒所撰《易传》认为兑为少女，艮为少男，就经不住你这一问。咸卦上兑下艮，并非妇居上，夫居下。兑为阴卦，并非少女。艮为阳卦，也非少男。咸卦演示的夫妇之道，乃是夫居上而柔，妇居下而刚。卦名寓有二义：咸通感，意为感知天道；咸训遍，意为天道遍在万物，也在夫妇。夫柔妇刚，一如君柔臣刚，无不植根于天柔地刚。"

庄周问："原来孔子之徒鼓吹《周易》否术，是从天尊地卑的否卦，推衍出君尊臣卑、父尊子卑、夫尊妇卑、男尊女卑，难怪孔子之徒全都贱视妇女。老聃之徒遵循《归藏》泰道，是从天柔地刚的泰卦，推衍出君柔臣刚、父柔子刚、夫柔妇刚、男柔女刚，难怪老聃之徒从不贱视妇女。"

子綦说："是啊！伏羲泰道，首先突破了天地表象，抉发了天地本质：天居阳位，泰道以柔弱阳；地居阴位，泰道以刚强阴；从而天地相交，万物得生。其次突破了君臣表象，抉发了君臣本质：君居阳位，泰道以柔弱阳；臣居阴位，泰道以刚强阴；从而君臣相交，百姓得生。其次突破了父子表象，抉发了父子本质：父居阳位，泰道以柔弱阳；子居阴位，泰道以刚强阴；从而父子相交，子孙得生。最后突破了夫妇表象，抉发了夫妇本质：夫居阳位，泰道以柔弱阳；妇居阴位，泰道以刚强阴；从而夫妇相交，人类得生。所以《老子》如此阐释《归藏》泰道：'万物负阴而抱阳，冲气以为和。'"

庄周遵循子綦教导的夫妇之道，与钟离氏极其恩爱。

空闲之时，夫妇常常共读《诗经》。

或如《关雎》："关关雎鸠，在河之洲。窈窕淑女，君子好逑。"

或如《桃夭》："桃之夭夭，灼灼其华。之子于归，宜其室家。"

或如《硕人》："手如柔荑，肤如凝脂。领如蝤蛴，齿如瓠犀。螓首蛾眉，巧笑倩兮，美目盼兮。"

或如《女曰鸡鸣》："宜言饮酒，与子偕老。琴瑟在御，莫不静好。"

或如《击鼓》："死生契阔，与子成悦。执子之手，与子偕老。"

一日，庄周吟诵《裳裳者华》："左之左之，君子宜之；右之右之，君子有之；维其有之，是以似之。"

然后笑嘻嘻说："这是一个谜语。你猜猜看！"

钟离氏想了半天："我猜不出，快说谜底。"

庄周不肯说。

钟离氏急得挠庄周痒痒："说不说？"

庄周逃来逃去，被钟离氏捉住，大挠特挠。

庄周笑得喘不过气："你已知道谜底，为何还要我说？"

钟离氏大为诧异："我何曾知道？"

庄周边喘边说："挠痒痒。"

钟离氏愣了一下，顿时笑靥如花。

笺注

[1]《秦本纪》：秦孝公十年（前352），卫鞅将兵围魏安邑，降之。十二年，作为咸阳，筑冀阙（前350），秦徙都之（前349）。●《秦始皇本纪》：孝公十三年（前349），始都咸阳。●《商君列传》：居三年（秦降安邑后三年，前349），作为筑冀阙宫庭于咸阳，秦自雍徙都之。■《商君列传》"秦自雍徙都之"误，当作"秦自栎阳徙都之"。雍为秦室宗庙所在之旧都，秦灵公迁都泾阳、秦献公迁都栎阳、秦孝公迁都咸阳之后，历代秦君仍至雍都祭五帝、祀先祖。《史记》此误，乃是因袭秦人之讳。秦灵公（怀公太子昭子之子，昭子早夭）迁都泾阳以后，简公（怀公幼子）弑灵公篡位，后惠公（简公子）、后出公（简公孙）继之。献公（灵公子）又弑后出公，恢复灵公之统，遂离泾阳，暂迁栎阳。秦人讳言简公、后惠公、后出公之乱秦（后惠公、后出公与前惠公、前出公同谥，即为讳而湮之），亦讳言别都泾阳、栎阳，仍以雍为正都，故曰"自雍徙都咸阳"。参看《秦本纪》："秦以往者数易君，君臣乖乱，故晋（魏）复强，夺秦河西地。"

[2]详见拙文《秦有七都》，《社会科学论坛》2006年第9期。

[3]《秦本纪正义》引《括地志》：咸阳故城亦名渭城，在雍州咸阳县东十五里，京城北四十五里，即秦孝公徙都之者。今咸阳县，古之杜邮，白起死处。■秦孝公十三年（前349）迁都咸阳，历孝公、惠王、武王、昭王、孝文王、庄襄王、秦始皇、秦二世、秦王子婴九君，一百四十三年（前349—前207），前207年灭于汉。

[4]《韩世家》（《六国表》秦孝公十三年同）：韩昭侯十年（当作十四年，前349），韩姬弑其君悼公。

[5]《晋世家索隐》引《竹书纪年》：晋桓公二十年（前369），韩共侯（即韩懿侯）、赵成侯迁晋桓公于屯留。●《赵世家》：成侯十六年（前359），与韩、魏分晋，封晋君以端氏。●《水经·浊漳水注》引《竹书纪年》：梁惠王十二年（前359），郑取屯留、尚子、涅。●《赵世家》：赵肃侯元年（前349），夺晋君端氏，徙处屯留。■证明晋桓公二十年（前369）

韩懿侯、赵成侯把晋桓公从曲沃迁至屯留，晋悼公十年（前359）韩昭侯把晋悼公从屯留迁至端氏，晋悼公二十年（前349）赵肃侯把晋悼公从端氏迁回韩国所侵之屯留，今年韩姬弑杀晋悼公，晋均未绝祀。两年后的晋静公二年（前347）晋才绝祀。

[6]《魏策三》四：宋人有学者，三年反而名其母。其母曰："子学三年，反而名我者，何也？"其子曰："吾所贤者，无过尧、舜，尧舜名。吾所大者，无大天地，天地名。今母贤不过尧、舜，母大不过天地，是以名母也。"其母曰："子之于学者，将尽行之乎？愿子之有以易名母也。子之于学也，将有所不行乎？愿子之且以名母为后也。"

[7]《韩诗外传》卷九：孟子妻独居，踞。孟子入户视之，白其母曰："妇无礼，请去之。"母曰："何也？"曰："踞。"其母曰："何知之？"孟子曰："我亲见之。"母曰："乃汝无礼也，非妇无礼。《礼》不云乎：'将入门，问孰存。将上堂，声必扬。将入户，视必下。'不掩人不备也。今汝往燕私之处，入户不有声，令人踞而视之，是汝之无礼也，非妇无礼也。"于是孟子自责，不敢去妇。《诗》曰："采葑采菲，无以下礼。"●《列女传》卷一《母仪传》：孟子既娶，将入私室，其妇袒而在内，孟子不悦，遂去不入。妇辞孟母而求去曰："妾闻夫妇之道，私室不与焉。今者妾窃堕在室，而夫子见妾，勃然不悦，是客妾也。妇人之义，盖不客宿。请归父母。"于是孟母召孟子而谓之曰："夫礼，将入门，问孰存，所以致敬也。将上堂，声必扬，所以戒人也。将入户，视必下，恐见人过也。今子不察于礼，而责礼于人，不亦远乎！"孟子谢，遂留其妇。君子谓孟母知礼，而明于姑母之道。

[8]钟离在今安徽凤阳县。春秋时期，钟离国亡于楚国。后裔散于齐、宋。

秦增口赋韩昭朝秦，子綦丧我庄闻三籁

前348年，岁在癸酉。庄周二十二岁。宋桓侯三十三年。

周显王二十一年。秦孝公十四年。楚宣王二十二年。魏惠王二十二年（晋静公元年）。韩昭侯十五年。赵肃侯二年。齐威王十年。燕文公十四年。鲁康公七年。卫成侯二十四年。越王无颛十三年。中山成公二年。

商鞅前年废除井田制，推行大亩制，今年又在什一税之上，另增口赋。每户按照人口，缴纳人头税。

秦孝公问："相国曾说晋国五卿亩制较小，又在田税之上另增口赋，所以民贫国富而先亡。赵国亩制最大，不在田税之上另增口赋，所以民富国贫而后亡。秦国既然效法赵国大亩制，为何又效法五卿另加口赋？"

商鞅说："赵国后亡，仍然是亡。如今魏强赵弱，可见赵国虽然民富，国贫仍是大弊。主公之志，并非民富国贫，而是富国强兵。采用大亩制，是取赵国之长。另增口赋，是取魏国之长。秦国兼取赵、魏之长，必能代周为王。"

秦孝公心悦诚服，尽从商鞅之策，颁布法令：秦民二男以上不分户者，口赋加倍。鼓励分户，奖励垦荒。增加国库收入，准备东进中原。[1]

申不害向韩昭侯献策："十三年前魏惠侯东迁大梁，称霸中原，争霸天下，主公最先朝拜魏惠侯，所以后来魏惠侯只伐赵，不伐韩。如今秦孝公东迁咸阳，欲进中原，欲霸天下，主公也应最先朝拜秦孝公，那么秦军如果东进，也将只伐魏，不伐韩。"

韩昭侯听从其言，前往咸阳朝拜秦孝公。[2]

韩昭侯是商鞅变法以后至秦的第一位中原诸侯。一入咸阳，震惊于全城洁净如洗。因为商鞅之法规定：倾倒炉灰于户外，弃置药渣于路中，均予斩首。

韩昭侯再也不敢轻视秦国，恭恭敬敬朝拜秦孝公。

秦孝公大悦，重赏商鞅。

此后络绎至秦的中原诸侯、使者，无不震惊于咸阳一尘不染，似非人间，全都不再轻视秦国。

魏惠侯五十三岁，邀请赵肃侯在魏邑阴晋（今陕西华阴东）会见，希望与赵和解。[3]

赵肃侯赴会，与魏惠侯分庭抗礼，比赵成侯更为强硬。

魏惠侯难以容忍年轻的赵肃侯如此挑衅，又生伐赵之心。

曹商鉴于宋桓侯黜儒重墨，认为继续学儒难以富贵，于是不再师从裘氏。听说齐国的国氏富甲天下，于是离宋往齐，请求国氏传授致富之术。

国氏说："我擅长为盗。我以盗为业之后，一年不贫，二年足食，三年大富，足以救济乡邻。"

曹商归宋，翻墙凿壁，入室偷盗。很快被官府拘捕，连累曹夏抄没一半家产。

曹商认为国氏欺骗了自己，又往齐国，质问国氏："你说为盗可以致富，为何我为盗反而致贫？"

国氏说："你之为盗，异于我之为盗。我的盗窃之术，乃是师法范蠡。当年范蠡离越至齐，正是凭借此术，富甲齐国。"

曹商问："愿闻范蠡致富之术。"

国氏说："天有其时，地有其利，人有其力。范蠡致富之术，就是盗天之时，窃地之利，尽人之力。盗窃春雨的滋润，有助于禾苗生长；盗窃土地的肥沃，有助于种植五谷；盗窃泥土，可以筑墙；盗窃树木，可以建屋；尽力于山，可以盗获禽兽；尽力于水，可以盗获鱼鳖。五谷、土木、禽兽、鱼鳖，都是天地所生，原本非我所有。我自食其力，盗之于天，无灾而致富。你盗窃的金玉珍宝，谷帛财货，却是他人的积蓄私藏，并非天地公产，你不肯自食其力，盗之于人，获罪而致贫，怎能怨我？"[4]

曹商认为国氏仍在欺骗自己，回到蒙邑，来见子綦："国氏骗我，说范蠡致富之术就是盗窃之术。夫子是范蠡再传弟子，我师从夫子数年，夫子为何也像国氏一样，不肯传授范蠡之术？"

子綦说："国氏所言不错！不仅人的财富是盗窃于天地，人的生命也是盗窃于天地。人的生命，乃是阴阳合和而成。"

曹商大为生气，认为子綦同样欺骗自己，不肯传授范蠡致富之术。[5]

庄周二十二岁，长子出生。

庄周请求子綦："夫子可否为我儿子赐名？"

子綦说："你父亲学儒，取义于孔子之言'吾从周'，为你取名为周。你既名周，儿子不妨名遍。那样的话，你们父子之名，均寓天道周遍之义。"

庄周大为欢喜："夫子不仅赐我儿子嘉名，又以老聃之道为我重新释名，我无须再为父亲为我所取之名懊恼了。"[6]

子綦带着子游、庄周，一起游玩蒙山。

子綦问："你们说说，此山为何名为蒙山？"

子游说："弟子猜想，蒙泽、蒙山、蒙邑之名，大概都是取之于蒙卦。夫子当年隐居的泰山，乃是取义于泰卦，小隐隐于山。如今隐居的蒙邑，则是取义于蒙卦，大隐隐于市。"

庄周说:"师兄言之有理!蒙卦第五爻为阴爻,是君位之爻,意为君主居上而用柔。第二爻为阳爻,是民位之爻,意为臣民居下而用刚。合于君柔民刚的《归藏》泰道。"

子綦笑了:"你们都已深明泰道。庄周的颖悟,又胜于子游。对《归藏》的理解,已经胜过我了!"

子綦从蒙山回来,心情愉快。

子游问:"夫子今日,为何异于往日?"

子綦说:"今日出游,吾丧我。"

子游问:"何为吾丧我?"

子綦说:"吾是不与外物对待的德心,我是与外物对待的身形。"

子游说:"弟子还是不明白。"

子綦说:"看来今日出游,你仅闻人籁,未闻地籁。虽闻地籁,未悟天籁。"

子游问:"何为地籁?"

子綦说:"今日出游蒙山,你没看见山丘林木、百围大树的万千窍穴吗?万窍之形,无一相同,或像鼻子,或像嘴巴,或像耳朵,或像方柱,或像圆圈,或像碓臼,或像深池,或像浅坑。今日出游蒙山,你没听见那些窍穴发出的万千地籁吗?大地呼吐气息,形成了风,风吹万窍,万窍就会发声。万窍之声,无一相同,或如飞瀑下泻,或如泉水上涌,或如喝叱,或如嘘吸,或如呼喊,或如哭号,或如欢笑,或如切齿。万千窍穴各据不同物德,发出不同之声,既无主次,也无是非,既无君臣,也无尊卑,然而众声相和。小风小和,大风大和。风过之后,万千窍穴复归虚寂,只有树枝轻轻摇摆,树叶微微颤动。"

子游问:"弟子明白了,地籁就是万窍所发之声,人籁就是排箫所吹之乐。那么何为天籁?"

子綦说:"你要自己领悟!何种至高存在,驱使天地万物各据不同物德,发出不同之声?"

子游说:"弟子不明。"

庄周问："夫子所言至高存在，莫非就是天籁？"

子綦说："说说理由。"

庄周说："天籁看不见，听不到，摸不着，正是《老子》所言'视之不见名之曰微，听之不闻名之曰希，搏之不得名之曰夷'的天道。人类只能听见万千不同的人籁、地籁，不能听见驱使人籁、地籁万千不同的天籁。人类只能看见物德不同的天地万物，不能看见赋予天地万物不同物德的天道。天道、天籁并非具体之物，所以无法指实，只能领悟。"

子綦笑了："你已尽得老聃之道。"[7]

笺注

[1]《秦本纪》：秦孝公十四年（前348），初为赋。▲马端临《文献通考》：任民所耕，不计多少，于是始舍地而税人。●《商君列传》：民有二男以上不分异者，倍其赋。▲董说《七国考》卷二："初为赋"，即"口赋"。▲杨宽："口赋"即云梦出土《秦律》所谓"户赋"。■即二男不分户，则征四男之口赋（人头税），迫使秦民分户，鼓励开拓荒地，进而增加税赋。或曰军赋，盖为秦民从军出征，自备其粮。

[2]《韩世家》(《六国表》同）：韩昭侯十一年（当作十五年，前348），昭侯如秦。

[3]《赵世家》：赵肃侯二年（前348），与魏惠王遇于阴晋。

[4]《列子·天瑞》：齐之国氏大富，宋之向氏大贫；自宋之齐，请其术。国氏告之曰："吾善为盗。始吾为盗也。一年而给，二年而足，三年大穰。自此以往，施及州闾。"向氏大喜。喻其为盗之言，而不喻其为盗之道，遂逾垣凿室，手目所及，亡不探也。未及时，以赃获罪，没其先居之财。向氏以国氏之谬己也，往而怨之。国氏曰："若为盗若何？"向氏言其状。国氏曰："嘻！若失为盗之道至此乎？今将告若矣。吾闻天有时，地有利。吾盗天地之时利，云雨之滂润，山泽之产育，以生吾禾，殖吾稼，筑吾垣，建吾舍。陆盗禽兽，水盗鱼鳖，亡非盗也。夫禾稼、土木、禽兽、鱼鳖，皆天之所生，岂吾之所有？然吾盗天而亡殃。夫金玉珍宝，谷帛财

货，人之所聚，岂天之所与？若盗之而获罪，孰怨哉？"向氏大惑，以为国氏之重罔己也，过东郭先生问焉。东郭先生曰："若一身庸非盗乎？盗阴阳之和以成若生，载若形；况外物而非盗哉？诚然，天地万物不相离也；仞而有之，皆惑也。国氏之盗，公道也，故亡殃；若之盗，私心也，故得罪。有公私者，亦盗也；亡公私者，亦盗也。公公私私，天地之德。知天地之德者，孰为盗邪？孰为不盗邪？"

[5]《庄子·知北游》：舜问乎丞曰："道可得而有乎？"曰："汝身非汝有也，汝何得有夫道？"舜曰："吾身非吾有也，孰有之哉？"曰："是天地之委形也。生非汝有，是天地之委和也；性命非汝有，是天地之委顺也；子孙非汝有，是天地之委蜕也。故行不知所往，处不知所持，食不知所味，天地之徜徉气也，又胡可得而有邪？"

[6]《庄子·徐无鬼》"长子老身"，可证庄周有子。庄子之父学儒，以孔子"吾从周"之意，为子取名"庄周"。本书据《庄子·外物》"周、遍、咸三者，异名同实，其指一也"，为庄子二子取名"庄遍"、"庄咸"，同时重释"庄周"之名。

[7]《庄子·齐物论》：南郭子綦隐几而坐，仰天而嘘，嗒焉似丧其偶。颜成子游立侍乎前，曰："何居乎？形固可使如槁木，而心固可使如死灰乎？今之隐几者，非昔之隐几者也？"子綦曰："偃，不亦善乎？尔之问也。今者吾丧我，汝知之乎？汝闻人籁而未闻地籁，汝闻地籁而未闻天籁夫？"子游曰："敢问其方？"子綦曰："夫大块噫气，其名为风。是唯无作，作则万窍怒号。尔独不闻之飂飂乎？山林之畏崔，大木百围之窍穴，似鼻，似口，似耳；似枅，似圈，似臼，似洼者，似污者。激者，滴者；叱者，吸者，叫者，嚎者，笑者，咬者。前者唱于，而随者唱喁；泠风则小和，飘风则大和。厉风济，则众窍为虚。尔独不见之调调、之刁刁乎？"子游曰："地籁则众窍是矣，人籁则比竹是矣。敢问天籁？"子綦曰："夫吹万不同，而使其自己也。咸其自取，怒者其谁邪？"

晋室绝祀剔成变法，漆园入官庄周为吏

前347年，岁在甲戌。庄周二十三岁。宋桓侯三十四年。

周显王二十二年。秦孝公十五年。楚宣王二十三年。魏惠王
二十三年（晋静公二年卒，灭）。韩昭侯十六年。赵肃侯三年。
齐威王十一年。燕文公十五年。鲁康公八年。卫成侯二十五年。
越王无颛十四年。中山成公三年。

赵成侯庶子赵范，发动叛乱，与赵肃侯争位。

魏惠侯欲报赵成侯支持公中缓之仇，出兵支持赵范。

赵范在魏军支持之下，袭击邯郸，兵败被诛。

魏、赵和解数年之后，重新敌对。[1]

晋静公姬俱酒，死于屯留（今山西长治）。在位两年（前348—前347），
无子。[2]

魏惠侯不愿再被晋君牵制，不肯再立晋君。

赵肃侯怒于魏惠侯支持赵范争位，继续牵制魏国称霸，又在屯留另立
晋出公的后裔声氏。

魏惠侯大怒，出兵屯留，拘捕声氏，囚禁在铜鞮（今山西沁县）。[3]

晋国至此绝祀，事在魏、韩、赵三家分晋（前453）之后一百零六年
（前347）。

赵姬既不为恶，也不为善，日益得到齐威王专宠，遭到王后牟辛嫉恨。

齐威王怒杀牟辛，改立赵姬为王后。

赵姬之子田辟疆五岁，立为太子。[4]

齐、赵之盟，更加牢固。

卫人司马熹，鉴于弱卫依附强魏，在卫难以施展抱负，于是离卫至宋，投靠宋相戴剔成。

戴剔成问："百年以来，卫国积弱，才士大多仕于列强。子夏仕于魏国，吴起仕于魏、楚，商鞅仕于魏、秦。先生为何不仕列强，而仕弱宋?"

司马熹说："吴起、商鞅先仕诸夏之强魏，后仕四夷之楚、秦，为我不取。子夏仅仕诸夏，不仕四夷，为我仰慕。子夏仕于魏文侯之前，魏国不强。子夏仕于魏文侯之后，魏国始为中原最强，天下始知子夏贤于孔子。如今天下孔子之徒，实为子夏之徒。相国若有魏文侯之志，我愿仿效子夏，辅佐相国，使弱宋变成强宋。"

戴剔成大悦："我素有此志，敬请先生赐教!"

司马熹说："相国先是助魏伐赵，结果魏国败于桂陵，后又助齐伐魏，结果齐国败于襄陵，宋桓侯为此责备相国。如今天下各国变法图强，秦国最为成功，相国只要效法秦国，必能迅速富国强兵。"

戴剔成说："先生果然高见，与我不谋而合。我曾劝说主公效法秦国实行变法，主公只想守土保民，不求拓土强国。今得先生之助，必能富国强兵，与诸侯争强。"

于是礼聘司马熹为国师，不顾宋桓侯反对，全面效法秦国，提高税率，大肆征兵。

庄周二十三岁，面临征兵。

庄全的荆园，子綦的漆园，面临加税。荆园的税率，从原先的二十税一，增至十税一。漆园的税率，从原先的二十税五，增至十税五。

子綦决定转让漆园，但是无人问津，最后被官府低价收购。

庄周问子綦："漆税已经最重，为何戴剔成又提高漆税?"

子綦说："上古之民不知用火，仅有石器。燧人氏用火烧土，才有陶器。此后又有竹器、木器、玉器、铜器、铁器。玉器用于祭神，铜器用于庙堂，铁器用于征战。民生日用，多为陶器、竹器、木器。宋国定陶处于天下之中，流通天下陶、竹、木器。陶器用途大于竹、木器，定陶由此得名，税收天下第一。但是陶器容易破碎，尚无良法根除此弊。竹器、木器容易朽坏，涂漆即可根除此弊。因此漆器逐渐取代陶器，成为贵族、平民共同使用的最大日用品。别物之税，或是二十税一，或是十税一。唯有漆税最高，是二十税五[5]。用漆历史，已很久远。《尚书·禹贡》记载，兖州、豫州均有'贡漆'之职。《唐风·山有枢》言及'山有漆'，《秦风·车邻》言及'阪有漆'。宋国漆业尤盛，漆器天下闻名，蒙邑乃是漆业重镇，所以我离齐至宋，客居蒙邑，经营漆园为生。戴剔成加重漆税，一是想把宋国漆业收为官办，以便专得其利；二是利用定陶之便，搜括天下漆业之利，以便富国强兵。戴剔成原本好战，如今又效法秦国，富国强兵，宋国必将卷入诸侯混战，不再是安居之地。"

庄周说："夫子是否打算归齐？"

子綦说："我已老了，你们年轻人应该预作打算。"

子綦不愿儿孙为戴剔成打仗，让家人返回齐国，自己仍与子游留在蒙邑。

庄全与庄周商量："楚宣王至今没有大赦，我们仍然不能归楚。如今税率加重一倍，荆园只能勉强维持。我最为担心的并非税率加重，而是你面临征兵。除非你出仕为官，才能免服兵役。"

庄周说："为官为吏，都能免服兵役。如今戴剔成专权，好战嗜杀，我不愿为官，宁愿为吏。蒙邑的私营漆园，大多已经收为官办。县令正在招聘漆园吏，我若应聘，既能免服兵役，又能小补荆园加税的损失。"

庄全、猗韦氏、钟离氏无不赞成。

蒙邑县令招聘漆园吏，一是管理收为官办的各处漆园，二是向仍然私营的各处漆园征收漆税。应聘者必须熟悉漆业，避免私营漆园瞒报产量，偷逃漆税。

庄周时常出入子綦的漆园，熟悉漆业，前去应聘，顺利成为漆园吏。

庄周前往蒙邑城外一处漆园收税，结识了园主支离疏。

庄周早已知道此人，因为支离疏先天残疾。上身在腰部下折，脸颊埋于肚脐以下，肩膀高于头顶，发髻上指天空，五脏脉管居上，双腿与肋部平行。

支离疏每次进城采办物品，都会受到蒙邑民众围观嘲笑。围观支离疏的人数，多于围观斗鸡、耍猴的人数。

庄周幼年，常与曹商钻入人群，观看支离疏的奇特身形。

曹商捡起石子，尾随在后，等到支离疏转过街头，就扔向高高拱起的驼背。

支离疏对围观习以为常，对嘲笑置若罔闻，对戏弄毫无反应。

如今庄周了解到，支离疏虽然身体畸形，但是持针缝衣，足以糊口保身；扬糠簸谷，足以养亲十人。由于身形残疾，支离疏免服一切官役，包括兵役。[6]

庄周敬佩支离疏，于是向县令进言："宋桓侯表彰孝子，因为支离疏身体残疾，却能上养父母，下养子女，曾经予以奖励。宋桓侯每年赈济病残，都要救济支离疏三钟粟和十捆柴。如今支离疏种植的两亩漆树，也应免收漆税。"

县令听从其言，免除支离疏漆税。

庄周又往蒙山征收漆税，看见有人在蒙泽岸边漂洗麻絮。

庄周问漂絮者："你冬天在冷水里漂洗麻絮，为何双手不会龟裂?"

漂絮者说："我有祖传药膏，涂在手上，就能避免龟裂。"

庄周赞叹："一项祖传绝技，就能常保子孙衣食!"

漂絮者说："一百多年前，有个吴人愿出百金，购买配制药膏的秘方。曾祖父召集家人商议：'漂洗麻絮，一年仅得数金。卖掉秘方，就能得到百金，又无任何损失。'于是卖了秘方。当时吴王夫差正与越王勾践交战，吴、越都是水乡，打仗水陆并进。冬天水战之弊，就是士兵手足容易龟裂。

那个吴人购得秘方，进献吴王夫差，率领涂了药膏的吴军，冬天与越人水战，大败越人，成了封君。越王勾践和越相范蠡，入吴为质。"[7]

庄周问："令曾祖是否后悔卖掉秘方？"

漂絮者说："是的。曾祖后悔我家的祖传秘方被人用于杀戮。"

庄周问："你们既知秘方可以获取富贵，为何世世安于漂洗麻絮？"

漂絮者说："后来勾践采用范蠡之策，卧薪尝胆二十年，伐灭吴国，诛杀夫差。凭借秘方成为封君的那个吴人，也被勾践灭族。范蠡功成身退，成为天下首富。文种不听范蠡规劝，不肯功成身退，接替范蠡成为相国，不久也被勾践灭族。可见助吴败越成为封君，助越灭吴成为相国，都有灭族之祸。我们没有范蠡的智慧，宁愿世世安于漂洗麻絮。我家祖训：秘方可以获取富贵，富贵可以带来灭族。不求富贵可以免于灭族，自食其力可以世世不绝！"

庄周肃然起敬："请问先生贵姓？"

漂絮者说："免贵，我叫子桑。"

庄周把子桑之事，告诉子綦："看来宋国颇多顺道循德、不求富贵的天民。"

子綦说："老聃晚年居于宋国沛邑，遗泽传于宋人。子桑一家，或许没有范蠡的安邦定国才能，但有范蠡的全生免祸智慧，足证老子之道胜于任何祖传秘方。祖传秘方既能为人造福，也能为人招祸。老子之道只会造福万世，不会遗祸世人。"

笺注

[1]《赵世家》：赵肃侯三年（前347），公子范袭邯郸，不胜而死。

[2]《晋世家》：二十七年，烈公卒，子孝公颀立。孝公九年，魏武侯初立，袭邯郸，不胜而去。十七年，孝公卒，子静公俱酒立。……静公二年，魏武侯、韩哀侯、赵敬侯灭晋后而三分其地。静公迁为家人，晋绝不祀。
●《晋世家索隐》引《竹书纪年》：魏武侯以[晋]桓公（晋孝公）十九年

卒（前370），韩哀侯、赵敬侯并以[晋]桓公（晋孝公）十五年（前374）卒。■《晋世家》于晋孝公（晋桓公）后，误脱晋悼公（前368—前349）一世二十年，故将晋静公二年（前347），误系于晋悼公二年（前367）。又将灭晋之君魏惠王（魏武侯之子）、韩昭侯（韩哀侯之孙）、赵肃侯（赵敬侯之孙），误为"魏武侯、韩哀侯、赵敬侯"。《晋世家索隐》引《竹书纪年》而隐驳之。

[3]《吕览·审应》：出公之后声氏为晋公，拘于铜鞮。

[4]《田世家》：齐威王三十三年（当作十一年，前347），杀其大夫牟辛。●《田世家集解》：徐广曰：一作"夫人"。●《田世家索隐》：《年表》（即《六国表》）亦作"夫人"。■杀夫人不足记，"夫人"当指王后。其时齐虽称王，六国均未承认（尚未相王），故称其王后为"夫人"。至齐宣王杀王后，则六国相王已成事实，故记为"宣王八年杀王后"。杀王后，常与废立太子有关。

[5]《周礼·地官·载师》：凡任地，国宅无征。园廛二十而一，近郊十一，远郊二十而三，甸稍县都皆无过十二。唯其漆林之征，二十而五。

[6]《庄子·人间世》：支离疏者，颐隐于脐，肩高于顶，会撮指天，五管在上，两髀为胁。挫针治繲，足以糊口；鼓筴播精，足以食十人。上征武士，则支离攘臂而游于其间；上有大役，则支离以有常疾不受功；上与病者粟，则受三钟与十束薪。夫支离其形者，犹足以养其身，终其天年，又况支离其德者乎？

[7]《庄子·逍遥游》：宋人有善为不龟手之药者，世世以洴澼絖为事。客闻之，请买其方百金。聚族而谋曰：'我世世为洴澼絖，不过数金；今一朝而鬻技百金，请与之。'客得之，以说吴王。越有难，吴王使之将，冬与越人水战，大败越人，裂地而封之。能不龟手一也，或以封，或不免于洴澼絖，则所用之异也。

赵肃朝周咸阳冬花，曹商败家庄周慰友

前346年，岁在乙亥。庄周二十四岁。宋桓侯三十五年。

周显王二十三年。秦孝公十六年。楚宣王二十四年。魏惠王
二十四年。韩昭侯十七年。赵肃侯四年。齐威王十二年。燕文公
十六年。鲁康公九年（卒）。卫成侯二十六年。越王无颛十五年。
中山成公四年。

周显王寄居东周国二十年，天下诸侯从不朝觐，不再承认周天子是天
下共主。

年初，赵肃侯前往洛阳，朝觐周显王。[1]

赵肃侯去年欲立声氏为晋君，希望保留晋君，遏制魏惠侯称霸，结果
被魏惠侯挫败。于是今年朝觐周显王，希望尊崇周天子，遏制魏惠侯称霸，
结果毫无作用。

年中，鲁康公姬屯死了，在位九年（前354—前346）。

太子姬匽继位，即鲁景公。[2]

十二月，秦都咸阳发生异事：桃树、李树提前开花。[3]

商鞅率领群臣祝贺："天降吉兆，敬贺主公迁都。"

秦孝公问："桃树、李树应该二月开花，十二月开花乃是节气不正，有

何可贺？"

商鞅说："秦献公十一年，周太史儋入秦，预言秦必代周[4]。秦献公十二年，周室阳气衰竭，于是中原六月下雪[5]。秦献公十六年，秦国阳气大盛，于是桃树冬天开花。秦献公十七年，韩、赵伐周。秦献公十八年，韩、赵分周为二，周王已无寸土，于是天降金瑞于栎阳，秦献公建造畦畤祭祀白帝，决意东进中原[6]。如今主公富国强兵，迁都咸阳，秦国阳气极盛，于是天降花瑞于咸阳，桃树、李树冬天开花。周室居东，属阳而阴。秦国居西，属阴而阳。天命已显，秦必代周！"

秦孝公大悦，亲往旧都栎阳的畦畤，隆重祭祀白帝，立誓东进中原，代周为王。

曹商愤怒于子綦不肯传授范蠡致富之术，又去请教裘氏："子贡经商致富，凭借什么法术？"

裘氏说："子贡是孔子弟子，当然是凭借孔子之道致富！"

曹商问："子贡经营什么货物？"

裘氏说："孔子有言：'君子喻于义，小人喻于利。'孔子之徒不言利，没人说过子贡经营什么货物。子夏有言：'学而优则仕。'孔子有言：'禄在其中矣。'只要学成孔子之道，出仕为官，何愁不能富贵？"

曹商说："但是如今宋桓侯用戴剔成之策，黜儒用墨，师兄郑缓一度受到重用，如今也已自杀。弟子不能学而优则仕，怎样才能富贵？"

裘氏说："遭遇据乱之世，孔子之徒只能慎独待变。若说经商，宋国的奇货是章甫冠。孔子是宋人后裔，所以戴章甫冠。孔门弟子无论是否宋人，都戴章甫冠。如今孔子之徒遍布天下，章甫冠却是宋国特产。你想经商致富，不如把宋国的章甫冠，贩运到四夷，不仅奇货可居，又能推广孔子之道。自古以来，都是用夏变夷，从未有过用夷变夏。"

曹商回家，告诉曹夏："裘氏说，子贡致富之术，就是贩运章甫冠。如今四夷之中，越国离宋国最近，贩运章甫冠到越国，必可致富。"

曹夏正愁税赋加重，曹氏旅店难以维持，于是倾其家财，支持曹商。

曹商把章甫冠贩运越国，不料越人断发文身，根本没人购买。

曹商又把章甫冠运回宋国，仍然卖不出去。因为如今戴剔成黜儒用墨，宋人不爱儒者的文士装束，竞相仿效墨者的武士装束。[7]

庄周二十四岁，曹商经商败家。

庄周顾念旧情，劝慰曹商："百里不同风，千里不同俗。夷夏风俗不同，不可强求一律。我讲个故事，你就会明白。"——

越王无颛为了测交，曾派使者出使楚、齐、魏三强，各献一枝梅花。

楚宣王、齐威王视为挑衅侮辱，拒绝接见越使。

越使诸发奉命使魏。

韩子向魏惠侯进言："进献国君一枝梅花，乃是挑衅侮辱。主公不能接见，我出去羞辱越使！"

韩子出来，斥责诸发："主公有命：越使必须戴冠，才予接见！"

诸发说："越国虽是蛮夷，仍是天子正封诸侯。不能处于诸夏，只能处于海边，乃是诸夏抵御外蕃的屏障。由于蛟龙与越人争地，所以越人断发文身，模仿龙子，以避水神。贵国之君怎能不尊重越国风俗，要求越使戴冠晋见？假如贵国使者出使越国，越王要求魏使断发文身晋见，是否妥当？如果妥当，我愿借冠晋见。如果不妥，希望不要强迫我们改变风俗。"

魏惠侯大为惭愧，驱逐韩子，接见诸发。

越王无颛从此敌视楚、齐，亲善魏国。[8]

庄周又说："南伯曾说，老聃之道异于孔子之道，致富之术同样如此。范蠡运用老聃之道经商，不依诸侯之门，根据市场需求，转运民生所需之物，无论诸侯好恶如何，都能获利。子贡运用孔子之道经商，依傍诸侯之门，根据诸侯需求，转运无关民生之物，一旦诸侯好恶转变，就不能获利。所以范蠡成为天下首富，子贡不能成为天下首富。如今白圭效法范蠡之术，同样成了天下首富。"

曹夏说："南伯之道果然高于裘氏之道！怪我一时糊涂，让曹商转师裘氏。"

曹商愤然说："南伯偏心，从前传你老聃之道，不肯传我。如今又传你范蠡之术，仍然不肯传我。你得了便宜又卖乖，见我经商失败，竟然又来嘲笑。你我道不同不相为谋，我虽然一时受挫，但不后悔转师裘氏，将来一定出将入相，大富大贵。我若不能胜你，誓不为人！"

庄周见曹商不识好歹，转身离去。

笺注

[1]《赵世家》：赵肃侯四年（前346），朝天子。

[2]《鲁世家》：康公九年卒（前346），子屯立，是为景公。

[3]《秦始皇本纪》：孝公立十六年（前346），时桃李冬华。

[4]见上引子第八章：秦献公十一年（前374），庄前五年。

[5]见上引子第九章：秦献公十二年（前373），庄前四年。

[6]见上第三章：秦献公十八年、韩懿侯八年、赵成侯八年（前367），庄周三岁。

[7]《庄子·逍遥游》：宋人资章甫而适诸越，越人断发文身，无所用之。

[8]《说苑·奉使》：越使诸发执一枝梅遗梁王，梁王之臣曰韩子，顾谓左右曰："恶有以一枝梅，以遗列国之君者乎？请为二三子惭之。"出谓诸发曰："大王有命，客冠则以礼见，不冠则否。"诸发曰："彼越亦天子之封也。不得冀、兖之州，乃处海垂之际，屏外蕃以为居，而蛟龙又与我争焉。是以剪发文身，烂然成章以像龙子者，将避水神也。今大国其命冠则见以礼，不冠则否。假令大国之使，时过弊邑，弊邑之君亦有命矣。曰：'客必剪发文身，然后见之。'于大国何如？意而安之，愿假冠以见，意如不安，愿无变国俗。"梁王闻之，披衣出，以见诸发。令逐韩子。《诗》曰："维君子使，媚于天子。"若此之谓也。

五国谋齐淳于止伐，剔成擅刑子綦见微

前345年，岁在丙子。庄周二十五岁。宋桓侯三十六年。

周显王二十四年。秦孝公十七年。楚宣王二十五年。魏惠王二十五年。韩昭侯十八年。赵肃侯五年。齐威王十三年。燕文公十七年。鲁景公元年。卫成侯二十七年。越王无颛十六年。中山成公五年。

楚宣王问昭奚恤："魏惠侯邀请寡人在魏地晋阳（今山西太原）会盟，寡人是否应该屈尊赴会？"

昭奚恤说："魏文侯变法强国以后，一直是魏国与楚争霸天下。齐威公败魏称王以后，变成了齐国与楚争霸天下。大王不如屈尊赴会，联合魏惠侯共同伐齐，避免更多诸侯称王！"

楚宣王听从其言，前往晋阳赴会。[1]

楚宣王怒于齐威公称王，魏惠侯怒于齐威公败魏，双方一拍即合，决定联合伐齐，邀请其他诸侯加盟。

韩昭侯听从申不害，积极加盟。

宋桓侯听从戴剔成，被迫加盟。

卫成侯见风使舵，跟风加盟。

楚、魏、韩、宋、卫五国联军，共谋伐齐。

齐威王大惊，问策群臣："谁能替寡人分忧，阻止诸侯伐齐？"

邹忌、田忌不敢说话，淳于髡仰天大笑。

齐威王再问，淳于髡再次大笑。

齐威王又问，淳于髡仍然大笑。

齐威王不悦："先生为何把国事视为儿戏？"

淳于髡说："我不敢把国事视为儿戏，而是想起了我的邻居。他供了一碗饭，一壶酒，三条鲋鱼，恭敬祝祷：'敬请神灵，恩赐嘉禾丰收，让我装满百车，传给后人，多多有余！'我笑他给鬼神的东西太少，求鬼神的东西太多。"

齐威王即拜淳于髡为上卿，赐以千金，马车百乘，命其使赵求救。

淳于髡使赵，晋见赵肃侯："魏惠侯攻破邯郸，齐威王围魏救赵，迫使魏惠侯归还邯郸，君侯先君含恨而死。齐威王不仅围魏救赵，又立君侯之妹为王后，立君侯外甥为太子，厚待赵国，远胜其他诸侯。如今魏惠侯欲报齐仇，策动诸侯伐齐。君侯如果不救齐，魏惠侯破齐以后，必将再次伐赵。君侯如果救齐，既能长保赵、齐之盟，又能报复魏惠侯破赵之仇。"

赵肃侯听从其言，发兵救齐。

正在此时，魏国绛邑（今山西翼城）发生地震，土地下陷。魏惠侯视为不祥之兆，担心再次败于齐、赵，于是退出伐齐。[2]

韩昭侯、宋桓侯、卫成侯追随魏惠侯，也退出伐齐。

楚宣王不愿独战齐、赵，只好放弃伐齐。[3]

秦国宗室不满商鞅，因为一旦触犯商鞅之法，无不受到商鞅严惩。

宗室不敢向秦孝公叫屈，于是挑唆太子嬴驷："商鞅凭借主公信任，不仅加刑于宗室，甚至扬言'王子犯法，与庶民同罪'，分明是向太子示威！"

嬴驷年仅十二岁，禁不住挑唆，决意挑战商鞅。出宫游玩，故意半夜回宫，触犯宵禁之法。

秦孝公大怒，严厉申斥太子。

商鞅说："新法推行至今，下层民众无不守法。上层宗室虽多不满，但已不敢轻易犯法。如今山东诸侯，再也不敢轻视秦国。太子被人唆使犯法，假如主公不能依法处置，新法必将动摇，霸业必将难成。如今太子年幼，不宜施刑。主公必须依法严惩太子太傅嬴虔、太子太师公孙贾，责其教导无方！"

秦孝公听从其言，对嬴虔、公孙贾施以黥刑，刺字于面。

太子太傅嬴虔无罪而受刑，不肯服罪。

秦孝公震怒，又对嬴虔施以劓刑，割去鼻子。

嬴驷受到父君申斥，师、傅又被治罪，颜面尽失，痛恨商鞅。

秦民震恐，从此无人再敢以身试法。秦国大治。[4]

庄周二十五岁，商鞅黥劓太子师、傅。

庄周问："秦国落后而野蛮，中原先进而文明。为何秦国变法，反而胜过中原各国变法？"

子綦说："野蛮落后既有大弊，也有小利。文明先进既有大利，也有小弊。中原各国变法，初期往往颇有成效，然而不出数年，往往法令废弛，执法不严，至少对宗室权贵法外施恩。唯有秦国变法，不对权贵法外施恩，不因年久稍有废弛。中原各国君主变法，常常用人而疑。唯有秦孝公变法，能够用人不疑。主持变法的中原各国卿相，常常为了固位专权而结党营私，自坏法度。唯有商鞅能够秉公执法，从不结党营私，徇私枉法。所以秦国变法臻于大成，中原各国变法止于小成。变法各国，代周为王者必为秦国。虎狼之秦，已经黥劓秦民，还将黥劓天下。不仅黥劓天下人的身形，还将黥劓天下人的德心。"

庄周问："为何民众仅仅害怕身形受到黥劓，却不害怕德心遭到黥劓？"

子綦说："身形受到黥劓，乃是直接伤害，又被他人鄙视。德心遭到黥劓，却是潜移默化，他人浑然不知。其实身形受到黥劓，仅是亏身，未必丧德。德心遭到黥劓，却是亏心，必定丧德。亏身而葆德，尚有可能全生。亏心而丧德，决无可能全生。孔子之道，墨子之道，无不黥劓天下德心。唯有老聃之道，能对德心息黥补劓。"[5]

庄周问："《老子》所言：'圣人之在天下也，歙歙焉为天下浑其心。'是否息黥补劓之意？"

子綦说："正是。不过伪道黥劓德心容易，真道息补德心困难。上士最易息补，中士天人交战，下士无法息补。所以《老子》有言：'上士闻道，勤而行之。中士闻道，若存若亡。下士闻道大笑之，不笑不足以为道。'"

戴剔成效法秦国变法，加重税赋，大肆征兵。仅过一年，已经初见成效。国库税收大增，宋国兵力大强。

宋桓侯不再反对变法，接受戴剔成举荐，任命司马熹为右师。

戴剔成听从司马熹，献策宋桓侯："国家平安或危险，百姓顺从或叛乱，在于赏罚是否公平恰当。赏罚公平，必将贤人得进，奸人止步。赏罚不当，必将贤人不进，奸人不止。奸邪之人为了争夺爵禄，必将朋党比周，欺骗蒙蔽主公，所以赏罚不可不慎。"

宋桓侯说："相国言之有理！"

戴剔成又说："奖赏赐与，人人喜好，可由主公主持颁行。刑罚诛戮，人人厌恶，可由我来负责实施。那样宋民必将爱戴主公，厌恶于我。主公既得治国之实，又享仁君之名。"

宋桓侯大悦："相国背负恶名，寡人赢得善名，天下诸侯再也不敢轻视宋国！"

从此以后，宋桓侯专掌赏赐，戴剔成专掌刑罚。

庶民犯法，大臣犯禁，来向宋桓侯求情。

宋桓侯说："别问寡人，去问相国！"

戴剔成实行严刑峻法，轻罪重罚，顺之者昌，逆之者亡。于是大臣畏惧，民众依附。[6]

庄周问子綦："宋桓侯专掌赏赐，宋民无不爱戴。戴剔成专掌刑罚，宋民无不畏惧。戴剔成为何甘受恶名？"

子綦说："当年戴驩用术固位，野心不大，没有弑君篡位之心。如今戴剔成效法田成子之术，野心大于戴驩，必有弑君篡位之心。"

庄周说："愿闻田成子之术。"

子綦说："齐景公之时，大夫田乞执掌赋税，大斗出贷，小斗收回，赢得齐民爱戴。齐景公死后，晏孺子继位。田乞凭借齐民爱戴，废黜晏孺子，另立齐悼公，自任齐相。田乞死后，其子田成子继任齐相。齐臣不满田氏世袭齐相，发动叛乱，弑杀齐悼公，另立齐简公，罢免田成子。于是田成子重施田乞故技，再次大斗出贷，小斗收回，重新赢得齐民爱戴。四年以后，田成子凭借齐民爱戴，弑杀齐简公，另立齐平公，复任齐相，献策齐平公：'臣民喜欢仁君，厌恶暴君。主公专掌赏赐，由我专掌刑罚。'五年以后，齐国臣民无不畏惧且依附于田成子。于是田成子尽诛姜齐宗室公族，割取齐地大半，作为自己封地，齐平公仅剩少量食邑。此后百年，田氏世袭齐相五世。三十三年前，周安王册封田和为诸侯，田齐正式取代姜齐。十年前，齐威王弑杀姜齐幽公，姜齐绝祀。"[7]

庄周问："为何戴剔成不效法田成子专权以前的行仁之术，仅仅效法田成子专权以后的擅刑之术？"

子綦说："齐国田氏之祖田完，原为陈国大夫，获罪以后离陈奔齐，与齐异宗，没有根基，只有先行仁德，才能收揽民心，立稳根基。但是田乞仅仅行仁，未能擅刑，只能相齐，不能代齐。田成子吸取教训，先行仁而相齐，后擅刑而代齐。宋国戴氏，则是宋戴公后裔，与宋同宗，素有根基，久专宋政，无须行仁收揽民心，仅需擅刑威服臣民。田氏、戴氏处势不同，根基有异，因而所用之术也有小异。田氏代齐是先行仁，后擅刑。戴氏若想代宋，就会先擅刑，后行仁。无论行仁在先在后，均非真心为民，仅为收揽民心。君主制度的最大弊端，就是只为君，不为民。无论仁君、暴君，均为悖道之君。"

庄周问："田氏代齐以后，夫子离齐至宋。假如戴氏代宋，夫子又将如何因应？"

子綦说："我已天年将终，准备终老于宋。你还年轻，必须善于因应。无论居宋还是返楚，只要以道处之，必无危殆。"

笺注

[1]《说苑·复恩》：楚、魏会于晋阳，将以伐齐。齐王患之，使人召

淳于髡曰："楚、魏谋欲伐齐。愿先生与寡人共忧之。"淳于髡大笑而不应，王后问之，又复大笑而不应，三问而不应，王怫然作色曰："先生以寡人国为戏乎？"淳于髡对曰："臣不敢以王国为戏也，臣笑臣邻之祠田也，以奁饭与一鲋鱼。其祝曰：下田洿邪，得谷百车，蟹堁者宜禾。臣笑其所以祠者少而所求者多。"王曰善，赐之千金，革车百乘，立为上卿。

[2]《水经·汾水注》引《竹书纪年》：魏惠王二十五年（前345），绛中地坼，西绝于汾。

[3]《滑稽列传》：威王八年（当作十三年，前345），楚大发兵加齐，齐王使淳于髡之赵请救兵，赍金百斤，车马十驷。淳于髡仰天大笑，冠缨索绝。王曰："先生少之乎？"髡曰："何敢！"王曰："笑岂有说乎？"髡曰："今者臣从东方来，见道傍有禳田者，操一豚蹄，酒一盂，祝曰：'瓯窭满篝，污邪满车，五谷蕃熟，穰穰满家。'臣见其所持者狭而所欲者奢，故笑之。"于是齐威王乃益赍黄金千溢，白璧十双，车马百驷。髡辞而行，至赵。赵王与之精兵十万，革车千乘。楚闻之，夜引兵而去。●《说苑·尊贤》：（齐威王）十三年（前345），诸侯举兵以伐齐，齐王闻之，惕然而恐，召其群臣大夫告曰："有智为寡人用之。"于是博士淳于髡仰天大笑而不应，王复问之，又大笑不应，三笑不应，王艴然作色不悦曰："先生以寡人语为戏乎？"对曰："臣非敢以大王语为戏也，臣笑臣邻之祠田也，以一奁饭，一壶酒，三鲋鱼，祝曰：'蟹堁者宜禾，洿邪者百车，传之后世，洋洋有余。'臣笑其赐鬼薄而请之厚也。"于是王乃立淳于髡为上卿，赐之千金，革车百乘，与平诸侯之事；诸侯闻之，立罢其兵，休其士卒，遂不敢攻齐，此非淳于髡之力乎？■《滑稽列传》"威王八年"，当据《说苑·尊贤》作齐威王十三年（前345）。

[4]《商君列传》：令行于民期年，秦民之国，都言初令之不便者以千数。于是太子犯法。卫鞅曰："法之不行，自上犯之。"将法太子。太子，君嗣也，不可施刑，刑其傅公子虔，黥其师公孙贾。明日，秦人皆趋令。……秦徙都咸阳（前349）……行之四年（前345），公子虔复犯约，劓之。●《秦本纪》：鞅之初为秦施法，法不行，太子犯禁。鞅曰："法之不行，自于贵戚。君必欲行法，先于太子。太子不可黥，黥其傅师。"于是法大用，秦人

治。●《秦策一》一：商君治秦，法令至行，公平无私，罚不讳强大，赏不私亲近，法及太子，黥劓其傅。期年之后，道不拾遗，民不妄取，兵革大强，诸侯畏惧。然刻深寡恩，特以强服之耳。孝公行之八年，疾且不起。■《商君列传》"令行于民期年……太子犯法"，《秦本纪》"鞅之初为秦施法，法不行，太子犯禁"，均误。据《商君列传》，公子虔受刑，事在迁都咸阳（前349）后四年，即秦孝公十七年（前345）。又据《商君列传》，秦孝公二十四年卒（前338），此前五月赵良见商君曰"公子虔杜门不出已八年矣"，故太子犯法、公子虔受刑，事在秦孝公卒前八年，即秦孝公十七年（前345）。秦孝公三年（前359），商鞅变法。"令行期年"（秦孝公四年，前358），太子尚未出生。秦孝公六年（前356），太子嬴驷出生。秦孝公十七年（前345），嬴驷十二岁，年幼无知，受人挑唆，故意犯法，导致傅师受刑。

[5] "息黥补劓"见于《庄子·大宗师》：意而子见许由。许由曰："尧何以资汝？"意而子曰："尧谓我：'汝必躬服仁义，而明言是非。'"许由曰："尔奚来为只？夫尧既黥汝以仁义，而劓汝以是非矣，汝将何以游夫遥荡恣睢转徙之途乎？"意而子曰："虽然，吾愿游于其藩。"许由曰："不然。夫盲者无以与乎眉目颜色之好，瞽者无以与乎青黄黼黻之观。"意而子曰："夫无庄之失其美，据梁之失其力，黄帝之亡其知，皆在炉锤之间耳。庸讵知夫造物者之不息我黥而补我劓，使我乘成以随先生邪？"

[6]《李斯列传》(《韩诗外传》卷七、《说苑·君道》略同）：司城子罕相宋，身行刑罚，以威行之，期年遂劫其君。●《韩非子·外储说右下》：司城子罕谓宋君曰："庆赏赐与，民之所喜也，君自行之；杀戮诛罚，民之所恶也，臣请当之。"宋君曰："诺。"于是出威令，诛大臣，君曰："问子罕也。"于是大臣畏之，细民归之。处期年，子罕杀宋君而夺政。故子罕为出彘以夺其君国。●《淮南子·道应训》：昔者司城子罕相宋，谓宋君曰："夫国家之安危，百姓之治乱，在君行赏罚。夫爵赏赐予，民之所好也，君自行之。杀戮刑罚，民之所怨也，臣请当之。"宋君曰："善！寡人当其美，子受其恶，寡人自知不为诸侯笑矣。"国人皆知杀戮之专制在子罕也，大臣亲之，百姓畏之。居不至期年，子罕遂劫宋君而夺其政。故曰：无弱君无

强大夫。老子曰："鱼不可脱于渊，国之利器，不可以借人。"此之谓也。

[7]《田世家》：田厘子乞，事齐景公，为大夫。其收赋税于民，以小斗受之，其粟予民，以大斗，行阴德于民，而景公弗禁。由此田氏得齐众心，宗族益强，民思田氏。晏子数谏景公，景公弗听。已而使于晋，与叔向私语曰："齐国之政，卒归于田氏矣。"晏婴卒后，范、中行氏反晋。晋攻之急，范、中行请粟于齐。田乞欲为乱，树党于诸侯，乃说景公曰："范、中行数有德于齐，齐不可不救。"齐使田乞救之，而输之粟。景公太子死，后有宠姬曰芮子，生子荼。景公病，命其相国惠子与高昭子以子荼为太子。景公卒，两相高、国立荼，是为晏孺子。而田乞不说，欲立景公他子阳生。阳生素与乞欢。晏孺子之立也，阳生奔鲁。田乞伪事高昭子、国惠子者，每朝代参乘，言曰："始诸大夫不欲立孺子。孺子既立，君相之，大夫皆自危，谋作乱。"又绐大夫曰："高昭子可畏也，及未发先之。"诸大夫从之。田乞、鲍牧与大夫以兵入公室，攻高昭子。昭子闻之，与国惠子救公。公师败。田乞之众追国惠子，惠子奔莒，遂返杀高昭子。晏孺子奔鲁。田乞使人之鲁，迎阳生。阳生至齐，匿田乞家。请诸大夫曰："常之母有鱼菽之祭，幸而来会饮。"会饮田氏。田乞盛阳生橐中，置坐中央。发橐，出阳生，曰："此乃齐君矣。"大夫皆伏谒。将盟立之，田乞诬曰："吾与鲍牧谋共立阳生也。"鲍牧怒曰："大夫忘景公之命乎？"诸大夫欲悔，阳生乃顿首曰："可则立之，不可则已。"鲍牧恐祸及己，乃复曰："皆景公之子，何为不可！"遂立阳生于田乞之家，是为悼公。乃使人迁晏孺子于骀，而杀孺子荼。悼公既立，田乞为相，专齐政。四年，田乞卒，子常代立，是为田成子。鲍牧与齐悼公有郤，弑悼公。齐人共立其子壬，是为简公。……于是田常复修厘子之政，以大斗出贷，以小斗收。齐人歌之曰："妪乎采芑，归乎田成子！"……田氏之徒追执简公于徐州。……遂杀简公。简公立四年而杀。于是田常立简公弟骜，是为平公。平公即位，田常为相。田常言于齐平公曰："德施，人之所欲，君其行之；刑罚，人之所恶，臣请行之。"行之五年，齐国之政，皆归田常。田常于是尽诛鲍、晏、监止及公族之强者，而割齐自安平以东至琅邪，自为封邑。封邑大于平公之所食。

商鞅陷魏魏称夏王，华子谏韩韩识轻重

前344年，岁在丁丑。庄周二十六岁。宋桓侯三十七年。

周显王二十五年。秦孝公十八年。楚宣王二十六年。魏惠王二十六年。韩昭侯十九年。赵肃侯六年。齐威王十四年。燕文公十八年。鲁景公二年。卫成侯二十八年。越王无颛十七年。中山成公六年。

魏惠侯问策魏相白圭："四国朝魏以后，寡人伐赵，遭遇桂陵大败，秦、楚趁机伐魏。幸而韩昭侯支持寡人，寡人抗齐，获得襄陵小胜，转危为安，收复安邑、少梁。如今寡人四面临敌，如何重振霸业？"

白圭说："主公不如双管齐下。一是举行逢泽之会，让韩昭侯率领泗上十二诸侯朝魏，重建亲魏联盟。二是举行孟津之会，由主公率领泗上十二诸侯朝觐周显王，挟天子以令诸侯。"

魏惠侯听从其言，命其使韩。[1]

白圭至韩，转达魏惠侯之命。

韩昭侯问策群臣。

房喜说："主公可以朝拜魏惠侯，但是不能朝觐周显王。"

韩昭侯问："这是为何？"

房喜说："主公一向亲魏，朝魏无可厚非。但是二十多年前，韩懿侯与赵成侯共同伐周、分周，已为天下所骂。主公如果反而朝周、尊周，必为天下所笑。何况列强都想代周为王，不愿再尊周王。只有弱国欲免列强征伐，才愿尊奉周王。魏惠侯朝周，其意并非尊周，而是挟天子以令诸侯。列强必定愤怒，但又未必敢于伐魏。主公如果随魏朝周，列强就有可能伐韩。只要主公和列强都不朝周，魏惠侯仅仅率领泗上十二小国朝周，不可能重振周王权威。"

韩昭侯转问申不害："相国以为如何？"

申不害说："房喜言之有理！但是魏惠侯把朝魏、朝周连在一起，主公一旦朝魏，很难中途退出不再朝周。主公如果不愿朝周，索性这次也不朝魏，以免与泗上十二诸侯并列，大损国威。魏惠侯打算通过新的会盟，重新称霸中原，争霸天下，必将再次遭到楚、齐、秦、赵征伐。主公置身事外，可免列强伐韩。"

韩昭侯听从其言，拒绝白圭："先君伐周、分周，寡人如果朝周，是对先君不孝！"[2]

白圭使韩失败，转而使宋。

宋桓侯问策群臣。

戴剔成说："十二年前四国朝魏，韩国是强魏第一盟友。如今韩国拒绝朝魏，宋国在泗上十二诸侯中最强，可以取代韩国，成为强魏第一盟友，乃是宋国图强崛起的良机。"

宋桓侯听从其言，答应朝魏。

白圭使宋成功，归魏复命。

魏惠侯大悦，先举行逢泽（今河南开封南）之会，再举行孟津（今河南孟津）之会。

逢泽之会，由宋桓侯率领泗上十二诸侯朝魏。泗上十二诸侯，都是泗水、淮水流域的弱小诸侯，即宋、卫、邹、鲁、滕、薛、郳、莒、费、郯、任、邳。宋国最强，鲁、卫次之。朝魏诸侯的数量，三倍于四国朝魏，但是魏氏联盟的实力，大不如前。

孟津之会，由魏惠侯率领泗上十二诸侯朝周。二十四年前韩、赵分周为二，周显王寄居东周国，王宫之外已无寸土，诸侯久不朝觐。如今魏惠侯率领众多诸侯朝觐，周显王受宠若惊，于是册封魏惠侯为伯（霸）。

魏惠侯虽已失去称霸实力，然而得到周显王册封的"霸主"虚名，仍然沾沾自喜。[3]

商鞅献策秦孝公："魏惠侯迁都大梁，举行四国朝魏，然后伐赵图霸，结果桂陵大败于齐。随后襄陵小胜于齐，元气小复。如今先举行逢泽之会朝魏，再举行孟津之会朝周，意在重新图霸。周显王册封魏惠侯为伯，不利于秦。我愿使魏，劝说魏惠侯称王，楚宣王必将怒而伐魏。"

秦孝公大喜，命其使魏。

商鞅到达大梁，晋见魏惠侯："君侯如今功盖四海，令行天下，但是亲魏诸侯，不是弱如宋、卫，就是小如邹、鲁。君侯鞭策驱使这些弱小诸侯，难以代周为王。不如北面联燕，东面伐齐，赵肃侯必将听命于君侯。然后西面联秦，南面伐楚，韩昭侯必将听命于君侯。君侯如果先称夏王，再伐齐、楚二王，必将代周为王！"

魏惠侯大悦，想起自己十八年前不听公叔痤临终举荐，导致秦孝公重用商鞅而富国强兵，于是听从商鞅之言，扩建宫殿，制作丹衣，建立九旗，旗标七星，乘坐夏车，自称夏王。[4]

魏惠侯怒于韩昭侯拒绝朝魏，准备伐韩。

子华子进谏："主公征伐一向亲魏的韩国，诸侯必将寒心，将来谁还愿意亲魏？"

魏惠侯不听。

庞涓奉命伐韩，在马陵（今河南范县）击败韩军。[5]

子华子离魏至韩，晋见韩昭侯："吾师杨朱，命我晋见君侯。"

韩昭侯说："杨朱弘扬老聃之道，寡人仰慕已久。先生既是杨朱弟子，又是魏人，今有一言请教：寡人一向亲魏，魏惠侯为何伐韩？"

子华子说："十二年前大梁之会，四国朝魏，赵国拒绝朝魏，因而招致魏伐。今年逢泽之会，泗上十二诸侯朝魏，君侯拒绝朝魏，因而招致魏伐。"

韩昭侯说："寡人不愿贻羞父君，所以不愿朝周。寡人又羞与泗上十二诸侯并列，所以这次不愿朝魏。魏惠侯不念寡人一向亲魏，立刻伐韩，岂非过于霸道？"

子华子说："吾师杨朱虽是魏人，但是仅知弘扬老聃之道，决不偏袒母邦。《老子》有言：'兵者非君子之器也，不祥之器也。'今有一言，献于君侯。"

韩昭侯说："敬请赐教！"

子华子说："如果天下人书写铭文，呈上君侯：'左手取铭，就砍右手；右手取铭，就砍左手。但是取铭之人，必能拥有天下。'君侯是否取铭？"

韩昭侯说："寡人不取。"

子华子说："如此看来，两臂重于天下，身形又重于两臂。韩国比天下远为轻微，如今魏、韩所争之地，又比韩国远为轻微，君侯何故忧愁身形，伤害己生，忧虑失去所争之地？"

韩昭侯说："教诲寡人者众多，从未得闻如此之言。"[6]

于是采纳子华子之策，不愿扩大战事，割让马陵给魏。

魏惠侯只想薄惩韩昭侯，不愿与韩交恶，于是见好就收，命令庞涓退兵。

赵肃侯欲伐中山，由于齐威王支持中山，于是怒而伐齐，攻取了高唐（今山东高唐）。[7]

齐威王怒于赵肃侯忘恩负义，鉴于魏惠侯重新图霸，赵国可以遏制魏国，暂时隐忍不发。

庄周二十六岁，宋桓侯率领泗上十二诸侯朝魏，魏惠侯率领泗上十二诸侯朝周。

庄周问："魏惠侯既然朝觐周显王,为何又僭称夏王?"

子綦说："东周以降,列强都想代周为王。南蛮楚国率先叛周称王,激起中原诸侯尊王攘夷,就是尊周王,攘楚夷。田氏并非西周诸侯,篡弑姜齐而成为东周诸侯,已经名不正言不顺,胜魏以后一不作二不休,于是率先在中原叛周称王。魏国原为西周诸侯,《诗经》也有《魏风》,春秋时期被晋伐灭,后裔成为晋国六卿之一。后来魏、韩、赵三家分晋,魏国重新成为东周诸侯。魏惠侯凭借父祖两代之强,东迁大梁,意在代周为王,结果桂陵之战大败于齐,受到重创。这次重振旗鼓,先朝觐周王,再自称夏王,意在挟天子以令诸侯,凌驾于楚、齐二王之上。由于刚刚朝觐了周显王,不便直接称王,所以暂称夏王。"

庄周问："魏惠侯暂称夏王,与楚、吴、越、齐直接称王有何不同?"

子綦说："夏王可有三义。其一,夏指朝代。夏、商、周三王,周王尚在洛阳,商王遗邦也在宋国,唯有夏王遗邦杞国,百年之前已经绝祀。自称夏王,表示远承夏代之王,无意于代周为王。其二,夏指诸夏,亦即中原。自称夏王,表示仅为中原之王,无意于冒犯不属中原的楚王、越王。其三,夏指夏季。自称夏王,表示仅为夏季之王,无意于冒犯属于中原的齐王。总之,魏惠侯不满足于称霸,而想称王,但又不愿与朝觐周王牴牾,也不敢触怒天下霸主楚王和中原新霸主齐王,所以加一夏字,混淆视听,留有退路,犹抱琵琶半遮面,以观天下反应。魏惠侯自以为得计,其实已经树敌于天下。由于韩国这次拒绝朝魏,宋国成为朝魏的泗上十二诸侯之首,诸侯一旦伐魏,必将波及宋国。"

庄周又问："子华子是何人,为何能够阻止韩、魏交战?"

子綦说："子华子是杨朱弟子,杨朱是庚桑楚弟子,庚桑楚是老聃弟子。杨朱是当代影响最大的老聃之徒,弟子众多。二十二年前,杨朱曾来蒙邑见我,子华子随行,年仅十五岁,当时你只有四岁。"

庄周听了,十分敬佩杨朱、子华子。[8]

笺注

[1]《秦策四》十一：魏伐邯郸（前354—前351魏惠王初伐邯郸），因退为逢泽之遇（前344），乘夏车，称夏王，朝为天子，天下皆从。●《秦策五》一：梁君伐楚胜齐，制赵、韩之兵，驱十二诸侯以朝天子于孟津。●《六国表》魏惠王二十七年（当作二十六年，前344）：丹封名会。丹，魏大臣也。■钱穆据《孟子·告子下》白圭自称"丹之治水也，愈于禹"，认为"丹"即白圭之名。杨宽是之。"会"即逢泽之会。《韩非子·内储说下》"白圭相魏"（继公叔痤），四国朝魏、逢泽之会，均由魏相白圭谋划主持。

[2]《韩策三》二一：魏王为九里（即《韩非子·说林上》白里）之盟，且复天子。房喜（即《韩非子·说林上》彭喜）谓韩王曰："勿听之也，大国恶有天子，而小国利之。王与大国弗听，魏安能与小国立之？"●《韩非子·说林上》：魏惠王为白里之盟，将复立于天子。彭喜谓郑君（韩昭侯）曰："君勿听。大国恶有天子，小国利之。若君与大国不听，魏焉能与小国立之？"■《韩策三》二一"九里之盟"，《韩非子·说林上》"白里之盟"，均指逢泽之盟。

[3]《秦本纪》：孝公元年，河山以东强国六（齐、楚、魏、燕、韩、赵）……淮泗之间小国十余。●《齐策五》一（商鞅之言）：今大王之所从，十二诸侯，非宋、卫也，则邹、鲁、陈、蔡。▲高诱：鲁、卫、曹、宋、郑、陈、许之君。▲钱穆：宋列泗上，与邹、鲁、滕、薛、邾、莒、费、郯同称。▲杨宽：泗上十二诸侯，当指宋、卫、鲁、邹、滕、薛、郳、莒、费、郯、任、邳。■泗上十二诸侯颇有异说，今从杨宽。逢泽位于魏都大梁东南，宋都商丘之南。春秋时期乃是宋地，战国以后成为魏地。

[4]《齐策五》一：魏王拥土千里，带甲三十六万，其强而拔邯郸，西围定阳，又从十二诸侯朝天子，以西谋秦。秦王恐之，寝不安席，食不甘味，令于境内，尽牒中为战具，竟为守备，为死士置将，以待魏氏。卫鞅谋于秦王曰："夫魏氏，其功大，而令行于天下，又从十二诸侯而朝天子，其与必众。故以一秦而敌大魏，恐不如。王何不使臣见魏王，则臣请必北

魏矣。"秦王许诺。卫鞅见魏王曰："大王之功大矣，令行于天下矣。今大王之所从十二诸侯，非宋、卫也，则邹、鲁、陈、蔡，此固大王之所以鞭棰使也，不足以王天下。大王不若北取燕，东伐齐，则赵必从矣；西取秦，南伐楚，则韩必从矣。大王有伐齐、楚之心，而从天下之志，则王业见矣。大王不如先行王服，然后图齐、楚。"魏王说于卫鞅之言也，故身广公宫，制丹衣，建旌九旒，从七星之旗。此天子之位也，而魏王处之，于是齐、楚怒。■魏惠王十七年（前353）桂陵之战败于齐，魏惠王二十六年（前344）逢泽之会称"夏王"，魏势复振。

[5]《魏世家索隐》引《竹书纪年》：魏惠王二十八年（前342），与齐田朌战于马陵。上二年（魏惠王二十六年，前344），魏败韩马陵。■《魏世家》失记魏败韩马陵，遂误以为齐胜魏之马陵为魏地。

[6]《庄子·让王》：韩、魏相与争侵地。子华子见昭僖侯，昭僖侯有忧色。子华子曰："今使天下书铭于君之前，书之言曰：'左手攫之，则右手废；右手攫之，则左手废。然而攫之者，必有天下。'君攫之乎？"昭僖侯曰："寡人不攫也。"子华子曰："甚善！自是观之，两臂重于天下也，身又重于两臂。韩之轻于天下亦远矣，今之所争者，其轻于韩又远，君固愁身伤生，以忧戚之不得也？"僖侯曰："善！教寡人者众矣，未尝得闻此言。"子华子可谓知轻重矣。■韩、魏极少互攻。魏人子华子游说韩昭侯不与魏争地，当在此年。韩昭僖侯，即韩昭侯，复谥"昭厘"，"厘"通"僖"。

[7]《赵世家》：赵肃侯六年（前344），攻齐，拔高唐。

[8]《庄子复原本·宇泰定》（郭象拼接于《庚桑楚》）：唯虫能虫，唯虫能天。

亲附强魏剔成囚君，贬斥牺牲子綦悲宋

前343年，岁在戊寅。庄周二十七岁。宋桓侯三十八年。

周显王二十六年。秦孝公十九年。楚宣王二十七年。魏惠王二十七年。韩昭侯二十年。赵肃侯七年。齐威王十五年。燕文公十九年。鲁景公三年。卫成侯二十九年（卒）。越王无颛十八年（卒）。中山成公七年（相魏）。

魏惠侯遣使至韩，晋见韩昭侯："君侯应该遵循孔子教导'兴灭国，继绝世'，重立郑君，恢复郑祀，必能赢得天下赞誉。"

韩昭侯问策群臣："魏惠侯不满寡人拒绝朝魏，去年伐取马陵，今年又来刁难，要求寡人重立郑君，如何是好？"

公子韩食我说："我愿使魏，劝说魏惠侯收回成命。"

韩食我使魏，晋见魏惠侯："君侯要求敝国重立郑君，敝国不敢抗命，只是担心君侯为难。"

魏惠侯问："寡人有何为难？"

韩食我说："四年前，晋静公死于屯留，无子。赵肃侯又在屯留，立晋出公的后裔声氏为晋君。君侯却出兵屯留，拘捕声氏，囚禁在铜鞮，导致晋室绝祀。如果敝国按照君侯要求重立郑君，赵肃侯就会要求君侯重立晋君，君侯岂不为难？"

魏惠侯大为尴尬："寡人不再要求韩昭侯重立郑君，公子不必再言！"[1]

卫成侯姬不逝死了。在位二十九年（前371—前343），无子。

魏惠侯亲往卫国，立卫国宗室子南劲为君，即卫平侯。[2]

宋桓侯专掌赏赐，戴剔成专掌刑罚，仅过一年，宋国臣民已经仅知戴剔成，不知宋桓侯。

戴剔成得到魏惠侯支持，采纳司马憙之策，把四十九岁的宋桓侯，囚禁于苏宫猪圈。

宋桓侯终于明白，戴剔成乃是伪装清廉，假装忠诚，比戴驩野心更大。然而权柄早已尽移，毫无还手之力。[3]

魏惠侯僭称夏王以后，横霸更甚，予取予夺，俨然君临天下。去年伐韩取地，今年另立卫君，又支持戴剔成囚君乱宋。

赵肃侯大怒，命令公子赵刻伐魏，攻取了首垣（今河南长垣东北，十四年前许息所献韩地）。[4]

戴剔成囚禁宋桓侯以后，清洗忠于宋桓侯的旧臣，提拔依附自己的新臣，继续重用墨者惠盎、郑翟，再次礼聘惠施出仕。

惠施三十八岁，一直鄙视戴剔成而拒绝出仕。如今戴剔成囚禁宋桓侯，更加不愿出仕。正在此时，得知魏相死了，于是乘船前往魏国。

惠施上船之时，心有所思，一脚踩空，坠入河中，被船夫救起。

船夫问："你急急忙忙，想去哪里？"

惠施说："听说魏相死了，我要去做魏相。"

船夫说："你笨手笨脚掉进河里，差点淹死。何德何能，竟想成为魏相？"

惠施说："我的水性确实不如你，至于安定国家，保卫社稷，那么你与我相比，就像刚刚出生尚未睁眼的小狗！"[5]

惠施到达大梁，始知传闻有误，魏相白圭没死，仅是罢相。于是晋见魏惠侯，劝其遵循墨子之道，与天下偃兵。

魏惠侯厌闻偃兵，然而赏识惠施之才，聘为客卿。任命中山成公为相。[6]

魏惠侯去年僭称夏王，今年任命中山国君担任魏相，凌驾于诸侯之上，代周为王之志已明。

周显王后悔册封魏惠侯为伯（霸），决意借秦制魏，于是转封秦孝公为伯（霸）。

按照周礼，诸侯的顶级名号为伯（霸），意为诸侯之长，职责是辅佐周王，维护周礼的宗法等级。

商鞅变法十五年，秦孝公实现了第一个目标：由侯而霸。[7]

越王无颛死了，在位十八年（前360—前343）。神主牌位入于太庙，死称茨蠋卯。

太子无疆继位，即越王无疆。[8]

楚宣王问宠臣江乙："先兄（楚肃王）在位十一年，魏武侯还敢与楚争霸天下，多次伐楚。寡人即位二十多年，魏惠侯再也不敢伐楚。寡人听说，这是因为畏惧昭奚恤。"

江乙说："我讲个故事，大王就会明白。老虎任意捕食百兽，逮到一只狐狸。狐狸说：'天帝封我为百兽之王，你若吃我，就是违抗天帝！'老虎问：'百兽之王是我，怎么是你？'狐狸说：'你若不信，不妨跟在我后面，看看百兽见了我，谁敢不逃。'老虎跟在狐狸后面，百兽果然纷纷逃跑。老虎不知百兽是畏惧自己，以为是畏惧狐狸。如今楚国方圆五千里，甲兵百万，诸侯畏惧昭奚恤，实为畏惧大王。"

楚宣王大悦，更加宠信江乙，听凭昭奚恤专权。[9]

庄周二十七岁，中山成公相魏。

庄周问："一国之君，担任异国之相，此前从无先例。魏惠侯为何首开此例？"

子綦说："其意有二。其一，魏惠侯举行逢泽之会、孟津之会，意在重新称霸中原，争霸天下，挟天子以令诸侯，率领附从诸侯伐齐报仇。其二，魏惠侯僭称夏王，意在凌驾于诸侯之上，所以不愿再命布衣士人为相，改命中山成公为相。"

庄周问："中山成公身为中山国君，为何甘愿屈尊相魏？"

子綦说："魏国是中山的宗主国，中山成公是魏惠侯的堂弟，屈尊相魏，是想借助魏国，抵御赵国威胁。"

庄周说："夫子去年说，戴剔成仿效田成子，必有篡弑之心，今年即已应验。"

子綦说："田成子专掌刑罚五年，弑杀齐简公。戴剔成专掌刑罚一年，即已囚禁宋桓侯，恐怕不出五年，就会弑君。"

庄周说："戴剔成把宋桓侯囚禁于猪圈，辱君甚于弑君。士人尚且可杀不可辱！"

子綦说："说到猪圈，我想起一个故事。祭祀官戴着黑色礼冠，来到猪圈，诱骗即将充当牺牲的猪：'你何必害怕成为牺牲？我将豢养你三个月，然后戒色七天，素斋三天，再把你隆重诛杀，放在雕花案板之上，下垫洁白茅草。你能享有如此哀荣，何必害怕成为牺牲？'祭祀官认为，猪吃着糟糠，囚于樊笼，死后供于雕花案板，乃是因其愚蠢而受骗，自愿充当牺牲。自己吃着膏粱，役于庙堂，死后葬入雕花棺椁，乃是因其聪明而富贵，并未成为牺牲。"

庄周说："祭祀官缺乏自知，其实与猪一样，也是牺牲，只是囚禁的樊笼不同罢了。"

子綦说："儒墨之徒，都与祭祀官一样，自诩比猪聪明，比猪成功，比猪荣耀，其实远不如猪。猪虽愚蠢，仍须他人巧言诱骗，才会无奈充当牺牲；人虽聪明，无须他人巧言诱骗，就会自愿充当牺牲。"

庄周说："弟子受教！人应自知愚蠢，不能自居聪明，否则必将聪明反被聪明误。" [10]

笺注

[1]《吕览·审应》：魏惠王使人谓韩昭侯曰："夫郑乃韩氏亡之也，愿君之封其后也。此所谓存亡继绝之义。君若封之，则大名。"昭侯患之，公子食我曰："臣请往对之。"公子食我至于魏，见魏王曰："大国命敝邑封郑之后，敝邑不敢当也。敝邑为大国所患。昔出公之后声氏为晋公，拘于铜鞮，大国弗怜也，而使敝邑存亡继绝，敝邑不敢当也。"魏王惭曰："固非寡人之志也，客请勿复言。"是举不义以行不义也。魏王虽无以应，韩之为不义，愈益厚也。公子食我之辩，适足以饰非遂过。■此时魏惠侯尚未称王。

[2]《卫世家》：二十九年，成侯卒，子平侯立。●《汉书·武帝纪》注：《汲冢古文》谓：卫将军文子为子南弥牟，其后有子南固、子南劲。《纪年》："劲朝于魏，后惠成王如卫，命子南为侯。"●《韩非子·说疑》：若夫齐田恒、宋子罕、鲁季孙意如、晋侨如、卫子南劲、郑太宰欣、楚白公、周单荼、燕子之，此九人者之为其臣也，皆朋党比周以事其君，隐正道而行私曲，上逼君，下乱治，援外以挠内，亲下以谋上，不难为也。▲童书业：《战国策·卫策》："自今以往，公孙氏必不血食矣。"此卫在战国中期以后改姓公孙之明证。《荀子·王制》："成侯、嗣君，聚敛计数之君也。……聚敛者亡。"则所谓成侯，乃旧卫最后之君。所谓"成侯子平侯"者，实子南劲也。■童说是，杨宽从之。卫平侯非卫成侯姬遫之子，乃魏惠侯所立卫国宗室子南劲。

[3]《韩非子·外储说右下》：处期年，子罕杀宋君而夺政。故子罕为出彘以夺其君国。……居期年，民知杀生之命制于子罕也，故一国归焉。●《淮南子·道应训》：居不至期年，子罕遂劫宋君而夺其政。●《说苑·君道》：居期年，子罕逐其君而尊其政。■戴剔成（司城子罕）前年（前345）专掌刑罚，今年（前343）即把宋桓侯囚禁于苏宫猪圈。

[4]《赵世家》：赵肃侯七年（前343），公子刻攻魏首垣。●《水经·河水注》引《竹书纪年》：梁惠王十三年（一作"十一年"，前357），郑厘侯（即韩昭侯）使许息来致地：平丘、户牖、首垣诸邑。■首垣为十四年前

（韩昭侯六年，前357）许息所献韩地，见上第十三章。

[5]《说苑·杂言》：梁相死，惠子欲之梁，渡河而遽堕水中，船人救之。船人曰："子欲何之而遽也？"曰："梁无相，吾欲往相之。"船人曰："子居艘楫之间而困，无我则子死矣。子何能相梁乎？"惠子曰："居艘楫之间，则吾不如子。至于安国家，全社稷，子之比我，蒙蒙如未视之狗耳。"

[6]《魏世家》：魏惠王二十八年（当作二十七年，前343），中山君相魏。▲蒙文通《中山称王与赵灭中山》：此魏之宗亲自有中山君，故入为相。斯时中山桓公已复国，而魏之中山君挚，遂还相魏。▲杨宽：挚为魏惠王之叔父，未必此时尚健在，即使健在，必已高龄，未必能出任相职。此时之中山君当为挚之子，其名失传。■蒙说非，杨说是。相魏者为中山桓公魏挚之子中山成公魏某，乃魏武侯之孙、魏惠王之堂弟。详见拙著《隐秘的战国真史》之《白狄中山、魏属中山秘史》。

[7]《秦本纪》：孝公十九年，天子致伯。●《商君列传》：秦人富强，天子致胙于孝公，诸侯毕贺。

[8]《越世家索隐》引《竹书纪年》：无颛[十]八年（前343）薨，是为菼蠋卯。无颛薨后十年（前333），楚伐徐州。■"八"上脱"十"。越王无颛在位十八年（前360—前343）。卒后十年（前333）楚伐徐州。

[9]《楚策一》三：荆宣王问群臣曰："吾闻北方之畏昭奚恤也，果诚何如？"群臣莫对。江乙对曰："虎求百兽而食之，得狐。狐曰：'子无敢食我也。天帝使我长百兽，今子食我，是逆天帝命也。子以我为不信，吾为子先行，子随我后，观百兽之见我而敢不走乎？'虎以为然，故遂与之行。兽见之皆走。虎不知兽畏己而走也，以为畏狐也。今王之地方五千里，带甲百万，而专属之昭奚恤；故北方之畏奚恤也，其实畏王之甲兵也，犹百兽之畏虎也。"

[10]《庄子·达生》：祝宗人玄端以临牢筴，说彘曰："汝奚恶死？吾将三月豢汝，七日戒，三日斋，藉白茅，加汝肩尻乎雕俎之上，则汝为之乎？"为彘谋，曰不如食以糟糠，而措之牢筴之中；自为谋，则苟生有轩冕之尊，死得于腞楯之上、聚偻之中，则为之。为彘谋，则去之；自为谋，则取之。其所异彘者，何也？

秦储朝周魏惠伐赵，庖丁解牛宋桓悟道

前342年，岁在己卯。庄周二十八岁。宋桓侯三十九年。

周显王二十七年。秦孝公二十年。楚宣王二十八年。魏惠王
二十八年。韩昭侯二十一年。赵肃侯八年。齐威王十六年。燕文
公二十年。鲁景公四年。卫平侯元年。越王无疆元年。中山成公
八年。

年初，西戎、北狄九十二小国的国君，齐聚咸阳，朝拜秦孝公，祝贺
秦国被周显王册封为伯（霸）。

秦孝公大喜，派遣十五岁的太子嬴驷，率领九十二个戎狄国君前往洛
阳，朝觐周显王。[1]声势与规模，远远超过了两年前魏惠侯率领泗上十二
诸侯朝觐周显王。

周显王喜出望外，更加信赖秦孝公。

中山成公去年相魏，今年献策魏惠侯："当年四国朝魏，赵成侯尽管拒
绝朝魏，但还不敢阻止韩昭侯朝魏。去年逢泽之会，赵肃侯不仅拒绝朝魏，
而且阻止韩昭侯朝魏。赵肃侯不敬主公，远远超过赵成侯。主公欲绝晋祀，
赵肃侯欲续晋祀。主公伐韩，赵肃侯救韩伐魏，攻取了垣邑（今山西垣
曲）。主公若不伐赵，怎能号令天下？"

魏惠侯不满赵肃侯已久，于是听从中山成公之言，命令庞涓率领十万

大军再次伐赵，第二次围攻邯郸。[2]

赵肃侯向韩昭侯求救。

韩昭侯命令孔夜领兵救赵。

魏惠侯大怒，又命穰疵伐韩，在南梁（今山西井坪）与孔夜交战。[3]

赵、韩又向齐国求救。

齐威王问策群臣：“寡人是否该救赵、韩？”

邹忌不愿田忌再次立功，于是反对：“魏惠侯重新崛起，赵肃侯又曾伐齐，大王不如不救。”

田忌说：“赵、韩一旦战败，必将朝魏不朝齐，大王不如早救。”

孙膑说：“如果早救，魏军未疲，齐军就会代替赵、韩承受魏军兵锋。魏惠侯志在代周为王，已有伐灭赵、韩之心。赵、韩苦战将亡，必将东向朝齐。大王不如承诺相救，但是缓出救兵，既能获得重利，又可赢得尊名。”

齐威王采纳孙膑之策，承诺援救赵、韩。

赵、韩凭借齐威王承诺，力敌魏军，五战不胜，双方力疲。[4]

齐威王即命田忌为主将，田盼为副将，孙膑为军师，驰救赵、韩，西击魏军。

田忌听从孙膑之计，故意延缓进军，途中先灭莒国（两年前朝魏的泗上十二诸侯之一）。

魏惠侯得知齐军出救赵、韩，已灭莒国，鉴于桂陵之战大败于齐，担心庞涓再次轻敌而重蹈覆辙，又命太子魏申率领十万大军增援，欲与齐军决一死战。[5]

太子魏申领兵东行，途经宋国外黄（今河南民权），拜见老聃之徒徐尚，请教胜齐之策。

徐尚问：“我有百战百胜之策，太子是否愿闻？”

魏申说：“愿闻。”

徐尚说：“太子迎战齐军，即使大胜，夺回莒国，其富仍是有魏，其贵仍是为君。一旦战败，必将不再有魏，不能为君。唯有不战而还，才是百战百胜之策。"

魏申说："感谢先生教诲，我即刻退兵。"

徐尚说："太子虽想退兵，恐怕难以如愿！因为众多将士都想凭借战功，谋取富贵。"

魏申辞出，下令西行返回大梁。

御者说："太子领兵出征，不战而还，等于战败，不如继续东行。"

魏申被迫东行，增援庞涓。[6]

宋桓侯被戴剔成囚禁于苏宫猪圈，成为傀儡，每年仍然主持春秋大祭。

各国祭祀，分为大祭、小祭。平时小祭，谓之少牢，以牺猪、牺羊祭祀鬼神。春秋大祭，谓之太牢，加用牺牛。牛为农耕之具，民间私祭禁止屠牛，只可屠猪、屠羊，宫廷公祭方可屠牛。

宋人崇信鬼神，最重祭祀，屠牛之技冠绝天下。如今宋国宫廷的屠牛者，名叫庖丁，屠牛之技远胜前辈，谓之解牛。[7]

大祭之前，宋桓侯观看庖丁解牛。

庖丁手之所触，肩之所靠，足之所踏，膝之所顶，无不合于音律。动作合于《桑林》祭舞，运刀合于《经首》节奏。

宋桓侯问："人之技艺，怎能达到如此境界？"

庖丁放下刀说："我之所好，乃是天道，超越了人技。我学习解牛之初，看见的乃是全牛。三年之后，不再看见全牛。时至今日，我仅凭心神相遇，不用肉眼观看。感官知止，心神欲行。依照牛体的天然肌理，批开大缝隙，直入大空档，因循牛体的固有构造。我的刀，连关节、经络、筋腱、软骨也不会碰到，何况大骨？普通庖人用刀砍骨，必须一月一换刀。优秀庖人用刀割肉，必须一年一换刀。我的刀用了十九年，解牛数千头，刀刃仍像刚在磨刀石上磨过一样锋利。牛体关节都有空隙，然而刀刃没有厚度。没有厚度的刀刃，进入必有空隙的牛体，小缝隙也游刃有余。尽管如此，凡是遇到筋腱骨肉纠结之处，我仍然怵惕戒惧，目光凝止，放慢动作，运刀轻微，直到牛体分解，如土堕地。我提刀而立，四顾外境，踌躇自适，善刀而藏。"

宋桓侯说："太美妙了！寡人听闻庖丁之言，领悟了养生之主。"[8]

庄周二十八岁，受县令差遣，前往商丘上交蒙邑漆税。

庄周返回蒙邑，告诉子綦："我在商丘，结识了庖丁。庖丁告诉我，如今宋桓侯被戴剕成囚禁，唯一乐事是观看庖丁解牛。夫子曾言，有道不废技，无技不成道。庖丁是否已经由技进道？"

子綦赞叹："庖丁虽是匠人，却已由技进道。庖丁所说'善刀而藏'，合于老聃之言'光而不耀'。"

庄周问："为何领悟养生之主，就能由技进道？"

子綦说："养生分为养身和养心，养身仅是养生之次，养心才是养生之主。"

庄周问："领悟养心是养生之主，是否已经领悟天道？"

子綦说："没有。我讲个故事，你就会明白。"——

庚桑楚师从老聃，学成以后，住在北方畏垒山。

南荣趎慕名拜见庚桑楚："我年岁已经很大，应该怎样努力，才能悟道？"

庚桑楚说："保全你的身形，葆养你的德心，不要把你的思虑用于钻营。三年以后，或许能够悟道。"

南荣趎说："我闻道太迟，听了先生教导，仅仅到达耳朵，无法进入心灵。"

庚桑楚说："我已词穷。土蜂不能驯化豆虫，只能驯化桑虫。越鸡不能孵化鹅蛋，鲁鸡却能孵化鹅蛋。鲁鸡和越鸡，物德之质并无不同，但是鲁鸡能够孵化鹅蛋，越鸡不能孵化鹅蛋，乃因物德之量不同，才之小大有异。我德薄才小，不足以教化你。你不如南行拜见老聃，或许能够悟道。"

南荣趎携带干粮，南行七天七夜，到达老聃客居的宋国沛邑。

老聃问:"你从庚桑楚那里来?"

南荣趎说:"是。"

老聃问:"你为何带来很多人?"

南荣趎吃惊回头。

老聃问:"你不明白我的话?"

南荣趎惭愧叹息:"我不知如何回答,更加不敢提问。"

老聃说:"你盲从众人,已经丧失真德。如今虽想复归真德,然而不得其门而入!"

南荣趎说:"病人若能自言病情,说明尚未大病。我不能自言病情,说明已经大病。假如我乍闻大道,喝下猛药,必将加重病情。不敢请教大道,愿闻养生之经。"

老聃说:"你想明白养生之经?你能持守真德而不再丧失吗?你能无须卜筮而预知吉凶吗?你能止于外境危殆而不受利禄诱惑吗?你能止于内德极限而不再自矜其知吗?你能舍弃众人而反求己心吗?你能自逍己德吗?你能致无己知吗?你能如同婴儿吗?婴儿整天啼号,然而不嘎不哑,是因为真德醇和。婴儿整天握拳,然而手不拳曲,是因为真德淳厚。婴儿整天视物,然而眼睛不眨,是因为不惑外境。养生之经,就是出行不知何往,居家不知何为,与物推移,同其沉浮。"

南荣趎问:"至人之德,是否仅止于此?"

老聃说:"不是。这不过是坚冰刚刚融化。你能否做到呢?至人的身形,像众人一样,从大地获得食物,从天空获得快乐。但是至人的德心,不被人事、外物、利禄、祸害撄扰,不像众人那样作怪,不像众人那样算计,不像众人那样有为。至人的养生之经,就是自逍己德而往,致无己知而来。"

南荣趎问:"领悟养生之经,是否抵达至境?"

老聃说:"远未抵达至境。人类的有限物德,难以尽知无限天道。探索天道,永无止境!"

庄周说:"弟子谨记!人类的有限物德,难以尽知无限天道。探索天道,永无止境!"[9]

笺注

[1]《秦本纪》:孝公十九年(前343),天子致伯。二十年(前342),诸侯毕贺。秦使公子少官率师会诸侯于泽,朝天子。●《后汉书·西羌传》:秦孝公立,威服戎羌,使太子驷率戎狄九十二国朝周显王。■马非百《秦集史·国君纪年》系此事于秦孝公二十年(前342),杨宽是之。《秦本纪》"于泽",旧误为"逢泽"。《秦本纪集解》:"开封东北有逢泽。"误释"泽"为"逢泽"。《秦本纪正义》引《括地志》:"逢泽亦名逢池,在汴州浚仪县东南十四里。"即驳《秦本纪集解》之误。秦率诸侯朝天子,当至洛邑(今河南洛阳),与魏都大梁(今河南开封)东南之逢泽无关。

[2]《魏世家索隐》引《竹书纪年》:梁惠王二十八年(前342),与齐田朌战于马陵。●《孙子吴起列传索隐》引《竹书纪年》:梁惠王二十七年(前343)十二月齐田朌败梁马陵。▲杨宽:《纪年》魏史,用夏正。马陵之役起于夏正之二十七年十二月,于周正已为明年二月,故《史记》记在明年。……是役起于梁惠王二十七年之夏正十二月,而大战则在次年,故《魏世家索隐》又引《纪年》作"梁惠王二十八年"。●《田世家》:宣王元年(当作齐威王十五年,前343),秦用商鞅。周致伯于秦孝公(秦孝公十九年,前343)。二年(当作齐威王十六年,即秦孝公二十年,前342),魏伐赵。赵与韩亲,共击魏。赵不利,战于南梁。宣王(当作威王)召田忌复故位。韩氏请救于齐。宣王(当作威王)召大臣而谋曰:"蚤救孰与晚救?"驺忌子曰:"不如勿救。"田忌曰:"弗救,则韩且折而入于魏,不如蚤救之。"孙子曰:"夫韩、魏之兵未弊而救之,是吾代韩受魏之兵,顾反听命于韩也。且魏有破国之志,韩见亡,必东面而愬于齐矣。吾因深结韩之亲,而晚承魏之弊,则可重利而尊名也。"宣王(当作威王)曰:"善。"乃阴告韩之使者而遣之。韩因恃齐,五战不胜,而东委国于齐。齐因起兵,使田忌、田婴将(《集解》:"婴一作朌"),孙子为师,救韩、赵以击魏,大败

之马陵（齐威王十七年，前341），杀其将庞涓，虏魏太子申。●《田世家索隐》引《竹书纪年》：齐威王十四年（当作十七年，即秦孝公二十一年，前341）田昐伐梁马陵。

[3]《水经·渠水注》引《竹书纪年》：梁惠王二十八年（前342），穰疵率师及郑孔夜，战于梁、赫，郑师败逋。▲杨宽：梁即南梁，在今河南临汝西。赫即震，在南梁西南。

[4]《齐策一》七：南梁之难（前342），韩氏请救于齐。田侯召大臣而谋曰："早救之，孰与晚救之便？"张丐对曰："晚救之，韩且折而入于魏，不如早救之。"田臣思（即田忌）曰："不可。夫韩、魏之兵未弊，而我救之，我代韩而受魏之兵，顾反听命于韩也。且夫魏有破韩之志，韩见且亡，必东愬于齐。我因阴结韩之亲，而晚承魏之弊，则国可重，利可得，名可尊矣。"田侯曰："善。"乃阴告韩使者而遣之。韩自以专有齐国，五战五不胜，东愬于齐，齐因起兵击魏，大破之马陵。■张丐为齐相田婴之谋士。

[5]《魏策二》十：魏惠王起境内众，将太子申而攻齐。客谓公子理之傅曰："何不令公子泣王太后，止太子之行？事成则树德，不成则为王矣。太子年少，不习于兵。田昐宿将也，而孙子善用兵，战必不胜，不胜必擒。公子争之于王，王听公子，公子必封；不听公子，太子必败；败，公子必立，立必为王也。"■太子申死后，魏惠王另立太子，非公子理，乃公子嗣（魏襄王）。

[6]《魏世家》：魏惠王三十年（当作二十九年，马陵之战尾声延至次年），魏伐赵，赵告急齐。齐宣王（当作齐威王）用孙子计，救赵击魏。魏遂大兴师，使庞涓将，而令太子申为上将军。过外黄，外黄徐子（即徐尚）谓太子曰："臣有百战百胜之术。"太子曰："可得闻乎？"客曰："固愿效之。"曰："太子自将攻齐，大胜并莒，则富不过有魏，贵不益为王。若战不胜齐，则万世无魏矣。此臣之百战百胜之术也。"太子曰："诺，请必从公之言而还矣。"客曰："太子虽欲还，不得矣。彼劝太子战攻，欲啜汁者众。太子虽欲还，恐不得矣。"太子因欲还，其御曰："将出而还，与北同。"太子果与齐人战，败于马陵。齐虏魏太子申，杀将军涓，军遂大破。●《宋

卫策》七：魏太子自将，过宋外黄。外黄徐子（即徐尚）曰："臣有百战百胜之术，太子能听臣乎？"太子曰："愿闻之。"客曰："固愿效之。今太子自将攻齐，大胜并莒，则富不过有魏，而贵不益为王。若战不胜，则万世无魏。此臣之百战百胜之术也。"太子曰："诺。请必从公之言而还。"客曰："太子虽欲还，不得矣。彼利太子之战攻，而欲满其意者众，太子虽欲还，恐不得矣。"太子上车请还。其御曰："将出而还，与北同，不如遂行。"遂行。与齐人战而死，卒不得魏。■"大胜并莒"，莒为泗上十二诸侯，此时已为齐吞并，后齐湣王逃至莒而死。贾谊《过秦论》把徐尚列入六国四大谋士："六国之士，有宁越、徐尚、苏秦、杜赫之属为之谋。"

[7]《吕览·精通》：宋之庖丁好解牛。●《论衡·订鬼》：宋之庖丁学解牛。●《礼记·玉藻》：君无故不杀牛，大夫无故不杀羊，士无故不杀犬、豕。君子远庖厨，凡有血气之类，弗身践也。

[8]《庄子·养生主》：庖丁为文惠君解牛，手之所触，肩之所倚，足之所履，膝之所踦，砉然响然，奏刀騞然，莫不中音。合于《桑林》之舞，乃中《经首》之会。文惠君曰："嘻，善哉！技盖至此乎？"庖丁释刀对曰："臣之所好者道也，进乎技矣。始臣之解牛之时，所见无非全牛者。三年之后，未尝见全牛也。方今之时，臣以神遇而不以目视，官知止而神欲行。依乎天理，批大郤，导大窾，因其固然。技经肯綮之未尝，而况大軱乎？良庖岁更刀，割也；族庖月更刀，折也。今臣之刀十九年矣，所解数千牛矣，而刀刃若新发于硎。彼节者有间，而刀刃者无厚；以无厚入有间，恢恢乎其于游刃必有余地矣，是以十九年而刀刃若新发于硎。虽然，每至于族，吾见其难为，怵然为戒，视为止，行为迟，动刀甚微，謋然已解，如土委地。提刀而立，为之四顾，为之踌躇满志，善刀而藏之。"文惠君曰："善哉！吾闻庖丁之言，得养生焉。"■篡弑宋桓侯之戴剔成，是与庄子毕生共始终的宋康王戴偃之兄，庄子不便直称宋桓侯，故而改称"文惠君"。庖丁既为宋君屠牛，屠牛既非民间惯常习见，庄子书之，如同亲见，必非向壁虚构，所以庖丁当为庄子之友。若非亲见庖丁解牛的神乎其技，庄子仅凭想象难以如此生动地描述其精妙细节。即使亲见庖丁解牛，庄子能以如此生动准确的语言加以极致性描述，又符合其哲学思想，仍然属于无出

其右的语言极品，遂成内七篇首屈一指的著名章节。

[9]《庄子·庚桑楚》：老聃之役有庚桑楚者，偏得老聃之道，以北居畏垒之山。……南荣趎蹴然正坐曰："若趎之年者已长矣，将恶乎托业，以及此言邪？"庚桑子曰："全汝形，抱汝生，无使汝思虑营营。若此三年，则可以及此言矣。"南荣趎曰："目之与形，吾不知其异也，而盲者不能见；耳之与形，吾不知其异也，而聋者不能闻；心之与形，吾不知其异也，而狂者不能得。形之与形亦辟矣，而物或间之邪？欲相求，而不能相得。今谓趎曰：'全汝形，抱汝生，勿使汝思虑营营。'趎晚闻道，达耳矣。"庚桑子曰："辞尽矣。奔蜂不能化藿蠋，而能化螟蛉；越鸡不能伏鹄卵，鲁鸡固能矣。鸡之与鸡，其德非不同也；有能与不能者，其才固有巨小也。今吾才小，不足以化子。子胡不南见老子？"南荣趎赢粮，七日七夜至老子之所。老子曰："子自楚之所来乎？"南荣趎曰："唯。"老子曰："子何与人偕来之众也？"南荣趎惧然顾其后。老子曰："子不知吾所谓乎？"南荣趎俯而惭，仰而叹，曰："今者吾忘吾答，因失吾问。"老子曰："何谓也？"南荣趎曰："不知乎，人谓我朱愚；知乎，反愁我躯。不仁则害人，仁则反愁我身。不义则伤彼，义则反愁我己。我安逃此而可？此三言者，趎之所患也。愿因楚而问之。"老子曰："向吾见若眉睫之间，吾因以得汝矣。今汝又言而信之。若规规然若丧父母，揭竿而求诸海也。汝亡人哉！惘惘乎？汝欲返汝情性，而无由入。可怜哉！"南荣趎请入就舍，召其所好，去其所恶。十日息愁，复见老子。老子曰："汝自洒濯熟哉？郁郁乎？然而其中津津乎？犹有恶也？夫外韄者，不可繁而促，将内揵；内韄者，不可缪而促，将外揵。外内韄者，道德不能持，而况仿道而行者乎？"南荣趎曰："里人有病，里人问之。病者能言其病，病者犹未病也。若趎之闻大道，譬犹饮药以加病也。趎愿闻卫生之经而已矣。"老子曰："卫生之经？能抱一乎？能勿失乎？能无卜筮而知吉凶乎？能止乎？能已乎？能舍诸人而求诸己乎？能翛然乎？能侗然乎？能儿子乎？儿子终日嗥，而不嗌不嘎，和之至也；终日握，而手不挽，共其德也；终日视，而目不瞬，偏不在外也。行不知所之，居不知所为，与物委蛇而同其波，是卫生之经矣。"南荣趎曰："然则是至人之德已乎？"曰："非也。是乃所谓冰解冻释者，能乎？夫至人者，相与

交食乎地，而交乐乎天，不以人物利害相撄，不相与为怪，不相与为谋，不相与为事。翛然而往，侗然而来，是谓卫生之经矣。"曰："然则是至乎?"曰："未也。吾固告汝曰：'能儿子乎?'儿子动不知所为，行不知所之，身若槁木之枝，而心若死灰。若是者，祸亦不至，福亦不来。祸福无有，恶有人灾也?"

马陵决战齐再胜魏，兔死狗烹范蠡先知

前341年，岁在庚辰。庄周二十九岁。宋桓侯四十年。

周显王二十八年。秦孝公二十一年。楚宣王二十九年。魏惠
王二十九年。韩昭侯二十二年。赵肃侯九年。齐威王十七年。燕
文公二十一年。鲁景公五年。卫平侯二年。越王无疆二年。中山
成公九年（罢魏相）。

庞涓、穰疵去年伐赵、伐韩，太子魏申增援，延至今年。

齐军去年驰救赵、韩，故意进兵缓慢，等待双方力疲。

五月，田忌采纳孙膑之策，兵分两路。自己率领五都之兵，西渡济水，直奔大梁。田盼率领少量齐军，佯攻魏邑平阳（今山西临汾西南）。[1]

庞涓得知齐军动向，留下少量魏军继续围攻邯郸，亲领魏军主力回救大梁，欲与齐军决战，一雪桂陵之耻。

田忌问策孙膑："魏申的十万援军，已与庞涓的十万魏军会师。魏惠侯这次派出倾国之兵，志在必胜。我军仅有十万，以少击众，如何取胜？"

孙膑微笑："十二年前，已经用过围魏救赵之计。假如重施故计，再袭大梁，庞涓必定有备，必须另出奇计。"

田忌问："军师有何奇计？"

孙膑说："魏国武卒，一向自负悍勇，轻视齐军胆怯。吾祖《孙子兵法》

有言：'善战者，求之于势。'将军因势利导，可用减灶之计。我军第一天埋锅十万，第二天埋锅五万，第三天埋锅三万，制造逃兵假象，庞涓必将轻敌急进！"

田忌心悦诚服，依计而行。

庞涓正在发愁步兵拖累车兵，行军速度缓慢。发现齐军锅灶数量逐日减少，大喜过望："齐军果然胆怯，进入魏境三天，逃兵已经过半。这次孙膑必败！"

立刻甩开步兵，亲领车兵急追。日暮时分，赶到马陵（今河南范县）。

齐军以逸待劳，设伏马陵。万箭齐发，射死庞涓，击破魏军车兵。

乘胜迎击魏军步兵，杀死太子魏申。[2]

田忌尽灭二十万魏军主力，准备班师。

孙膑问："将军能否做一件大事？"

田忌问："军师何意？"

孙膑说："邹忌凭借桂陵大捷，封为成侯，不知感激将军，反而更加忌恨将军。如今将军再次取得马陵大捷，必将更遭忌恨。若不预加防范，必有不测之祸。"

田忌问："如何预加防范？"

孙膑说："将军暂不解兵，直入临淄雍门。如今临淄守军均为老弱，将军之兵必能一以当十，十以当百，百以当千。将军兵谏大王，要求罢免邹忌。"

田忌大惊："如此岂非叛乱？无须邹忌陷害，我已从功臣变为罪臣！"

孙膑说："将军不听我言，必定难以返齐。"

田忌不听，解散其兵，各归五都。

孙膑已报庞涓之仇，不愿卷入将相之争，夜遁而去，不知所终。[3]

遗著《孙膑兵法》，汉后亡佚两千年，1972年在山东临沂银雀山汉墓出土。

邹忌得到马陵捷报，忌恨田忌再建奇功，又与门客公孙闬商议对策。

公孙闲奉命前往临淄东市，找到卦师，献上十金："大将军田忌三战三胜，威震天下，如今想做一件大事，欲知吉凶如何。"

卦师大惊，不敢不卜。

公孙闲威胁卦师："不可泄密，否则将有灭门之祸！"

邹忌禀报齐威王："市井盛传，有人将要叛乱。"

齐威王惊问："叛乱者是谁？"

邹忌说："传言含糊，难以判定。叛乱者举事之前，必定问卜。大王只要尽捕临淄卦师，必可得实。"

齐威王下令拘捕全城卦师，严刑拷问。

东市卦师招认："田忌曾命属下向我问卜，似乎欲谋大事。卜得大吉！"

齐威王命令所有城门悬起吊桥，不许田忌进入临淄。

田忌闻讯，逃往楚国。[4]

九月，商鞅趁着魏军惨败于马陵，伐魏西部。

十月，赵肃侯击败围攻邯郸的魏军，乘胜伐魏北部。[5]

魏惠侯以倾国之兵再围邯郸，又被齐军击败，主力尽灭，大将庞涓、太子魏申皆死。以宋为首的泗上弱小诸侯，再次叛魏附齐。于是魏惠侯迁怒中山成公，罢免其相。又把兵败马陵、侥幸生还的穰疵，贬为西部边关守将。

中山成公被罢魏相，返回中山国都灵寿。[6]

中山成公明白，魏国两败于齐，已经急剧衰弱，况且自己得罪了魏惠侯，今后抵御赵国威胁，再难依赖魏国。想起乐羊先奉祖父魏文侯之命，伐灭白狄中山，后得父亲中山桓公重用，终生镇守魏属中山，因而魏属中山长期免于赵国征伐。于是任命乐羊后裔乐池为相，乐池之弟乐毅为将。[7]

庄周二十九岁，魏惠侯惨败于马陵。

庄周问："十五年前魏惠侯举行四国朝魏，随后第一次伐赵邯郸，被齐威王大败于桂陵。三年前魏惠侯又举行逢泽之会，随后第二次伐赵邯郸，如今又被齐威王大败于马陵。魏惠侯为何不吸取教训？"

子綦说："魏文侯为了称霸中原，以否术为主，以泰道为辅，团结韩、赵。魏武侯为了进霸天下，抛弃泰道，专用否术，激起赵国反抗。魏惠侯为了代周为王，进一步抛弃泰道，强化否术，又激起韩国反抗。因此魏惠侯第一次围攻邯郸，韩昭侯助魏伐赵。魏惠侯第二次围攻邯郸，韩昭侯助赵击魏。魏惠侯的中原霸主地位，已被礼贤下士的齐威王取代。《老子》有言：'以道佐人主者，不欲以兵强于天下，其事好还。兵强则不胜。'"

庄周问："齐国取代魏国成为中原霸主，将对天下局势有何影响？"

子綦说："魏惠侯两次伐赵，原为三晋内战。齐威王两次救赵，楚、秦两次卷入，三晋内战扩散为天下大战。齐威王称霸中原以后，必将与楚、秦争霸天下。天下大战必将更加激烈，天下诸侯必将进一步抛弃泰道，强化否术。"

庄周问："如今君主都用否术，民众应该如何因应？"

子綦说："老聃全力弘扬泰道，但是对于如何因应否术，除了隐遁，别无良策。你当用心于此，光大老聃之道。"

庄周问："吴起助魏称霸，魏武侯为何要杀吴起？田忌助齐称霸，齐威王为何要杀田忌？"

子綦说："功高震主，必为主忌。当年范蠡助越灭吴，帮助越王勾践称霸中原，立刻离越往齐，临行劝告文种：'狡兔死，走狗烹；飞鸟尽，良弓藏；敌国破，谋臣亡。'文种不听，被越王勾践灭族[8]。孙膑功成身退，正是效法范蠡。"

庄周问："吴起、田忌为何不逃往别国，都逃往楚国？"

子綦说："吴起、田忌如果逃到弱国，弱国畏惧魏、齐征伐，就会诛杀吴起、田忌。春秋以来，中原霸主尽管不断更替，但是天下霸主始终是楚国。中原弃臣、叛臣，逃到楚国最为安全。"

庄周问："那么范蠡、孙膑为何不逃往楚国？"

子綦说："吴起、田忌仅是逃避诛杀，并非逃避富贵，所以不愿隐姓埋名，仍想求仕楚国。范蠡、孙膑不仅逃避诛杀，而且逃避富贵，所以隐姓埋名，不知所踪。"

年底，秦国又发生异事：一匹母马生出怪胎，其形如同人之婴儿。[9]

庄周问子綦："为何马会生人？"

子綦说："天道如何造化万物，尚难尽知。《老子》有言：'道可道也，非恒道也。名可名也，非恒名也。'其义有二。其一，西周以降，《周易》否术盛行，被瘾士奉为真道，故曰'道可道也，非恒道也'。其二，《归藏》泰道虽是真道，然而仅是天道之一端，并非天道之全部。人类能知天道之存在，难知天道之全部，所知天道之局部，只能恍惚言之，故曰'名可名也，非恒名也'。《老子》虽然扬泰抑否，仍然认为道不可知，道不可言。人类虽能领悟道生万物，但是尚未领悟道生万物的具体理路。"

笺注

[1]《水经·泗水注》引《竹书纪年》：魏惠王二十九年（前341）五月，齐田朌及宋人伐我东鄙，围平阳。●《魏世家索隐》引《竹书纪年》：魏惠王二十九年（前341）五月，齐田朌伐我东鄙。

[2]《魏世家》：魏惠王三十年（当作二十九年，前341），魏伐赵，赵告急齐。齐宣王（当作齐威王）用孙子计，救赵击魏。魏遂大兴师，使庞涓将，而令太子申为上将军。……齐虏魏太子申，杀将军涓，军遂大破。●《魏策二》十一：齐、魏战于马陵，齐大胜魏，杀太子申，覆十万之军。●《齐策五》一：齐人伐魏，杀其太子，覆其十万之军。●《秦本纪》：秦孝公二十一年（前341），齐败魏马陵。●《商君列传》：（秦孝公十九年，前343）天子致胙于孝公，（秦孝公二十年，前342）诸侯毕贺。其明年（秦孝公二十一年，前341），齐败魏兵于马陵，虏其太子申，杀将军庞涓。●《孙子吴起列传》：（前353桂陵之役）后十三岁（前341），魏与赵攻韩（"与赵"二字衍），韩告急于齐。齐使田忌将而往，且走大梁。魏将庞涓闻之，去韩而归，齐军既已过而西矣。孙子谓田忌曰："彼三晋之兵素悍勇而轻齐，齐号为怯，善战者因其势而利导之。《兵法》：'百里而趣利者蹶上将，

五十里而趣利者军半至。'使齐军入魏地，为十万灶，明日为五万灶，又明日为三万灶。"庞涓行三日，大喜曰："我固知齐军怯，入吾地三日，士卒亡者过半矣。"乃弃其步军，与其轻锐，倍日并行逐之。孙子度其行，暮当至马陵。马陵道陕，而旁多阻隘，可伏兵，乃斫大树，白而书之，曰："庞涓死于此树之下。"于是令齐军善射者，万弩夹道而伏，期曰："暮见火举而俱发！"庞涓果夜至斫木下，见白书，乃钻火烛之，读其书未毕，齐军万弩俱发，魏军大乱相失。庞涓自知智穷兵败，乃自刭，曰："遂成竖子之名！"齐因乘胜，尽破其军，虏魏太子申以归。孙膑以此名显天下，世传其《兵法》。■《孙子吴起列传》二言《兵法》。前之《兵法》为《孙子兵法·军争》："五十里而争利，则蹶上将军，其法半至。三十里而争利，则三分之二至。"后之《兵法》为《孙膑兵法》，其《擒庞涓》言桂陵之战，其《陈忌问垒》言马陵之战：田忌问孙子曰："吾卒……不禁，为之奈何？"孙子曰："明将之问也。此者人之所过而不急也。此□之所以疾……志也。"田忌曰："可得闻乎？"曰："可。用此者，所以应猝窘处隘塞死地之中也。是吾所以取庞[涓]而擒太子申也。"田忌曰："善。事已往而形不见。"

[3]《齐策一》九：田忌为齐将，系梁太子申，禽庞涓。孙子谓田忌曰："将军可以为大事乎？"田忌曰："奈何？"孙子曰："将军无解兵而入齐。使彼罢弊（于先）[老]弱守于主。主者，循轶之途也，辖击摩车而相过。使罢弊（先弱）[老]守于主，必一而当十，十而当百，百而当千。然后背太山，左济，右天唐，军重踵高宛，使轻车锐骑冲雍门。若是，则齐君可正，而成侯（邹忌）可走。不然，则将军不得入于齐矣。"田忌不听，果不入齐。

[4]《齐策一》八：成侯邹忌为齐相，田忌为将，不相说。公孙闬谓邹忌曰："公何不为王谋伐魏？胜，则是君之谋也，君可以有功；战不胜，田忌不进，战而不死，曲挠而诛。"邹忌以为然，乃说王而使田忌伐魏。田忌三战三胜，邹忌以告公孙闬，公孙闬乃使人操十金而往卜于市，曰："我田忌之人也，吾三战而三胜，声威天下，欲为大事，亦吉否？"卜者出，因令人捕为人卜者，亦验其辞于王前。田忌遂走。●《齐策一》十：田忌亡齐而之楚，邹忌代之相齐，恐田忌欲以楚权复于齐，杜赫曰："臣请为留楚。"（杜赫）谓楚王曰："邹忌所以不善楚者，恐田忌之以楚权复于齐也。王不

如封田忌于江南，以示田忌之不返齐也，邹忌以齐厚事楚。田忌亡人也，而得封，必德王。若复于齐，必以齐事楚。此用二忌之道也。"楚果封之于江南。■田忌今年（前341）逃楚，明年（前340）邹忌罢相后归齐，详见下章。

[5]《魏世家索隐》：魏惠王二十九年（前341）五月，齐田盼伐我东鄙。九月，秦卫鞅伐我西鄙。十月，邯郸伐我北鄙。

[6]中山成公今年（前341）罢相，此后惠施相魏十九年（前340—前322）。

[7]《韩非子·内储说上》：中山之相乐池，以车百乘使赵。

[8]《越世家》：范蠡遂去，自齐遗大夫种书曰："蜚鸟尽，良弓藏；狡兔死，走狗烹。越王为人长颈鸟喙，可与共患难，不可与共乐。子何不去？"种见书，称病不朝。人或谗种且作乱，越王乃赐种剑曰："子教寡人伐吴七术，寡人用其三而败吴，其四在子，子为我从先王试之。"种遂自杀。●《国语·越语下》：反至五湖，范蠡辞于王曰："君王勉之，臣不复入越国矣。"王曰："不穀疑子之所谓者何也？"对曰："臣闻之，为人臣者，君忧臣劳，君辱臣死。昔者君王辱于会稽，臣所以不死者，为此事也。今事已济矣，蠡请从会稽之罚。"王曰："所不掩子之恶，扬子之美者，使其身无终没于越国。子听吾言，与子分国。不听吾言，身死，妻子为戮。"范蠡对曰："臣闻命矣。君行制，臣行意。"遂乘轻舟以浮于五湖，莫知其所终极。王命工以良金写范蠡之状而朝礼之，浃日而令大夫朝之，环会稽三百里者以为范蠡地，曰："后世子孙，有敢侵蠡之地者，使无终没于越国，皇天后土、四乡地主正之。"

[9]《六国表》秦孝公二十一年（前341）：马生人。●《庄子·至乐》：程生马，马生人。■《汉书·五行志》、《洪范五行传》均引《史记》"马生人"。

商鞅诈友败魏封君，剔成篡宋子綦尽年

前340年，岁在辛巳。庄周三十岁。宋桓侯四十一年＝宋剔成君元年。

周显王二十九年。秦孝公二十二年。楚宣王三十年（卒）。魏惠王三十年。韩昭侯二十三年。赵肃侯十年。齐威王十八年。燕文公二十二年。鲁景公六年。卫平侯三年。越王无疆三年。中山成公十年。

齐威王继续伐魏东部。
赵肃侯继续伐魏北部。

商鞅献策秦孝公："秦、魏互为心腹之患，不是魏国兼并秦国，就是秦国兼并魏国。去年齐军在马陵尽灭魏军主力，泗上诸侯都已叛魏附齐。今年齐、赵继续伐魏，主公应该趁此良机，一举破魏，东进中原，威服诸侯，进一步由霸而王。"

秦孝公大喜，命令商鞅继续伐魏西部。
魏国大将庞涓已死，魏惠侯分命三位魏将，迎战三面来犯之敌。[1]

公子魏卬，领兵迎战秦军。
两军对阵，交战之前，商鞅致信魏卬："我当年在魏，素与公子交好。

如今竟为两国之将，实在不忍相攻。愿与公子相见，立盟欢饮，然后罢兵，秦、魏各得相安。"

魏卬大为欣慰，准备前往秦营。

属下劝阻："秦人乃是西戎，素无信义，必定有诈。公子不可轻往！"

魏卬说："商鞅并非秦人，原是卫人。曾经游魏多年，公叔痤待他不薄，我待他更厚，怎么可能欺骗我？"

魏卬一入秦营，即被甲士击杀。

商鞅挥师掩杀魏军，魏国西部全面失守。

魏惠侯仰天长叹："寡人恨不用公叔痤之言！"

割让部分河西之地，向秦求和。

商鞅凯旋咸阳。

秦孝公大喜，兑现二十年前招贤令的承诺，把商於（今陕西商州）封给五十一岁的商鞅，封号商君。[2]

商鞅破魏受封，感恩图报，立刻伐楚。

楚宣王即位至今，未与诸侯一战，有喜有忧。喜的是强魏连败于齐、秦，已经不能与楚争霸天下。忧的是秦、齐仿效魏、楚，相继变法，迅速崛起，齐国败魏称王，秦国败魏东进，楚国减少了一个劲敌，增加了两个劲敌。

如今楚国未伐齐、秦，秦国竟敢征伐天下霸主楚国。

楚宣王熊良夫忧急之下，暴病而死，在位三十年（前369—前340）。

太子熊商继位，即楚威王。

楚威王决意重振楚威，罢免了一心固位不谋中原的昭奚恤，改命昭阳为相。[3]

魏惠侯认为齐国已经取代楚国，成为第一劲敌，于是在与齐相邻的济阳（今山东济南北部）筑城，预防齐军再伐。[4]

齐威王明白了邹忌诬陷田忌，大为震怒，念其功大，不忍诛杀，罢相夺爵，收回封地，贬为庶民。不再信任布衣士人，改命庶子田婴为相。[5]

邹忌的门客公孙闬，立刻转换门庭，投入田婴门下。

田忌自楚返齐，复任齐将。

宋桓侯被囚禁于苏宫，半夜做梦，有人哭诉："君父，我是你的长子，自幼学儒！君父最初兼用儒墨，所以我让吾弟学墨。后因君父重墨黜儒，免我官职，重用吾弟，我被迫自杀。如今我自杀已有十年，墓上的楸树、柏树都已结出果实，君父为何从不替我扫墓？"[6]

宋桓侯深感不祥，请求戴剔成允许太卜入宫占梦。

太卜得到戴剔成允准，晋见宋桓侯。

宋桓侯告以所梦："此梦吉凶如何？"

太卜说："梦中之人，当为郑缓！主公亲政以后，兼重儒墨，重用儒者郑缓、墨者惠盎，郑缓让弟弟郑翟学墨。后来相国黜儒重墨，罢免郑缓，重用惠盎、郑翟，郑缓愤而自杀。"

宋桓侯说："没想到郑缓自杀已有十年。如今相国专权，国事日非，寡人自身难保，怎能去为郑缓扫墓？寡人想念郑缓，常常想起孔子之言'君不君，臣不臣'，所以做了此梦。"

太卜不敢多言，垂泪而出。

戴剔成得知宋桓侯之梦，与司马熹商议。

司马熹说："相国囚禁主公，引起宋国民众不满。戴盈、戴不胜虽与相国同宗，同样不满相国。然而主公过于软弱，在此天下乱战之世，必将亡国。相国既有魏文侯之志，不如效法田成子。田成子并非姜齐宗室，仅是陈国大夫后裔，如今齐威王已成中原霸主。相国却是宋戴公后裔，一旦正位为君，必能重振殷商之盛。"

戴剔成采纳其策，趁着诸侯相攻，中原大乱，弑杀了宋桓侯。

宋桓侯辟兵，十二岁即位，在位四十一年（前380—前340），实计四十年。第十五年（前366）亲政。第二十五年（前356）朝魏贬号。第三十八年（前343）被戴剔成囚禁。囚禁四年（前343—前340）被弑，终年五十二岁（前391—前340）。

戴剔成弑君篡位，史称宋剔成君。不承前统，当年改元。[7]

不许宋桓侯入葬宋君专用的雕陵，草草葬于商丘东郊的东陵。[8]

为了安抚宗室和群臣，重新启用戴盈、戴不胜。

司马熹谋划有功，成为宋相。

庄周三十岁，弟子蔺且生于蒙邑东门。

子綦已老，得知戴剔成弑君篡位，一病不起。

庄周说："戴剔成果然效法田成子，弑君篡位。夫子并非宋人，为何如此悲伤？"

子綦说："宋人齐人，有何分别？我不是悲伤宋桓侯被弑，而是悲伤世丧道，道丧世。"

子綦将死，子游、庄周悲伤不已。

子綦说："道是生生者，物是被生者。生生之道不死，被生之物必死。你们何必悲伤？"

子游说："弟子尚未尽闻夫子之道。"

子綦说："以人为师，必囿于师。人难尽知天道，师难尽传天道。"

庄周问："除了以天为师，夫子有何教诲？"

子綦说："居于六合之内，不可盲从其俗。"

子綦客死宋国，享年八十岁（前420—前340）。

子游、庄周按照子綦遗命，护送灵柩返齐，葬于泰山之麓，不立墓碑，各自手植一树。

葬毕子綦，庄周诵诗一首：

> 儒墨人道，黥劓众生；
>
> 名教治心，刑教治身。
>
> 为人所使，必趋人伪；

雕琢真德，失其浑沌。

泰皇天道，息黥补劓；
老聃舌教，闻悟行成。
为天所使，永葆天真；
丧我存吾，存己存人。

子游留在泰山，结庐隐居。
庄周返回蒙邑，独对乱世。

笺注

[1]《魏世家》：魏惠王三十一年（当作三十年，前340），秦、赵、齐共伐我。秦将商君诈我将军公子卬而袭夺其军，破之。

[2]《商君列传》：齐败魏兵于马陵，虏其太子申，杀将军庞涓（前341）。其明年（前340），卫鞅说孝公曰："秦之与魏，譬若人之有腹心疾，非魏并秦，秦即并魏。何者？魏居领阸之西，都安邑，与秦界河而独擅山东之利。利则西侵秦，病则东收地。今以君之贤圣，国赖以盛。而魏往年大破于齐，诸侯畔之，可因此时伐魏。魏不支秦，必东徙。东徙，秦据河山之固，东乡以制诸侯，此帝王之业也。"孝公以为然，使卫鞅将而伐魏。魏使公子卬将而击之。军既相距，卫鞅遗魏将公子卬书曰："吾始与公子驩，今俱为两国将，不忍相攻，可与公子面相见，盟，乐饮而罢兵，以安秦魏。"魏公子卬以为然。会盟已，饮，而卫鞅伏甲士而袭虏魏公子卬，因攻其军，尽破之以归秦。魏惠王兵数破于齐、秦，国内空，日以削，恐，乃使使割河西之地献于秦以和。而魏遂去安邑，徙都大梁。梁惠王曰："寡人恨不用公叔痤之言也。"卫鞅既破魏还，秦封之于商十五邑，号为商君（前340）。●《吕览·无义》：公孙鞅之于秦，非父兄也，非有故也，以能用也。欲堙之责，非攻无以，于是为秦将而攻魏。魏使公子卬将而当之。公孙鞅之居魏也，固善公子卬，使人谓公子卬曰："凡所为游而欲贵者，以

公子之故也。今秦令鞅将，魏令公子当之，岂且忍相与战哉？公子言之公子之主，鞅请亦言之主，而皆罢军。"于是将归矣，使人谓公子曰："归未有时相见，愿与公子坐而相去别也。"公子曰："诺。"魏吏争之曰："不可。"公子不听，遂相与坐。公孙鞅因伏卒与车骑，以取公子卬。●《赵世家》：赵肃侯十一年（当作十年，前340），秦孝公使商君伐魏，虏其将公子卬。赵伐魏。●《秦本纪》：秦孝公二十二年（前340），卫鞅击魏，虏魏公子卬。封鞅为列侯，号商君。●《秦本纪正义》：商州商洛县，在州东八十九里，鞅所封也。●《商君列传索隐》引《竹书纪年》：梁惠成王三十年（前340），秦封商鞅。●《水经·浊漳水注》引《竹书纪年》（又见《路史·国名纪》己）：魏惠王三十年（前340），秦封卫鞅于邬，改名曰商。

[3]《楚世家》：楚宣王三十年（前340），秦封卫鞅于商，南侵楚。是年宣王卒，子威王熊商立。■楚宣王之相为昭奚恤，详上。楚威王之相为昭阳，详下。

[4]《水经·济水注》引《竹书纪年》：魏惠王三十年（前340），城济阳。

[5]《孟尝君列传》：田婴者，齐威王少子，而齐宣王庶弟也。■齐威王早期（马陵之战前）之齐相为邹忌，后期（马陵之战后）之齐相为田婴。

[6]《庄子·列御寇》：郑人缓也，呻吟裘氏之地，只三年而缓为儒，河润九里，泽及三族，使其弟墨。儒墨相与辩，其父助翟，缓自杀。十年而其父梦之。曰："使尔子为墨者，予也。盍尝视其垠？既为楸柏之实矣。"

[7]《宋世家》：休公田二十三年（当作二十六年）卒，子辟公辟兵立。辟公三年（当作四十一年）卒，子剔成立。剔成四十一年（当作三年），剔成弟偃攻袭剔成，剔成败奔齐，偃自立为宋君。▲钱穆：四十一年乃桓侯在位之年，而剔成则在位三年。●《宋世家索隐》引《竹书纪年》：宋剔城（肝）[子罕]废其君（璧）[辟兵]而自立也。●《韩非子·人主》：宋君失其爪牙于子罕，简公失其爪牙于田常，而不早夺之，故身死国亡。●《韩非子·内储说下》：戴驩为宋太宰，皇喜重于君，二人争事而相害也。皇喜遂杀宋君而夺其政。■据《竹书纪年》和《韩非子》，戴剔成非宋辟公（宋桓侯）之子，而是篡弑者。《竹书纪年》"剔城"即剔成，"肝"为"子罕"之讹，"璧"为"辟兵"之讹，"废其君"即篡弑。《韩非子·人主》"子

罕"，即《韩非子·内储说下》"皇喜"，后者当为戴剔成别号。钱穆《先秦诸子系年》据《竹书纪年》谓宋桓侯参与四国朝魏（前356），已当宋桓侯二十五年，故《宋世家》误倒二君在位年数，应为宋桓侯在位四十一年（前380—前340），戴剔成弑君篡位、当年改元而在位三年（前340—前338），详见引子第一章注6。战国士人多将田氏代齐、戴氏代宋相提并论。后世多知田氏代齐，鲜知戴氏代宋。父死子继之子君，须为父君服丧至年底，谓之"期年"，翌年元旦祭祖之后继位改元。弑君篡位之新君，为了彰明前君为恶君，因此不为前君服丧，通常当年改元。戴剔成亦然，所以今年（前340）既是宋桓侯四十一年，又是宋剔成君元年。

[8]宋国之雕陵，见于《庄子·山木》："庄周游于雕陵之樊……今吾游于雕陵而忘身。"宋国之东陵，见于《吕览·安死》："宋未亡而东冢抇。"

第三部

辞吏拒相（前339—前331）

惠施相魏志在偃兵，庄周钓鱼心寄鸿鹄

前339年，岁在壬午。庄周三十一岁。宋别成君二年。

周显王三十年。秦孝公二十三年。楚威王元年。魏惠王三十一年。韩昭侯二十四年。赵肃侯十一年。齐威王十九年。燕文公二十三年。鲁景公七年。卫平侯四年。越王无疆四年。中山成公十一年。

齐威王取代强魏，成为中原霸主，严惩逢泽之会朝魏的泗上诸侯，伐灭薛国、邳国，合并其地，改名徐州（今山东滕州）。[1]

魏惠侯问策群臣："齐威王两度重创寡人，杀我太子，诛我大将，灭我属国。寡人欲发倾国之兵，伐齐报仇！"

惠施说："主公不可如此！古人有言：'王者必有法度，霸者必知计谋。'主公既无法度，又无计谋，先与赵国结怨，再与齐国决战。如今新败于齐、秦、赵，国内守备尚且不足，再发倾国之兵伐齐，岂是明智之举？主公不如变服折节，朝拜齐威王，尊为天下霸主，楚威王必将怒而伐齐。楚人久逸未战，齐人久战力疲，主公必能借楚破齐。"[2]

公孙衍说："惠施所言甚是！主公不妨公开向齐称臣，暗中与楚修好。齐、楚凭借有魏支持，必将互战。齐若胜楚，主公就能顺势伐楚，攻取方城之外。楚若胜齐，主公就能顺势伐齐，报仇雪耻。"[3]

惠施又说："魏国强盛百年，如今两败于齐，实因三晋不睦，韩、赵不附，附魏之国过于弱小，所以缺乏强援。主公只有亲善韩、赵，与齐偃兵，才能扭转颓势，尽快恢复元气。"

白圭说："主公可在大梁北郭之外，开掘大沟，连通黄、淮。平时可以减少水患，利于灌溉，增加农业产量。战时可以迅速运送粮草，调动兵马，成为防御齐国的水上屏障。"

魏惠侯六十二岁，任命四十二岁的惠施为相，负责与齐偃兵。任命三十七岁的公孙衍为将，负责防御齐伐。任命老臣白圭为司农，负责开掘鸿沟。[4]

白圭先事魏武侯，后事魏惠侯，公叔痤死后相魏，策动四国朝魏，主持逢泽之会，反被中山成公取代相位。如今中山成公罢相，白圭原本指望复相，竟被年纪轻轻的客卿惠施取代，十分不满。

白圭上朝，当着惠施的面，向魏惠侯进言："新妇初至婆家，宜于安居矜持，烟视媚行，恭敬事奉公婆。如果初至婆家，发现灶火太盛，立刻吩咐小厮：'减少柴火！否则易起火灾。'发现门槛有坎，立刻吩咐小厮：'补好门槛！否则会伤人足。'新妇所言，并非不利夫家，只是操之过急。如今惠施初为相国，立刻尽改主公的既定国策，亲善韩、赵，臣事齐、楚，一如操之过急的新妇。"

魏惠侯问惠施："先生如何自辩？"

惠施说："《诗经》只说'恺悌君子，民之父母'，没说'恺悌君子，民之新妇'。君子身为民众父母，教导民众如同教导子女，白圭怎能把我比作操之过急的新妇？"[5]

魏惠侯接受惠施自辩，仍按惠施之策，与天下偃兵，亲善韩、赵，臣事齐、楚。派遣新太子魏嗣赴齐为质，派遣幼子魏高赴楚为质。

太子魏嗣至齐为质，齐威王准备召见。

朱仓说："大王不宜接受魏嗣为质，不如让相国护送归魏。"

齐威王大为诧异："为何如此？"

朱仓说:"魏惠侯年事已高,又有重病,来日无多。大王送归魏嗣,魏惠侯必将感激大王,真心事齐。大王如果留下魏嗣,魏惠侯必将怨恨大王,假意事齐。一旦魏惠侯死去,楚威王送归魏高,立为魏君,大王就会空抱质子,反被天下视为不义。"

齐威王听从其言,命令田婴护送魏嗣归魏。[6]

魏惠侯大悦,认为惠施之策初见成效。

惠施拜见田婴:"齐威王送归太子魏嗣,魏惠侯非常感激,愿意取消夏王称号,亲自朝拜齐威王,尊为天下霸主。"

田婴欣喜不已。

门客张丑进言:"主公不宜同意魏惠侯朝拜大王!假如齐未胜魏,那么大王得到魏惠侯朝拜,就能与魏联合,击败楚、秦。如今齐已胜魏,灭其二十万大军,杀死大将庞涓和太子魏申,再让万乘之魏向齐称臣,自居天下霸主,必将激怒楚威王。楚威王刚刚即位,年轻气盛,既好用兵,更爱虚名,必将成为齐国大患。"

田婴不听,返齐禀报:"魏惠侯愿意取消夏王称号,朝齐称臣,尊奉大王为天下霸主。"

齐威王大喜,命令田婴与惠施共同筹备魏惠侯朝齐大典。[7]

司马熹相宋二年,受到戴盈、戴不胜掣肘。为了大权独揽,献策剔成君:"戴骓当年为了固位,重用主公、戴盈、戴不胜等戴氏同宗,最终身死族灭。如今主公大位已定,不宜继续重用戴氏同宗,否则必有后患。"

剔成君采纳其策,再次罢黜戴盈、戴不胜,任命庶弟戴偃为右师,代己执掌兵权。从此高枕无忧,沉溺酒色。

戴偃三十一岁,身高九尺四寸,面阔一尺三寸,目如巨星,面有神光,力能屈伸铁钩。

司马熹不敢与戴偃争权,倾心结纳。[8]

庄周三十一岁,次子庄咸出生。屈原生于楚国。

庄周失去良师子綦，难以排遣担任漆园吏的郁闷。公务之余，前往蒙泽钓鱼。

子桑正在蒙泽漂洗麻絮，询问庄周："为吏虽然俸禄不高，但是油水丰厚，足以养家，你为何还要自己钓鱼？"

庄周说："我为吏数年，越来越难忍受衙门污浊。不愿同流合污，不愿欺压庶民，不愿勒索商家。受到同衙胥吏排挤，常被县令申斥。我来钓鱼，不是为了吃鱼，而是为了散心。"

子桑说："见你钓鱼，我想起一个故事。"

庄周说："愿闻其详。"

子桑说："蒙泽对岸，就是任国，泗上十二诸侯之一。传说任国有个公子，喜好垂钓大鱼，做了巨钩粗绳，以五十头犍牛为钓饵，蹲在会稽山顶，投竿东海深处。天天垂钓，整年未得大鱼。后来有条大鱼吞食了鱼饵，牵着巨钩，潜入水下，奔驰翻腾，狂摆鱼鳍，白波如同高山，海水剧烈震荡，声音如同鬼哭神号，惊吓达于千里之外。任公子钓到大鱼，制成鱼干，分施民众。浙江以东、苍梧以北的人们，无不饱餐。天下人惊闻此事，辗转相告，很多人举着短竿细绳，趋赴灌井田沟，守候鲵鳅鲋鱼，不过只能钓到一些小鱼，不能钓到大鱼。"

庄周说："姜太公钓鱼，钓取一己富贵，受到世人艳羡。任公子钓鱼，惠及天下民众，我很仰慕。"

子桑说："姜太公尽管意在一己富贵，尚有救世济民之心。如今那些自负才学、游说诸侯的士人，修饰小说，干谒县令，只想谋求一己富贵，全无救世济民之心，遑论领悟大道。"

庄周看着水鸟拍击蒙泽湖面，划破水面，升空高举，飞向南方，顿生鸿鹄之志。[9]

笺注

[1]《水经·泗水注》引《竹书纪年》：梁惠王三十一年（前339），下邳迁于薛，改名徐州。■后来魏惠王连续三年（前336—前334）朝齐（第

三次齐、魏徐州相王），均由魏相惠施、齐相田婴共同主持。后来齐威王封田婴于薛（今山东滕州市南四十里），徐州恢复称薛，故田婴、田文父子均称"薛公"。

[2]、[7]《魏策二》十一：齐、魏战于马陵，齐大胜魏，杀太子申，覆十万之军（前341）。魏王召惠施而告之曰："夫齐，寡人之仇也，怨之至死不忘。国虽小，吾常欲悉起兵而攻之，何如？"对曰："不可。臣闻之：'王者得度，而霸者知计。'今王所以告臣者，疏于度而远于计。王固先属怨于赵，而后与齐战。今战不胜，国无守战之备，王又欲悉起而攻齐，此非臣之所谓也。王若欲报齐乎，则不如因变服折节而朝齐，楚王必怒矣。王游人而合其斗，则楚必伐齐。以休楚而伐罢齐，则必为楚禽矣。是王以楚毁齐也。"魏王曰："善。"乃使人报于齐，愿臣畜而朝。田婴许诺。张丑曰："不可。战不胜魏，而得朝礼，与魏和而下楚，此可以大胜也。今战胜魏，覆十万之军而禽太子申，臣万乘之魏而卑秦、楚，此其暴于戾，定矣。且楚王之为人也，好用兵而甚务名，终为齐患者，必楚也。"田婴不听，遂内魏王，而与之并朝齐侯，再三（前336—前334）。

[3]《魏策一》二三：徐州之役，犀首（公孙衍之字）谓梁王曰："何不阳与齐而阴结于楚？二国恃王，齐、楚必战。齐战胜楚，而与乘之，必取方城之外；楚战胜齐，而与乘之，是太子之仇报矣。"■事在徐州之役前六年（前339），策文连言，易致错误系年。徐州之役（前333）发生时，公孙衍已至秦为大良造而伐魏雕阴，详下第三十七章。

[4]《韩非子·喻老》：白圭之行堤也，塞其穴……是以白圭无水难。●《孟子·告子下》：白圭曰："丹之治水也愈于禹。"孟子曰："子过矣！禹之治水，水之道也。是故禹以四海为壑。今吾子以邻国为壑。水逆行，谓之洚水。洚水者，洪水也，仁人之所恶也。吾子过矣！"●《水经·渠水注》引《竹书纪年》（《舆地广记》引同）：梁惠王三十一年（前339）三月，为大沟于北郭，以行圃田之水。■大沟，后称鸿沟，用于沟通黄、淮水系，前312年九国混战，越国水师助魏抗击齐、宋联军（详下第五十八章），即沿吴之邗沟、魏之鸿沟直达大梁。楚、汉中分天下，亦以鸿沟为界。

[5]《吕览·不屈》：白圭新与惠子相见也，惠子说之以强，白圭无以

应。惠子出，白圭告人曰："人有取新妇者，妇至，宜安矜，烟视媚行。竖子操蕉火而钜，新妇曰：'蕉火大钜。'入于门，门中有畦陷，新妇曰：'塞之！将伤人之足。'此非不便之家氏也，然而有大甚者。今惠子之遇我尚新，其说我有大甚者。"惠子闻之曰："不然。《诗》曰：'恺悌君子，民之父母。'恺者大也，悌者长也。君子之德，长且大者，则为民父母。父母之教子也，岂待久哉？何事比我于新妇乎？《诗》岂曰'恺悌新妇'哉？"■事在惠施相魏（前340）之后。白圭因未能复相而被惠施代相，遂向魏惠王进谗。白圭继公叔痤为相，中山成公继白圭为相，惠施又继中山成公为相。中山成公罢相即归中山，惠施相魏以后，白圭仍然仕魏治水。旧多误系此事于白圭罢相、惠施初至魏国（前343）之时，不合魏史。惠施若非为新为魏相，不得谓之新妇，不得发布政令。

[6]《魏策二》十二：惠施为韩、魏交，令太子鸣（《太平御览》卷四六〇引作"太子明"，当作太子嗣，"鸣"为"嗣"之讹文）为质于齐。王欲见之，朱仓谓王曰："何不称病？臣请说婴子曰：'魏王之年长矣，今有疾，公不如归太子以德之。不然，公子高在楚，楚将内而立之，是齐抱空质行不义也。'"●《太平御览》卷四六〇：王从之，太子得还。■魏惠王生于魏文侯新元二十四年（前400），魏惠王三十一年（前339）六十二岁，朱仓故曰"魏王之年长矣"。太子申死后，魏惠王立公子嗣（魏襄王）为太子。

[8]《东周列国志》：宋康王乃宋辟公辟兵之子，剔成之弟。其母梦徐偃王来托生，因名曰偃。生有异相，身长九尺四寸，面阔一尺三寸，目如巨星，面有神光，力能屈伸铁钩，于周显王四十一年，逐其兄剔成而自立。■《东周列国志》被《史记·宋世家》误导，误以为戴剔成、戴偃兄弟为宋辟公之子，其年亦误。

[9]《庄子·外物》：任公子好钓巨鱼，为大钩巨纶，五十犗以为饵，蹲乎会稽，投竿东海。旦旦而钓，期年不得鱼。已而大鱼食之，牵巨钩陷没而下，骛扬而奋鬐，白波若山，海水震荡，声侔鬼神，惮吓千里。任公子得若鱼，离而腊之。浙河以东，苍梧以北，莫不厌若鱼者。已而后世铨才讽说之徒，皆惊而相告也。夫揭竿累，趋灌渎，守鲵鲋，其于得大鱼难矣。饰小说以干县令，其于大达亦远矣。是以未尝闻任氏之风俗，其不可与经于世，亦远矣。

三二

孝公死秦商鞅车裂，戴偃逐兄庄周辞吏

前338年，岁在癸未。庄周三十二岁。宋剔成君三年（奔齐）。

周显王三十一年。秦孝公二十四年（卒）。楚威王二年。魏惠王三十二年。韩昭侯二十五年。赵肃侯十二年。齐威王二十年。燕文公二十四年。鲁景公八年。卫平侯五年。越王无疆五年。中山成公十二年。

商鞅献策秦孝公："魏惠侯采纳惠施之策，取消夏王称号，修好韩、赵，臣事齐、楚，仍然不把主公放在眼里，不可不伐！"

秦孝公大怒，发兵伐魏，攻打魏国岸门（今山西河津南），生擒岸门守将魏错。

秦孝公操劳过度，得了重病。[1]

赵良从赵至秦，通过孟兰皋引荐，拜见商鞅。

商鞅大悦："秦国变法二十多年，今非昔比，气象一新。可惜中原士人大多坚持偏见，仍然不愿仕秦。先生愿意弃暗投明，实在难得，不知愿意担任什么官职？"

赵良说："得到不该得到的官位，叫作贪位。拥有不该拥有的声名，叫作贪名。我来秦国，不为贪图名位，专为劝谏相国。"

商鞅不悦："莫非先生不赞成我对秦国的治理？"

赵良说："相国治理秦国，仅用严刑峻法，违背尧舜之道。"

商鞅说："秦人原是戎狄，君臣没有尊卑，父子没有上下，男女没有分别。我相秦以后，更改其教，君臣有了尊卑，父子有了上下，男女有了分别，已经不异鲁卫，先生怎能说我违背尧舜之道？先生难道不认为，我对秦国的治理已经超过了百里奚？"

赵良说："百里奚治秦之功，相国怎能相比？相国不以百姓利益为事，专以强兵称霸为务，难称有功于秦。轻罪重罚，残害民众，黥劓太子太师公孙贾、太子太傅嬴虔，诛杀秦孝公宠臣祝欢，都是积怨蓄祸之举。相国的处境，可谓危如朝露。如果及时改弦更张，或许还能挽救。否则秦孝公一旦死去，秦国上下想要报复相国之人，还会少吗？相国大祸将至，可以翘足而待。"

商鞅大怒，驱逐赵良。

五个月后，秦孝公嬴渠梁死了。二十一岁即位，在位二十四年（前361—前338）。即位以后，变法图强，日夜勤政，身心长期透支，终于过劳早夭，年仅四十四岁（前381—前338）。

十九岁的太子嬴驷继位，即秦惠君。十三年后叛周称王，史称秦惠王。

秦国虽已变法图强，今非昔比，天下诸侯仍然鄙视夷秦，仅有周显王、魏惠侯、韩昭侯遣使吊贺。[2]

前太子太傅嬴虔，八年前被商鞅先施黥刑，再施劓刑，从此不敢出门。秦孝公一死，立刻上朝，诬告商鞅谋反。

前太子太师公孙贾，八年前被商鞅施以黥刑，也怀恨商鞅，于是附和嬴虔："大臣擅权欺主，必将动摇国本。如今秦国民众，甚至妇女小孩，全都仅知商君，不知秦君。商君已成秦国之主，秦君倒像秦国之臣。主公为了自己，为了百姓，均应除此大害！"[3]

秦惠君说："商君前年领兵伐魏，不是堂堂正正战而胜之，而是欺骗诈杀旧友魏卬，导致山东诸侯鄙视秦人无信无义。商君会背叛旧友，必会背叛秦国。"[4]

下令逮捕商鞅。

商鞅闻讯，带着母亲逃出咸阳。

日暮时分，入住客店。

店主要求商鞅出示路引。

商鞅出逃匆忙，没带路引。

店主说："商君之法规定：收留没有路引的客人，店主将以窝藏逃犯的罪名受刑。小店不敢留你！"

商鞅仰天长叹："没想到我竟作法自毙！"

带着母亲，连夜逃往魏国。

魏国边关守将，乃是三年前马陵之役兵败贬官的穰疵。

商鞅请求穰疵："秦孝公死了，秦惠君加罪于我。我曾是魏相公叔痤的门客，愿意归魏，报效魏惠侯。"

穰疵说："先生两年前声称不愿与旧友交战，诈杀魏卬。如今又声称秦惠君加罪，我怎能相信并非骗我启关，趁机攻打魏国？"

商鞅说："所言句句属实！将军如果不信，可以扣留我的母亲作为人质。"

穰疵说："先生会背叛魏国，会背叛旧友，为何不会背叛母亲？即使所言属实，也是秦惠君追捕的逃犯。我若放你入魏，秦惠君必将怒而伐魏。"[5]

商鞅不得入魏，逃回封地商於，率领部属逃往韩国。

秦惠君发兵追捕，在韩国渑池（今河南三门峡）诛杀商鞅。尸体运回咸阳，公开车裂。秦惠君收回封地商於，灭其三族。[6]

卫人商鞅，三十二岁离魏入秦，相秦二十二年（前359—前338），车裂灭族。终年五十三岁（前390—前338），遗著《商君书》。

鲁人尸佼，投靠商鞅，害怕受到株连，无颜东归母邦鲁国，于是南逃蜀国。八年后死去（前390—前330），遗著《尸子》。[7]

剔成君篡位三年（前340—前338），荒淫无度，国事尽付相国司马熹、右师戴偃。

司马熹位居戴偃之上，然而没有实权，怨恨剔成君，于是献策戴偃："主公弑君自立，宋民均有怨心。主公罢黜众戴，群臣也有怨心。将军文武双全，贤于主公，而且手握重兵，若能整顿纲纪，必得臣民拥戴。"

戴偃说："主公囚君弑君，臣民视为不臣不仁。我若代之，既是弑君，又是杀兄，岂非更加不臣不仁？"

司马熹说："将军不妨宣布主公罪状，逐而不杀！"

戴偃采纳其策，兵围苏宫，宣布剔成君罪状：弑君篡位，荒淫无度，暴虐宋民，不事仁义，天怒人怨。

宋国臣民怀念宋桓侯，无人支持剔成君。

剔成君祸起萧墙，众叛亲离，逃出商丘，出奔齐国而死，无谥。

戴偃逐兄篡位，即宋君偃。十年后叛周称王，史称宋康王。[8]

司马熹连任宋相，终于大权独揽。

庄周三十二岁，宋君偃逐兄篡位。

庄周告诉家人："昨天夜里，我做了一梦，变成了蝴蝶。振动蝶翼，轻盈飞动，栩栩如生，自适其适，逍遥自在，不知自己原是庄周。正在至乐无极，猛然惊醒，发现自己仍是庄周，并非蝴蝶。为何蝴蝶能够顺道而生，循德而死，我们生而为人，反而不如蝴蝶？"

庄全感叹："是啊！宋桓侯是难得的仁君，我以为在其治下可以躲避战乱，结果三年之内，宋国二次易君，臣弑君，弟逐兄，篡弑如此频仍，一君不如一君，看来宋国再也不是乐土。《墉风·鹑之奔奔》有言：'人之无良，我以为君。'《王风·兔爰》亦言：'有兔爰爰，雉离于罗。我生之初，尚无为。我生之后，逢此百罹。'"

庄周说："宋桓侯末年，戴剔成专权，我已不堪忍受衙门污浊，有意辞去漆园吏，只是为了养家，延宕至今。如今戴氏又是弑君篡位，又是兄弟相残，我已决意辞去漆园吏。"

庄全说："也好。孔子有言：'有道则现，无道则隐。'"

狶韦氏说："宁可粗茶淡饭，不事不义之君。"

钟离氏也说："天地之藏，本可养人。"

庄周得到家人支持，毅然辞去漆园吏。[9]

笺注

[1]《秦本纪》：秦孝公二十四年（前338），与晋战岸门，虏其将魏错。孝公卒，子惠文君立。是岁，诛卫鞅。鞅之初为秦施法，法不行，太子犯禁。鞅曰："法之不行，自于贵戚。君必欲行法，先于太子。太子不可黥，黥其傅师。"于是法大用，秦人治。及孝公卒，太子立，宗室多怨鞅，鞅亡，因以为反，而卒车裂以徇秦国。●《秦本纪索隐》引《竹书纪年》：魏惠王三十二年（前338），与秦战岸门。●《六国表》秦孝公二十三年（前339）：与晋战岸门。■岸门之战始于去年（前339），终于今年（前338）。

[2]、[6]《商君列传》：赵良见商君。商君曰："鞅之得见也，从孟兰皋，今鞅请得交，可乎？"赵良曰："仆弗敢愿也。孔丘有言曰：'推贤而戴者进，聚不肖而王者退。'仆不肖，故不敢受命。仆闻之曰：'非其位而居之，曰贪位。非其名而有之，曰贪名。'仆听君之义，则恐仆贪位贪名也。故不敢闻命。"商君曰："子不说吾治秦与？"赵良曰："反听之谓聪，内视之谓明，自胜之谓强。虞舜有言曰：'自卑也尚矣。'君不若道虞舜之道，无为问仆矣。"商君曰："始秦戎翟之教，父子无别，同室而居。今我更制其教，而为其男女之别，大筑冀阙，营如鲁卫矣。子观我治秦也，孰与五羖大夫贤？"赵良曰："千羊之皮，不如一狐之腋；千人之诺诺，不如一士之谔谔。武王谔谔以昌，殷纣默默以亡。君若不非武王乎，则仆请终日正言而无诛，可乎？"商君曰："语有之矣，貌言华也，至言实也，苦言药也，甘言疾也。夫子果肯终日正言，鞅之药也。鞅将事子，子又何辞焉！"赵良曰："夫五羖大夫，荆之鄙人也。闻秦缪公之贤而愿望见，行而无资，自粥于秦客，被褐食牛。期年，缪公知之，举之牛口之下，而加之百姓之上，秦国莫敢望焉。相秦六七年，而东伐郑，三置晋国之君，一救荆国之祸。发教封内，而巴人致贡；施德诸侯，而八戎来服。由余闻之，款关请见。五羖大夫之相秦也，劳不坐乘，暑不张盖，行于国中，不从车乘，不操干戈，功名藏

于府库，德行施于后世。五羖大夫死，秦国男女流涕，童子不歌谣，舂者不相杵。此五羖大夫之德也。今君之见秦王也，因嬖人景监以为主，非所以为名也。相秦不以百姓为事，而大筑冀阙，非所以为功也。刑黥太子之师傅，残伤民以骏刑，是积怨畜祸也。教之化民也深于命，民之效上也捷于令。今君又左建外易，非所以为教也。君又南面而称寡人，日绳秦之贵公子。《诗》曰：'相鼠有体，人而无礼。人而无礼，何不遄死？'以《诗》观之，非所以为寿也。公子虔杜门不出已八年矣，君又杀祝欢而黥公孙贾。《诗》曰：'得人者兴，失人者崩。'此数事者，非所以得人也。君之出也，后车十数，从车载甲，多力而骈胁者为骖乘，持矛而操阖戟者旁车而趋。此一物不具，君固不出。《书》曰：'恃德者昌，恃力者亡。'君之危若朝露，尚将欲延年益寿乎？则何不归十五都，灌园于鄙，劝秦王显岩穴之士，养老存孤，敬父兄，序有功，尊有德，可以少安。君尚将贪商於之富，宠秦国之教，畜百姓之怨，秦王一旦捐宾客而不立朝，秦国之所以收君者，岂其微哉？亡可翘足而待。"商君弗从。后五月而秦孝公卒，太子立。公子虔之徒告商君欲反，发吏捕商君。商君亡至关下，欲舍客舍。客人不知其是商君也，曰："商君之法，舍人无验者坐之。"商君喟然叹曰："嗟乎，为法之敝，一至此哉！"去之魏。魏人怨其欺公子卬而破魏师，弗受。商君欲之他国。魏人曰："商君，秦之贼。秦强而贼入魏，弗归，不可。"遂内秦。商君既复入秦，走商邑，与其徒属发邑兵北出击郑。秦发兵攻商君，杀之于郑黾池。秦惠王车裂商君以徇，曰："莫如商鞅反者！"遂灭商君之家。

●《赵世家》：赵肃侯十二年（前338），秦孝公卒，商君死。

[3]《秦策一》一：卫鞅亡魏入秦，孝公以为相，封之于商，号曰商君。商君治秦，法令至行，公平无私，罚不讳强大，赏不私亲近，法及太子，黥劓其傅。期年之后，道不拾遗，民不妄取，兵革大强，诸侯畏惧。然刻深寡恩，特以强服之耳。孝公行之八年，疾且不起，欲传商君，辞不受。孝公已死，惠王代后，莅政有顷，商君告归。人说惠王曰："大臣太重者国危，左右太亲者身危。今秦妇人婴儿皆言商君之法，莫言大王之法。是商君反为主，大王更为臣也。且夫商君，固大王仇雠也，愿大王图之。"商君归还，惠王车裂之，而秦人不怜。■告发者，即被商鞅黥劓的太子太傅嬴

虔、太子太师公孙贾。

[4]《魏世家》：魏惠王三十三年（当作三十二年，前338），秦孝公卒。商君亡秦归魏，魏怒，不入。●《吕览·无义》：公孙鞅因伏卒与车骑，以取公子卬。秦孝公薨，惠王立，以此疑公孙鞅之行，欲加罪焉。公孙鞅以其私属与母归魏，襄疵不受，曰："以君之反公子卬也，吾无道知君。"■秦惠王或怀私怨，但不宜以此为罪名，故以商鞅欺骗魏卬为罪名。

[5]《战国纵横家书》十七《苏厉谓起贾章》：公孙鞅之欺魏卬也，公孙鞅之罪也。身在于秦，请以其母质，襄疵弗受也。■《战国纵横家书》十七所言魏将襄疵，即《竹书纪年》所言马陵之役伐韩之魏将襄疵（见上第二十九章）。

[7]《汉书·艺文志》著录《尸子》二十篇。班固自注：名佼，鲁人。秦相商君师，鞅死，佼逃入蜀。■尸佼生卒年（前390—前330），据钱穆《先秦诸子系年》。

[8]《墨子·所染》、《吕览·当染》及《顺说》、《战国策·宋策》、《史记》均称"宋康王"。

[9]庄子曾为漆园吏，又曰"终生不仕，以快吾志"（《史记·老子韩非列传》）。其辞漆园吏，当在宋康王逐兄篡位之后，时年三十二岁。

不害死韩君偃养虎，庄周羡技庖丁慕道

前337年，岁在甲申。庄周三十三岁。宋康王元年。

周显王三十二年。秦惠王元年。楚威王三年。魏惠王三十三年。韩昭侯二十六年。赵肃侯十三年。齐威王二十一年。燕文公二十五年。鲁景公九年。卫平侯六年。越王无疆六年。中山成公十三年。

秦惠君二十岁，服满除丧，正式即位。

楚威王、韩昭侯、赵肃侯、蜀君遣使祝贺。[1]

秦惠君去年诛杀商鞅，追随商鞅入秦的尸佼等中原士人，大多逃离秦国。如今没有合适的秦相人选，于是任命樛斿为相。[2]

申不害死了。三十五岁相韩，相韩十五年（前351—前337），终年四十九岁（前385—前337）。[3]

韩昭侯启用申不害，主持韩国变法。君臣二人毛病相同，不能专擅一法，不能统一宪令，不能以法治国，好用小术，诡谲其辞。新法虽立，旧礼未废。新令既下，旧命未止。新旧杂用，民众不知所从。变法弊病丛生，未能富国强兵，仅仅免于诸侯征伐十五年。[4]

申不害变法不坚，执法不严，得罪宗室贵族不深，没像吴起、商鞅那样以身殉法，得以善终。

韩昭侯任命张开地（张良祖父）为相。[5]

宋君偃听从司马熹，大肆清洗前朝之臣。继续效法秦国，实行苛政，以严刑峻法治国。

多数墨者离宋往秦，追随巨子腹䵍。

少数墨者离宋往魏，追随魏相惠施。

墨者告子、宋钘，儒生兒说，离宋往齐，游学稷下学宫。

宋国墨者儒生散于天下，士林凋敝，朝野死寂。

宋君偃热衷于斗鸡养虎，荒嬉无度，乐得没有大臣进谏。

司马熹满足于大权独揽，营私舞弊，乐得没有同僚争权。[6]

庄周三十三岁，不再担任漆园吏，全力经营荆园。

庄周前往商丘，贩卖瓜果、木材一毕，去见庖丁：“宋君偃为何喜欢斗鸡养虎？”

庖丁说：“你是老聃之徒，为何也对斗鸡养虎感兴趣？”

庄周说：“魏国的老聃之徒徐无鬼，曾以相马、相狗之技讽谏魏武侯。齐国的老聃之徒轮扁，曾以制轮之技讽谏田齐桓公。你虽不是老聃之徒，也曾以解牛之技讽谏宋桓侯。一切人类之技，无不与道相通，所以我对百工之技都感兴趣。人类之技只要顺应天道，就能臻于大成，立于不败之地。人类之技如果违背天道，只能止于小成，最终一败涂地。”

庖丁说：“既然如此，我介绍你认识宋君偃的斗鸡师和驯虎师。”

庄周说：“正有此意。”

庄周请教斗鸡师：“宋君偃为何喜欢斗鸡？”

斗鸡师说：“宋君偃认为宋国民风软弱，难与列强争雄。希望通过斗鸡，激励尚武之风。宋君偃常说：‘雄鸡尚且好斗，男人更应尚武。’”

庖丁笑了：“看来斗鸡之技，不能进窥天道。”

庄周说：“那也未必，或许另有奥秘。”

庄周请教驯虎师："我见过斗鸡，也见过耍猴，但没见过驯虎。"

驯虎师说："驯养老虎，既危险，又费钱，而且全无用处，庶民谁会养虎？只有国君才有财力养虎，你当然没见过。"

庄周问："天下诸侯都不养虎，为何宋君偃喜欢养虎？"

驯虎师说："天下诸侯虽有财力，但是害怕大臣批评玩物丧志，所以都不养虎。宗室贵族也有财力，但是驯养百兽之王，容易引起国君疑心，所以不敢养虎。宋君偃不怕大臣批评，听说商纣王曾经养虎，所以热衷养虎。宋君偃常说：'君主是百姓之王，老虎是百兽之王。寡人斗鸡，可以与民同乐。寡人养虎，可以傲视诸侯。'"

庄周问："虎性凶猛，你如何避免被虎伤害？"

驯虎师说："我不用活物喂养老虎，因为老虎一旦杀死活物，就会诱发杀戮之心。我也不用全物喂养老虎，因为老虎一旦撕裂全物，就会激发残忍之性。驯虎师只要顺应天道，因应正确，洞悉老虎的饥饱，驾驭其杀戮之心，控制其残忍之性，老虎就会顺从驯虎师。驯虎师被虎所伤，必是违背天道，因应不当。"[7]

庖丁说："看来养虎之技，确实与道相通。"

庄周问："禽兽天性各不相同，为何人类都能驯养？"

庖丁说："万物分为四等：上首者至高，旁首者次之，下首者又次之，无首者最下。"

庄周问："何为上首者、旁首者、下首者、无首者？"

庖丁说："无生物无首无知，有生物有首有知。人类上首上知，禽兽旁首中知，草木下首下知，所以人类食用禽兽，禽兽食用草木，草木食用无生物。人类凭借上首上知，在万物之中最为尊贵，可以食用禽兽、草木、无生物，可以制服、驾驭、驯养禽兽。"

庄周说："你说人类在万物之中最为尊贵，但你所言之物，都是小物，没有包括至大之物天地。天地也是无生物，同样无首无知。人类不能制服、驾驭、驯养天地，怎能认为在万物之中最为尊贵？"

庖丁说："看来我的话需要修正，人类仅在天地以外的万物之中最为尊贵。"

庄周说："虽经修正，你的话仍然欠妥。有生物除了有首有知，还有生死。无生物除了无首无知，也无生死。如果有生物凭借有首有知，比无首无知的无生物尊贵，那么有生物是否也凭借有生死，而比无生死的无生物尊贵？"

庖丁说："是的。"

庄周问："那么有生物是凭借有生，还是凭借有死，才比无生物尊贵？"

庖丁说："凭借有生，才比无生物尊贵！所以一切有生物，无不爱生怕死。"

庄周问："既然有生贵于无生，那么长命是否贵于短命？"

庖丁说："是的。"

庄周说："人类的生命，至多百年。禽兽的生命，仙鹤上百年，神龟上千年。草木的生命，凡木数百年，神木数千年。那么有生物之中，究竟是长命的禽兽、草木尊贵，还是短命的人类尊贵？"

庖丁苦笑："你把我问倒了！看来人类在天地之间最为尊贵，不能凭借有生有死，只能凭借上首上知。因为人类凭借上首上知，能够领悟天地之道，然而禽兽只有旁首中知，草木只有下首下知，不能领悟天地之道。道字从首从走，从首就是闻道悟道，从走就是行道成道。"

庄周问："大多数人或是无缘闻道，或是闻道太迟，少数人有缘闻道，极少数人闻道不迟。即使闻道不迟，闻道未必悟道，悟道未必行道，行道未必成道。可见人类尽管上首，未必均有上知，未必皆能领悟天地之道，所以顺道之人极少，悖道之人极多。然而禽兽尽管旁首中知，草木尽管下首下知，无生物尽管无首无知，却无不顺道，永不悖道。人类怎能凭借上首上知，自诩天地之间最为尊贵？"

庖丁说："如此看来，人类凭借上首上知，既可能顺应天道，成为天地之间最为尊贵之物，也可能违背天道，成为天地之间最为卑贱之物。"

庄周赞叹："不愧是以技进道的庖丁，果然透彻！"[8]

笺注

[1]《秦本纪》：秦惠文王元年（前337），楚、韩、赵、蜀来朝。
■"来朝"是自诩夸大之词，当为观礼登基仪式，祝贺继位。●《六国表》
秦惠文王元年（前337）：楚、韩、赵、蜀人来。●《华阳国志》卷三《蜀
志》：周显王二十二年（当作三十二年，前337）蜀侯使朝秦，秦惠王数以
美女进，蜀王感之，故朝焉。

[2]秦戈铭文：（秦惠文君）四年（前334），相邦樛斿之造，栎阳工上
造闻。■《贞松堂集古遗文》卷十二、《双剑誃吉金图录》卷下、《三代吉金
文存》卷十二著录，两戈铭文全同。商鞅死后，樛斿相秦五年（前337—前
333），被公孙衍取代。

[3]《韩世家》：韩昭侯二十二年（当作二十六年，前337），申不害死。
●《老子韩非列传》：申不害者，京人也，故郑之贱臣。学术以干韩昭侯，
昭侯用为相，内修政教，外应诸侯，十五年，终申子之身，国治兵强，无
侵韩者。■韩昭侯十一年（前352）许异罢相。韩昭侯十二年（前351）至
二十六年（前337），申不害相韩十五年（前351—前337）。

[4]《韩非子·定法》：申不害，韩昭侯之佐也。韩者，晋之别国也。晋
之故法未息，而韩之新法又生；先君之令未收，而后君之令又下。申不害
不擅其法，不一其宪令，则奸多。故利在故法前令则道之，利在新法后令
则道之，利在故新相反，前后相悖，则申不害虽十使昭侯用术，而奸臣犹
有所谲其辞矣。故托万乘之劲韩，七十年（当作十五年）而不至于霸王者，
虽用术于上，法不勤饰于官之患也。

[5]《留侯世家》：留侯张良者，其先韩人也。大父开地，相韩昭侯、
宣惠王、襄哀王。▲杨宽：张开地继相韩昭侯、宣惠王、襄哀王，当即继
申不害而为韩相者。

[6]本段综合史料，详见本书腹䵷、惠施、告子、宋钘、兒说各注。

[7]《庄子·人间世》：汝不知夫养虎者乎？不敢以生物与之，为其杀
之之怒也；不敢以全物与之，为其决之之怒也；时其饥饱，达其怒心。虎

之与人异类，而媚养己者，顺也。故其杀之者，逆也。■虎非家畜，非普通人所养。庄子所言，必闻于为君养虎者。

[8]无首、上首、旁首、下首，合于庄学四境。

宋社崩坏周鼎沉水，魏初朝齐杨朱悲歧

前336年，岁在乙酉。庄周三十四岁。宋康王二年。

周显王三十三年。秦惠王二年。楚威王四年。魏惠王三十四年。韩昭侯二十七年。赵肃侯十四年。齐威王二十二年。燕文公二十六年。鲁景公十年。卫平侯七年。越王无疆七年。中山成公十四年。

宋都商丘的太丘社，突然崩坏。[1]

宋君偃崇信鬼神，视为上天对戴氏篡宋的示警，大为惊恐。

戴盈顺势进谏："孔子有言：'君要像君，臣要像臣，父要像父，子要像子。'如今宋国君不像君，臣不像臣，父不像父，子不像子，所以上天示警。"

宋君偃说："先生是孔子之徒，所以推崇孔子之道。但是孔子颂扬汤武革命，先生为何反对寡人兄弟仿效汤武革命？"

戴盈说："汤武革命，乃是逆取顺守，顺天应人。但是主公之兄剔成君，逆取逆守，不得民心，导致民怨沸腾，所以宋民支持主公逐兄。主公既然愿意仿效汤武革命，应该像汤武一样逆取顺守，顺天应人，方可避免天怒人怨。"

宋君偃问："何为逆取逆守？何为逆取顺守？"

戴盈说："逆取就是以臣逆君，逆守就是以刑逆民，顺守就是以仁利民。三代以来，众多逆取逆守、逆天虐民的乱臣贼子无不失败，仅有逆取顺守、顺天爱民的商汤、周武获得成功。"

宋君偃沉思不语。

惠盎也顺势进谏："主公只有兼爱万民，不好勇力，才能消除灾祸。"

宋君偃说："先生是墨子之徒，所以推崇墨子之道。但是寡人喜欢墨子之道尚武好勇，不喜欢墨子之道兼爱非攻。"

惠盎说："尚武好勇并非墨子之道，兼爱非攻才是墨子之道。兼爱非攻，能使尚武好勇者刺不入，击不中，主公是否愿闻？"

宋君偃说："寡人愿闻。"

惠盎说："尚武好勇者即使刺不入，击不中，但对被刺者、被击者仍是侮辱。兼爱非攻，又能使尚武好勇者不敢刺，不敢击，主公是否愿闻？"

宋君偃说："寡人愿闻。"

惠盎说："尚武好勇者即使不敢刺，不敢击，但是仍非不想刺，不想击。兼爱非攻，又能使尚武好勇的诸侯，不想刺宋，不想击宋，主公是否愿闻？"

宋君偃说："寡人愿闻。"

惠盎说："尚武好勇的诸侯即使不想刺宋，不想击宋，但是仍非爱宋利宋。兼爱非攻，又能使天下人无不爱宋利宋，主公是否愿闻？"

宋君偃说："太好了！寡人愿闻。"

惠盎说："主公应该效法孔子、墨子。孔子、墨子没有寸地为君，没有官职为长，天下男女无不延颈举踵，都愿爱之利之。如果主公确有孔、墨之志，那么四境之内均得其利，主公就能远远贤于孔、墨，得到宋民爱戴，不仅足以消除灾祸，而且能够复兴殷商之盛。"

宋君偃说："太雄辩了！寡人被先生说服了。"[2]

宋君偃深知，宋民怀念宋桓侯，才会支持他驱逐戴剔成。宋民原本希望他立宋桓侯之子为君，对他自立为君大为失望。于是采纳戴盈、惠盎谏言，兼用儒墨，奖励忠孝，废除戴剔成的苛政，恢复宋桓侯的仁政，希望赢得宋民爱戴。

秦惠君把宋国太丘社崩坏，视为殷商难以复兴的征兆，命令史官记入《秦记》。随即兵临洛阳，向周显王索要九鼎。

周显王大惊，问策群臣："寡人册封秦孝公为伯，希望秦君忠于周室，遏制三晋代周之心。八年前秦惠君身为太子，率领九十二国戎狄之君朝觐寡人，没想到去年刚刚即位，今年竟敢索要九鼎。如何是好？"

颜率说："陛下不必忧虑，我愿使齐，劝说齐威侯出兵，逼退秦军。"

周显王皱眉："齐威侯十七年前已经叛周称王，久有代周之心。事已至此，寡人也只能借助乱臣，遏制乱臣。"

颜率到达临淄，晋见齐威王："秦惠君不守臣道，兴兵临周，索取九鼎。天子认为，九鼎与其归于夷秦，不如归于强齐。大王扶持周室，可以赢得美名；得到九鼎，就能号令天下。"

齐威王大喜，命令田忌率领五万大军西救洛阳。

秦惠君不敢与强齐交战，立刻退兵。

田忌驻兵洛阳城外，要求周显王兑现承诺，交出九鼎。

周显王又问颜率："秦军虽退，齐军又索九鼎，如何是好？"

颜率说："陛下不必忧虑，我再使齐，劝说齐威侯自愿放弃九鼎。"

颜率再次至齐，晋见齐威王："天子仰赖大王义师，君臣父子得以相保，愿意兑现承诺。不知九鼎从周至齐，应该取道何国？"

齐威王说："可以取道魏国。"

颜率说："似乎不妥。魏君也想得到九鼎，已在晖台之下图谋很久。九鼎一旦进入魏境，必被截留。"

齐威王说："那就取道楚国。"

颜率说："更加不妥。楚君更想得到九鼎，已在叶庭之中图谋更久。九鼎一旦进入楚境，必被截留。"

齐威王问："九鼎应该取道何国，才能从周至齐？"

颜率说："九鼎不是小壶小瓶，不能手提肩扛。九鼎也不是飞禽走兽，不能自飞自走。当年周武王伐灭殷商，把九鼎从朝歌运往镐京，一鼎需要九万役夫牵挽，共计八十一万役夫，另需相应运送器械，以及护送大军。大王虽然不缺役夫、器械、士卒，但是取道何途，实为难题。"

齐威王不悦："先生此前空口许诺，如今又百般刁难，岂非欺骗戏弄寡人！"

颜率说："怎敢欺骗戏弄大王？天子仅是命我请示大王，九鼎自周至齐的实施方案。"

齐威王无奈，只好命令田忌撤兵。[3]

魏相惠施、齐相田婴精心筹备两年以后，八十五岁的魏惠侯，穿戴臣子冠服，由韩昭侯陪同，前往齐国阿邑（今山东阳谷），第一次朝拜齐威王。[4]

田婴献策齐威王："魏惠侯已经朝齐称臣，必定不会截留九鼎。"

齐威王大喜，遣使至周，要求周显王取道魏国，运送九鼎至齐。

周显王无奈，只好先运一鼎。

运鼎之舟，先走洛水，转入魏国境内的汴水，再经鸿沟，转入宋国境内的泗水。行至宋国彭城（今江苏徐州），骤遇风浪，倾覆沉没于泗水。

齐威王仰天长叹："看来天命尚未归齐！"[5]

周鼎沉于泗水，秦惠君视为太史儋预言秦必代周的征兆，命令史官记入《秦记》。

一位秦民晋见秦惠君："小民去年得子，今年开口说话！特来禀报君侯。"

秦惠君大怒："婴儿说话，稀松平常。何必禀报寡人？"

秦民拜伏于地："小民之子开口，说了三个字：'秦将王！'"

秦惠君转怒为喜，重赏百金。[6]

樛斿献策："中原各国早已不再物物交换，无不发行钱币。主公准备称王，必须发行钱币，与中原各国缩小差距，为称王创造条件。"

秦惠君问："先君重用商鞅，实行变法，大量仿效中原制度，为何不仿效中原，发行钱币？"

樛斿说："中原各国发行钱币以后，不仅商业繁荣，国家富强，而且官吏腐败，贪贿公行。商鞅认为钱币仅有小利，却有大弊，所以主张以农为本，以商为末，崇本抑末，不铸钱币。其实钱币仅有小弊，实有大利。没有钱币，只能物物交换，交易极其不便，商业难以繁荣，国家难以富强，很难与中原各国竞争。只要严格执行商鞅之法，官吏不敢贪贿腐败，就能免其小弊，得其大利。"

秦惠君听从其言，发行钱币。[7]

周显王得知秦惠君也准备称王，十分郁闷。

无奈之下，遣使赏赐秦惠君。希望秦惠君不忘周室之恩，打消叛周称王之念。[8]

魏人杨朱，是战国中期影响最大的老聃之徒，身处魏武侯、魏惠侯之世，反对否君好战图霸，抨击痞士臣事悖道之君。拒绝出仕，独善其身。儒墨之徒诬其一毛不拔，自私自利。

杨朱得知魏惠侯称霸不成，反而朝齐称臣，大笑而死。终年六十一岁（前395—前335）。[9]

庄周三十四岁，杨朱死于魏国。

庖丁来访，庄周正在拍击瓦缶唱歌。

庖丁问："今年商社崩坏，周鼎沉没，天下大乱，你为何如此高兴？"

庄周说："杨朱曾来蒙邑拜访吾师子綦，可惜当时我只有四岁，尚未师从子綦，没能当面请教杨朱。后来子綦常常嘉许杨朱弘扬老聃之道，我久有赴魏问道之志，可惜忙于生计，一直未能成行。如今杨朱死于大梁，我无以相送，只好长歌当哭，遥送一程。"

庖丁问："莫非你快乐也唱歌，悲伤也唱歌？"

庄周说："我们老聃之徒，齐一死生！四年前，杨朱的朋友季梁（前410—前340）死去，杨朱也是望着季梁的大门唱歌[10]。当年老聃出关至秦，死于秦国。老聃的朋友秦佚吊丧，也是哭号三声。"[11]

庖丁问："我一直难以明白，杨朱既然是当今天下最为知名的老聃之徒，为何主张一毛不拔？"

庄周说："这是世人的误解！人人不拔一毛以利天下，人人不侵天下以利自己，天下必治。"

庖丁说："我还是不能理解！除了一毛不拔，杨朱有无其他主张？"

庄周说："我讲个故事给你听。"——

杨朱有个邻居，逃掉一只羊。全家出动去找，还是觉得人手不够。又请杨朱的儿子帮忙，仍然没有找到。

杨朱大为困惑："这么多人，找一只羊，竟然没有找到！"

邻居垂头丧气："歧路太多！歧路之中，又有歧路。每到歧路，就分一半人。分到最后，人手还是不够。"

杨朱脸色大变，半天说不出话，整天笑不出来。

弟子孟孙阳十分奇怪："羊是卑贱的牲畜，逃掉的羊也非夫子所有，夫子为何如此？"

杨朱没有回答。

孟孙阳出来，去问师兄心都子。

二人琢磨半天，想不明白，只好一起进去，请教杨朱。

杨朱说："有个魏人，让三个儿子前往鲁国，师从同一儒者。三年以后，三子学成归魏。父亲问：'何为仁义之道？'老大说：'仁义之道就是爱惜自身，轻视功名。'老二说：'仁义之道就是不惜杀身，成就功名。'老三说：'仁义之道就是既爱惜自身，又成就功名。'三子学于一儒，其言互相矛盾，何者属是，何者属非？"[12]

庖丁问："三子学儒与歧路亡羊，有何关系？"

庄周说："杨朱认为，正道之外多有歧路，歧路亡羊事小，歧路亡道事大！老聃之道是正道，儒、墨之术是歧路。歧路之中又有歧路，所以孔子死后，儒分为八，墨子死后，墨离为三。儒、墨各派互相抵牾，争斗不休，全都自称师门正宗，但又不能容忍杨朱的批评，所以共同诋毁杨朱，说他一毛不拔，自私自利。"[13]

笺注

[1]《六国表》秦惠王二年（前336）：宋太丘社亡。▲钱穆：《宋策》谓康王射天笞地，斩社稷而焚灭之，此谓康王暴悖自绝于天，因是有社亡之说，谓天示以将亡之兆也。

[2]《吕览·顺说》：惠盎见宋康王。康王蹀足謦咳，疾言曰："寡人之所说者，勇有力也，不说为仁义者。客将何以教寡人？"惠盎对曰："臣有道于此；使人虽勇，刺之不入；虽有力，击之弗中。大王独无意邪？"王曰："善！此寡人所欲闻也。"惠盎曰："夫刺之不入，击之不中，此犹辱也。臣有道于此：使人虽有勇，弗敢刺，虽有力，不敢击。大王独无意邪？"王曰："善！此寡人之所欲知也。"惠盎曰："夫不敢刺，不敢击，非无其志也。臣有道于此：使人本无其志也。大王独无意邪？"王曰："善！此寡人之所愿也。"惠盎曰："夫无其志也，未有爱利之心也。臣有道于此：使天下丈夫女子莫不欢然皆欲爱利之。此其贤于勇有力也，居四累之上。大王独无意邪？"王曰："此寡人之所欲得。"惠盎对曰："孔、墨是也。孔丘、墨翟，无地为君，无官为长。天下丈夫女子莫不延颈举踵，而愿安利之。今大王，万乘之主也，诚有其志，则四境之内皆得其利矣，其贤于孔、墨也远矣。"宋王无以应。惠盎趋而出，宋王谓左右曰："辨矣！客之以说服寡人也。"■又见《列子·黄帝》、《淮南子·道应训》，后者作"惠孟"，"孟"为"盎"之讹。惠姓罕见，惠盎、惠施同国同时，且均属墨家，故惠盎当为惠施之兄。

[3]《东周策》一：秦兴师临（东）周（国）而求九鼎，周君患之，以告颜率。颜率曰："大王勿忧，臣请东借救于齐。"颜率至齐，谓齐王曰："夫秦之为无道也，欲兴兵临周而求九鼎，周之君臣，内自尽计，与秦，不若归之大国。夫存危国，美名也；得九鼎，厚宝也。愿大王图之。"齐王大悦，发师五万人，使陈臣思（田忌）将以救周，而秦兵罢。齐将求九

鼎，周君又患之。颜率曰："大王勿忧，臣请东解之。"颜率至齐，谓齐王曰："周赖大国之义，得君臣父子相保也，愿献九鼎，不识大国何途之从而致之齐？"齐王曰："寡人将寄径于梁。"颜率曰："不可。夫梁之君臣欲得九鼎，谋之晖台之下，少海之上，其日久矣。鼎入梁，必不出。"齐王曰："寡人将寄径于楚。"对曰："不可，楚之君臣欲得九鼎，谋之于叶庭之中，其日久矣。若入楚，鼎必不出。"王曰："寡人终何途之从，而致之齐？"颜率曰："弊邑固窃为大王患之。夫鼎者，非效醯壶酱甄耳，可怀挟提挈以至齐者；非效鸟集乌飞，兔兴马逝，漓然止于齐者。昔周之伐殷，得九鼎，凡一鼎而九万人挽之，九九八十一万人，士卒师徒器械被具，所以备者称此。今大王纵有其人，何途之从而出？臣窃为大王私忧之。"齐王曰："子之数来者，犹无与耳。"颜率曰："不敢欺大国，疾定所从出，弊邑迁鼎以待命。"齐王乃止。▲杨宽：其事当在周显王二十八年（前341）齐将田忌大败魏军于马陵之前。■杨说误。周显王二十六年（前343），周显王致伯秦孝公。周显王二十七年（前342），秦孝公命太子嬴驷率戎狄九十二国朝觐周显王。周显王二十八年（前341）马陵之战，周显王三十一年（前338）秦孝公死，秦孝公从未叛周索鼎，故索鼎之秦君必非秦孝公，必为秦惠君。马陵之战前，魏最强，秦君索鼎，周显王宜就近命魏勤王；马陵之战后，齐最强，秦君索鼎，周显王不得不舍近求远命齐勤王；所以秦君索鼎必在马陵之战后。何况《封禅书》曰："宋太丘社亡，周鼎没于泗水彭城下（前336）。其后百一十五年（前221）而秦并天下。"《秦始皇本纪》曰："秦始皇二十八年（前219），过彭城，斋戒祷祠，欲出周鼎泗水，使千人没水求之，弗得。"年数精确，证据链完整，可证秦索周鼎、周鼎运齐、鼎没泗水必在周显王三十三年（前336）。参看本章注5。

[4]《魏世家》：魏惠王三十五年（当作三十四年，前336），与齐宣王（当作齐威王）会平阿南。●《田世家》：齐宣王七年（当作齐威王二十二年，前336），与魏王会平阿南。●《孟尝君列传》：齐宣王七年（当作齐威王二十二年，前336），田婴使于韩、魏，韩、魏服于齐。婴与韩昭侯、魏惠王会齐宣王（当作齐威王）东阿南，盟而去。●《齐策五》一：齐人伐魏，杀其太子，覆其十万之军，魏王大恐，跣行按兵于国，而东次于齐，

然后天下乃舍之。●《齐策一》七：齐因起兵击魏，大破之马陵，魏破韩弱，韩、魏之君因田婴北面而朝田侯。●《秦策四》十一：齐太公（当作齐威王）闻之，举兵伐魏，壤地两分，国家大危。梁王身抱质执璧，请为陈侯臣，天下乃释梁。●《秦策五》一：梁君伐楚胜齐，制赵、韩之兵，驱十二诸侯以朝天子于孟津，后子死，身布冠而拘于秦（"秦"为"齐"讹）。●《魏策二》十一：田婴不听，遂内魏王，而与之并朝齐侯，再三。■魏惠王第一次朝拜齐威王，韩昭侯同往，地点在齐地平阿南（《魏世家》、《田世家》，《孟尝君列传》作"东阿南"），主持者为齐相田婴、魏相惠施。魏惠王与齐威王同年（前319）死而略早，故魏惠王与齐宣王从未交集。

[5]《封禅书》：宋太丘社亡，周鼎没于泗水彭城下（前336）。其后百一十五年（前221）而秦并天下。●《孝武本纪》：周德衰，宋之社亡，鼎乃沦伏而不见。●《秦始皇本纪》：秦始皇二十八年（前219），过彭城，斋戒祷祠，欲出周鼎泗水，使千人没水求之，弗得。

[6]《秦始皇本纪》引《秦记》：秦惠文王二年（前336），有新生婴儿曰"秦且王"。

[7]《秦始皇本纪》引《秦记》（《六国表》同）：秦惠文王二年（前336），初行钱。●钱剑夫《秦汉货币史稿》认为指行使环钱。

[8]《周本纪》（《六国表》同）：周显王三十三年（前336），贺秦惠王。■秦惠君索周鼎，周显王反贺之，周室之衰至此已极。

[9]杨朱生卒年，据钱穆《先秦诸子系年》。

[10]《列子·仲尼》：季梁死，杨朱望其门而歌。■季梁死，杨朱歌，则季梁（前410—前340）当长于杨朱（前395—前335）。钱穆认为季梁、杨朱生年相同，本书不从。旧因田齐之年淆乱，而季梁曾游齐国稷下，故钱穆晚其生年。

[11]《庄子·养生主》：老聃死，秦佚吊之，三号而出。

[12]《列子·说符》：杨子之邻人亡羊，既率其党，又请杨子之竖追之。杨子曰："嘻！亡一羊，何追者之众？"邻人曰："多歧路。"既反，问："获羊乎？"曰："亡之矣。"曰："奚亡之？"曰："歧路之中又有歧焉，吾不知所之，所以反也。"杨子戚然变容，不言者移时，不笑者竟日。门人怪

之，请曰："羊，贱畜；又非夫子之有，而损言笑者，何哉？"杨子不答。门人不获所命。弟子孟孙阳出，以告心都子。心都子他日与孟孙阳偕入而问。曰："昔有昆弟三人，游齐鲁之间，同师而学，进仁义之道而归。其父曰：'仁义之道若何？'伯曰：'仁义使我爱身而后名。'仲曰：'仁义使我杀身以成名。'叔曰：'仁义使我身名并全。'彼三术相反，而同出于儒。孰是孰非邪？"

[13]《韩非子·显学》：孔、墨之后，儒分为八，墨离为三，取舍相反不同，而皆自谓真孔、墨，孔、墨不可复生，将谁使定世之学乎？

魏再朝齐君偃行仁，戴盈相宋庄周拒聘

前335年，岁在丙戌。庄周三十五岁。宋康王三年。

周显王三十四年。秦惠王三年。楚威王五年。魏惠王三十五年。韩昭侯二十八年。赵肃侯十五年。齐威王二十三年。燕文公二十七年。鲁景公十一年。卫平侯八年（卒）。越王无疆八年。中山成公十五年。

魏惠侯六十六岁，仍由韩昭侯陪同，前往齐国甄邑（今山东鄄城），头戴平民布冠，自称西藩之臣，第二次朝拜齐威王。

齐威王大惊，几乎不敢接受。[1]

秦惠君二十二岁，举行冠礼[2]。不满去年索取周鼎被齐威王挫败，迁怒于魏惠侯、韩昭侯连续两年朝齐，命令秦军攻打韩国旧都宜阳（今河南宜阳）。

宜阳城墙高大坚固，秦军攻打数月，方才攻下。[3]

西匈奴的义渠部落，得知秦军伐韩，趁机袭击秦国。

秦军的杀敌斩首，对杀敌割耳的中原军队威慑极大，对同样杀敌斩首的义渠威慑有限。

义渠骑兵对秦军步卒，具有高度、速度双重优势，而且斩敌之首挂于马颈，对斩敌之首系于腰际的秦军步卒威慑更大。

秦军步卒恐惧逃遁，在洛水被义渠骑兵击败。[4]

魏惠侯所立的卫平侯子南劲死了，在位八年（前342—前335）。

太子继位，即卫孝襄侯。[5]

宋君偃重用戴盈、惠盎，实行仁政，收揽人心。

司马熹大为不满，上朝进言："如今列强争霸中原，无不抛弃孔、墨之道。宋桓侯软弱，才会推行仁政。剔成君贤明，所以变法图强。主公又比剔成君更为贤明，为何听信孔、墨之徒的迂腐说教，废除剔成君的政令，恢复宋桓侯的仁政？主公唯有继续变法图强，才能富国强兵，复兴殷商之盛。"

宋君偃问："相国先辅佐剔成君，后辅佐寡人，效法秦国变法图强多年，宋国为何至今不强？"

司马熹说："商鞅变法，十年大成。主公不能急于求成。"

宋君偃说："商鞅变法大成，自己却被车裂。"

司马熹说："商鞅仅是国相，才会国强而身灭。秦惠君虽杀商鞅之身，仍行商鞅之法[6]，所以秦国越来越强。主公身为国君，必将国强而身安，岂有商鞅之患？"

宋君偃不听，罢免司马熹，贬为右师。改命戴盈为相。

戴盈，又名盈之，字荡[7]，与戴驩、戴剔成、戴偃同宗，是宋国大儒。宋桓侯前期，戴驩专权，启用众戴，戴盈不附戴驩。宋桓侯后期，戴剔成专权，罢黜戴驩，仍用众戴，戴盈不附戴剔成。戴剔成弑君篡位以后，司马熹为相，罢黜众戴。去年太丘社崩坏，宋君偃为了平息天怒人怨，重新启用戴盈、戴不胜、惠盎，今年罢免司马熹，戴盈相宋。

戴盈恢复宋桓侯的兼用儒墨政策，重用儒者戴不胜和墨者惠盎、郑翟，竭力推行仁政，到处寻访贤才。

庖丁向戴盈进言："当年齐国大贤南郭子綦离齐至宋，居于蒙邑。宋桓侯曾经亲往蒙邑拜访，打算聘为国师，可惜未能如愿。"

戴盈说："既然如此，我当亲往蒙邑拜访南郭先生。"

庖丁说："南郭先生已死五年。"

戴盈问："那你何必提及？"

庖丁说："蒙邑人庄周，师从南郭子綦，尽传其道，也是难得的大贤。"

庄周三十五岁，安贫乐道，声誉日隆。

戴盈亲往蒙邑，拜见庄周："主公鉴于剔成君专用刑法而民怨沸腾，把国事托付于我，我深感责任重大。听说先生师从南郭子綦，传承老聃之道，愿闻如何治国。"

庄周说："吾师仅仅教我治身之道，未曾教我治国之道！"

戴盈说："先生不必谦逊！"

庄周说："并非谦逊，确实不懂。"

戴盈说："《老子》有言：'治大国若烹小鲜。'先生身为老聃之徒，怎能不懂治国？"

庄周说："相国如此诚恳，我就讲个故事。宋景公之时，孔子弟子、卫人琴牢担任宋卿，曾向老聃之徒长梧封人请教治国之道。长梧封人告诫琴牢：'你管理政事，治理民众，切勿鲁莽轻率。从前我种植禾谷，鲁莽耕地，轻率除草，收成也鲁莽轻率回报我。后来我改变方法，深耕土地，细锄杂草，于是禾苗繁盛生长，我整年饱餐。'"

戴盈问："长梧封人之言，究竟何意？"

庄周说："如今的世人，大多类似长梧封人所言，仅知迎合外境，颐养身形，不知顺应天道，葆养德心。人们逃遁天道，背离德心，就会竞相作伪。人们戕灭真情，亡失心神，嗜欲的杂草就会侵夺德心。嗜欲的杂草一旦萌芽，虽能扶持身形，也会擢拔德心，真德就会变成伪德。伪德居于心中，德心就会失去祥和，身形就会阴阳失调，溃疡痔漏发作，不择孔窍而出。手疮，脸疽，腹疗，背痛，体内虚热，尿泛白沫之类，无不俱来。"[8]

戴盈说："先生以医人之道，言治国之道，深受教诲。敬请先生从政！"

庄周说："我的身心都有暗疾，自治尚且不暇，哪有余暇治人？"[9]

庄全问："你为何拒绝戴盈礼聘？"

庄周说："南伯当年在齐，拒绝田和礼聘，后来离齐至宋，又拒绝宋桓侯礼聘。南伯认为，如今泰道隐微，否术猖獗，士人如果出仕，除了助桀为虐，害己害人，别无可为。否君当道，士人不仅不能造福民众，而且危在旦夕，随时可能遭受刑戮。何必贪图一时富贵，去做庙堂牺牲？"

庄全说："宋君偃尽管逐兄篡位，但能逆取顺守，从善如流，启用贤臣，重用君子，远离小人，也算难得。"

庄周说："戴氏篡宋，兄未终而弟逐之，乱宋祸民，早已天怒人怨。如今宋君偃推行仁政，仅是收揽人心，掩饰其罪，未必真是仁君。假如被其假象蒙骗，必将追悔莫及！"

庄全说："既然如此，我不勉强你。且看宋君偃将来如何。"

笺注

[1]《魏世家》：魏惠王三十六年（当作三十五年，前335），复与齐王会甄。是岁，惠王卒（此误），子襄王立。●《田世家》：齐宣王七年（当作齐威王二十二年，前336），与魏王会平阿南。明年（齐威王二十三年，前335），复会甄。魏惠王卒（此误）。●《孟尝君列传》：齐宣王七年（当作齐威王二十二年，前336），田婴使于韩、魏，韩、魏服于齐。婴与韩昭侯、魏惠王会齐宣王（当作齐威王）东阿南，盟而去。明年（前335），复与梁惠王会甄。是岁，梁惠王卒（此误）。●《吕览·不屈》：（魏）惠王布冠而拘于甄，齐威王几不受。●《魏策二》十一：田婴不听，遂内魏王，而与之并朝齐侯，再三。●《赵世家》：赵肃侯十五年（前335），魏惠王卒（此误）。■甄原属卫，为齐所侵。赵成侯五年（前370）伐齐取甄，归还给卫。赵成侯十年（前365）又伐卫取甄。后来魏惠王两度伐赵而齐救之，甄又归齐。今年魏惠王第二次朝拜齐威王，韩昭侯同往，地点在齐侵卫地甄邑（今山东鄄城），主持者仍为齐相田婴、魏相惠施。《史记》误将魏惠王三十六年徐州称王改元，误为魏惠王卒年，详见下章。

[2]《秦本纪》：秦惠文王三年（前335），王冠。■秦国礼制二十二岁

冠礼，异于中原礼制二十岁冠礼。

[3]《六国表》秦惠王三年（前335）：拔韩宜阳。●《韩世家》：韩昭侯二十四年（前335），秦来拔我宜阳。■宜阳为韩国旧都，韩哀侯二年（前375）灭郑迁都。

[4]《后汉书·西羌传》：（秦惠文王三年，前335）义渠败秦师于洛。后四年（秦惠王七年，前331）义渠国乱，秦惠王使庶长操将兵定之。▲杨宽：《六国表》操定义渠，在惠王七年。由此上推四年，当为惠王三年。■杨说是。

[5]《卫世家》：卫平侯八年（前335）卒，子嗣君立。●朱右曾《古本竹书纪年》：卫平侯卒，子孝襄侯立。■《卫世家》脱卫孝襄侯一世二十年（前334—前315）。

[6]《韩非子·定法》：公孙鞅之治秦也，设告相坐而责其实，连什伍而同其罪，赏厚而信，刑重而必，是以其民用力劳而不休，逐敌危而不却，故其国富而兵强。然而无术以知奸，则以其富强也资人臣而已矣。及孝公、商君死，惠王即位，秦法未败也。

[7]《庄子·天运》：商太宰荡问仁于庄子。……太宰曰："荡闻之……"■古人有名有字，自己称名，他人称字，可知与庄子同时之宋相戴盈，名盈，又名盈之（见《孟子·滕文公下》"戴盈之"），字荡。

[8]《庄子·则阳》：长梧封人问子牢曰："君为政焉，勿卤莽；治民焉，勿灭裂。昔予为禾，耕而卤莽之，则其实亦卤莽而报予；耘而灭裂之，其实亦灭裂而报予。予来年变剂，深其耕而熟耰之，其禾繁以滋，予终年厌飧。"庄子闻之曰："今人之治其形，理其心，多有似封人之所谓：遁其天，离其性，灭其情，亡其神，以众为伪。故卤莽其性者，欲恶之孽，为性萑苇；蒹葭始萌，以扶吾形，寻擢吾性；并溃漏发，不择所出，漂疽疥痈，内热溲膏是也。"

[9]《庄子·让王》：舜让天下于子州支伯。子州支伯曰："予适有幽忧之病，方且治之，未暇治天下也。"

魏三朝齐徐州相王，曹商扮孝庄周劝友

前334年，岁在丁亥。庄周三十六岁。宋康王四年。

周显王三十五年。秦惠王四年。楚威王六年。魏惠王后元元年。韩昭侯二十九年。赵肃侯十六年。齐威王二十四年。燕文公二十八年。鲁景公十二年。卫孝襄侯元年。越王无疆九年。中山成公十六年。

天下大旱，饥民遍地。

魏惠侯六十七岁，又由韩昭侯陪同，前往齐国徐州（今山东滕州），第三次朝拜齐威王。

齐威王与田婴商议："魏惠侯采用惠施之策，连续三年朝拜寡人，一次比一次恭敬。寡人前年十分欣喜，去年转喜为忧，今年由忧而惧。寡人不敢相信魏惠侯竟会忘记杀子之仇，甘愿臣事寡人。或许魏惠侯是效法越王勾践，卧薪尝胆，缓图报仇。古人有言：'持盈保泰，物忌太盛。'《老子》有言：'物壮则老，谓之不道，不道早已。'寡人不愿接受魏惠侯第三次朝拜。"

田婴说："既然如此，大王不如邀请魏惠侯称王。齐、魏平等结盟，然后共同伐楚。"

齐威王大悦，命其与惠施商议。[1]

魏惠侯大悦，应齐威王之请，在徐州叛周称王。史称魏惠王。

原定的朝拜仪式，立刻改为结盟仪式，由齐相田婴、魏相惠施共同主持。

齐威王、魏惠王均戴王冠，分庭抗礼，歃血为盟，相互承认王号。史称徐州相王。[2]

韩昭侯连续三年陪同魏惠侯朝拜齐威王，至此转换角色，代表天下诸侯，承认齐、魏称王。

魏、齐相约，共伐僭窃王号最早、久有代周之志的楚国。

魏惠王把幸臣董庆留在齐国，作为人质，以示决不背盟。[3]

魏惠王从徐州返回大梁，立刻改元。

今年原是魏惠王前元三十六年，改元以后，变成了后元元年。[4]

齐人匡章，此前不满齐威王叛周称王，离齐仕魏。如今同样不满魏惠侯叛周称王，指责惠施："相国一直劝说主公取消夏王称号，尊奉周王。如今不仅承认齐威公叛周称王，又支持主公叛周称王，岂非前后颠倒？"

惠施说："假如有人想要击碎先生爱子的脑袋，可以用石头代替爱子的脑袋，先生难道不愿意？墨子有言：'两害相权取其轻，两利相权取其重。'只要齐、魏能够偃兵，我愿意齐、魏称王。"

匡章说："难道尊齐为王，就能阻止齐威王用兵不止，征伐不休？"

惠施说："齐威王用兵不止，征伐不休，乃是为了称霸天下，代周为王。只要周王仍在，天下不会停止征伐。但是如今天下大旱，饥民遍地，齐、魏相王结盟，至少可以暂时偃兵，延长百姓性命，暂免民众死亡，先生难道不愿意？"

匡章无言以对。[5]

徐州相王以后，魏惠王信任惠施达到顶点，命令惠施按照王室法度，重修魏国法律。

惠施按照墨子之道，重订新法，群臣称善。

魏惠王问翟翦："惠施之法如何？"

翟翦说:"很好!"

魏惠王又问:"可行吗?"

翟翦说:"不可行!"

魏惠王诧异:"既然很好,为何不可行?"

翟翦说:"搬运大树,前面的工人唱起嗨哟嗨哟的号子,后面的工人也应以嗨哟嗨哟的号子。他们为何不唱郑卫之音?因为郑卫之音不适合搬运大树。治理大国,如同搬运大树,不适合运用墨家的五帝之道。五帝之时,邦国疆域狭小,选圣举贤容易,君主禅圣,卿相选贤,不会导致混乱。如今邦国疆域广大,选圣举贤困难,只有君位世袭,卿相世禄,才能避免非分之想,制止争权夺利。惠施希望大王效法墨家的五帝之道,莫非希望大王效法五帝禅让?"[6]

魏惠王疑心大起,召见惠施:"先生希望寡人效法五帝之道,寡人十分乐意。尧、舜、禹禅让,都是圣君,所以天下大治。寡人治国三十余年,魏国国力大损,称夏王失败。先生相魏七年,魏国国力大强,称王成功。寡人之贤,远远不如先生,愿意禅位先生!"

惠施大惊:"我仅仅希望大王遵循墨子之道,效法五帝,兼爱天下,非攻偃兵,选贤任能。"

魏惠王说:"寡人身为万乘之主,禅位圣贤之士,就能制止臣民争权夺利。希望先生听从寡人!"

惠施说:"我身为一介布衣,谢绝大王禅位,更能制止臣民争权夺利。恳请大王不要再提!"

惠施头脑清醒,化解了魏惠王试探,躲过了杀身之祸。[7]

韩昭侯听从张开地,陪同魏惠王三朝齐威王,以齐、魏徐州相王告终,自己降为陪衬,大为不悦。

从徐州回到新郑,立刻征调民夫,按照王室规格,扩建新郑城门,高度超过天下诸侯。

屈宜臼逃离楚国,客居韩国四十八年,如今垂垂老矣,拜见张开地:"主公僭越礼制,先生身为相国,为何不予阻止?先生是否知道,主公不能出此高门？"

张开地问："先生之言，有何根据？"

屈宜臼说："因为不合时宜！国君做事，必须合于时宜。前几年风调雨顺，国富民足，主公不建高门。去年秦军伐韩，攻取旧都宜阳，已经国贫民穷。今年天下大旱，饥民遍地，诸侯全都停止征伐。主公不能体恤民众急难，反而劳民伤财满足虚荣，这叫时势不利，举措过分。天怒人怨，主公怎能出此高门？"

张开地认为屈宜臼危言耸听，不予理睬。[8]

赵肃侯对魏惠侯、韩昭侯三朝齐威王，深以为耻[9]，对齐、魏徐州相王，更加不满。为了排遣郁闷，以祭扫先君陵墓的名义，出城打猎，车队出了邯郸鹿门。

赵相大成午得知，驾着马车追出邯郸数里，拦住车队，谏阻赵肃侯："古人有言：一日不作，百日不食！如今天下大旱，饥民遍地，耕种之事不能耽误，主公怎能耽溺游乐？"

赵肃侯深感羞愧，下车谢罪，命令车队返回邯郸。[10]

周显王得知齐、魏叛周称王，派遣大夫姬辰出使咸阳，致文武胙于秦惠君，希望借助秦国遏制齐、魏对周室的威胁。[11]

秦惠君担心魏、齐结盟以后联合伐秦，请求与魏联姻。

魏惠王大悦，采纳惠施之策，把幼女嫁给秦惠君。[12]

秦惠君大喜，册封魏氏为正夫人。

惠施相魏数年，亲善韩、赵，与齐偃兵，与楚修好，与秦联姻。魏国在马陵惨败、国力大损之后，暂时消除了列强围攻魏国的威胁。

宋君偃得知齐、魏徐州相王，询问惠盎："寡人久闻令弟惠施是田襄子的杰出弟子，十分敬佩。如今惠施身为宋人，竟以布衣之身，成为强魏之相，果然名不虚传！但是惠施为何愿意辅佐魏惠王，不愿辅佐寡人？"

惠盎说："我们兄弟二人，都是田襄子弟子，遵循墨子之道，主张非攻偃兵。惠施不赞成剔成君好战，早在主公即位之前，就已游仕魏国。惠施辅佐魏惠王，与韩、赵、燕亲善，与齐、秦、楚偃兵，必定善待母邦，比辅佐主公更有利于宋国。"

宋君偃又问戴盈："如今周室暗弱，诸侯都想代周为王。寡人也想称王，复兴殷商之盛，相国有何良策？"

戴盈说："天下诸侯为了代周为王，争霸天下，均已废除世卿世禄，孔、墨之徒游仕天下，布衣卿相。卫人子夏仕魏，为魏文侯师；卫人吴起仕魏，为魏文侯拓地，魏国因而成为中原最强；卫人商鞅相秦，秦国迅速崛起；宋人惠施相魏，魏得以称王。如今齐国两败强魏，取代魏国，成为中原最强，乃因齐国招贤最为成功，齐桓公田午建立稷下学宫以来，天下才士汇聚齐国。主公想要复兴殷商之盛，不应效法秦国的严刑峻法，而应效法齐国的大力招贤，同时恢复宋桓侯的兼用儒墨。"

宋君偃听从其言，兼用儒墨，奖励忠孝。重修宋桓侯的东陵，颁布招贤令。

卫人唐鞅，齐人田不礼，闻风至宋，受到宋相戴盈冷遇，投入右师司马熹门下。

庄周三十六岁，曹夏死了。

曹商准备为父大办丧事。

曹母阻止："先是赋税加倍，店里收益大减。随后你为盗事发，又被抄没一半家产。后来你贩卖章甫冠亏本，几乎败光家底。你父亲苦撑数年，操劳过度，终于病死。现在家境困窘，你为何大办丧事？"

曹商说："师兄郑缓，当年为父服丧六年，受到宋桓侯重用，爵为官师，主持太学！如今宋君偃任命大儒戴盈为相，恢复宋桓侯旧政，兼用儒墨，奖励忠孝。"

曹母说："你为何只记得郑缓升官得宠，不记得郑缓罢黜自杀？"

曹商说："真是妇人之见！舍不得孩子，套不到狼！"

曹母说："你父在时，你不过称我之名。为何你父刚死，你又对我如此说话?"

曹商说:"孔子之道:妇人在家从父,出嫁从夫,夫死从子。如今我是家主,你必须听从我!"

曹商固执己见,倾家葬父,宣布守丧六年。

庄全、庄周前去参加曹夏丧礼。

庄全怀念老友,老泪纵横。

庄周规劝曹商:"儒家主张厚葬久丧,墨家主张薄葬短丧。你虽然学儒,但你父亲学墨,你为何违背父亲意愿,厚葬久丧?难道忘了孔子之言'三年无改于父之道'?"

曹商大怒:"你也曾经学儒,难道忘了孔子之言'道不同不相为谋'?你我之道不同,劝你免开尊口。你我最好遵循老聃之言,'鸡犬之声相闻,民至老死不相往来'。看谁笑到最后!"

笺注

[1]《吕览·不屈》:惠王布冠而拘于鄄(当作甄),齐威王几弗受。■鄄,当据《田世家》作甄,见注2。齐威王前年(前336)、去年(前335)均接受魏惠王朝拜,今年不再接受魏惠王朝拜。

[2]《魏世家》:魏襄王元年(当作魏惠王后元元年,前334),与诸侯会徐州,相王也。●《田世家》:齐宣王七年(当作齐威王二十二年,前336),与魏王会平阿南。明年(齐威王二十三年,前335),复会甄。魏惠王卒(当作魏惠王前元终,明年称王为后元元年)。明年(当作齐威王二十四年,前334),与魏襄王(当作魏惠王)会徐州,诸侯相王也。●《秦本纪》:秦惠文王四年(前334),齐、魏相王。●《秦本纪索隐》:齐威王、魏惠王。●《魏策二》十一:田婴不听,遂内魏王,而与之并朝齐侯,再三。赵氏丑之。楚王怒,自将而伐齐,赵应之,大败齐于徐州。■魏惠王第三次朝拜齐威王,韩昭侯同往,地点在齐地徐州,主持者仍为齐相田婴、魏相惠施。【附考】《田世家》:"其后三晋之王,一皆因田婴朝齐王于博

望，盟而去。"不确。魏惠王三次朝齐，韩昭侯均从，赵肃侯未从。《魏策二》十一："魏王……朝齐侯，再三。赵氏丑之。楚王怒，自将而伐齐，赵应之，大败齐于徐州。"可证赵肃侯前不朝魏，后不朝齐。韩昭侯既已两次朝魏（四国朝魏、逢泽之会），复又随魏三次朝齐。▲钱穆：齐、魏会徐州前，均已称王，徐州之会特国际之相承许。■钱说不确。若魏惠王前已称王，不当于今年改元。魏惠王二十六年（前344）被商鞅唆使而称"夏王"（见上第二十六章），异于魏惠王三十六年（前334）徐州称王。

[3]《魏策一》十一：齐、魏约而伐楚，魏以董庆为质于齐。

[4]《魏世家》：魏惠王三十六年（当作三十五年，前335），复与齐王会甄。是岁，惠王卒，子襄王立。……（魏襄王）十六年，襄王卒，子哀王立。……（魏哀王）二十三年，哀王卒，子昭王立。●《魏世家索隐》据《竹书纪年》曰：（魏）惠成王三十六年改元称一年，未卒也。●杜预《春秋经传集解·后序》据《竹书纪年》曰：（魏）惠王三十六年改元，从一年始，至十六年而称惠成王卒。■《魏世家》误将魏惠王三十六年称王改元之后元十六年归于魏襄王，复以魏襄王之二十三年归于魏哀王，然而魏无哀王。

[5]《吕览·爱类》：匡章谓惠子曰："公之学去尊，今又王齐王，何其倒也？"惠子曰："今有人于此，欲必击其爱子之头，石可以代之。公取之代乎？其不欤？施取代之。子头，所重也；石，所轻也。击其所轻以免其所重，岂不可哉！"匡章曰："齐王之所以用兵而不休，攻击人而不止者，其故何也？"惠子曰："大者可以王，其次可以霸也。今可以王齐王而寿黔首之命，免民之死，是以石代爱子头也，何为不为？"■匡章（前360—前290）今年二十五岁，因不满齐威王叛周称王而离齐仕魏，故亦不满魏惠王叛周称王，遂责惠施不反对徐州相王。

[6]《吕览·淫辞》：惠子为魏惠王为法。为法已成，以示诸民人，民人皆善之。献之惠王，惠王善之，以示翟翦。翟翦曰："善也。"惠王曰："可行邪？"翟翦曰："不可。"惠王曰："善而不可行，何故？"翟翦对曰："今举大木者，前乎舆谔，后亦应之，此其于举大木者善矣。岂无郑、卫之音哉？然不若此其宜也。夫国亦木之大者也。"■魏惠王称王改元，不宜再行

旧法，故命惠施另订新法。

[7]《吕览·不屈》：魏惠王谓惠子曰："上世之有国，必贤者也。今寡人实不若先生，愿得传国。"惠子辞。王又固请曰："寡人莫有之国于此者也，而传之贤者，民之贪争之心止矣。欲先生之以此听寡人也。"惠子曰："若王之言，则施不可而听矣。王固万乘之主也，以国与人犹尚可。今施，布衣也，可以有万乘之国而辞之，此其止贪争之心愈甚也。"■惠施为宋人，以客卿而任魏相，故遭魏臣白圭、匡章、翟翦等敌视，魏惠王遂因众谗而疑之。

[8]《韩世家》：韩昭侯二十五年（当作二十九年，前334），旱，作高门。屈宜臼曰："昭侯不出此门。何也？不时。吾所谓时者，非时日也，人固有利不利时。昭侯尝利矣，不作高门。往年秦拔宜阳（前335），今年（前334）旱，昭侯不以此时恤民之急，而顾益奢，此谓'时绌举赢'。"■楚人屈宜臼，因吴起之乱而离楚至韩，事在庄前十二年（前381），见上引子第一章。

[9]《魏策二》十一：魏王……朝齐侯，再三（前336—前334）。赵氏丑之。

[10]《赵世家》：赵肃侯十六年（前334），肃侯游大陵，出于鹿门，大戊午扣马曰："耕事方急，一日不作，百日不食。"肃侯下车谢。■大戊午，《赵世家》赵成侯三年作"太戊午"，《韩非子·内储说下》、《韩策一》均作"大成午"。赵成侯三年（前372）为相，事在庄前三年（前372），见上引子第十章。

[11]《秦本纪》：秦惠文君四年（前334），天子致文武胙。●《周本纪》：周显王三十五年（前334），致文武胙于秦王。●《楚世家》：楚威王六年（前334），周显王致文武胙于秦王。●《秦封右庶长歜宗邑瓦书》：（秦惠文君）四年（前334），周天子使卿大夫辰来致文武之酢。■瓦书1948年出土于陕西鄠县（今陕西鄠邑），陕西师范大学图书馆藏。

[12]《六国表》秦惠王四年（前334）：魏夫人来。■魏夫人为秦惠王之王后，秦武王、秦季君之母。

楚威伐齐犀首相秦，庄周葬父骷髅托梦

前333年，岁在戊子。庄周三十七岁。宋康王五年。

周显王三十六年。秦惠王五年。楚威王七年。魏惠王后元二年。韩昭侯三十年（卒）。赵肃侯十七年。齐威王二十五年。燕文公二十九年（卒）。鲁景公十三年。卫孝襄侯二年。越王无疆十年。中山成公十七年。

楚威王召见昭阳："寡人伯父楚肃王在位十一年，过于软弱，听凭魏国坐大，容忍魏武侯伐楚榆关，夺楚鲁阳。父王在位三十年，又与中原休战，听凭魏惠侯称霸，齐威公称王，秦孝公伐楚，甚至容忍宋桓侯叛楚亲魏。如今天下诸侯，谁也不把楚国放在眼里。寡人即位以来，早有征伐魏、齐、秦、宋之心。如今齐威公、魏惠侯又在徐州相王，相约共伐寡人。寡人忍无可忍，决定首先伐齐！"

昭阳说："二十年前齐威公在桂陵胜魏以后称王，昭奚恤向先王进言：'春秋初年楚武王称王以后，历代楚王志在代周，决不容忍其他诸侯称王，吴称王则伐吴，越称王则伐越。如今齐威公称王，大王不可不伐！'先王不听，予以姑息，导致如今齐威公、魏惠侯又在徐州相王。大王不能再予姑息，必须征伐徐州！"

楚威王听从其言，伐齐徐州。[1]

鲁景公早已不满齐国叛周称王，助楚伐齐。

张丑奉田婴之命，先使鲁国，通过恐吓，迫使鲁景公退兵。[2]

随后使魏，要求魏惠王遵守去年徐州之盟，救齐击楚。

正在此时，赵肃侯、秦惠君趁着楚威王伐齐徐州，各自伐魏。

赵军攻打魏国东部的黄邑（今河南内黄）[3]，秦军攻打魏国西部的雕阴（今陕西甘泉）。[4]

魏惠王采纳惠施之策，三次朝齐，与齐偃兵，正是为了借楚伐齐。如今楚威王果然伐齐，于是以赵、秦伐魏为由，拒绝救齐。

楚军大举征伐徐州，击败徐州守将申缚。[5]

楚威王大喜，宣布大赦。

齐威王怒于魏惠王背盟不救，欲杀魏国质臣董庆。

董庆晋见齐威王："楚威王征伐徐州，取得大胜，却不敢深入齐境，乃因齐、魏结盟，担心魏军趁机袭楚。大王如果诛杀我，齐、魏之盟就会破裂，楚威王就会与魏惠王联合伐齐。大王独抗强楚，尚且大败，怎能抵御强楚、强魏共伐？"

齐威王觉得有理，于是不杀董庆。[6]

秦军未能攻克雕阴。[7]

赵军未能攻克黄邑。

赵肃侯担心魏惠王报复，在赵、魏边界修筑防魏长城。[8]

魏惠王召见群臣："寡人采用相国之策，三次朝齐，果然把魏、齐相攻，转化为楚、齐相攻。楚威王伐齐大胜，寡人终于出了一口恶气！"

公孙衍说："楚威王伐齐大胜，并非大王伐齐大胜。大王只有与楚结盟，共同伐齐，才能报仇雪耻！"

惠施说："大王已与天下诸侯偃兵，不应卷入齐、楚争霸。"

魏惠王说："相国之策甚好，将军过于好战。"

公孙衍说："相国之策，也有失误。三次朝齐，与齐偃兵，固然达到目的，导致楚军伐齐。但是向赵示好，与秦联姻，并未达到目的，今年赵肃侯、秦惠君仍然伐魏。大王如果与楚结盟，不仅可以伐齐报仇，而且可以伐秦、伐赵，重振强魏雄风！"

魏惠王有心无力，不听其言。

公孙衍四十三岁，二十二年前已是魏将，八年前庞涓死后升为大将，渴望领兵打仗，建功立业，失望于魏惠王听信惠施而偃兵，认为商鞅死后秦国无人，于是离魏入秦。

秦惠君二十四岁，苦恼于樛斿相秦五年（前337—前333），无所作为。于是罢免樛斿，改命公孙衍为相。[9]

魏人张仪四十八岁，求仕母邦失败，于是离魏至楚，投入楚相昭阳门下，因其口才无双，受到重用。

其他门客嫉恨张仪，偷窃了昭阳珍爱的一块玉璧，栽赃张仪。

昭阳大怒张仪，鞭笞数百。

张仪遍体鳞伤，逃回魏国。

妻子抱怨："你若听我之劝，安心种地，不要学儒求仕，怎会受此侮辱？"

张仪张开嘴巴："看看我的舌头，是否还在？"

妻子说："还在。"

张仪笑了："这就够了！不出几年，我必轻取卿相，一雪奇耻。"[10]

宋君偃推行仁政，鼓励忠孝，得到宋民称颂，尝到甜头，又大力表彰节妇。

商丘南门，有个士人鲍苏，婚后游仕卫国。

鲍妻在宋，恭敬侍奉公婆。

鲍苏在卫，另娶卫女为妻。

鲍妻之母问女儿："夫婿已有新欢，你为何不回娘家？"

鲍妻说："周礼规定：天子之妻十二人，诸侯之妻九人，卿大夫之妻三人，士人之妻二人。夫婿身为士人，有妻二人，合于礼仪。妇人以专一为贞节，以顺从为美德，怎能有嫉妒之心？妇人有七条理由可以被休，没有一条理由可以离去。七去之条，嫉妒为首，其后才是淫僻、盗窃、长舌、骄侮、无子、恶病。母亲为何不教女儿三从四德，反教女儿离开丈夫？"

从此以后，鲍妻更加恭敬侍奉公婆，不断派人赴卫问候丈夫，又送了很多礼物给卫女。

宋君偃听闻此事，在商丘南门建立牌坊，表彰鲍苏之妻，封号"女宗"。[11]

燕文公死了，在位二十九年（前361—前333）。
太子继位，即燕易公。十年后叛周称王，史称燕易王。[12]

韩昭侯韩武死了，在位三十年（前362—前333）。
太子继位，即韩威侯。八年后叛周称王，史称韩宣王。[13]
韩威侯罢免张开地，改命公仲朋为相。[14]

屈宜臼去年预言韩昭侯不能走出新郑高门，至此果然应验。
屈宜臼痛心于天下失道败德，也很快死去。[15]

庄周三十七岁，屈宜臼死于韩国。
庄全怀念老友，病重将死。
庄周请来早年曾经师事的宋国名医文挚诊治。
文挚说："身病可医，心病难治。你父之心已死，药石无法挽救。"[16]
庄全临终遗命："当年我与屈宜臼共同离楚，相约等待大赦，返楚重聚。今年楚威王伐齐大胜，终于宣布大赦，屈宜臼却已客死韩国，我也只能客死宋国。我死以后，你要把我归葬故国。路过息县之时，可在屈宜臼墓前，替我上一炷香。"
庄全死后不久，狶韦氏也悲伤而死。

庄周护送父母灵柩归葬楚国，驾着马车，沿着夏路南行。

先到屈宜臼故乡息县，没有找到屈宜臼之墓。却在范蠡故乡宛邑郊外，看见一具骷髅，暴于野地。

庄周伸出马鞭，敲敲骷髅："先生是违背天道，贪图富贵而死？还是遭遇战乱，遭遇斧斤而死？还是行为不善，愧疚自杀？还是饥寒将近，患病而死？还是天年已尽，全生而死？"

骷髅张着大嘴，无法回答。

庄周进入宛邑，询问旅店店主："城外的骷髅，为何暴于野地？"

店主说："可能是不久前宋国儒生盗墓所致。"

庄周问："你怎么知道，盗墓者是宋国儒生？"

店主说："本县捕快，前一阵抓住两个盗墓贼。二贼招认是宋国人，自称儒生，恳求县令念其同为孔子之徒，都是斯文一脉，从轻发落。"

庄周说："愿闻其详。"

店主说："两个宋国儒生，一老一少，不知从何得知，陶朱公范蠡是宛邑人，认为范蠡死后归葬故乡，墓中必有珍宝，就来宛邑大肆盗墓。盗墓之时，老儒站在地上，小儒钻入墓穴。老儒问：'东方天色已亮，事情进展如何？'小儒说：'尚未解开衣裤，嘴里有颗宝珠。'老儒说：'《诗经》有言：青青之麦，生于山麓。生前不肯布施，死后为何含珠？你掀开死者鬓发，拨开胡须，用铜椎撬开嘴巴，慢慢掰下牙齿。不能损坏口中宝珠！'两个小人儒，竟把所学《诗》、《书》知识，用于盗墓！"[17]

庄周问："县令如何处置？"

店主说："县令不敢处罚宋国儒生，把二贼押往郢都，交由楚威王发落。恰好楚威王伐齐大胜，大赦罪人，竟然放了二贼。"

庄周住在旅店，半夜做了一梦——

骷髅说："白天你用马鞭敲我，夸夸其谈，很像辩士。你之所言，都是活人的痛苦，死后全无这些拖累。你是否愿闻死后的快乐？"

庄周说："愿闻。"

骷髅说："人死之后，上面没有君主，下面没有臣仆，也无四季事务，泛然与天地同样长寿。即使南面为王的快乐，也无以过之。"

庄周不信："假如我请求司命之神，恢复你的身形，重生你的骨肉肌肤，把你送回父母妻儿邻里熟人之中，你是否愿意？"

骷髅深皱眉额："我怎么愿意放弃胜过南面为王的至乐，重新承受活人的痛苦？"[18]

鸡鸣声中，庄周惊醒。细思骷髅之言，丧亲之悲大减。

庄周继续南行，到达郢都郊外，找到庄生之墓，把父母灵柩葬于其旁。

随后进入郢都，找到同宗，认祖归宗。

庄氏族长把庄全、庄周、庄遍、庄咸之名，添入族谱。又把庄全的神主牌位，列入庄氏宗祠。

庄周进入按照左昭右穆排列的庄氏宗祠，祭拜列祖列宗。

特在庄生的神主牌位之前，焚香为礼。

五服之内的庄氏长辈、叔伯兄弟，争相宴请庄周。

庄周流连楚国，暂不返宋。

笺注

[1]《田世家》：齐宣王十年（当作齐威王二十五年，前333），楚围我徐州。●《孟尝君列传》：齐宣王十年（当作齐威王二十五年，前333），楚伐败齐师于徐州。●《魏策二》十一：田婴不听，遂内魏王，而与之并朝齐侯，再三。赵氏丑之。楚王怒，自将而伐齐，赵应之，大败齐于徐州。■赵应楚，非伐齐，乃伐魏黄邑而配合楚伐齐，见下注3。

[2]《齐策一》八：楚将伐齐，鲁亲之；齐王患之。张丏曰："臣请令鲁中立。"乃为齐见鲁君。鲁君曰："齐王惧乎？"曰："非臣所知也，臣来吊足下。"鲁君曰："何吊？"曰："君之谋过矣。君不与胜者而与不胜者，何故也？"鲁君曰："子以齐、楚为孰胜哉？"对曰："鬼且不知也。""然则子何以

吊寡人？”曰：“齐，楚之权，敌也，不用有鲁与无鲁，足下岂如令众而合二国之后哉！楚大胜齐，其良士选卒必殚，其余兵足以待天下；齐为胜，其良士选卒亦殚。而君以鲁众合战胜后，此其为德也亦大矣，其见恩德亦甚大也。”鲁君以为然，身退师。▲鲍彪：张丏，齐人，疑即张丑。▲杨宽：丑疑丏讹。

[3]、[8]《赵世家》：赵肃侯十七年（前333），围魏黄，不克。筑长城。■赵围魏之黄邑，乃是配合楚伐齐。此长城为赵国之防魏长城，参看《赵世家》赵武灵王十九年，武灵王对楼缓语："我先王（赵肃侯）因世之变，以长南藩之地，属阻漳、滏之险，立长城。"

[4]、[7]《六国表》魏襄王二年（当作魏惠王后元二年，前333）：秦败我雕阴。

[5]《楚世家》：楚威王七年（前333），孟尝君父田婴欺楚，楚威王伐齐，败之于徐州，而令齐必逐田婴。田婴恐，张丑伪谓楚王曰："王所以战胜于徐州者，田盼子不用也。盼子者，有功于国，而百姓为之用。婴子弗善而用申纪。申纪者，大臣不附，百姓不为用，故王胜之也。今王逐婴子，婴子逐，盼子必用矣，复搏其士卒以与王遇，必不便于王矣。"楚王因弗逐也。■田婴欺楚，指田婴主持齐、魏徐州相王，相约伐楚。田婴遂派门客张丑游说楚威王。●《齐策一》一：楚威王战胜于徐州，欲逐婴子于齐。婴子恐，张丑谓楚王曰："王战胜于徐州也，盼子不用也。盼子有功于国，百姓为之用。婴子不善，而用申缚。申缚者，大臣与百姓弗为用，故王胜之也。今婴子逐，盼子必用。复整其士卒以与王遇，必不便于王也。"楚王因弗逐。■《齐策一》之盼子，即《楚世家》、《竹书纪年》之田盼，"盼"为"盼"之讹。《楚世家》之申纪，即《齐策一》之申缚。

[6]《魏策一》十一：齐、魏约而伐楚，魏以董庆为质于齐。楚攻齐，大败之，而魏弗救。田婴怒，将杀董庆。盱夷为董庆谓田婴曰："楚攻齐，大败之，而不敢深入者，以魏为将内之于齐，而击其后。今杀董庆，是示楚无魏也。魏怒，合于楚，齐必危矣。不如贵董庆以善魏，而疑之于楚也。"■去年（前334）董庆代替魏嗣为质于齐，见十上章。

[9]《秦本纪》：秦惠文王五年（前333），阴晋人犀首（公孙衍之字）

为大良造。■惠施相魏之初，魏将公孙衍支持惠施。此时魏相惠施主和，魏将公孙衍主战，魏惠王听信惠施而偃兵，公孙衍遂离魏仕秦，取代樛斿而相秦。《秦本纪》按照秦国旧制仍称秦相为"大良造"，不合史实。至迟在秦惠文王四年（前334），秦相已经不再称"大良造"，而是采用中原礼制改称"相邦"，见上第三十三章注2秦惠文王四年秦戈铭文。

[10]《张仪列传》：张仪已学游说诸侯。尝从楚相饮，已而楚相（昭阳）亡璧，门下意张仪，曰："仪贫无行，必此盗相君之璧。"共执张仪，掠笞数百，不服，醳之。其妻曰："嘻！子毋读书游说，安得此辱乎？"张仪谓其妻曰："视吾舌尚在不？"其妻笑曰："舌在也。"仪曰："足矣。"

[11]《列女传》卷二《贤明传》：女宗者，宋鲍苏之妻也。养姑甚谨。鲍苏仕卫三年，而娶外妻，女宗养姑愈敬。因往来者请问其夫，赂遗外妻甚厚。女宗姒谓曰："可以去矣。"女宗曰："何故？"姒曰："夫人既有所好，子何留乎？"女宗曰："妇人一醮不改，夫死不嫁，执麻枲，治丝茧，织纴组紃，以供衣服，以事夫室，澈漠酒醴，羞馈食以事舅姑。以专一为贞，以善从为顺。贞顺，妇人之至行也。岂以专夫室之爱为善哉！若其以淫意为心，而扼夫室之好，吾未知其善也。夫礼，天子十二，诸侯九，卿大夫三，士二。今吾夫诚士也。有二，不亦宜乎！且妇人有七见去，夫无一去义。七去之道，妒正为首。淫僻窃盗，长舌骄侮，无子恶病，皆在其后。吾姒不教吾以居室之礼，而反欲使吾为见弃之行，将安所用此！"遂不听，事姑愈谨。宋公闻之，表其闾，号曰女宗。君子谓女宗谦而知礼。《诗》云："令仪令色，小心翼翼，故训是式，威仪是力。"此之谓也。颂曰：宋鲍女宗，好礼知理。夫有外妻，不为变己。称引妇道，不听其姒。宋公贤之，表其闾里。

[12]《燕世家》：燕文公二十九年（前333），文公卒，太子立，是为易王。

[13]《韩世家》：韩昭侯二十六年（当作三十年，前333），高门成，昭侯卒，果不出此门。子宣惠王立。●《韩世家索隐》引《竹书纪年》：魏惠王后元二年（前333），郑昭侯武薨，次威侯立。■郑昭侯即韩昭侯，复谥"昭厘"。韩威侯即韩宣王，复谥"宣惠"。《韩世家》韩哀侯多四年，导致

韩懿侯元年误后四年（年数不少）、韩昭侯元年误后四年（年数亦少四年）。韩宣王以降，韩年不误。

[14]张开地继申不害相韩，未能阻止韩昭侯随魏朝齐，故韩威侯继位后即予罢免。其后公仲朋相韩。

[15]《韩世家》：韩昭侯二十五年（当作二十九年，前334），旱，作高门。屈宜白曰："昭侯不出此门。何也？不时。吾所谓时者，非时日也，人固有利不利时。昭侯尝利矣，不作高门。往年秦拔宜阳（前335），今年（前334）旱，昭侯不以此时恤民之急，而顾益奢，此谓'时绌举赢'。"二十六年（当作三十年，前333），高门成，昭侯卒，果不出此门。■此后再无屈宜白史料。

[16]宋国名医文挚，见于《吕览·至忠》，见上第十一章注4。

[17]《庄子·外物》：儒以《诗》、《礼》发冢。大儒胪传曰："东方作矣，事之何若？"小儒曰："未解裙襦，口中有珠。"大儒曰："《诗》固有之曰：'青青之麦，生于陵陂。生不布施，死何含珠为？'揭其鬓，擪其颧，尔以金椎控其颐，徐别其颊，无伤口中珠！"

[18]《庄子·至乐》：庄子之楚，见空髑髅，髐然有形。撽以马捶，因而问之曰："夫子贪生失理而为此乎？将子有亡国之事、斧钺之诛而为此乎？将子有不善之行，愧遗父母妻子之丑而为此乎？将子有冻馁之患而为此乎？将子之春秋固及此乎？"于是语卒，援髑髅，枕而卧。夜半，髑髅见梦曰："向子之谈者，似辩士。睹子所言，皆生人之累也，死则无此矣。子欲闻死之悦乎？"庄子曰："然。"髑髅曰："夫死，无君于上，无臣于下，亦无四时之事，泛然以天地为春秋。虽南面王乐，不能过也。"庄子不信，曰："吾使司命复生子形，为子骨肉肌肤，返子父母妻子闾里知识，子欲之乎？"髑髅深矉蹙额曰："吾安能弃南面王乐，而复为生人之劳乎？"

齐威攻魏淳于谏止，楚威伐越庄周劝阻

前332年，岁在己丑。庄周三十八岁。宋康王六年。

周显王三十七年。秦惠王六年。楚威王八年。魏惠王后元三年。韩宣王元年。赵肃侯十八年。齐威王二十六年。燕易王元年。鲁景公十四年。卫孝襄侯三年。越王无疆十一年。中山成公十八年。

秦相公孙衍遣使至魏，要求魏惠王把阴晋（今陕西华阴）割让给秦国。

魏惠王问惠施："公孙衍不满寡人与天下偃兵，去年叛魏相秦。如今要求寡人割让阴晋，先生有何良策？"

惠施说："公孙衍的父母宗族，都在故乡阴晋。他背叛故国故主，却不背叛故乡宗亲，也算难得。大王既然与天下偃兵，不如割让阴晋给秦。公孙衍感念大王之德，就会劝阻秦惠君伐魏。"

魏惠王别无良策，只好同意。

秦惠君得到阴晋，改名宁秦。[1]

齐威王怒斥田婴："你轻信惠施花言巧语，前年劝说寡人与魏惠王在徐州相王结盟。去年楚威王怒伐徐州，魏惠王为何违背盟约，拒绝救齐？魏惠王采用惠施之策，三朝寡人，必定意在激楚伐齐，借楚败齐。寡人先伐魏国，再伐楚国！"

田婴既不敢自辩，也不敢谏阻。

齐威王命令田忌伐魏。

齐军来伐，魏惠王大惊。

白圭上朝，攻击惠施："大鼎烹煮小鸡，气派固然很大，但是多放水就淡而无味，少放水又焦而不熟。惠施之言正是如此，所以相魏以来多有失策。大王听信其言，与赵和解，与秦联姻，去年赵肃侯、秦惠君照样伐魏。大王听信其言，三次朝齐，与齐偃兵，今年齐威王照样伐魏。"[2]

魏惠王强忍怒气，质问惠施："先生能否解释，齐威王为何再次伐魏？"

惠施说："大王朝齐，意在激楚伐齐。前年徐州相王，相约伐楚，已经成功激怒楚威王，所以楚威王去年伐齐徐州，大败齐军。齐威王认为大王拒绝救齐，乃是背盟，所以怒而伐魏。大王不必忧虑，我有办法让齐威王退兵。"

魏惠王怒气大减："有何办法？"

惠施说："去年楚威王伐齐徐州，大王不救，齐威王迁怒于主持徐州相王、齐魏结盟的田婴。如今想让齐威王退兵，不能寄望于田婴，只有寄望于淳于髡。"

魏惠王听从其言，遣使拜见淳于髡："齐国稷下，贤人无数。唯有先生能够劝说齐威王停止伐魏，挽救两国百姓。敬献玉璧一双，文马二乘！"

淳于髡笑纳重礼，晋见齐威王："魏惠王朝齐，与大王结盟。楚威王伐齐，与大王为敌。如今大王伐魏，不仅背盟失信，导致将来无人愿意朝齐，恐怕还会招来楚威王再次伐齐！"

齐威王说："魏惠王与寡人相约伐楚，去年却拒绝救齐击楚，岂非背盟失信在先？"

淳于髡说："去年楚威王伐齐，大王固然可以抱怨魏惠王不救齐。但是去年赵肃侯、秦惠君伐魏，魏惠王是否可以抱怨大王不救魏？"

齐威王说："先生言之有理，寡人不再伐魏。"

正在此时，有人禀报齐威王："淳于髡劝阻大王伐魏，乃是接受了魏国重赂。"

齐威王问淳于髡:"有无此事?"

淳于髡说:"有。"

齐威王不悦:"先生如何辩解?"

淳于髡说:"魏惠王杀我赏我,都不影响大王伐魏之不利。魏惠王送我礼物,也不影响大王退兵之有利。大王停止伐魏,既能避免背盟失信,又能免除两国兵祸,还能让我顺便得利,何乐不为?"

齐威王大笑,命令田忌停止伐魏,转而联魏伐赵,围攻邯郸。

惠施成功阻止齐威王伐魏,重获魏惠王信任。[3]

赵肃侯面对强敌,不计后果,掘开漳水堤岸,水淹齐、魏联军。

齐、魏联军被迫退兵。[4]

楚威王去年伐齐大胜,雄心大起,于是今年伐越。[5]

庄周三十八岁,去年受到庄氏同宗热情挽留,留在楚国,直至今年。得知楚军伐越,于是晋见楚威王。

楚威王大悦:"令尊遭遇吴起之乱,不幸流亡宋国。寡人去年胜齐大赦,先生立刻返楚,寡人深感欣慰。楚惠王曾拜令祖庄生为国师,先生家学深厚,必能有以教我!"

庄周问:"两代先王,已与诸侯休战数十年。大王为何重启战端,去年伐齐,今年伐越?"

楚威王说:"春秋以降,周室暗弱,天命在楚。吴称王则伐吴,越称王则伐越。越灭吴后,历代楚王久有灭越之志。寡人即位以后,一直准备伐越。两代先王与诸侯休战,未能遏制诸侯与楚争霸天下。前年齐、魏相王,相约伐楚,所以寡人去年伐齐大胜,今年乘胜伐越。"

庄周说:"《老子》有言:'兵者非君子之器也,不祥之器也。不得已而用之,恬淡为上,勿美也。若美之,是乐杀人也。夫乐杀人,不可以得志于天下矣。'大王如此好战乐杀,怎能得志于天下?《老子》又说:'以道佐人主者，不欲以兵强于天下，其事好还。兵强则不胜。'魏惠王好战乐杀，起初尽管常胜，最终被齐击败。大王尽管去年伐齐大胜，怎能确保今年伐越必胜？"

楚威王说："越人四世弑王，这是政乱；数世未曾胜楚，这是兵弱。如此政乱兵弱，寡人当然必胜！"

庄周说："人类之知，如同眼睛，可以远望百步，不能自见眼睫。庄蹻作乱楚境，大王不能禁止，这是政乱；魏、秦数世伐楚，楚国数世失地，这是兵弱。楚国政乱兵弱，不在越国之下，大王却认为伐越必胜，岂非可以远望百步，不能自见眼睫？"

楚威王说："先生不愧为庄生后人，寡人不再伐越！但愿先生不再返宋，辅佐寡人治国。"

庄周说："大王从善如流，实为楚民之福。不过我葬父祭祖已毕，妻儿仍在宋国，正要返宋。"[6]

庄周离开楚国郢都，返回宋国蒙邑。

庖丁前来探望："你送亲归葬，认祖归宗，为何不留在楚国，却再次返宋？"

庄周说："我留楚一年，与庄氏同宗相处，已经身心俱疲。一入庄氏宗祠，看见无数神主，左昭右穆，密密麻麻，我就头晕目眩。除了庄生神主十分亲切，列祖列宗都很陌生。五服之内的无数长辈晚辈，大量叔伯兄弟，见面之时泪汪汪，转身以后如路人。他们大多囿于儒墨，盲从俗见，热衷富贵，不明天道。我与他们相处，苦于应酬，勉强敷衍，实在话不投机，难以沟通。我终于明白了，人们生活在宗法之中，只能适人之适，难以自适其适。我又同时明白了，姬姓诸侯为何仅过数代，就会互相变成敌国，最终又与周天子为敌，争相代周为王。所以决意返宋。"[7]

庖丁深有同感："是啊！血缘相近，不如心灵相通。交友可以选择，同宗不能选择。除此之外，有无其他见闻？"

庄周又说："我在楚国宛邑，寻访范蠡之墓，没能找到。结果意外听说，有一老一少两个宋国儒生盗墓。"

庖丁失笑："你大概不会想到，两个宋国儒生是谁。老儒乃是裘氏，小儒则是曹商。"

庄周大惊："曹商不是正在为父服丧六年吗？"

庖丁说："曹商号称为父服丧，在坟墓旁边搭建茅屋，穿麻衣，睡泥地，食长素，戒女色，公开扮演孝子。但在茅屋下面挖了地下室，锦衣玉食，食荤行房。服丧三年，生了两个儿子，仍未得到宋君偃表彰，终于失去耐心，不再扮演孝子。裘氏也对宋君偃大为失望，于是带着曹商游楚求仕。楚威王师事子华子，不喜孔子之徒，裘氏、曹商用尽盘缠，于是在楚国盗墓，结果被捕。楚威王把二人交还宋国，希望宋君偃恢复亲楚。宋君偃大怒，儒者主张厚葬久丧，竟然盗墓，而且盗掘楚墓被抓，大损宋人名誉，只是碍于正在崇儒，此事不便张扬，于是悄悄释放了二人。此事知者甚少，我在宫中，才有所闻。"

庄周感叹："宋人愚蠢，楚人聪明。我在郢都街头，看见有个楚人贩卖长矛和盾牌。那人先举起矛说：'我的长矛，无坚不摧！'边说边挥舞长矛，刺破众物。围观众人轰然叫好。那人又举起盾说：'我的盾牌，无锐不挡！'边说边挥舞盾牌，迎挡众物。围观众人又轰然叫好。我忍不住问：'用你的长矛，刺你的盾牌，将会如何？'那人回答不出，众人一哄而散。"

庖丁大笑："宋人固然愚蠢，楚人固然聪明，然而天下人大多上首下知，毫无智慧。"[8]

笺注

[1]《秦本纪》：秦惠文王五年（前333），阴晋人犀首为大良造。六年（前332），魏纳阴晋，阴晋更名宁秦。●《汉书·地理志》：华阴县，故阴晋。秦惠王五年（当作六年）更名宁秦。高祖八年更名华阴。●《元和郡县图志》：华阴县本魏之阴晋邑，秦惠文王时（秦惠文王六年），魏人犀首（公孙衍之字）纳之于秦，秦改曰宁秦。■公孙衍去年（前333）离魏相秦，今年（前332）向魏索其故乡阴晋入秦。

[2]《吕览·应言》：白圭谓魏（惠）王曰："市丘之鼎以烹鸡，多洎之

则淡而不可食，少洎之则焦而不熟，然而视之蜗焉美，无所可用。惠子之言，有似于此。"惠子闻之曰："不然。使三军饥而居鼎旁，适为之甑，则莫宜之此鼎矣。"白圭闻之曰："无所可用者，意者徒加其甑邪？"■事在徐州相王（前334）之后。旧多误系此事于白圭罢相、惠施初至魏国（前343）之时，不合魏史。惠施若非相魏已久，偃兵之策已见成效，不得谓之"多洎之"。此事当在惠施相魏多年、成功主持徐州相王之后，白圭上次进谍无效（见上第三十一章注5），故于徐州相王之后齐又伐魏之时，再次进谍。

[3]《魏策三》六：齐欲伐魏，魏使人谓淳于髡曰："齐欲伐魏，能解魏患，唯先生也。敝邑有宝璧二双，文马二驷可，请称之为之先生。"淳于髡曰："诺。"入说齐（威）王曰："楚，齐之仇敌也；魏，齐之与国也。夫伐与国，使仇敌制其余敝，名丑而实危，为王弗取也。"齐（威）王曰："善。"乃不伐魏。客谓齐（威）王曰："淳于髡言不伐魏者，受魏之璧、马也。"王以谓淳于髡曰："闻先生受魏之璧、马，有诸？"曰："有之。""然则先生之为寡人计之何如？"淳于髡曰："伐魏之事不便，魏虽刺髡，于王何益？若诚不便，魏虽封髡，于王何损？且夫王无伐与国之诽，魏无见亡之危，百姓无被兵之患，髡有璧、马之宝，于王何伤乎？"

[4]《赵世家》：赵肃侯十八年（前332），齐、魏伐我，我决河水灌之，兵去。●《田世家》：齐宣王十一年（当作齐威王二十六年，前332），与魏伐赵，赵决河水灌齐、魏，兵罢。●《六国表》魏襄王三年（当作魏惠王后元三年，前332）：伐赵。■魏惠王二围邯郸，齐均击魏救赵。此后魏惠王三朝齐威王，赵肃侯"丑之"而去年伐魏黄邑，故齐、赵、魏三国关系又有变化。

[5]《越世家》：王无疆（即无彊）时，越兴师北伐齐，西伐楚，与中国争强。……楚威王兴兵而伐之，大败越，杀王无疆，尽取故吴地至浙江，北破齐于徐州。而越以此散，诸族子争立，或为王，或为君，滨于江南海上，服朝于楚。■《越世家》"楚威王杀王无疆"甚误。越王无疆在位三十七年（前342—前306），当楚宣王末年、楚威王、楚怀王时。去年（前333）楚威王伐齐徐州，越王无疆攻楚后方，故楚威王今年（前332）释齐

伐越。越王无疆三十一年（前312），先助魏抗齐，复释齐伐楚（见下第五十八章）。越王无疆三十三年（前310），楚怀王使昭滑反间于越而相越。越王无疆三十七年、楚怀王二十三年（前306），楚怀王灭越，杀越王无疆（见下第六十四章）。

　　[6]《韩非子·喻老》：楚庄（当作威）王欲伐越，杜（当作庄）子谏曰："王之伐越，何也？"曰："政乱兵弱。"杜（当作庄）子曰："臣患智之如目也，能见百步之外，而不能自见其睫。王之兵自败于秦、晋，丧地数百里，此兵之弱也；庄蹻为盗于境内，而吏不能禁，此政之乱也。王之弱乱，非越之下也，而欲伐越，此智之如目也。"王乃止。故知之难，不在见人，在自见，故曰："自见之谓明。"■顾广圻据《史记·西南夷列传》及高诱《吕览·季冬纪第十二·介立》注，证明"楚庄王"当作"楚威王"；据杨倞《荀子》注引、《太平御览》卷三六六引均作"庄子"，《文选·广绝交论》注引作"庄周子"，证明"杜"为"庄"之讹。杨宽系此事于楚怀王时，不确。今本《韩非子》无"庄子"。庄子谏楚威王，必在楚国，故系此事于楚威王聘庄为相（见下章）之前。

　　[7]庄周客居宋国，脱离了楚国庄氏的宗法格局，是其独特思想的形成原因之一。道家之士大多隐遁，也多脱离母邦的本国宗族格局。这是道家思想异于儒家思想的重要原因。

　　[8]杨士勋《春秋穀梁传注疏》哀公二年引《庄子》佚文：楚人有卖矛及盾者，见人来买矛，即谓之曰："此矛无何不彻。"见人来买盾，则又谓之曰："此盾无何能彻者。"买人曰："还将尔矛刺尔盾，若何？"●《韩非子·难一》：楚人有鬻楯与矛者，誉之曰："吾楯之坚，莫能陷也。"又誉其矛曰："吾矛之利，于物无不陷也。"或曰："以子之矛，陷子之楯，何如？"其人弗能应也。●《韩非子·难势》：人有鬻矛与楯者，誉其楯之坚："物莫能陷也。"俄而又誉其矛曰："吾矛之利，物无不陷也。"人应之曰："以子之矛，陷子之楯，何如？"其人弗能应也。■《韩非子》之"矛盾"寓言，抄自《庄子》初始本。郭象删残《庄子》之后，后人误以为韩非原创。

君偃市恩司马刖足，楚威聘贤庄周辞相

前331年，岁在庚寅。庄周三十九岁。宋康王七年。

周显王三十八年。秦惠王七年。楚威王九年。魏惠王后元四年。韩宣王二年。赵肃侯十九年。齐威王二十七年。燕易王二年。鲁景公十五年。卫孝襄侯四年。越王无疆十二年。中山成公十九年。

西匈奴的义渠部落，发生内乱。

秦惠君命令庶长操征伐义渠，报了四年前义渠袭秦之仇。

义渠王被迫向秦惠君称臣。[1]

秦惠君又命公孙衍伐魏，再次攻打魏国西部的雕阴（今陕西甘泉）。

魏国西部守将龙贾，领兵五万，迎战公孙衍。[2]

中原继续大旱，宋国饥荒严重。

宋君偃听从戴盈之言，开仓放粮，赈济饥民。

蒙邑县令按照宋桓侯旧例，发放给支离疏三钟粟和十捆柴。

宋君偃自诩仁君，微服私访，发现宋民无人感恩，于是召问群臣："寡人兼用儒墨，推行仁政，放粮赈饥，救济贫残，已有数年，为何宋民仍不爱戴寡人？"

戴盈说："主公尽管推行仁政数年，却未取消剔成君的重税。赈济只能惠及少数宋民，减税才能惠及所有宋民。"

惠盎附议："主公如果恢复宋桓侯的轻税，必能赢得宋民爱戴。"

宋君偃于是废除戴剔成的什二税，恢复宋桓侯的什一税。

司马熹反对："当今诸侯，无不变法争雄，富国强兵。主公听信儒墨迂阔之言，降低赋税，必将导致民富而国贫。即使宋民爱戴主公，诸侯一旦伐宋，仍将亡国。"

宋君偃大怒，刖了司马熹一足，罢其右师之职，改命惠盎为右师。

卫人司马熹宁为鸡首，不为牛后，不仕列强，求仕弱宋。先唆使戴剔成弑君篡位，后唆使戴偃逐兄自立，乱宋多年，被刖一足。如今成为刑余之人，更难求仕列强，于是离开宋国，转往中山求仕。[3]

卫人唐鞅，齐人田不礼，原先投靠司马熹，如今失去靠山，只好等待机会。

楚威王召见昭阳："当年楚惠王师从庄生，雄霸中原。庄周乃是庄生之后，其父遭遇吴起之乱，客居宋国。去年庄周送父归葬，寡人有幸得见，实为天下大贤，寡人打算重用。"

昭阳反对："如今天下诸侯无不弃文尚武，废礼崇法，大王怎能重用书生？"

楚威王说："寡人师从子华子，学习《尚书》多年。子华子以史为鉴，教导寡人，武力只能打天下，不能治天下。寡人曾问子华子：'为何古代多有不求富贵、心忧社稷的贤人，当今天下再也没有？'子华子说：'贤人古今都有。大王只要真心寻找，必能找到。'[4]庄周正是今之大贤，寡人打算拜为国师。"

昭阳说："假如庄周是不求富贵的贤人，就不会接受礼聘；假如庄周接受礼聘，就不是不求富贵的贤人。"

楚威王不悦，把昭阳降为上柱国。派遣两位大夫，携带千金赴宋，礼聘庄周为相。

庄周三十九岁，迁居蒙邑东门。

两位楚大夫乘着马车，到达蒙邑，没在南门找到庄周。

邻居说："剔成君实行重税以后，荆园只能勉强维持，早已入不敷出。庄周去年自楚返宋，卖掉了城外的荆园和南门的大宅，迁居东门的小屋，就在蔺氏陶匠铺旁边的窄巷巷底。"

两位楚大夫又往东门，找到堆满陶器的蔺氏陶匠铺。

马车无法进入窄巷，只好下车步行。

两位楚大夫走到巷底，站在门外，躬身行礼："庄周先生是否在家？"

钟离氏开门问："找他何事？"

两位楚大夫说："奉楚威王之命，求见庄周先生！"

钟离氏说："他去东门集市卖草鞋了。明日请早！"

两位楚大夫回到南门，住在日渐破败的曹氏旅店。

第二天一早，两位楚大夫再次来访，庄周仍然不在。

钟离氏说："他大清早出门，在东门外面的濮水岸边钓鱼。"

蔺陶匠的儿子蔺且，已经十岁，听见马车声，过来看热闹，自愿为两位楚大夫带路。

两位楚大夫跟随蔺且，步出东门，走到濮水岸边，远远看见一位渔父的背影。

楚大夫走下泥泞的河滩，趋步上前，站在下风，躬身行礼："奉楚威王之命，敬奉千金，欲以国事劳累夫子！"

庄周坐在岸边，手持钓竿，头也不回："你们见过用于祭祀的牺牛吗？穿上锦绣外衣，饲以草料豆角，养在牢笼之中。等到牵入太庙献祭之时，牺牛宁愿从未享用锦绣外衣和草料豆角，仍旧成为孤苦的牛犊，是否还能如愿？"

两位楚大夫面面相觑，不明其意。

庄周放下钓竿，转身站起："听说楚国有只神龟，已经死了三千年，楚王用丝巾包裹，竹箱装盛，供在庙堂之上。这只神龟是宁愿死去，留下龟甲供奉在尊贵的庙堂呢？还是宁愿活着，摇摆尾巴爬行于泥泞的河滩呢？"

两位楚大夫说："宁愿活着，摇摆尾巴爬行于泥泞的河滩。"

庄周笑了："二位请回！我宁愿活着，摇摆尾巴爬行于泥泞的河滩。"[5]

两位楚大夫归楚复命。

楚威王感叹："正如子华子所言，古今都有不求富贵的贤人！但是今人仅知古之贤人，不知今之贤人。后人却会称道今人不知的贤人，不会称道今人臣服的寡人，更不会称道今人羡慕的你们！"

两位大夫惭愧垂首，不敢答话。

楚威王仍让昭阳担任上柱国，不予复相，以免昭阳像昭奚恤一样狐假虎威。

蔺陶匠带着蔺且，郑重拜见庄周："久闻先生是南伯子綦的高足，一直不敢打扰。今有一疑，特来请教：先生家境贫困，为何拒绝楚威王千金聘相？"

庄周说："我讲个故事，你们就会明白。"——

周景王听信宾孟之言，打算废黜太子姬猛，改立幼子姬朝。

太子太师下门子，太子太傅单穆公，共同反对改立太子。

周景王诛杀下门子，犹豫是否诛杀单穆公，暂缓废立太子。

宾孟苦思良策，到洛阳城外散心，看见一只雄鸡，啄去自己的漂亮尾羽，十分惊奇。

宾孟的侍从说："年关将近，家家都要祭神。这只雄鸡不愿充当牺牲，所以啄去尾羽，因为祭品必须完美无缺。"

宾孟急忙入宫，向周景王进言："禽兽无知，这只雄鸡不明大义，所以不愿为了主人而充当牺牲。人类有知，臣子无不深明大义，全都愿意为了天子而充当牺牲。"

周景王心领神会，命令公卿跟随自己，前往巩县打猎，准备趁机射杀单穆公。

尚未成行，周景王暴病而亡。[6]

蔺陶匠问："先生拒楚聘相，是否与雄鸡去羽用意相同？"

庄周微笑不语。

蔺且说："不仅如此，宾孟之言实在不通。"

庄周问："哪里不通？"

蔺且说："既然臣子无不深明大义，自愿为了天子而充当牺牲，周景王何必把单穆公骗去打猎？可见并非人人愿意为了天子而充当牺牲。如果人类与禽兽的区别，乃是人类自愿充当牺牲，禽兽不愿充当牺牲，人类岂非比禽兽低贱？"

庄周大为惊讶："你小小年纪，竟然如此颖悟。那你是否明白，老聃辞官传道，也与周景王废立太子有关？"

蔺且说："敬请先生赐教！"

庄周说："老聃担任东周史官，正是周景王之时。周景王被宾孟唆使，打算改立庶幼子姬朝为太子，欲杀单穆公未果而暴死。单穆公与群臣拥立太子姬猛继位，即周悼王。王子姬朝起兵叛乱，弑杀周悼王而篡位。单穆公又与群臣立太子姬猛的同母弟姬匄，即周敬王。争位之战长达五年。老聃不愿卷入东周乱政而沦为牺牲，于是辞官居宋。老聃死后百余年，乱政愈演愈烈，道术日益式微。《邶风·式微》有言：'式微式微，胡不归？微君之故，胡为乎中露？式微式微，胡不归？微君之躬，胡为乎泥中？'《邶风·匏有苦叶》亦言：'深则厉，浅则揭。'老聃之徒认为，身处道术式微之世，如果贪图爵禄富贵，必将助桀为虐，残害百姓，同时近刑近名，难以全生。"

蔺陶匠、蔺且受教而退。

笺注

[1]《六国表》秦惠王七年（前331）：义渠内乱，庶长操将兵定之。● 《后汉书·西羌传》：义渠国乱，秦惠王遣庶长操将兵定之，义渠遂臣于秦。

[2]《秦本纪》：秦惠王七年（前331），公子印（当从《苏秦列传》作公孙衍）与魏战，虏其将龙贾（前330），斩首八万。●《苏秦列传》：（秦）惠王使犀首（公孙衍之字）攻魏（前331），禽将龙贾（前330），取魏之雕阴，且欲东兵。●《魏世家》：魏襄王五年（当作魏惠王后元五年，前330），秦败我龙贾军四万五千于雕阴，围我焦、曲沃。予秦河西之地。■秦惠王五年、魏惠王后元二年（前333），公孙衍相秦第一年败魏于雕阴，秦虽胜而未攻取（见上第三十七章）。秦惠王六年、魏惠王后元三年（前332），魏割公孙衍故乡阴晋予秦（见上第三十八章）。今年是秦惠王七年、魏惠王后元四年（前331），秦第二次伐魏雕阴，见本章。明年是秦惠王八年、魏惠王后元五年（前330），秦擒龙贾军四万五千于雕阴，见下章。

[3]《邹阳列传》：司马喜（当从《中山策》作熹）髌脚于宋，卒相中山。■司马熹被宋康王刖足之后离宋，其后三相中山。历任中山先王魏䜌（前327—前310）、中山嗣王魏妿䀼（前309—前301）、中山后王魏尚（前300—前296）之相国，封蓝诸君。事见《战国策·中山策》、中山王鼎、壶铭文，详见本书后文。

[4]《吕览·去宥》：荆威王学《书》于沈尹华，昭厘恶之。威王好制，有中谢佐制者，为昭厘谓威王曰："国人皆曰：王乃沈尹华之弟子也。"王不说，因疏沈尹华。中谢，细人也，一言而令威王不闻先王之术，文学之士不得进，令昭厘得行其私。故细人之言，不可不察也。●《楚策一》二十：（楚）威王问于莫敖子华曰："自从先君文王以至不穀之身，亦有不为爵劝，不为禄勉，以忧社稷者乎？"莫敖子华对曰："如章不足知之矣。"王曰："不于大夫，无所闻之。"莫敖子华对曰："君王将何问者也？彼有廉其爵，贫其身，以忧社稷者；有崇其爵，丰其禄，以忧社稷者；有断脰决腹，一瞑而万世不视，不知所益，以忧社稷者；有劳其身，愁其志，以忧社稷者；亦有不为爵劝，不为禄勉，以忧社稷者。"王曰："大夫此言，将何谓也？"莫敖子华对曰："昔令尹子文，缁帛之衣以朝，鹿裘以处；未明而立于朝，日晦而归食；朝不谋夕，无一月之积。故彼廉其爵，贫其身，以忧社稷者，令尹子文是也。昔者叶公子高，身获于表薄，而财于柱国，定白公之祸，宁楚国之事；恢先君以掩方城之外，四封不侵，名不挫于诸侯。

当此之时也，天下莫敢以兵南乡。叶公子高，食田六百畛，故彼崇其爵，丰其禄，以忧社稷者，曰叶公子高是也。昔者吴与楚战于柏举。两御之间夫卒交。莫敖大心抚其御之手，顾而大息曰：'嗟乎子乎，楚国亡之日至矣！吾将深入吴军，若扑一人，若挏一人，以与大心者也，社稷其为庶几乎？'故断脰决腹，一暝而万世不视，不知所益，以忧社稷者，莫敖大心是也。昔吴与楚战于柏举，三战入郢。寡君身出，大夫悉属，百姓离散。梦冒勃苏曰：'吾被坚执锐，赴强敌而死，此犹一卒也，不若奔诸侯。'于是赢粮潜行，上峥山，逾深谷，跖穿膝暴，七日而薄秦王之朝。崔立不转，昼吟宵哭，七日不得告，水浆无入口，瘨而殚闷，旄不知人。秦王闻而走之，冠带不相及，左奉其首，右濡其口，勃苏乃苏。秦王身问之：'子孰谁也？'梦冒勃苏对曰：'臣非异，楚使新造戾梦冒勃苏。吴与楚人战于柏举，三战入郢，寡君身出，大夫悉属，百姓离散，使下臣来告亡，且求救。'秦王顾令之起：'寡人闻之，万乘之君，得罪一士，社稷其危，今此之谓也。'遂出革车千乘，卒万人，属之子满与子虎，下塞以东，与吴人战于浊水，而大败之，亦闻于遂浦。故劳其身，愁其思，以忧社稷者，梦冒勃苏是也。吴与楚战于柏举，三战入郢。君王身出，大夫悉属，百姓离散。蒙谷给斗于宫唐之上，舍斗奔郢曰：'若有孤，楚国社稷其庶几乎？'遂入大宫，负鸡次之典以浮于江，逃于云梦之中。昭王反郢，五官失法，百姓昏乱；蒙谷献典，五官得法，而百姓大治。比蒙谷之功，多与存国相若，封之执圭，田六百畛。蒙谷怒曰：'谷非人臣，社稷之臣，苟社稷血食，余岂患无君乎？'遂自弃于磨山之中，至今无冑。故不为爵劝，不为禄勉，以忧社稷者，蒙谷是也。"王乃大息曰："此古之人也，今之人焉能有之耶！"莫敖子华对曰："昔者先君灵王好小腰，楚士约食，冯而能立，式而能起。食之可欲，忍而不入；死之可恶，然而不避。章闻之，其君好发者，其臣抉拾。君王直不好，若君王诚好贤，此五臣者，皆可得而致之。"■二事相类，沈尹华、莫敖子华当属一人，或说即子华子。

[5]《庄子复原本·曹商》(郭象拼接于《列御寇》)：或聘于庄子。庄子应其使曰："子不见夫牺牛乎？衣以文绣，食以刍菽，养之牢筴之中。及其牵而入于太庙，虽欲为孤犊，其可得乎？"●《庄子·秋水》：庄子钓于

濮水之上。楚王使大夫二人往先焉，曰："愿以境内累夫子！"庄子持竿不顾，曰："吾闻楚有神龟，死已三千岁矣，王以巾笥而藏之于庙堂之上。此龟者，宁其死留骨而贵乎？宁其生而曳尾于涂中乎？"二大夫曰："宁生而曳尾涂中。"庄子曰："往矣！吾将曳尾于涂中。"●《老子韩非列传》：楚威王闻庄周贤，使使厚币迎之，许以为相。庄周笑谓楚使者曰："千金，重利；卿相，尊位也。子独不见郊祭之牺牛乎？养食之数岁，衣以文绣，以入大庙。当是之时，虽欲为孤豚，岂可得乎？子亟去，无污我。我宁游戏污渎之中自快，无为有国者所羁，终身不仕，以快吾志焉。"■《庄子复原本·曹商》未言聘者何人，《庄子·秋水》仅言聘者为楚王，《老子韩非列传》明言聘者为楚威王。

[6]《国语·周语下》：景王既杀下门子。宾孟适郊，见雄鸡自断其尾，问之，侍者曰："惮其牺也。"遽归告王曰："吾见雄鸡自断其尾，而人曰'惮其牺也'，吾以为信畜矣。人牺实难，己牺何害？抑其恶为人用也乎，则可也。人异于是。牺者，实用人也。"王弗应，田于巩，使公卿皆从，将杀单子，未克而崩。■此为老聃时事。周景王崩后，王子朝、周敬王争位五年，导致老聃辞官居宋近四十年，详见拙著《老子奥义》。

第四部

循德达道（前330—前322）

四十

张仪入秦犀首返魏，庄子斥秦蔺且拜师

前330年，岁在辛卯。庄周四十岁。宋康王八年。

周显王三十九年。秦惠王八年。楚威王十年。魏惠王后元五年。韩宣王三年。赵肃侯二十年。齐威王二十八年。燕易王三年。鲁景公十六年。卫孝襄侯五年。越王无疆十三年。中山成公二十年。

秦相公孙衍去年伐魏，围攻雕阴（今陕西甘泉），延至今年，仍未攻破。秦惠君派遣二十二岁的庶弟樗里疾，增援四十六岁的公孙衍。

公孙衍、樗里疾合兵，终于击败龙贾的五万魏军，攻破雕阴，斩首八万。四万五千是魏国武卒之首，三万五千是魏国平民之首。

秦军乘胜进兵，又围焦邑（今河南三门峡西）、曲沃（今山西闻喜）。[1]

魏惠王向韩威侯求救，遭到拒绝，被迫把河西七百里地，全部割让给秦国。[2]

三年前赵、秦伐魏，去年、今年秦伐魏，韩昭侯、韩威侯全都拒绝救魏。

魏惠王大怒，命令公子魏景贾伐韩，攻打中阳（今山西吕梁）。

韩相公仲朋领兵驰救，击败魏军。

魏景贾被迫撤围中阳，退到圃田泽（今河南中牟）北面。[3]

强魏败于弱韩，魏惠王大为震惊。

匡章上朝，趁机攻击惠施："农夫为何杀死蝗虫？因为危害庄稼。大王败于强齐以后，任命惠施为相，成功与齐偃兵，但是齐、魏徐州相王，激怒天下诸侯，导致楚威王伐齐，赵肃侯、秦惠君伐魏。如今大王虽与强齐和解，但是不仅败于暴秦，甚至败于弱韩。惠施实为危害魏国的蝗虫！"

魏惠王强忍怒气，又问惠施："先生劝说寡人偃兵，起初颇有成效，如今大受挫折。匡章认为先生是危害魏国的蝗虫，先生如何辩解？"

惠施说："比如筑城，既要有人夯土，也要有人运土，更要有人管理。比如治丝，既要有人采桑，也要有人养蚕，更要有人管理。比如治木，既要有人伐木，也要有人加工，更要有人管理。比如治农，既要有人种地，也要有人收割，更要有人管理。我是魏国的管理者，匡章怎能把我比为蝗虫？"[4]

匡章又说："惠施每次自我辩解，都要大打比方，蛊惑大王。如果不打比方，惠施简直不能言语。"

魏惠王又问惠施："先生能否不打比方，直言其事？"

惠施反问："假如有人问我弹弓的形状，我说弹弓的形状如同弹弓，能否让人明白？"

魏惠王说："不能明白。"

惠施又问："我说弹弓的形状如同弓箭，能否让人明白？"

魏惠王说："能够明白。"

惠施说："只有用他人明白之事打比方，他人才能明白原先不明白之事。"

魏惠王心悦诚服："很对！"[5]

匡章见魏惠王又被惠施的比方所蛊惑，失望至极，离魏返齐，师从老聃之徒陈仲子。[6]

魏惠王长期重用惠施，群臣、客卿纷纷离魏，求仕异邦。三年前魏人公孙衍离魏入秦，今年齐人匡章离魏返齐。

魏人张仪三年前求仕于楚相昭阳失败，今年五十一岁，认为商鞅死后秦国无人，于是离魏入秦，途经东周国。

周显王寄居东周国，蛰居洛阳王宫，已有三十七年。苏秦今年二十一岁，在洛阳乡下种地。

东周国相杜赫，向昭文君进言："张仪乃是天下才士，如今离魏游秦，主公若能礼遇，必有厚报。"

昭文君召见张仪，赠以百金："寡人国小，不敢委屈先生。先生游仕秦国，假如秦惠君不能礼遇，敬请先生再至敝国，寡人一定以国相托。"

张仪尚在落魄之中，大受感动，从此终身感激昭文君。后来相秦十九年，从不征伐东周国。[7]

张仪到达咸阳，晋见秦惠君："商鞅变法以来，秦国虽已跻身列强，但还难以与天下为敌。主公收复河西失地容易，继续东进拓地困难。直接进攻中原，必将杀敌一万，自损三千。主公只有挑动中原列强互相进攻，互相削弱，才能坐收渔人之利。"

公孙衍说："主公已经收复河西七百里失地，只有继续征伐魏、韩，才能尽快代周为王。"

秦惠君明白，秦国尽管国力大增，但是无法支撑消耗久战，认为张仪之策更为有利，于是罢免公孙衍。

公孙衍被张仪片言罢相，离秦返魏，从此与张仪终身为敌。[8]

魏惠王认为，公孙衍能为秦拓地，也能为魏拓地，于是不计前嫌，仍命公孙衍为将。

齐威王又命田忌伐赵，围攻平邑（今山东平邑），未能攻克。[9]

宋君偃召见群臣："寡人行仁数年，表彰忠臣、孝子、节妇，赈济贫残，减轻赋税，为何宋民仍不爱戴寡人？"

戴盈说："主公推行仁政，已经大见成效，所以近年诸侯乱战愈演愈烈，但都不敢侵扰宋国。只要持之以恒，宋民必将爱戴主公。"

宋君偃大悦："寡人治国辛苦，多年不得休息，不知近来有何好玩技艺？"

戴不胜说："匠石运斤，如今与庖丁解牛齐名，成为天下闻名的宋国两大绝技。"

宋君偃问："寡人见过庖丁解牛，但没见过匠石运斤，不知有何妙处？"

戴不胜说："三年前，楚威王伐齐徐州大胜，礼聘匠石至楚，建造神坛记功。有个郢人粉刷墙壁，不慎溅污鼻端，小如苍蝇翅膀，请匠石用斧子削掉。匠石抡起斧子，呼呼生风，听从郢人要求，削尽白垩，不伤鼻子。郢人纹丝不动，面不改色。"

宋君偃召见匠石："试为寡人表演一下运斤成风的绝技。"

匠石说："我可以用斧子削尽鼻端的白垩，但是那个纹丝不动、面不改色的郢人，已经死了。所以我无法为主公表演！"

宋君偃大为失望。[10]

庄子四十岁，住在蒙邑东门陋巷，天天钓鱼自食，编织草鞋出售。

钟离氏养蚕织布，贴补家用。

庄子钓鱼之技高超，每天钓满一桶鱼，自食有余，晒成鱼干，卖给干鱼店。

庄子对钟离氏说："众人适人之适，不过年年有余。我们自适其适，照样天天有鱼。"

一日，庄子出门钓鱼，路过陶匠铺，看见蔺陶匠父子脚踩旋转的陶均，正在制作人首。

庄子问："你们一向制作坛罐，为何改为制作人首？"

蔺陶匠说："秦献公以来，尤其是商鞅变法以来，秦国一再伐魏，魏国军民被大量斩首。魏人下葬无首之尸，都要装上人造之首。贵人以玉代首，富人以金代首，穷人以陶代首。因为人死为鬼，必须全尸，方可庇佑子孙。无首之尸，沦为孤魂野鬼，无法庇佑子孙。魏国每次被秦伐败，都向定陶商家订购大量陶首，定陶商家就要我们烧制。今年龙贾的五万魏军，又被秦军斩首四万五千，我们又要忙上一阵。"

庄子说："民众一怕早夭而死，二怕死无全尸。死而全尸，谓之好死。

死无全尸，谓之不得好死。五马分尸的车裂，因而成为最重之刑。"

蔺且问："中原之军无不杀敌割耳，秦军为何杀敌斩首？"

庄子说："秦人原是西戎，自古都是杀敌斩首。春秋时期，秦穆公以百里奚为相，慕效中原文明，放弃杀敌斩首，改为杀敌割耳。魏文侯变法以后，吴起攻取秦国河西七百里地。秦国被迫退守函谷关，数世不能胜魏。秦献公末年，为了收复河西，恢复杀敌斩首，与魏交战有胜有败，但是依旧不能收复河西。秦孝公启用商鞅，实行变法，变成斩首计功，与魏交战变成有胜无败。如今秦惠君终于收复河西。"

蔺且问："为何秦献公杀敌斩首不能收复河西，商鞅斩首计功就能收复河西？"

庄子说："戎狄是游牧民族，春夏之时，水草丰美，羊肥马壮，秋冬之时，水枯草尽，人畜乏食，于是南侵中原，谓之打秋草。戎狄打秋草，不为得地，只为劫掠粮食财宝，杀敌斩首意在吓退中原守军，但是从不滥杀平民，因为杀光中原百姓，明年即无可掠之物。秦献公恢复杀敌斩首，志在得地，但与戎狄一样不杀平民，所以斩首之威有限，不能收复河西。商鞅变法，实行斩首计功，斩敌一首，晋爵一级，称为首级。秦军步卒为了立功晋爵，不仅奋勇杀敌，而且杀光战俘，滥杀平民，斩首之威达于极致。魏军畏惧斩首而未战先怯，临阵而逃；魏民畏惧斩首而不敢助战，弃地而逃。秦军从此胜必得地，迅速收复河西。今年龙贾的五万魏军，四万五千被斩首，五千逃走。秦国宣布斩首八万，其中三万五千实为魏民。魏国宣布被斩首四万五千，则是仅计魏军，不计魏民。"

蔺且问："商鞅之法极其严苛，秦军多斩民首冒充军功，为何不怕治罪？"

庄子说："商鞅实行斩首计功，意在激励每个秦军步卒，为了一己加官晋爵而多斩敌首、民首，实为鼓励秦军滥杀战俘平民，威慑中原军民放弃抵抗。秦人不会满足于收复河西，必将进取河东。秦祸不会限于魏国，必将席卷天下。"

蔺且问："中原诸侯为了战胜秦军，会不会效法斩首计功？"

庄子说："大概不会。斩首计功和割耳计功，乃是夷夏之辨的重要标志。”[11]

蔺且问：“那么野蛮的秦国，岂非必将战胜文明的中原？”

庄子说：“恐怕正是如此。”

言毕步出东门，前往蒙泽钓鱼。

次日，蔺且来见庄子：“我今年十一岁，跟随父亲学习制陶之技，已有三年。还想追随先生，学习老聃之道！”

庄子微笑嘉许：“学技只能谋生，学道才能全生。”

蔺且问：“谋生、全生有何不同？”

庄子说：“学技小成，只能维持肉体生存，难免成为行尸走肉。学道大成，可以确保精神健全，避免成为行尸走肉。”

蔺且问：“小成、大成有何不同？”

庄子说：“匠石学技三年，目无全木，止于绝技，未进于道。庖丁学技三年，目无全牛，技进于道，以道御技，游刃有余。朱泙漫向支离益学习屠龙之技，耗尽千金家财，三年技有小成，然而不用其巧。有用之技仅有小用，所以谓之小成。无用之道则有大用，所以谓之大成。”

蔺且说：“弟子谨记！”[12]

笺注

[1]《魏世家》：魏襄王五年（当作魏惠王后元五年，前330），秦败我龙贾军四万五千于雕阴，围焦、曲沃。予秦河西地。●《秦本纪》：秦惠王七年（前331），公子印（当从《苏秦列传》作公孙衍）与魏战，虏其将龙贾，斩首八万。八年（前330），魏纳河西地。●《燕策二》一（《苏秦列传》同）：龙贾之战，岸门之战，封陆之战，高商之战，赵庄之战，秦之所杀三晋之民数百万。今其生者，皆死秦之孤也。西河之外、上雒之地、三川、晋国之祸，三晋之半。秦祸如此其大，而燕、赵之秦者，皆以争事秦说其主，此臣之所大患。■雕阴之战始于去年（前331），终于今年（前330）。雕阴魏将龙贾领兵五万，《魏世家》记其损兵四万五千,《秦本纪》记其斩首

八万，多出三万五千当属魏民之首。商鞅之法，斩首计功，一首一爵，鼓励秦兵滥杀敌国之民以充军功，以此威慑六国军民放弃抵抗。

[2]《樗里子甘茂列传》：樗里子者，名疾，秦惠王之弟也，与惠王异母。母，韩女也。樗里子滑稽多智，秦人号曰"智囊"。秦惠王八年（前330），爵樗里子右更，使将而伐曲沃，尽出其人，取其城，地入秦。

[3]《水经·济水注》引《竹书纪年》：梁惠王后元五年（前330），公子景贾率师伐郑，韩明（当作朋）战于阳，我师败逋泽北。▲杨宽：阳即中阳。■"韩明"之"明"，为"朋"之讹字。韩朋即继张开地为韩相之公仲朋。朋又作俌，俌常讹为倗。

[4]《吕览·不屈》：匡章谓惠子于魏王之前曰："蝗螟，农夫得而杀之，奚故？为其害稼也。今公行，多者数百乘，步者数百人；少者数十乘，步者数十人。此无耕而食者，其害稼亦甚矣。"惠王曰："惠子施也难以辞与公相应。虽然，请言其志。"惠子曰："今之城者，或者操大筑乎城上，或负畚而赴乎城下，或操表掇以善睎望。若施者，其操表掇者也。使工女化而为丝，不能治丝；使大匠化而为木，不能治木；使圣人化而为农夫，不能治农夫。施而治农夫者也，公何事比施于螣螟乎？"惠子之治魏为本，其治不治。当惠王之时，五十战而二十败，所杀者不可胜数，大将、爱子有禽者也。大术之愚，为天下笑，得举其讳。乃请令周太史更著其名。围邯郸三年而弗能取，士民罢潞，国家空虚，天下之兵四至，众庶诽谤，诸侯不誉。谢于翟翦，而更听其谋，社稷乃存。名宝散出，土地四削，魏国从此衰矣。仲父，大名也；让国，大实也。说以不听不信。听而若此，不可谓工矣。不工而治，贼天下莫大焉。幸而独听于魏也。以贼天下为实，以治之为名，匡章之非，不亦可乎！■此言"五十战而二十败"，匡章前已非毁惠施，此次非毁必于战败之后。

[5]《说苑·善说》：客（匡章）谓梁王曰："惠子之言事也善譬，王使无譬，则不能言矣。"王曰："诺。"明日见谓惠子："愿先生言事则直言耳，无譬也。"惠子曰："今有人于此，而不知弹者，曰：'弹之状何若？'应曰：'弹之状如弹。'则谕乎？"王曰："未谕也。""于是更应曰：'弹之状如弓，而以竹为弦。'则知乎？"王曰："可知矣。"惠子曰："夫说者，固以其所知

谕其所不知，而使人知之。今王曰无譬，则不可矣。"王曰："善。"■此当承前。匡章譬惠施为蝗虫，惠施应之以数譬而自解，故匡章又责惠施善譬。匡章为齐人仕魏之客卿，故《说苑·善说》称其为"客"。

[6]《孟子·滕文公下》：匡章曰："陈仲子岂不诚廉士哉？居於陵，三日不食，耳无闻，目无见也。井上有李，螬食实者过半矣，匍匐往将食之，三咽，然后耳有闻、目有见。"孟子曰："于齐国之士，吾必以仲子为巨擘焉。"■匡章离魏返齐，师事田齐宗室陈仲子，先游稷下学宫，后为齐威王将、齐宣王将，详下各章。

[7]《吕览·报更》：张仪，魏氏余子也。将西游于秦，过东周。客（杜赫）有语之于昭文君者，曰："魏氏人张仪，材士也，将西游于秦，愿君之礼貌之也。"昭文君见而谓之曰："闻客之秦，寡人之国小，不足以留客。虽游，然岂必遇哉？客或不遇，请为寡人而一归也。国虽小，请与客共之。"张仪还走，北面再拜。张仪行，昭文君送而资之。至于秦，留有间，惠王说而相之。张仪所德于天下者，无若昭文君。■杜赫为东周昭文君之相，贾谊《过秦论》把杜赫列入六国四大谋士："六国之士，有宁越、徐尚、苏秦、杜赫之属为之谋。"张仪感激昭文君礼遇，相秦多年，终秦惠王之世不伐东周。直至秦武王始入东周举鼎，至秦昭王则灭东周。昭文君以小惠得厚报，可见人治之世一言可以丧邦，一言可以兴邦。

[8]《张仪列传》：犀首者，魏之阴晋人也，名衍，姓公孙氏。与张仪不善。●《张仪列传集解》：司马彪曰："犀首，魏官名，若今虎牙将军。"■司马彪误言，盲从者众。犀首乃公孙衍之字。公孙衍二弟公孙喜，字犀武，可为确证。公孙衍三弟公孙弘，其字不详（或字犀文）。犀首之首，义同伯、孟。●《苏秦列传》：秦惠王使犀首攻魏，禽将龙贾，取魏之雕阴（前331），且欲东兵。苏秦恐秦兵之至赵也，乃激怒张仪，入之于秦（前330）。■张仪离魏入秦，公孙衍离秦返魏，为同年之事，均在公孙衍伐魏擒龙贾、取雕阴（前331）之次年（前330）。此后公孙衍在魏主持五国相王，策划山东诸侯首次合纵伐秦，与苏秦完全无关。《史记》将公孙衍之事误为苏秦之事，实则苏秦晚于张仪至少三十年，详下各章。【附考】《孟子·滕文公下》：景春曰："公孙衍、张仪岂不诚大丈夫哉？一怒而诸侯惧，安居而

天下熄。"孟子曰："是焉得为大丈夫乎？子未学礼乎？丈夫之冠也，父命之；女子之嫁也，母命之，往送之门，戒之曰：'往之女家，必敬必戒，无违夫子。'以顺为正者，妾妇之道也。居天下之广居，立天下之正位，行天下之大道；得志，与民由之，不得志，独行其道；富贵不能淫，贫贱不能移，威武不能屈，此之谓大丈夫。"《孟子》并提公孙衍、张仪，谓之"一怒而诸侯惧，安居而天下熄"，乃因公孙衍合纵，张仪连横。燕昭王时苏秦为燕反间于齐，孟子已经离齐归邹，故《孟子》不言苏秦。

[9]《水经·济水注》引《竹书纪年》：梁惠王后元五年（前330），田公子居思伐邯郸，围平邑。■"邯郸"指赵国，为国名，非邑名。齐伐赵之平邑，非伐赵都邯郸。田居思即田忌，名忌，字居思。

[10]《庄子·徐无鬼》：郢人垩，墁其鼻端若蝇翼，使匠石斫之。匠石运斤成风，听而斫之，尽垩而鼻不伤，郢人立不失容。宋元君闻之，召匠石曰："尝试为寡人为之。"匠石曰："臣则尝能斫之，虽然，臣之质死久矣。"■宋元君，又称"宋元王"，即宋君偃。宋君偃称王以后身死国灭，宋国仅此一王。

[11]《鲁仲连列传》斥秦"计首功"，《史记》唯秦战胜有斩首记录，中原诸侯战胜均无斩首记录。

[12]《庄子·列御寇》：朱泙漫学屠龙于支离益，殚千金之家，三年技成，而无所用其巧。

四一

秦攻河东魏伐楚丧，孟轲游齐戴盈访庄

前329年，岁在壬辰。庄周四十一岁。宋康王九年。

周显王四十年。秦惠王九年。楚威王十一年（卒）。魏惠王
后元六年。韩宣王四年。赵肃侯二十一年。齐威王二十九年。燕
易王四年。鲁景公十七年。卫孝襄侯六年。越王无疆十四年。中
山成公二十一年。

秦惠君去年收复河西七百里地，今年又命樗里疾东渡黄河，进攻河东
魏地。

樗里疾凭借斩首之威，一举攻取了河东三邑：汾阴（今山西万荣西
南），皮氏（今山西河津东南），焦邑（今河南三门峡西）。

魏惠王采纳惠施之策，再次向秦求和。[1]

正在此时，楚威王熊商死了，在位十一年（前339—前329）。

三十岁的太子熊槐继位，即楚怀王。[2]

昭阳降任上柱国三年，至此复任楚相，仍然兼任上柱国。

公孙衍献策魏惠王："楚威王死了，正是伐楚良机！大王既然失地于
秦，不如取地于楚。"

惠施谏阻："伐丧不义！大王既与天下诸侯偃兵，不应趁丧伐楚。何况

齐、魏徐州相王，楚威王仅仅伐齐，没有伐魏。"

将相意见不一，魏惠王举棋不定。[3]

秦惠君二十八岁，正夫人魏氏（魏惠王女）生下嫡长子嬴荡（秦武王），立为太子。[4]

张仪献策："主公的太子，乃是魏惠王的外孙，不如以此为由，暂时与魏罢兵，驱使魏惠王伐楚。魏惠王若是胜楚得地，必将感激主公，不再争夺河西七百里地。魏惠王若是伐楚失败，也无力争夺河西七百里地。"

秦惠君听从张仪之言，亲往魏地应邑（今山西应县）会见魏惠王，许诺派出驻守皮氏的步卒万人，兵车百乘，助魏伐楚。[5]

魏惠王大悦，许诺胜楚之后，再割上洛（今地不详）给秦国。

公孙衍率领魏、秦联军伐楚。

楚怀王正在为父服丧，猝不及防。

楚军在陉山（今河南漯河东）仓促迎战，被魏、秦联军击败。

秦惠君要求魏惠王兑现承诺，割让上洛。

魏惠王听从公孙衍，拒绝兑现承诺。

秦惠君大怒。

管浅献策："主公可以派人劝说楚怀王：'魏惠王向寡人借兵伐楚，承诺割地给秦，胜楚以后食言。大王何不会见寡人，楚、秦结盟？魏惠王畏惧秦、楚结盟，必将割地给秦，寡人一定报答大王。魏惠王如果仍然拒绝割地给秦，楚、秦共同伐魏，魏国必败。'"

秦惠君听从其言，命其使楚。

楚怀王于是宣布，即将会见秦惠君，准备结盟伐魏。

魏惠王闻讯，被迫割让上洛给秦。[6]

秦惠君感激楚怀王，请求与楚联姻。

楚怀王大悦，选取宗室美女芈八子，嫁给秦惠君。

秦惠君宠爱芈八子，很快生下一女。[7]

齐威王四年前被楚威王伐败于徐州，誓报楚仇，扩建稷下学宫，加大招贤力度。

稷下祭酒淳于髡，以及众多稷下学士，如齐人彭蒙（前370—前310）、尹文（前360—前285）、田骈（前350—前275）、邹衍（前305—前240），赵人慎到（前350—前275），宋人告子（前420—前350）、宋钘（前360—前290）、兒说（前350—前286），周人苏代等等，均被聘为列大夫，不治而议论。

齐人匡章，一向反对齐威王称王，曾经离齐仕魏，去年离魏返齐，师从老聃之徒陈仲子，拒绝出仕。如今也被齐威王供养于稷下。

邹人孟轲，今年四十四岁，闻齐招贤，摸着门柱，南望齐国，面有忧色，独自叹息。

孟母问："你有何心事？"

孟轲说："我师儒学道，得闻教诲：'君子尽管不求荣誉，不谋爵禄，但是只有处于合乎身份的官位，才能推行孔子之道。诸侯如果不行孔子之道，君子就不求官位。诸侯如果不用孔子之徒，君子就不履其朝。'如今齐威王不用孔子之徒，不行孔子之道，我想往齐进谏，但是母亲年老，必须孝养。孔子有言：'父母在，不远游。'所以孔子等到父母俱亡以后，才周游列国，求仕诸侯。"

孟母说："孔子两岁丧父，十七岁丧母，其言乃是自况。你何必如此迂腐，被孔子之言拘束？《礼经》有言：'在家从父，父死从夫，夫死从子。'妇人没有擅自作主之义，而有三从四德之道。我应该行我的妇人之义，你应该行你的君子之道。"[8]

孟轲于是辞别母亲、妻儿，游学齐国稷下[9]，结交淳于髡，交友匡章，成为稷下学士。[10]

不久，又与墨者告子辩论"人性善恶"，一举成名，轰传天下。万章、陈臻请为弟子。[11]

庄子四十一岁，居于蒙邑东门。

钟离氏问:"卖掉荆园,搬来东门,家境大不如前。庄遍已经二十岁,庄咸也已十一岁,他们将来如何安身立命?"

庄子说:"学儒学墨,都要出仕,就要适人之适,役人之役。我不愿出仕,也不愿儿子出仕。只要学会一技,足以安身立命。自古以来,都是易子而教。既然蔺且向我学道,不如让庄遍向蔺陶匠学陶。"

钟离氏赞成:"陶器乃是民生日用之物,学陶很好。"

庄遍从此师从蔺陶匠,学习制陶之技。

蔺且十二岁,师从庄子学道。

蔺且问:"稷下墨者告子,主张'人性无善无恶'。稷下儒者孟轲,主张'人性本善'。夫子以为谁更有理?"

庄子说:"儒墨囿于人道,未达天道,各执一端,是其所非,非其所是。儒墨之言,是非无定,均为囿于门户的假是非,而非超越门户的真是非。"[12]

蔺且说:"告子、孟轲之言,难道一样错误?"

庄子说:"告子主张'人性无善无恶',认为'性犹湍水,决诸东方则东流,决诸西方则西流',至少比拟恰当,不失经纬本末。孟轲主张'人性本善',认为'水无有不下,性无有不善',比拟不当,自失经纬本末。因为从善如登,上登甚难;从恶如崩,下崩甚易。孟轲既然认为'水无有不下',就不能主张'性无有不善',只能主张'性无有不恶'。所以相对而言,告子之言胜于孟轲之言。不过人性不宜用善恶来界定,必须用真伪来界定。人为设立何者为善,何者为恶,然后赏善罚恶,必将扭曲真实人性。人们为了受赏而争相为善,必非真善。人们为了逃刑而不敢为恶,必非真不恶。所以《老子》有言:'天下皆知美之为美,斯恶已;皆知善之为善,斯不善已。'如果擢拔天然真德,标榜人为伪德,民众为了谋求富贵,必将日趋诈伪,骗取名誉,最终失去操守,无恶不作。"

宋相戴盈又到蒙邑,请教庄子:"我相宋六年,辅佐主公推行仁政,表彰仁义,奖励忠孝,意在淳厚民风。为何事与愿违,如今宋国反而民风浇薄，日趋诈伪?"

庄子说："当年宋桓侯兼用儒墨，表彰仁义忠孝。蒙邑儒生郑缓，为父服丧六年，受到重用，爵为官师，主持太学，河润九里，泽及三族，获赐戴驩相府，移居商丘崇门。宋民为了谋取富贵爵禄，于是竞相伪装孝子，仅仅商丘崇门一带，每年就有十多人哀毁过度而死[13]。后来戴剟成重墨黜儒，郑缓自杀，伪善之风稍减。如今宋君偃听从相国之言，重新兼用儒墨，表彰仁义忠孝，所以伪善之风重新大炽。"

戴盈问："为何表彰仁义忠孝，都会导致伪善?"

庄子说："如果不受表彰，仁义忠孝原本乃是无关富贵爵禄的内心真德。一旦受到表彰，仁义忠孝必将沦为猎取富贵爵禄的外示伪德。因为真正的仁义忠孝者，羞于凭借仁义忠孝，谋取富贵爵禄，于是竭力掩饰自己的仁义忠孝，最终不为人知。而伪装的仁义忠孝者，为了凭借仁义忠孝，谋取富贵爵禄，于是竭力张扬自己的仁义忠孝，最终广为人知。最为不幸的是，民众无不明白：广为人知的仁义忠孝者，必是最为伪善的仁义忠孝者；最为伪善的仁义忠孝者，才能成功猎取富贵爵禄。于是民众为了谋取富贵爵禄，竞相伪装仁义忠孝。淳厚民风，因此破坏殆尽。仁义忠孝，从此荡然无存。"

戴盈说："真没想到，表彰仁义忠孝，反而丧失仁义忠孝! 请问夫子，什么是仁?"

庄子说："虎狼之德，就是仁。"

戴盈诧异："虎狼极其凶残，为何夫子竟说虎狼之德是仁?"

庄子说："相国是孔子之徒，必然明白孔子之道'亲亲之仁'。'亲亲之仁'仅对同宗亲人仁慈，但对民众百姓并不仁慈。虎狼也对小虎小狼仁慈，但对牛羊百兽并不仁慈。孔子之道，实为虎狼之道! 仅有'亲亲之仁'，怎能自诩至仁?"

戴盈大惊："何为至仁?"

庄子说："至仁无亲。不分亲疏，一视同仁。"

戴盈说："孔子有言：'无亲就不爱，不爱就不孝。'夫子却说至仁无亲，那么至仁是否必须不孝?"

庄子说："孝亲并非过错，仅是距离至仁尚远。"

戴盈问："孝亲距离至仁，究竟多远？"

庄子说："一如南方的郢都和北方的冥山那么遥远！用尊敬双亲来孝事双亲，较为容易；用爱戴双亲来孝事双亲，较为困难。用爱戴双亲来孝事双亲，又较为容易；用忘记亲疏来孝事双亲，又较为困难。自己忘记亲疏而孝事双亲，又较为容易；双亲接受我忘记亲疏，又较为困难。双亲接受我忘记亲疏，又较为容易；我忘记亲疏而平等对待天下人，又较为困难。我忘记亲疏而平等对待天下人，又较为容易；天下人无不忘记亲疏而平等对待天下人，最为困难。天下人无不忘记亲疏而平等对待天下人，才是至仁。"

戴盈问："孝亲距离至仁，竟有如此之远！那么如何治国，才能抵达至仁？"

庄子说："想要抵达至仁，必须抛弃尧舜、文武、周公、孔子的'亲亲之仁'，顺道无为而治，决不悖道妄为。天道至仁，遍及万物，施及万世，然而无人知晓。如果达于至仁之境，怎会自矜自夸仁义忠孝？孝悌仁义，忠信贞廉，只能用于自勉，不可用于治人，只能自然而然发自内心真德，不能拔高表彰逼成外示伪德。所以至贵之人摒弃邦国爵禄，至富之人摒弃官职财富，至显之人摒弃世俗名誉，至仁之道不因亲疏远近而有所改变。" [14]

戴盈受教，返回商丘，上朝进言："主公多次问我，为何推行仁政多年，大力表彰仁义忠孝，宋民仍不爱戴主公。我一直不明白原因，现在终于明白了。"

宋君偃问："是何原因？"

戴盈说："由于真正的仁义忠孝者不谋求表彰而不为人知，伪装的仁义忠孝者谋求表彰而广为人知，因此主公表彰的都是伪装的仁义忠孝者。主公大力表彰仁义忠孝，最终导致举国伪装仁义忠孝，于是倾尽举国财力，也不足以表彰万一。结果仅有极少数伪装仁义忠孝者侥幸得到表彰，于是爱戴主公。大多数伪装仁义忠孝者没能得到表彰，反而怨恨主公。"

宋君偃问："那么寡人应该如何作为，才能赢得民众爱戴？"

戴盈说："主公应该罚恶而不赏善。主公罚恶，民众就不敢为恶。主公不赏善，民众就不会伪善。民风就会淳朴，宋国就会大治。"

唐鞅说："主公推行仁政，乃是为了复兴殷商之盛，代周为王。三代以降，天下没有不行仁政而能称王者。"

宋君偃认为唐鞅知其心志，不听戴盈谏阻，继续推行仁政，准备称王。

笺注

[1]《秦本纪》：秦惠王九年（前329），渡河，取汾阴、皮氏。与魏（惠）王会应。围焦，降之。●《魏世家》：魏襄王六年（当作魏惠王后元六年，前329），与秦会应。秦取我汾阴、皮氏、焦。魏伐楚，败之陉山。

[2]《楚世家》：楚威王十一年（前329），威王卒，子怀王熊槐立。魏闻楚丧，伐楚，取我陉山。

[3]、[5]《秦策一》十：楚攻魏（当作魏伐楚，见上注1、注2）。张仪谓秦王曰："不如与魏以劲之，魏战胜，复听于秦，必入西河之外；不胜，魏不能守，王必取之。"王用仪言，取皮氏卒万人，车百乘，以与魏。犀首（公孙衍之字）（去年）战胜（楚）威王（当作楚怀王），魏兵罢弊，恐畏秦，果献西河之外。●《韩策二》二（公孙昧谓公仲朋）：楚威王攻梁（当作魏惠王攻楚怀王），张仪谓秦王曰："与楚攻梁，魏折而入于楚。韩固其与国也，是秦孤也。故不如出兵以劲魏。"于是攻皮氏（当据《秦策一》十作"取皮氏卒万人，车百乘，以与魏"），魏氏劲，（楚）威王（当作楚怀王）怒，楚与魏大战，秦取西河之外以归。■公孙衍离秦返魏，复任魏将，今年（前329）为魏伐楚。去年（前330）魏向秦献河西之地，尚未交割；今年秦惠王、魏惠王会于应邑之后准备交割，尚未交割，张仪故曰助魏伐楚，"必入西河之外"。

[4]《秦始皇本纪》引《秦记》：悼武王生十九年而立。■秦武王嬴荡，生于秦惠王九年（前329），生母为秦惠王四年（前334）入秦之"魏夫人"，即秦惠王之王后，故为秦惠王嫡长子。

[6]《秦策四》五：楚魏战于陉山。魏许秦以上洛，以绝秦于楚。魏战胜，楚败于南阳。秦责赂于魏，魏不与。管浅谓秦（惠）王曰："王何不谓楚王曰：'魏许寡人以地，今战胜，魏王倍寡人也。王何不与寡人遇？魏畏秦、楚之合，必与秦地矣。是魏胜楚而亡地于秦也；是王以魏地德寡人，秦之楚者多资矣。魏弱，若不出地，则王攻其南，寡人绝其西，魏必危。'"秦（惠）王曰："善。"以是告楚。楚（怀）王扬言与秦遇，魏（惠）王闻之恐，效上洛于秦。

[7]芈八子为秦惠王之王妃，秦昭王嬴稷之母，史称宣太后，详下各章。

[8]《列女传》卷一《母仪传》：孟子处齐（当作邹），而有忧色。孟母见之曰："子若有忧色，何也？"孟子曰："不敏。"异日闲居，拥楹而叹。孟母见之曰："乡见子有忧色，曰不也，今拥楹而叹，何也？"孟子对曰："轲闻之：'君子称身而就位，不为苟得而受赏，不贪荣禄。诸侯不听，则不达其上。听而不用，则不践其朝。'今道不用于齐，愿行而母老，是以忧也。"孟母曰："夫妇人之礼，精五饭，幂酒浆，养舅姑，缝衣裳而已矣。故有闺内之修，而无境外之志。易曰：'在中馈，无攸遂。'诗曰：'无非无仪，惟酒食是议。'以言妇人无擅制之义，而有三从之道也。故年少则从乎父母，出嫁则从乎夫，夫死则从乎子，礼也。今子成人也，而我老矣。子行乎子义，吾行乎吾礼。"君子谓孟母知妇道。诗云："载色载笑，匪怒匪教。"此之谓也。颂曰：孟子之母，教化列分，处子择艺，使从大伦，子学不进，断机示焉，子遂成德，为当世冠。■"孟子处齐"误，当作"孟子处邹"。孟子别母游齐、游宋，母死归邹奔丧，三年母丧未除，又仕于滕，后复游魏、游齐。孟子于齐威王二十九年（前329）游齐，游齐之前，因孔子之教"父母在，不远游"，故曰"愿行而母老，是以忧也"。孔子两岁丧父，十七岁丧母，出游之时父母已亡。

[9]钱穆《孟子在齐威王时先已游齐考》：《孟子》："陈臻问曰：前日于齐，王馈兼金一百而不受。于宋，馈七十镒而受。于薛，馈五十镒而受。"玩其语气，似孟子至宋在去齐之后。阎潜邱谓："孟子去齐过宋，当周慎靓王之三年，正康王改元之岁，宋始称王。"全谢山云："所以游宋亦有故。

盖康王初年亦尝讲行仁义之政，孟子所以往而受七十镒之馈。"今按：康王改元，乃在周显王四十一年，《史记》误后十年。（详《考辨》第九十九。）据《孟子》："万章问曰：宋，小国也，今将行王政，齐、楚恶而伐之，则如之何。"云将行王政者，其为初称王将行新政以悦民之征甚显。然谓孟子游宋，正值康王新王之际则是，必谓康王初王之岁，则未见其必是也。惟既在宋康新王之际，则其见梁惠王、齐宣王定在至宋之后。而其去齐适宋，则必当在齐威王之时，断无疑矣。……余考《孟子》书，其初在齐，乃值威王世。（据徐幹《中论》尚在桓公世，其语不可信，见《考辨》第七十六。）去而至宋、滕诸国。及至梁，见惠王、襄王，又重返齐，乃值宣王也。■钱说是。

[10]《孟子·离娄上》：淳于髡曰："男女授受不亲，礼与？"孟子曰："礼也。"曰："嫂溺则援之以手乎？"曰："嫂溺不援，是豺狼也。男女授受不亲，礼也。嫂溺援之以手者，权也。"曰："今天下溺矣，夫子之不援，何也？"曰："天下溺，援之以道；嫂溺，援之以手。子欲手援天下乎？"●《孟子·离娄下》：公都子曰："匡章，通国皆称不孝焉。夫子与之游，又从而礼貌之，敢问何也？"孟子曰："世俗所谓不孝者五：惰其四肢，不顾父母之养，一不孝也。博弈，好饮酒，不顾父母之养，二不孝也。好货财，私妻子，不顾父母之养，三不孝也。从耳目之欲，以为父母戮，四不孝也。好勇斗狠，以危父母，五不孝也。章子有一于是乎？夫章子，子父责善而不相遇也。责善，朋友之道也。父子责善，贼恩之大者。夫章子岂不欲有夫妻子母之属哉？为得罪于父，不得近；出妻屏子，终身不养焉。其设心以为不若是，是则罪之大者。是则章子已矣。"●《孟子·滕文公下》：匡章曰："陈仲子岂不诚廉士哉？居于陵，三日不食，耳无闻，目无见也。井上有李，螬食实者过半矣，匍匐往将食之，三咽，然后耳有闻、目有见。"孟子曰："于齐国之士，吾必以仲子为巨擘焉。虽然，仲子恶能廉？充仲子之操，则蚓而后可者也。夫蚓，上食槁壤，下饮黄泉。仲子所居之室，伯夷之所筑与？抑亦盗跖之所筑与？所食之粟，伯夷之所树与？抑亦盗跖之所树与？是未可知也。"曰："是何伤哉？彼身织屦、妻辟纑，以易之也。"曰："仲子，齐之世家也。兄戴，盖禄万钟。以兄之禄为不义之禄而不食

也，以兄之室为不义之室而不居也，避兄、离母，处于於陵。他日归，则有馈其兄生鹅者，己频戚曰：'恶用是鶃鶃者为哉？'他日，其母杀是鹅也，与之食之。其兄自外至，曰：'是鶃鶃之肉也。'出而哇之。以母则不食，以妻则食之；以兄之室则弗居，以於陵则居之。是尚为能充其类也乎？若仲子者，蚓而后充其操者也。"■孟子于齐威王二十九年（前329）首次游齐，与淳于髡、匡章游。匡章此时已经离魏返齐，尚未成为齐威王之将，师事隐居不仕的田齐宗室陈仲子。孟轲非毁陈仲子。

[11]《墨子·公孟》：二三子复于子墨子曰："告子曰：'（墨子）言义而行甚恶。'请弃之！"子墨子曰："不可。称我言以毁我行，愈于亡。有人于此，翟甚不仁，尊天事鬼爱人，甚不仁，犹愈于亡也。今告子言谈甚辨，言仁义而吾毁。告子毁，犹愈亡也。"二三子复于子墨子曰："告子胜为仁。"子墨子曰："未必然也。告子为仁，譬犹以跂为长，隐以为广，不可久也。"告子谓子墨子曰："我治国为政。"子墨子曰："政者，口言之，身必行之。今子口言之，而身不行，是子之身乱也。子不能治子之身，恶能治国政？子姑亡，子之身乱之矣。"●《孟子·告子上》：告子曰："性，犹杞柳也；义，犹桮棬也。以人性为仁义，犹以杞柳为桮棬。"孟子曰："子能顺杞柳之性而以为桮棬乎？将戕贼杞柳而后以为桮棬也？如将戕贼杞柳而以为桮棬，则亦将戕贼人以为仁义与？率天下之人而祸仁义者，必子之言夫！"告子曰："性，犹湍水也，决诸东方则东流，决诸西方则西流。人性之无分于善不善也，犹水之无分于东西也。"孟子曰："水信无分于东西，无分于上下乎？人性之善也，犹水之就下也。人无有不善，水无有不下。今夫水搏而跃之，可使过颡，激而行之，可使在山，是岂水之性哉？其势则然也。人之可使为不善，其性亦犹是也。"告子曰："生之谓性。"孟子曰："生之谓性也，犹白之谓白与？"曰："然。""白羽之白也，犹白雪之白，白雪之白，犹白玉之白欤？"曰："然。""然则犬之性犹牛之性，牛之性犹人之性欤？"告子曰："食色，性也。仁，内也，非外也。义，外也，非内也。"孟子曰："何以谓仁内义外也？"曰："彼长而我长之，非有长于我也。犹彼白而我白之，从其白于外也，故谓之外也。"口："异于白马之白也，无以异于白人之白也！不识长马之长也，无以异于长人之长欤？且谓长者义乎？长之者

义乎？"曰："吾弟则爱之，秦人之弟则不爱也，是以我为悦者也，故谓之内。长楚人之长，亦长吾之长，是以长为悦者也，故谓之外也。"曰："嗜秦人之炙，无以异于嗜吾炙。夫物则亦有然者也。然则嗜炙亦有外欤？"●《孟子·告子上》：孟季子问公都子曰："何以谓义内也？"曰："行吾敬，故谓之内也。""乡人长于伯兄一岁，则谁敬？"曰："敬兄。""酌则谁先？"曰："先酌乡人。""所敬在此，所长在彼，果在外，非由内也。"公都子不能答，以告孟子。孟子曰："敬叔父乎？敬弟乎？彼将曰：'敬叔父。'曰：'弟为尸，则谁敬？'彼将曰：'敬弟。'子曰：'恶在其敬叔父也？'彼将曰：'在位故也。'子亦曰：'在位故也。'庸敬在兄，斯须之敬在乡人。"季子闻之曰："敬叔父则敬，敬弟则敬，果在外，非由内也。"公都子曰："冬日则饮汤，夏日则饮水，然则饮食亦在外也？"●《孟子·告子上》：公都子曰："告子曰：'性无善无不善也。'或曰：'性可以为善，可以为不善，是故文武兴则民好善，幽厉兴则民好暴。'或曰：'有性善，有性不善，是故以尧为君而有象，以瞽瞍为父而有舜，以纣为兄之子且以为君，而有微子启、王子比干。'今曰'性善'，然则彼皆非欤？"孟子曰："乃若其情则可以为善矣，乃所谓善也。若夫为不善，非才之罪也。恻隐之心，人皆有之；羞恶之心，人皆有之；恭敬之心，人皆有之；是非之心，人皆有之。恻隐之心，仁也；羞恶之心，义也；恭敬之心，礼也；是非之心，智也。仁义礼智，非由外铄我也，我固有之也，弗思耳矣。故曰：求则得之，舍则失之。或相倍蓰而无算者，不能尽其才者也。《诗》曰：'天生蒸民，有物有则。民之秉彝，好是懿德。'孔子曰：'为此诗者，其知道乎！故有物必有则，民之秉彝也，故好是懿德。'"▲梁涛：根据《墨子·公孟》篇的记载，告子曾上及见墨子，从他敢于批评墨子及墨门弟子称其"胜为仁"等情况来看，他在墨门有一定的影响。墨子去世时，他至少也当在二十岁左右。墨子的年代约为公元前468—公元前387年（孙诒让《墨子间诂》），则告子当出生于公元前407年左右。孟子是年约四十三岁，而告子为七十八岁。由此可知，这场先秦思想史上的著名辩论是在壮年的孟子与暮年的告子之间展开的，孟子的能言善辩、咄咄逼人与告子的反应迟钝，正是这一背景的反映。▲张秉楠：这场人性问题的争论当发生在齐国。其时间亦当在孟子来齐之初。因为告子亦为稷下早期学者，他的人性论和另外几种人性理论在当时较有影响，重视人性之辨的孟子一到齐国稷下，就不可能不对这个问题表明自己的态度。(《稷下钩沉》第289页)■告子早年，及于墨子晚年(《墨子·公孟》)。告子晚年，及于齐威王时孟子首次游齐，未及齐宣王时孟子再次游齐。孟、告辩论人性善恶，即在齐威王时孟子首次游齐。

[12]《庄子·齐物论》：道恶乎隐而有真伪？言恶乎隐而有是非？道恶乎往而不存？言恶乎存而不可？道隐于小成，言隐于荣华。故有儒墨之是非，以是其所非，而非其所是。欲是其所非，而非其所是，则莫若以明。

[13]《庄子·外物》：庄子曰：……演门有亲死者，以善毁，爵为官师。其党人毁而死者半。●《韩非子·内储说上》：宋崇门之巷人，服丧而毁，甚瘠，上以为慈爱于亲，举以为官师。明年，人之所以毁死者岁十余人。子之服亲丧者，为爱之也，而尚可以赏劝也，况君上之于民乎？■《韩非子·内储说上》化用《庄子·外物》。

[14]《庄子·天运》：商太宰荡问仁于庄子。庄子曰："虎狼，仁也。"曰："何谓也？"庄子曰："父子相亲，何为不仁？"曰："请问至仁。"庄子曰："至仁无亲。"太宰曰："荡闻之：'无亲则不爱，不爱则不孝。'谓至仁不孝，可乎？"庄子曰："不然。夫至仁尚矣，孝固不足以言之。此非过孝之言也，不及孝之言也。夫南行者至于郢，北面而不见冥山，是何也？则去之远也。故曰：以敬孝易，以爱孝难；以爱孝易，以忘亲难；忘亲易，使亲忘我难；使亲忘我易，兼忘天下难；兼忘天下易，使天下兼忘我难。夫德遗尧舜，而不为也；利泽施于万世，天下莫知也；岂直太息而言仁孝乎哉？夫孝悌仁义，忠信贞廉，此皆自勉以役其德者也，不足多也。故曰：至贵，国爵摒焉；至富，国财摒焉；至显，名誉摒焉。是以至道不渝。"■商太宰荡，即宋相戴盈，名盈，又名盈之(《孟子·滕文公下》有戴盈之)，字荡。

四二

张仪相秦孟轲仕宋，君偃称王庄子斥贤

前328年，岁在癸巳。庄周四十二岁。宋康王十年（称王）。
周显王四十一年。秦惠王十年。楚怀王元年。魏惠王后元七
年。韩宣王五年。赵肃侯二十二年。齐威王三十年。燕易王五
年。鲁景公十八年。卫孝襄侯七年。越王无疆十五年。中山成公
二十二年（卒）。

秦惠君二十九岁，鉴于魏人公孙衍先是叛魏仕秦，后又返魏敌秦，打
算考验张仪究竟是忠魏更多，还是忠秦更多。于是任命公子嬴华为主将，
张仪为副将，继续伐魏，围攻蒲阳（今山西隰县）。

蒲阳守将畏惧秦军斩首屠城，开城投降。

张仪献策秦惠君："主公不如假装把蒲阳还给魏国，再让公子嬴繇至魏
为质。我再使魏，劝说魏惠王割让更多魏地。"

秦惠君将信将疑，姑从其策。

张仪护送嬴繇至魏为质，晋见魏惠王："秦惠君厚待大王，归还蒲阳，
大王如何投桃报李？"

魏惠王无奈，又把河东的上郡十五县和西部重镇少梁（今陕西韩城），
献给秦国。

秦惠君喜出望外，认定张仪比公孙衍更为忠秦，张仪的外交谋略，比公
孙衍的征伐好战，代价更小，拓地更多。于是任命五十三岁的张仪为相。[1]

赵肃侯先前不齿于魏惠王三朝齐威王，如今又不齿于魏惠王一再割地事秦。况且秦军收复魏国河西，进割魏国河东，已经逼近赵国西部，于是命令赵疵伐秦。

秦军击败赵疵，乘胜反攻赵国，攻取了赵国西部重镇蔺邑（今山西柳林）、离石（今山西吕梁）。[2]

中山成公死了，在位二十二年（前349—前328）。

太子魏𰾰继位，五年后称王，即中山先王，魏属中山第三代国君。[3]

魏惠王尽管怨恨堂弟当年相魏之时唆使自己伐赵而导致马陵惨败，仍然遣使吊唁堂弟之死，祝贺族侄继位。

中山是魏之属国，并非周封诸侯，天下诸侯仍然不吊不贺。

乐池连任相国，乐毅连任大将。[4]

司马熹三年前被宋君偃刖足，离开宋国，来到中山，竭力钻营，未获任用，只好结交权贵，等待机会。苦等三年，中山易君。

中山新君魏𰾰宠爱二姬，江姬贤而不美，阴姬美而不贤。二姬争为正夫人，魏𰾰欲立江姬。

司马熹闻风而动，拜见阴太公："主公若立江姬为正夫人，太公必将亡身灭家。主公若立阴姬为正夫人，太公必能荣华富贵。"

阴太公说："我正为此发愁，先生有何良策？"

司马熹说："令爱只要把我举荐给主公，必能立为正夫人。"

司马熹得到阴姬举荐，晋见中山君："赵国乃是中山大敌，我能为主公削弱赵国。"

中山君大悦："先生有何良策？"

司马熹说："我愿先往赵国，观其地形险阻、人民贫富、君臣贤不肖，做到知己知彼，然后因敌定策。"

中山君应允，命其使赵。

司马熹到达邯郸，晋见赵肃侯："久闻赵人擅长乐舞，多有美貌佳丽。

但我穿越赵境，来到邯郸，遍观赵国女子，均为庸俗脂粉。我曾游历天下，只有中山君的宠姬阴氏，美貌天下第一，视之如同神仙，言语无法描绘。阴姬之美貌，堪为天子之后，殊非诸侯之妃。"

赵肃侯大为心动："先生有无良策，让中山君把阴姬献给寡人？"

司马熹佯装大惊："我是直言观感，不敢妄言此事。"

司马熹回报中山君："主公不必担心赵国威胁！赵肃侯不贤，不好道德，独好声色。得知阴姬美貌，竟然打算向主公索要。"

中山君不悦："赵肃侯不贤，确是中山之福。但是索要阴姬，寡人如何应对？"

司马熹说："赵国强于中山，主公不允其请，必将危及社稷。若允其请，又将贻笑天下。自古至今，诸侯互赠歌女舞姬乃是常事，但是从未有过索要诸侯正夫人之事。主公只要册立阴姬为正夫人，赵肃侯必将断绝此念。"

中山君听从其言，册立阴姬为正夫人。

阴姬晚上侍寝，劝说中山君："司马熹曾为宋相，乃是天下大贤。主公命其为相，必无赵国之患！"

中山君说："司马熹被宋君偃刖去一足，寡人命其为相，天下必笑中山无人。"

阴姬说："伊尹是庖厨，傅说是奴隶，吕尚是屠夫，商汤、武丁、周文王拜为相国，得以称王天下。孙膑被庞涓膑去双膝，齐威王拜为国师，得以称霸中原。宋君偃是逐兄篡位的恶君，所以不用贤人，专用奸佞。主公乃是圣明之君，怎能不用贤人？"

中山君于是罢免乐池，改命司马熹为相。[5]

乐池、乐毅离开中山，转仕赵国，誓报此仇。[6]

孟轲去年由邹至齐，与告子一辩成名，成为稷下学士。今年晋见齐威王："五百年必有王者出！西周至今七百余年，早已超过五百年。春秋以降，周室暗弱已久。当今之世，必有代周为王者。如今天下诸侯多行东周霸道，大王只要遵循西周王道，必能代周为王。"

齐威王厌闻空言，不聘孟轲为列大夫。

孟轲萌生去意，得知宋君偃施行仁政，准备称王，于是辞别齐威王，打算赴宋。

齐威王赠以百金，不予挽留。

孟轲拒绝百金，带着弟子万章、陈臻，离齐往宋。[7]

万章问："宋国弱小，宋君偃一旦称王，齐、楚必将伐宋，如何抵抗？"

孟轲说："宋国尽管弱小，却是殷商遗邦。殷商之祖商汤，最初居于亳邑，仅有方圆五十里。毗邻葛国，葛君不行仁政，商汤征伐天下不仁不义之国，即从葛国开始。征伐十一次，无敌于天下。征伐东夷，西戎抱怨。征伐南蛮，北狄抱怨。天下民众都说：'为何不先征伐吾国恶君？'天下民众盼望商汤征伐本国恶君，如同大旱之后盼望下雨。因为除了商汤，天下之君全都不行王政。如今宋君偃推行王政，四海之内无不举首盼望，希望宋君偃成为本国之君。齐、楚尽管强大，宋君偃何必惧怕？"[8]

孟轲到达商丘，晋见宋君偃："君侯治国十年，推行王政，宋民无不收其放心，竞趋仁义忠孝。孔子有言：'名不正则言不顺，言不顺则事不成。'君侯既然推行王政，宜于正名为王，以羞僭窃王号、奉行霸道的楚、齐、魏之君。"

宋君偃大悦，问策群臣。

唐鞅赞成："孟轲先生是天下大儒，离齐仕宋，足证主公推行仁政，天下归心。主公称王以后，就能名正言顺征伐天下不仁不义之国！"

戴盈反对："宋国弱小，主公一旦称王，必将招来早已称王的楚、齐、魏三强征伐！"

宋君偃大怒，罢免戴盈，改命唐鞅为相国，礼聘孟轲为客卿，立刻称王。成为齐威王、魏惠王之后第三个叛周称王的战国诸侯，史称宋康王。[9]

魏惠王尽失河西，又割河东，如今自身难保，听凭宋君偃称王。

齐威王、楚怀王不能容忍弱宋竟敢称王，立刻伐宋。

宋康王大惊，只好割地求和，假装取消王号。

齐、楚退兵。[10]

庄子四十二岁，宋君偃叛周称王。

蔺且问："宋君偃称王，遭到齐、楚共伐，立刻取消王号，如此胡闹，岂非儿戏？"

庄子说："宋君偃不自量力，逞强招伐！唐鞅乃是奸佞小人，为了谋取一己富贵，无视宋民安危，逢迎君主好恶，因而拜相。戴盈乃是贤人君子，不愿逢迎君主好恶，因而罢相。如今宋君偃假装取消王号，只能欺骗齐、楚一时。宋国必将卷入诸侯乱战，国无宁日，生灵涂炭。"

蔺且问："戴盈罢相，立刻众叛亲离，被人斥为奸佞小人。唐鞅拜相，立刻士民趋附，被人誉为贤人君子。夫子的评价，为何与世人相反？"

庄子说："如今各国废除世卿世禄，贪图富贵、缺乏操守的士人，不用于母邦，即用于异邦，游仕天下，布衣卿相。当今诸侯多为否君，当今卿相多为痞士。否君痞士无不自居顺道济世的贤人君子，其实却是悖道乱世的奸佞小人。世人仅知贤人君子有利天下，不知奸佞小人必定冒充贤人君子而祸害天下。"

蔺且问："如何才能避免冒充贤人君子的奸佞小人祸害天下？"

庄子说："只有顺应天道，狂热有为的乱世，才能变成清静无为的治世。此即《老子》所言：'孰能浊以静者？将徐清。'"[11]

笺注

[1]《魏世家》：魏襄王七年（当作魏惠王后元七年，前328），魏尽入上郡于秦。秦降我蒲阳。●《秦本纪》：秦惠王十年（前328），张仪相秦。魏纳上郡十五县。●《六国表》秦惠王十年（前328）：张仪相。公子桑（当从《张仪列传》作公子华）围蒲阳，降之。魏纳上郡。●《张仪列传》：秦惠王十年（前328），使公子华与张仪围蒲阳，降之。仪因言秦复与魏，而使公子繇质于魏。仪因说魏王曰："秦王之遇魏甚厚，魏不可以无礼。"魏

因入上郡少梁，谢秦惠王。惠王乃以张仪为相。●《楚世家》：楚怀王元年（前328），张仪始相秦惠王。●《韩世家》：宣惠王五年（前328），张仪相秦。●《赵世家》：赵肃侯二十二年（前328），张仪相秦。

[2]《赵世家》：赵肃侯二十二年（前328），赵疵与秦战，败。秦杀疵河西，取我蔺、离石。

[3]中山成公魏某七至八年（前343—前342）曾经相魏，见上第二十七、二十八章。其子中山先王魏𫘧参与魏惠王后元十二年（前323）之"五国相王"。

[4]《韩非子·内储说上》：中山之相乐池，以车百乘使赵，选其客之有智能者以为将行，中道而乱。乐池曰："吾以公为有智，而使公为将行，今中道而乱，何也？"客因辞而去，曰："公不知治。有威足以服人，而利足以劝之，故能治之。今臣，君之少客也。夫从少正长，从贱治贵，而不得操其利害之柄以制之，此所以乱也。尝试使臣，彼之善者我能以为卿相，彼不善者我得以斩其首，何故而不治！"■司马熹三相中山，直至赵灭中山。乐池相中山必在其前，此亦白狄中山从未复国之铁证。白狄中山被乐羊所灭，若真复国不可能以乐羊后人乐池为相。

[5]《中山策》五：司马熹三相中山，阴（简）[姬]难之。田简谓司马熹曰："赵使者来属耳，独不可语阴（简）[姬]之美乎？赵必请之，君与之，即公无内难矣。君弗与赵，公因劝君立之以为正妻。阴（简）[姬]之德公，无所穷矣。"果令赵请，君弗与。司马熹曰："君弗与赵，赵王必大怒；大怒则君必危矣。然则立以为妻，固无请人之妻不得而怨人者也。"田简自谓取使，可以为司马熹，可以为阴（简）[姬]，可以令赵勿请也。●《中山策》六：阴姬与江姬争为后。司马熹谓阴姬公曰："事成则有土子民，不成则恐无身。欲其成之，何不见臣乎？"阴姬公稽首曰："诚如君言，事何可豫道者？"司马熹即奏书中山王曰："臣闻弱赵强中山。"中山王悦而见之曰："愿闻弱赵强中山之说。"司马熹曰："臣愿之赵，观其地形险阻，人民贫富，君臣贤不肖，商敌为资，未可豫陈也。"中山王遣之。（司马熹）见赵王曰："臣闻赵，天下善为音，佳丽人之所出也。今者臣来，至境，入都邑，观人民谣俗，容貌颜色，殊无佳丽好美者。以臣所行多矣，周流无所不通，未

尝见人如中山阴姬者也。不知者，特以为神力，言不能及也。其容貌颜色，固已绝人矣。若乃其眉目，准頞权衡，犀角偃月，彼乃帝王之后，非诸侯之姬也。"赵王意移，大悦曰："吾愿请之，何如？"司马熹曰："臣窃见其佳丽，口不能无道尔。即欲请之，是非臣所敢议，愿王无泄也。"司马熹辞去，归报中山王曰："赵王非贤王也，不好道德而好声色，不好仁义而好勇力。臣闻其乃欲请所谓阴姬者。"中山王作色不悦。司马熹曰："赵强国也，其请之必矣。王如不与，即社稷危矣，与之即为诸侯笑。"中山王曰："为将奈何？"司马熹曰："王立为后，以绝赵王之意。世无请后者。虽欲得请之，邻国不与也。"中山王遂立以为后，赵王亦无请言也。●《太史公自序》：自司马氏去周适晋，分散，或在卫，或在赵，或在秦。其在卫者，相中山。●《太史公自序集解》：徐广曰：名喜也。●《邹阳列传》：司马喜髌脚于宋，卒相中山。●《韩非子·内储说下》：季辛与爰骞相怨，司马喜新与季辛恶，因微令人杀爰骞。中山之君以为季辛也，因诛之。■诸籍所言司马喜，当从《中山策》作司马熹。

[6]齐宣王六年（前314）齐灭燕后，赵武灵王命乐池护送燕公子职至燕，而后其弟乐毅离赵仕燕。可知乐池罢中山相后，与弟乐毅离开中山，转仕赵国。

[7]《孟子·公孙丑下》：孟子曰："五百年必有王者兴，其间必有名世者。由周而来，七百有余岁矣；以其数则过矣，以其时考之则可矣。夫天，未欲平治天下也，如欲平治天下，当今之世，舍我其谁也？"●《孟子·公孙丑下》：陈臻问曰："前日于齐，王馈兼金一百，而不受。"

[8]《孟子·滕文公下》：万章问曰："宋，小国也。今将行王政，齐、楚恶而伐之，则如之何？"孟子曰："汤居亳，与葛为邻。葛伯放而不祀，汤使人问之曰：'何为不祀？'曰：'无以供牺牲也。'汤使遗之牛羊，葛伯食之，又不以祀。汤又使人问之曰：'何为不祀？'曰：'无以供粢盛也。'汤使亳众往为之耕，老弱馈食。葛伯率其民，要其有酒食黍稻者夺之，不授者杀之。有童子以黍肉饷，杀而夺之。《书》曰：'葛伯仇饷。'此之谓也。为其杀是童子而征之，四海之内皆曰：'非富天下也，为匹夫匹妇复仇也。'汤始征，自葛载。十一征而无敌于天下。东面而征，西夷怨；南面而征，

北狄怨，曰：'奚为后我?'民之望之若大旱之望雨也。归市者弗止，芸者不变。诛其君，吊其民，如时雨降，民大悦。《书》曰：'徯我后，后来其无罚。''有攸不为臣，东征，绥厥士女。篚厥玄黄，绍我周王见休，惟臣附于大邑周。'其君子实玄黄于篚以迎其君子，其小人箪食壶浆以迎其小人。救民于水火之中，取其残而已矣。《太誓》曰：'我武惟扬，侵于之疆。则取于残，杀伐用张，于汤有光。'不行王政云尔；苟行王政，四海之内皆举首而望之，欲以为君。齐楚虽大，何畏焉?"■宋国"将行王政"，即宋君偃称王。宋君偃是齐威王、魏惠王之后叛周称王的战国第三君，楚、吴、越则在春秋时期叛周称王。

[9]《宋世家》：宋君偃十一年（前327），自立为王。■宋君偃十年（前328）称王，翌年改元，各国记其元年。本书不分其前元十年、后元四十二年，合计宋康王五十二年。

[10]《孟子·滕文公下》：万章问曰："宋，小国也。今将行王政，齐、楚恶而伐之。"■楚、齐、魏均已叛周称王，不欲宋君称王与之平起平坐，魏临齐、楚、秦、赵四强之伐而无暇伐宋，故"齐、楚恶而伐之"。此时秦、赵、韩、燕尚未称王。宋君偃称王而齐、楚伐之，必定假装取消王号而使之退兵，实际并未取消。

[11]《庄子复原本·管仲》（郭象拼接于《徐无鬼》）：夫尧知贤人之利天下也，而不知其贼天下也。夫唯外乎贤者知之矣。●《庄子·胠箧》：天下之善人少，而不善人多，则圣人之利天下也少，而害天下也多。

张仪诈魏宋王易辙，庄子斥君朝三暮四

前327年，岁在甲午。庄周四十三岁。宋康王十一年。

周显王四十二年。秦惠王十一年。楚怀王二年。魏惠王后元八年。韩宣王六年。赵肃侯二十三年。齐威王三十一年。燕易王六年。鲁景公十九年。卫孝襄侯八年。越王无疆十六年。中山先王元年。

张仪去年相秦，对魏惠王软硬兼施，尽取河西，进割河东。又伐取赵国西部二镇，秦国大强。

义渠王大为恐惧，今年亲赴咸阳，朝拜秦惠君，割地称臣。

秦惠君大悦，把义渠所献之地，设置为县。[1]

张仪进言："义渠乃是夷狄，割地称臣，主公尚不足以称王。主公想要称王，必须让山东诸侯都向主公称臣。"

秦惠君说："义渠被秦人视为夷狄，但是秦人又被山东诸侯视为夷狄，所以秦穆公以来，山东诸侯一向不与秦国会盟。如今山东四国楚、齐、魏、宋均已称王，怎么肯向寡人称臣？"

张仪说："秦孝公已经实现商鞅变法的第一个目标，由侯而霸。主公虽杀商鞅之身，不废商鞅之法，理应实现商鞅变法的第二个目标，由霸而王。但是楚君从春秋初年叛周称王以来，一直不许其他诸侯称王，吴称王则伐吴，越称王则伐越。七年前齐、魏徐州相王，楚威王即伐徐州。去年宋君偃称王，楚怀王、齐威王也立刻伐宋，只有魏惠王由盛转衰而没有伐宋。所以主公如果称王，一要争取山东诸侯承认，二要设法避免楚、齐伐秦。主公不如暂时归还近年攻取的河东魏地，争取魏、韩承认，迫使楚、齐不敢伐秦。主公一旦称王成功，就能重新攻取魏地。"

秦惠君听从其言，把河东魏地焦邑、曲沃、皮氏还给魏国。但不归还河西魏地少梁，而是改名夏阳（今陕西韩城）。[2]

魏国少梁人司马错（司马迁八世祖），从此成为秦国夏阳人，仕秦为将，担任客卿。[3]

秦国主动归还河东三邑，魏惠王大悦，不再防秦，又与齐威王共同伐赵，大败赵军。[4]

中山君问策司马熹："齐、魏伐赵大胜，寡人可否趁机伐赵？"

司马熹说："赵、燕结盟，主公伐赵之前，应该首先伐燕，使赵失去外援。"

中山君听从其言，先伐燕国。

燕易公向赵求救。

赵肃侯仿效孙膑围魏救赵之策，发兵袭击中山国都灵寿。

中山军被迫停止伐燕，回救灵寿。

燕军紧追不舍，欲与赵军夹击中山军。

司马熹分兵御敌，在中山西部的房子（今河北高邑）击败赵军，在中山北部击败燕军，杀死燕将。

中山君大喜，重赏司马熹。[5]

宋康王召问群臣："寡人推行仁政，表彰仁义，奖励忠孝，爱民如子，废除剔成君的什二税，恢复宋桓侯的什一税，宋民为何仍不爱戴寡人？"

唐鞅说："大王君临天下，不应寄望臣民爱戴，而应迫使臣民畏惧。不应以仁治国，而应以刑治国。"

田不礼说："不仅国内如此，天下同样如此。如今诸侯争雄，不可能凭借仁义得天下，只能凭借武力打天下。大王不能寄望诸侯爱戴宋国，必须迫使诸侯畏惧宋国。大王去年称王，遭到齐、楚征伐，被迫取消王号，足证仁义忠孝不能退敌，只有富国强兵才能退敌。一旦齐、楚知道大王并未取消王号，必将再次伐宋。大王只有恢复剔成君的什二税，先富国，后强兵，才能不惧诸侯征伐。”

宋康王听从其言，废除宋桓侯的什一税，恢复戴剔成的什二税。命令右师惠盎扩军备战。

惠盎进谏：“唐鞅、田不礼都是祸国殃民的乱臣，大王不可听信！增加赋税，必将国富民贫；扩军备战，必将招来征伐。”

宋康王大怒，罢免惠盎，改命田不礼为右师。

孟轲不满宋康王易辙，于是拜见戴盈：“先生身为孔子之徒，自然明白，什一税是尧舜之道，什二税是桀纣之道。为何不劝谏大王恢复什一税，取消什二税？”

戴盈说：“大王听信唐鞅、田不礼，已经决定实行什二税。我去年已经罢相，如今无法劝说大王恢复什一税。能否先劝大王少增一点税，等待来年？”

孟轲说：“宋人每天偷一只鸡，邹人予以规劝：‘偷鸡不义！’宋人却说：‘能否先少偷一点，每月偷一只鸡，等待来年？’这个宋人就是先生！既然知道不义，就该立刻停止，何必等待来年？”

戴盈不悦：“先生擅长比拟，可惜总是比拟不当。这个宋人不是我，而是大王。先生应该直接进谏大王，何必对我白费口舌？”

孟轲无言以对。[6]

庄子四十三岁，宋康王放弃仁政，实行暴政。

蔺且说：“夫子卖掉荆园，确有先见之明。如今我们烧陶，交纳什二税以后，获利极其微薄。宋君偃称王以前，推行王政，废除什二税，恢复什一税。为何称王以后，反而放弃王政，废除什一税，恢复什二税？”

庄子说：“狙公养猴为生，每天让老猴带着众猴到山里采摘果实，全部上交。狙公每天给每只猴子分发两次果实，早上三颗橡子，晚上四颗橡子，结果群猴大怒。狙公于是改为早上四颗橡子，晚上三颗橡子，于是群猴大喜。宋君偃一如狙公，民众一如猴子。朝三暮四也好，朝四暮三也罢，其实换汤不换药。"[7]

蔺且大为疑惑："天下无不认为，什一税是尧舜之道，什二税是桀纣之道。为何夫子视为换汤不换药？"

庄子说："问题首先在于狙公之有无，其次在于狙公之好坏，最后才是赋税之多少。"

蔺且说："弟子仍然不解。"

庄子说："猴子原先处于山林，根本没有赋税，自由摘取果实，想吃多少就吃多少。后来被狙公驯养，关在笼中，戴上镣铐，进山采摘果实，全部上交狙公，任凭狙公分配。后来猴子习惯成自然，放出笼子，解除镣铐，仍把狙公视为主人，再也不想回归山林，仍然进山摘取果实，全部上交狙公，任凭狙公分配，并把分配所得，视为狙公恩赐。直到这时，才有狙公好坏的问题，以及赋税多少的问题。"

蔺且恍然大悟："狙公分配的橡子，均为猴子采摘所得，原本不必交给狙公。"

庄子又说："《老子》有言：'上善若水'，'鱼不可脱于渊'。鱼原本遨游江湖，却被渔夫抓来，置于陆地。渔夫不会把处陆之鱼立刻吃光，为了天天吃鱼，而有两种对策。尧舜是为处陆之鱼浇点水，让鱼相濡以沫。桀纣是为处陆之鱼撒点盐，把鱼制成鱼干。尧舜与桀纣，本质并无不同，都是使鱼脱离江湖，处于陆地。然而经过尧舜、文武、周公、孔子教化洗脑，处陆之鱼大多相信：鱼不该处于江湖，而该处于陆地。处陆之鱼免于成为鱼干，能够相濡以沫，乃是仁义之君恩赐的无上幸福。"

蔺且大悟："处陆之鱼才会相信，相濡以沫就是无上幸福。处水之鱼一定认为，遨游江湖才是最大幸福。"

庄子叹息："鱼既不愿意成为鱼干，也不愿意处于陆地。人被教化洗脑以后，却会愿意脱离江湖，热爱处于陆地。"[8]

笺注

[1]《秦本纪》：秦惠王十一年（前327），县义渠。义渠君为臣。■义渠割地称臣，并未尽灭。九年后（秦惠王更元七年，前318）公孙衍发动第一次合纵伐秦，约义渠配合袭击秦国（见下第五十二章）。直到秦昭王二年（前305），宣太后诈杀义渠王，尽灭义渠，置为北地郡（见下第六十五章）。

[2]《秦本纪》：秦惠王十一年（前327），归魏焦、曲沃。更名少梁曰夏阳。●《魏世家》：魏襄王八年（当作魏惠王后元八年，前327），秦归我焦、曲沃。■同时归还的另有皮氏，故秦武王四年（前307）二伐皮氏（见下第六十三章），秦昭王十七年（前290）三伐皮氏（见下第八十章）。

[3]《太史公自序》：自司马氏去周适晋，分散，或在卫，或在赵，或在秦。……在秦者名错，与张仪争论，于是惠王使错将伐蜀，遂拔，因而守之。错孙靳，事武安君白起。而少梁更名曰夏阳。靳与武安君坑赵长平军，还而与之俱赐死杜邮，葬于华池。靳孙昌，昌为秦主铁官，当始皇之时。蒯聩（即卫庄公）玄孙卬为武信君将而徇朝歌。诸侯之相王，王卬于殷。汉之伐楚，卬归汉，以其地为河内郡。昌生无泽，无泽为汉市长。无泽生喜，喜为五大夫，卒，皆葬高门。喜生谈，谈为太史公。■司马氏既有族谱，必知在卫者有司马憙。若在卫者名喜，司马迁祖父必不名喜。诸书言在卫者为司马喜，均当作司马憙。

[4]《赵世家》：赵肃侯二十三年（前327），韩举与齐、魏战，死于桑丘。●《水经·河水注》引《竹书纪年》：梁惠王后元十年（前325），齐田朌及邯郸韩举战于平邑，邯郸之师败逋，获韩举，取平邑、新城。■据《赵世家》，赵肃侯二十三年（前327），齐、魏伐赵，战于赵地桑丘，赵将韩举战败未死。据《竹书纪年》，两年后（魏惠王后元十年，赵武灵王元年，前325），齐、魏伐赵，齐将田朌伐赵平邑、新城，擒获赵将韩举；魏将公孙衍伐赵桑丘，杀死赵将赵护，见下第四十五章。

[5]《齐策五》一（苏秦说齐湣王）：昔者中山悉起而迎燕、赵，南战

于长子（当作房子），败赵氏；北战于中山，克燕军，杀其将。●《太平寰宇记》卷六〇赵州高邑县引《竹书纪年》：赵肃侯救燕，与中山公战于房子。

[6]《孟子·滕文公下》：戴盈之曰："什一，去关市之征，今兹未能。请轻之，以待来年，然后已，何如？"孟子曰："今有人日攘其邻之鸡者，或告之曰：'是非君子之道。'曰：'请损之，月攘一鸡；以待来年，然后已。'如知其非义，斯速已矣，何待来年？"■戴盈之，即戴盈。名荡，即《庄子·天运》问仁于庄子的"商太宰荡"。【附考】《孟子·公孙丑下》：孟子谓蚳鼃曰："子之辞灵丘而请士师，似也，为其可以言也；今既数月矣，未可以言与？"蚳鼃谏于王而不用，致为臣而去。齐人曰："所以为蚳鼃则善矣；所以自为，则吾不知也。"公都子以告。曰："吾闻之也：有官守者，不得其职则去；有言责者，不得其言则去。我无官守，我无言责也；则吾进退，岂不绰绰然有余裕哉！"■蚳鼃为齐威王之臣，为官数月而不向齐威王进谏。孟子劝其尽职进言，蚳鼃遂向齐威王进谏，齐威王不听便辞官而去。齐国人议论说，孟子劝蚳鼃尽职进言，为什么自己却不进谏？孟子说，有固定职务的，如不尽其职责，自然应该离官而去；自己在齐国没有固定职务，故无进言之责。此与孟子在宋劝戴盈进谏宋康王相似。

[7]《庄子·齐物论》：劳神明为"一"，而不知其同也，谓之"朝三"。何谓"朝三"？狙公赋芧，曰："朝三而暮四！"众狙皆怒。曰："然则朝四而暮三？"众狙皆悦。名实未亏，而喜怒为用，亦因是因非也。是以圣人和之以是非，而休乎天均。是之谓两行。●《列子·黄帝》：宋有狙公者，爱狙，养之成群，能解狙之意，狙亦得公之心。损其家口，充狙之欲。俄而匮焉，将限其食，恐众狙之不驯于己也，先诳之曰："与若芧，朝三而暮四，足乎？"众狙皆起而怒。俄而曰："与若芧，朝四而暮三，足乎？"众狙皆伏而喜。●《郁离子》：楚有养狙以为生者，楚人谓之狙公，旦日必部分众狙于庭，使老狙率以之山中求草木之实，赋什一以自奉。或不给，则加鞭箠焉。群狙皆畏苦之，弗敢违也。一日有小狙谓众狙曰："山之果，公所树欤？"曰："否也，天生也。"曰："非公不得而取欤？"曰："否也，皆得而取也。"曰："然则吾何假于彼而为之役乎？"言未既，众狙皆悟。其夕相与伺狙公之寝，破栅毁柙，取其积，相携而入于林中，不复归。狙公卒馁而

死。■东晋张湛知道庄子是宋人，故加"宋"字。明人刘基误信庄子为楚人，故改"宋"为"楚"。

[8]《庄子·大宗师》：泉涸，鱼相与处于陆。与其相呴以湿，相濡以沫，不如相忘于江湖。与其誉尧而非桀也，不如两忘而化其道。●《老子》：上善若水。……鱼不可脱于渊。

四四

孟轲丧母离宋归邹，曹商献玉庄斥卞和

前326年，岁在乙未。庄周四十四岁。宋康王十二年。

周显王四十三年。秦惠王十二年。楚怀王三年。魏惠王后元九年。韩宣王七年。赵肃侯二十四年（卒）。齐威王三十二年。燕易王七年。鲁景公二十年。卫孝襄侯九年。越王无疆十七年。中山先王二年。

腊月初八，秦惠君采纳张仪之策，前往黄河上游的龙门（今山西河津西北），仿效中原习俗，举行腊祭。

秦惠君此举，意在避免中原诸侯继续视秦为夷，为称王获得承认创造条件。[1]

赵肃侯、韩威侯对魏惠王臣事齐、秦，大为不满。

赵、韩联合伐魏，围攻襄陵（今河南睢县），不胜。[2]

中山君采纳司马熹之策，趁着赵、韩伐魏，又命中山军伐赵，围攻鄗邑（今河北柏乡）。

久攻不下，掘开黄河堤岸，以水淹之。

鄗邑浸水数月，城墙崩塌。[3]

赵肃侯伐魏不胜，又败于中山，含恨而死，在位二十四年（前349—前326）。

太子赵雍继位，即赵武灵侯。三年后叛周称王，史称赵武灵王。

赵武灵侯罢免大成午，改命阳文君赵豹为相。

楚怀王、齐威王、魏惠王、秦惠君、韩威侯、燕易公各命使者，领兵万人，前往邯郸吊丧，趁机炫耀武力。

中山君、司马熹原本打算趁丧伐赵，得知诸侯各出万人大军吊丧，只好作罢。[4]

宋康王为了预防诸侯再伐，命令右师田不礼加固商丘城墙。

田不礼禀报："旧城墙一角，有个喜鹊巢，巢中小鸟远远大于喜鹊，竟是鹰鸠。天示异兆，吉凶不明！"

宋康王命令太卜占其吉凶。

太卜按照田不礼密嘱，禀报宋康王："小鹊生下大鸠，乃是天示祥瑞，大王必霸天下！"

田不礼说："十年前太丘社崩坏，并非凶兆，实为吉兆，预示除旧开新，大王称王。大王前年称王，如今小鹊生下大鸠，更是吉兆，预示宋国即将由小变大，由弱变强。"

唐鞅说："既然天示吉兆，大王应该更换玉玺，号令天下。"

宋康王大悦，悬赏征集宝玉。[5]

定陶玉商和各地宋民进献美玉无数，宋康王都不满意，最终选定了曹商进献的一块宝玉。

宋康王召见曹商："这块宝玉，有何来历？"

曹商说："这块宝玉，出自楚国宛邑范蠡之墓，名叫结绿。"

田不礼说："祝贺大王得此古玉！陶朱公乃是天下首富，难怪有此宝玉。周王传国之玺，名叫砥厄。楚王传国之玺，名叫和氏。魏王传国之玺，名叫悬黎。如今大王称王，得到传国之玺结绿，远胜三大名玺，必能复兴殷商之盛。"

宋康王大喜，重赏曹商百金。[6]

宋康王去年易辙，孟轲大失所望，又不敢进谏。举目天下，别无诸侯欲行王道，只好滞留宋国，等待戴盈劝谏宋康王改过迁善。

孟轲苦等一年，见戴盈毫无动静，又去拜见戴不胜："先生是否希望大王改过迁善？"

戴不胜说："是的。薛居州是好人，我把他举荐给大王，希望他能劝谏大王改过向善。"

孟轲问："楚人学习齐语，应该拜齐人为师，还是拜楚人为师？"

戴不胜说："应该拜齐人为师。"

孟轲说："许多楚人对他说楚语，一个齐人教他学齐语，即使天天打他，强迫他说齐语，他还是学不会齐语。如果他在齐国住几年，即使天天打他，不许他说齐语，他还是会说齐语。"

戴不胜问："先生绕了半天，究竟何意？"

孟轲说："如果大王身边都是好人，大王还会学坏吗？如果大王身边都是坏人，大王还能学好吗？如今大王身边仅有薛居州一个好人，怎么可能改过迁善？"

戴不胜说："原来先生是讽刺我徒劳无功。我毕竟向大王举荐了一个好人，先生又向大王举荐了几个好人？先生有何良策，能让大王身边全是好人？其实按照先生所言人性本善，大王身边不可能有坏人。按照先生所言人皆可以为尧舜，即使大王身边全是坏人，大王也应成为尧舜！"

孟轲无言以对。[7]

滕国是泗上十二诸侯之一。

滕定公担心步莒国、薛国、邾国后尘，被齐威王兼并，派遣太子姬弘使楚。

姬弘从滕往楚，途经商丘，得知大儒孟轲正在宋国，拜见求教："滕国乃是小国，竭力事奉大国，是否能够免于征伐？"

孟轲说："这我不敢担保！非要我说，只有一个办法：相信人性本善，遵循尧舜之道。"

姬弘受教而退，使楚以后返滕，又途经商丘，再次拜见孟轲："上次求教夫子，夫子只说人性本善，言必称尧舜。恕我不敏，滕国如此弱小，怎能实行尧舜之道？"

孟轲说："正道只有一条。太子为何不信我言？颜回曾说：'舜是普通人，我也是普通人。人生有为，自当如舜。'所以我认为人性本善，人皆可以为尧舜。滕国尽管只有方圆五十里，但是商汤最初只有方圆七十里，周文王最初只有方圆百里。只要遵循尧舜之道，必将仁者无敌。"

姬弘大受鼓舞，告辞返滕。[8]

不久，孟轲收到邹国来信，得知母亲死讯，晋见宋康王告辞。

宋康王为示礼贤下士，赠金七十。

孟轲欣然收下，带着弟子万章、陈臻，归邹奔丧。

途经齐国，孟轲拜见齐相田婴。

田婴赠金五十，孟轲也欣然收下。

陈臻说："前年离齐赴宋，齐威王赠金一百，夫子拒绝了。今年离宋经齐归邹，宋康王赠金七十，田婴赠金五十，夫子全都接受了。如果前年拒绝是对的，今年接受就是错。如果今年接受是对的，前年拒绝就是错的。夫子必居其一！"

孟轲笑了："前年拒绝，今年接受，都是对的。前年我不缺路费，为何接受？今年我正缺路费，为何拒绝？墨子之道，言必信，行必果，墨守成规，不知权变，乃是小人之道。君子之道，言不必信，行不必果，灵活权变，唯义所在。齐威王不尊重我，不聘我为列大夫，送我路费乃是收买我，君子怎能被人收买？"[9]

庄子四十四岁，孟轲离宋归邹，二人未曾相识交往。

蔺且问："小鹊生下大鸠，宋康王为何视为强国吉兆？"

庄子说："《召南·鹊巢》有言：'唯鹊有巢，唯鸠居之。'自古以来，都把鹊巢鸠占视为亡国凶兆。如今痞士迎合否王，竟把鹊巢鸠占，谬解为小鹊生下大鸠，视为强国吉兆。以凶为吉，必将自取其祸。"

蔺且又问："曹商所献古玉，自称出于范蠡之墓，是否可信?"

庄子说："未必可信! 倒是透露了曹商盗墓的动机，乃是寻找珍宝进献宋君偃。恰逢宋君偃叛周称王，于是好运来临。当年楚君蚡冒准备叛周称王，楚人卞和敬献宝玉，被刖一足。后来蚡冒之子楚武王正式叛周称王，卞和又献宝玉，又被刖一足。楚武王之子楚文王继位，卞和再献宝玉，终于得到赏识。曹商远比卞和幸运，一献宝玉，立刻得到赏识。可见宋君偃很不简单!"

蔺且又问："孟轲听说宋君偃行仁，于是乘兴而来，唆使宋君偃称王，如今大失所望，败兴而归。为何孟轲仍然坚持人性本善，鼓吹人皆可以为尧舜?"

庄子说："孟轲对齐威王、宋康王一再失望，仍然自欺欺人，坚持人性本善，鼓吹人皆可以为尧舜，乃是对君主抱有幻想，以便安心食君之禄，不必自食其力。因为孟轲自居劳心者，鄙视劳力者，主张劳心者治人，劳力者治于人。孟轲不会明白，治于人的小人固然被君子奴役，治人的君子同样被君主奴役。"

蔺且说："老聃谆谆教诲侯王，是否也对君主抱有幻想?"

庄子说："老聃之时，儒墨尚未成为显学，否术尚未彻底遮蔽泰道，所以老聃教导君主遵循泰道，希望泰道不被否术彻底遮蔽。如今儒墨已经成为显学，否术已经彻底遮蔽泰道，所以我不再对君主抱有幻想，只愿传承泰道，希望民众遵循泰道，不被否术伤害。"

笺注

[1]《秦本纪》：秦僻在雍州，不与中国诸侯之会盟，夷翟遇之。……秦惠王十二年（前326），初腊。●《秦本纪正义》：十二月腊日，猎禽兽以岁终祭先祖，因立此日也。●《礼记·月令》：孟冬腊先祖五祀，劳农以休息。（郑玄注：腊，谓以田猎所得禽兽祭也。）●《礼记·郊特牲》：天子大蜡八，伊耆氏始为蜡。蜡也者，索也；岁十二月，合聚万物而索飨之也。

蜡之祭也，主先啬而祭司啬也。●王献唐《炎黄氏族文化考》：黄帝族抑服炎族，不废其俗，后世更以神农为先啬，后稷为司啬，融合炎、黄二族之人，并为腊神。●应劭《风俗通义》：腊者，猎也。言田猎取兽，以祭祀其先祖也。●蔡邕《独断》：迎送凡田猎五日，腊日岁终大祭，纵民宴饮。●马端临《文献通考》：八腊，腊先祖，谓以田猎所得禽祭也。

[2]《韩世家索隐》引《竹书纪年》：韩威侯七年（前326），与邯郸围襄陵。■韩威侯即称王前之韩宣王。

[3]《赵世家》(赵武灵王十九年胡服骑射前对公子成语)：先时中山负齐之强兵，侵暴吾地，系累吾民，引水围鄗，微社稷之神灵，则鄗几于不守也。先王丑之，而怨未能报也。●《赵策二》四（武灵王平昼闲居，武灵王十九年语）：先时中山负齐之强兵，侵掠吾地，系累吾民，引水围鄗，非社稷之神灵，即鄗几不守。先王忿之，其怨未能报也。今骑射之服，近可以备上党之形，远可以报中山之怨。●《赵世家》：赵武灵王三年（前323），城鄗。▲杨宽：即修补因中山引水围攻而破坏之城堡。■鄗邑素为赵地。赵成侯十八年（前357），魏惠侯至赵地鄗邑会见赵成侯，见上第十三章。赵肃侯二十四年（前326），中山伐鄗，赵肃侯愤死。赵武灵王三年（前323）城鄗，此后鄗为中山攻取。赵武灵王隐忍二十年胡服骑射征伐中山，其二十一年（前305）第三次亲征中山，夺回鄗邑，见下第六十五章。

[4]《赵世家》：二十四年（前326），肃侯卒。秦、楚、燕、齐、魏出锐师各万人来会葬。子武灵王立。武灵王元年（前325），阳文君赵豹相。

[5]《宋卫策》八（《新序·杂事四》二八略同）：宋康王之时，有雀生鹯于城之陬。使史占之，曰："小而生巨，必霸天下。"康王大喜。于是灭滕伐薛，取淮北之地，乃愈自信，欲霸之亟成，故射天笞地，斩社稷而焚灭之，曰："威服天下鬼神！"骂国老谏曰（《新序》作"骂国老之谏臣者"），为无颜之冠以示勇。剖伛之背，锲朝涉之胫，而国人大骇。齐闻而伐之，民散，城不守。王乃逃倪侯之馆，遂得而死。见祥而不为祥，反为祸。

[6]《秦策三》八：周有砥厄，宋有结绿，梁有悬黎，楚有和璞。此四宝者，工之所失也，而为天下名器。

[7]《孟子·滕文公下》：孟子谓戴不胜曰："子欲子之王之善与？我明告子：有楚大夫于此，欲其子之齐语也，则使齐人傅诸？使楚人傅诸？"曰："使齐人傅之。"曰："一齐人傅之，众楚人咻之，虽日挞而求其齐也，不可得矣。引而置之庄岳之间数年，虽日挞而求其楚，亦不可得矣。子谓薛居州，善士也，使之居于王所。在于王所者，长幼卑尊皆薛居州也，王谁与为不善？在王所者，长幼卑尊皆非薛居州也，王谁与为善？一薛居州，独如宋王何？"

[8]《孟子·滕文公上》：滕文公为世子，将之楚，过宋而见孟子。孟子道性善，言必称尧舜。世子自楚反，复见孟子。孟子曰："世子疑吾言乎？夫道一而已矣。成覸谓齐景公曰：'彼丈夫也，我丈夫也，吾何畏彼哉？'颜渊曰：'舜何人也？予何人也？有为者亦若是。'公明仪曰：'文王我师也，周公岂欺我哉？'今滕绝长补短，将五十里也，犹可以为善国。《书》曰：'若药不瞑眩，厥疾不瘳。'"■诸侯之储君称"世子"，天子之储君称"太子"。战国诸侯叛周称王之后，储君均称"太子"。

[9]《孟子·公孙丑下》：陈臻问曰："前日于齐，王馈兼金一百而不受；于宋，馈七十镒而受；于薛，馈五十镒而受。前日之不受是，则今日之受非也。今日之受是，则前日之不受非也。夫子必居一于此矣。"孟子曰："皆是也。当在宋也，予将有远行，行者必以赆；辞曰：'馈赆。'予何为不受？当在薛也，予有戒心；辞曰：'闻戒，故为兵馈之。'予何为不受？若于齐，则未有处也；无处而馈之，是货之也；焉有君子而可以货取乎？"■孟子前年（前328）离齐，拒收齐威王所赠百金，见上第四十二章。

秦惠称王齐魏伐赵，雕陵射鹊庄周悟道

前325年，岁在丙申。庄周四十五岁。宋康王十三年。

周显王四十四年。秦惠王十三年（称王）。楚怀王四年。魏惠王后元十年。韩宣王八年（称王）。赵武灵王元年。齐威王三十三年。燕易王八年。鲁景公二十一年。卫孝襄侯十年。越王无疆十八年。中山先王三年。

年初，惠施献策魏惠王："大王即位以来，与赵成侯、赵肃侯长期敌对，两围邯郸失利，国力大损。如今赵武灵侯服满除丧，即将正式即位。大王不如与韩威侯同往邯郸，参加赵武灵侯即位典礼，与赵偃兵，重修三晋旧好，共同抵抗齐、秦、楚三强的威胁。"

魏惠王听从其言，带着太子魏嗣，又邀韩威侯带着太子韩仓，同往邯郸信宫，参加赵武灵侯的即位典礼。

赵武灵侯怒于中山连伐赵国，导致父君赵肃侯含恨而死，拒绝与魏和解。[1]

四月戊午（初四），秦惠君于秦都咸阳称王，史称秦惠王，明年更元。[2]

魏惠王、韩威侯应张仪之请，前往咸阳，参加秦惠君称王典礼。中原诸侯视秦为夷，不与会盟的历史，至此终结。

礼毕，三君同乘一辆马车，巡游咸阳全城。

秦惠王三十二岁，站于马车之中，接受秦民欢呼。

魏惠王七十六岁，站于马车之左，屈尊担任驭手。

韩威侯年轻位卑，站于马车之右，受辱充当侍卫。[3]

周显王即位四十四年，一再笼络秦献公、秦孝公、秦惠君，希望秦君像秦襄公一样扶助东周，遏制中原诸侯对周室的威胁。结果事与愿违，齐威公、魏惠侯、宋君偃接连叛周称王。如今秦惠君也叛周称王，周显王大为恼怒，从此不再寄望秦国。[4]

楚怀王、齐威王鉴于魏、韩已经承认秦惠君称王，不愿树敌太多，均未伐秦。

秦惠君如愿实现了商鞅变法的第二个目标：由霸而王。

册封正夫人魏氏为王后，册立魏后所生、年仅五岁的嫡长子嬴荡为王太子（秦武王）。

册立宠姬芈八子为王妃，把芈八子今年所生庶子，视为称王之年降生、必能奠定社稷的天赐龙种，赐名嬴稷（秦昭王）。[5]

五月，韩威侯按照韩昭侯旧例，前往巫沙（今河南荥阳北）朝拜魏惠王。

魏惠王鉴于国力弱于往昔，不敢接受韩威侯朝拜，邀请韩威侯称王，魏、韩平等结盟。

韩威侯大悦，应魏惠王之请，在巫沙叛周称王。史称韩宣王。

原定的朝拜仪式，立刻改为结盟仪式，由魏相惠施、韩相公仲朋共同主持。

魏惠王、韩宣王均戴王冠，分庭抗礼，歃血为盟，相互承认王号。史称巫沙相王。

十月，韩宣王又往大梁，会见魏惠王。[6]

魏惠王问策群臣："寡人与诸侯偃兵多年，如今齐威王、秦惠王、韩宣王都与寡人友好，唯有赵武灵侯不肯与寡人和解，比赵成侯、赵肃侯更为强硬，应该如何对付？"

惠施说:"赵武灵侯不肯与大王和解,乃因中山君任命司马熹为相以来,不听大王约束,一再伐赵,去年又水灌鄗邑,导致赵肃侯暴亡。大王只有约束中山,命其不再伐赵,赵武灵侯才会与魏国、中山偃兵。"

公孙衍说:"大王年初屈尊亲赴邯郸,参加赵武灵侯即位典礼,赵武灵侯仍然不识抬举。大王一再忍让,已经仁至义尽,不能继续迁就,不如放弃与赵偃兵,邀约齐威王共同伐赵。"

魏惠王自恃国力大为恢复,诸侯多为盟国,于是听从公孙衍,约齐伐赵。

公孙衍率领五万魏军,从南向北伐赵,在桑丘(今山东兖州西北)击败赵军,杀死赵将赵护。

田朌率领五万齐军,从东向西伐赵,在平邑(今山东平邑)击败赵军,又攻取新城(今地不详),擒获赵将韩举。

赵武灵侯刚刚即位,就被齐、魏联合击败,深感耻辱,誓报此仇。[7]

田不礼禀报宋康王:"大王为宋桓侯修建的东陵,遭到盗掘!"[8]

宋康王大惊:"为何有人竟敢盗掘君主之墓?"

田不礼说:"剔成君没把宋桓侯葬于宋国先君专用的雕陵墓区,草草葬于东陵。大王即位以后,下令重修东陵。去年曹商进献盗墓所得宝玉,受到大王重赏,于是宋国境内立刻盗墓成风,难以禁绝。如今达官显贵之墓多被盗掘一空,东陵无人守陵,所以有人铤而走险。"

宋康王大怒:"全力搜捕盗墓贼!"

没过多久,田不礼捕获了盗墓贼。

宋康王亲自审问:"宋民爱戴宋桓侯,所以寡人下令重修东陵。你身为宋民,为何盗掘东陵?难道既不爱戴宋桓侯,也不害怕寡人诛杀?"

盗墓贼说:"我爱戴宋桓侯,更爱戴大王。大王称王三年,尽管已经富国,然而尚未强兵。我认为是宋桓侯作祟,于是希望盗掘东陵,坏其风水,帮助大王复兴殷商之盛。"

宋康王觉得有理,于是释放盗墓贼,转问田不礼:"寡人已经富国,如何强兵?"

田不礼说："大王征收重税，足以富国，难以强兵。想要强兵，尚须扩充武备。"

宋康王听从其言，命令田不礼建造武宫。[9]

田不礼征调了二十岁到四十岁的大量宋民，充当建造武宫的役夫。

庄遍二十四岁，无偿服役，自备干粮。

蔺且十六岁，庄咸十五岁，支离疏身有残疾，免于应役。

庄子四十五岁，公孙龙生于赵国。[10]

庄子又往蒙泽钓鱼。

子桑在不远处漂洗麻絮，走过来说："吾友子祀、子舆、子犁、子来，不臣天子，不友诸侯，人称东门四子。仰慕先生，愿请一见！"

庄子大喜："先生之友，必是高士！"

东门四子来到蒙泽岸边，拜识庄子："我们四人，常常互相谈论：谁能把天道视为头脑，把生命视为脊梁，把死亡视为屁股，明白死生存亡同属一体，我们就与他为友。先生安贫乐道，拒楚聘相，正与我们同道，特来拜识！"

庄子说："我物德浅薄，天池太小，虽然闻道已久，然而悟道不深。子桑悟道甚深，我与子桑为友，受益不浅。能与四位交友，必将受益多多！"

六人相视而笑，莫逆于心。[11]

夏日炎炎，庄子拿着弹弓，前往蒙山打猎。

蒙山脚下的雕陵，是历代宋君的专用墓区。胥吏看守陵园，闲人不得入内。

庄子看见一只奇异的大鹊，从南方飞来，翼展七尺，眼大径寸，翼尖扫过庄子的额头，掠过樊篱，飞入雕陵，停栖在一棵栗树的枝头之上。

庄子自言自语："翼展很广，却不远飞。眼睛很大，却不见人。是何异鸟？"

提起衣角，快步跟入雕陵。手执弹弓，准备射它。

却见一只夏蝉，躲在树叶下面，正得美妙树荫，不知身后有只螳螂。

那只螳螂，借助树枝掩护，正要捕捉夏蝉，不知身后有只异鹊。

那只异鹊，利用螳螂分心，正要捕捉螳螂，不知树下有个猎人。

庄子突然想到，自己误闯禁地，处境同样危险："唉！天地万物，原本互相牵累。不同物类，常常互相招杀。"

于是扔掉弹弓，转身向雕陵之外飞跑。

守陵胥吏追上庄子，大声叱问："你偷了何物？"

庄子说："我来打猎，没偷东西！"

胥吏出示弹弓，厉声斥骂："没偷东西！为何远远看见我，扔了弹弓就跑？先君陵墓禁地，闲人不可擅入！东陵被盗以后，大王下令严防盗墓贼。你难道不是假装打猎，先来踩点？"

即对庄子搜身，没有发现赃物，只好放行。

庄子受辱回家，郁闷三天。

蔺且问："夫子安贫乐道，从不发愁，为何近日心情郁闷？"

庄子说："我执守外物，流连于人道浊水，迷失了天道清渊。我去蒙山打猎，异鹊之翼扫过我的额头，我不仅忘了身形危殆，而且忘了德心危殆，不慎误入雕陵。去年曹商进献古墓之玉受赏，今年宋人盗墓成风，东陵也被盗掘。所以雕陵胥吏怀疑我为盗墓踩点，对我肆意侮辱。蔺且啊，我郁闷三天，想起了吾师遗言：'居于六合之内，不可盲从其俗。'终于领悟，如今天下诸侯乱战，正是螳螂捕蝉，异鹊在后。人生在世，同样如此。稍有不慎，身心必有危殆！"[12]

蔺且问："南伯遗言，如何理解？"

庄子说："我一直理解不深，如今终于领悟。老聃所言'为学者日益'，就是盲从伪道俗见的求知。老聃所言'为道者日损'，就是抛弃伪道俗见的去知。大部分人都是为学者，少数人才是为道者。"

蔺且说："如何从为学者变成为道者？"

庄子说："吾师死后，我一再梦见自己变成蝴蝶，一直不懂此梦之义，如今终于领悟：为学求知，必被伪道黥劓洗脑，逐渐习得成心，成为结茧自蔽的蛹虫，不知天地广大；为道去知，是用真道息黥补劓，自觉摒弃成心，变成破茧去蔽的蝴蝶，亲见宇宙神奇。"[13]

笺注

[1]《赵世家》：武灵王元年（前325），阳文君赵豹相。梁襄王（当作梁惠王）与太子嗣，韩宣王与太子仓，来朝信宫。■赵武灵王次子亦名赵豹，封平阳君。

[2]《秦本纪》：秦惠王十三年（前325）四月戊午（初四），魏（当作秦）君为王，韩亦为王。十四年（前324），更为元年。●《张仪列传》：仪相秦四岁（前325），立惠王为王。●《楚世家》：楚怀王四年（前325），秦惠王初称王。●《周本纪》：周显王四十四年（前325），秦惠王称王。其后诸侯皆为王。■《秦本纪》"韩亦为王"，为史官补注今年稍后之事，非同时称王。明年"更为元年"，仿效魏惠王三十六年称王改元。《张仪列传》"立惠王为王"，明言张仪之功。《楚世家》"初称王"，意即明年更元。

[3]《吕览·报更》：逢泽之会，魏（惠）王尝为御，韩（宣）王为右，名号至今不忘，此张仪之力也。▲杨宽："逢泽之会"殊误。盖秦惠文君于是年称王，亦当如齐、魏会徐州相王之例，邀魏、韩之君入秦朝见，秦惠既被推尊为王，同时亦承认魏、韩之君称王。……在此会上，魏王曾为秦惠御，韩王曾为秦惠右，秦惠之名号因而大著。此固张仪所策划也。

[4]《周本纪》：显王五年，贺秦献公，献公称伯。……二十六年，周致伯于秦孝公。……三十五年，致文武胙于秦惠王。■周显王对秦献公、秦孝公、秦惠王（称王前）均曾致伯致贺，意在秦君一如秦之尊周平王，扶东周王，攘楚、齐、魏之叛周称王者。秦惠王叛周称王之后，周王不再对秦致伯致贺。

[5]《秦始皇本纪》引《秦记》：昭襄王生十九年而立。■芈八子（宣太后）生有一女三子。于秦惠王九年（前329）自楚至秦，不久生长女嬴氏，见上第四十一章。于秦惠王十三年（前325）生长子秦昭襄王嬴稷，其后又生次子高陵君嬴悝、幼子泾阳君嬴市。长女嬴氏于秦惠王更元十三年（前312）十七岁时嫁为燕昭王后，长子嬴稷十四岁随姐往燕为质，见下第五十八章。

[6]《秦本纪》：秦惠王十三年（前325），魏（当作秦）君为王，韩亦为王。●《韩世家索隐》引《竹书纪年》：韩威侯八年五月（前325），梁惠王会威侯于巫沙，十月郑宣王朝梁。■韩威侯（称王之前）即郑宣王（称王之后），今年（前325）四月朝秦于咸阳，秦惠君称王。五月会魏于巫沙，《竹书纪年》称"威侯"。十月朝魏于大梁，《竹书纪年》称"郑宣王"。复谥"宣惠"，简称"韩宣王"或"郑宣王"。

[7]《水经·河水注》引《竹书纪年》：梁惠王后元十年（前325），齐田朌及邯郸韩举战于平邑，邯郸之师败逋，获韩举，取平邑、新城。●《魏策二》一：犀首、田朌欲得齐、魏之兵以伐赵，梁君与田侯不欲。犀首曰："请国出五万人，不过五月而赵破。"田朌曰："夫轻用其兵者，其国易危；易用其计者，其身易穷。公今言破赵大易，恐有后咎。"犀首曰："公之不慧也。夫二君者，故已不欲矣。今公又言有难以惧之，是赵不伐，而二士之谋困也。且公直言易，而事已去矣。夫难构而兵结，田侯、梁君见其危，又安敢释卒不我予乎？"田朌曰："善。"遂劝两君听犀首。犀首、田朌遂得齐、魏之兵。兵未出境，梁君、田侯恐其至而战败也，悉起兵从之，大败赵氏。●《赵世家》：赵肃侯二十三年（前327），韩举与齐、魏战，死于桑丘。赵武灵王元年（前325），魏败我赵护。■《赵世家》误书，参看前章注4。赵肃侯二十三年（前327）齐、魏伐赵，战于赵地桑丘，赵将韩举战败未死。据《竹书纪年》、《魏策二》一，赵武灵王元年（前325）齐、魏伐赵，赵将赵护在赵地桑丘迎战魏将公孙衍，战败而死。赵将韩举在赵地平邑迎战齐将田朌，战败被擒。【附考】《韩世家》："韩宣王八年（前325），魏败我将韩举。"据《竹书纪年》，韩举乃赵将，非韩将。韩威侯五月巫沙会魏，十月大梁朝魏，韩、魏今年必无战事。

[8]《吕览·安死》：宋未亡而东冢抇。

[9]《韩非子·外储说左上》：宋王与齐仇也，筑武宫。

[10]君主之子，谓之君子。君主旁支，谓之公子。公子之子，谓之公孙。各国宗室均有公孙，姓公孙者未必同宗。公孙鞅为卫室之公孙，公孙衍为魏室之公孙，公孙龙为赵室之公孙。

[11]《庄子·大宗师》：子祀、子舆、子犁、子来四人相与语曰："孰

能以无为首，以生为脊，以死为尻？孰能知死生存亡之一体者，吾与之友矣。"四人相视而笑，莫逆于心，遂相与为友。

[12]《庄子·山木》：庄周游于雕陵之樊，睹一异鹊自南方来者，翼广七尺，目大运寸，感周之颡，而集于栗林。庄周曰："此何鸟哉？翼殷不逝，目大不睹。"褰裳躩步，执弹而留之。睹一蝉，方得美荫而忘其身。螳螂执翳，且将搏之，见得而忘其形。异鹊从而利之，见利而忘其真。庄周怵然曰："噫！物固相累，二类相召也。"捐弹而返走。虞人逐而讯之。庄周返入，三日不庭。蔺且从而问之："夫子何为顷间甚不庭乎？"庄周曰："吾守形而忘身，观于浊水而迷于清渊。且，吾闻诸夫子曰：'入其国，从其俗。'今吾游于雕陵而忘身，异鹊感吾颡，游于栗林而忘真。栗林虞人以吾为辱，吾是以不庭也。"■庄子亲传弟子蔺且于庄子死后撰著释庄五篇，独于《庄子·山木》自留姓名，记入庄子雕陵悟道，为庄子悟道留下历史见证。

[13]《庄子·田子方》：孔子出，以告颜回，曰："丘之于道也，其犹醯鸡欤？微夫子之发吾覆也，吾不知天地之大全也！"

四六

孟轲仕滕恢复井田，庄子游魏讽谏惠施

前324年，岁在丁酉。庄周四十六岁。宋康王十四年。

周显王四十五年。秦惠王更元元年。楚怀王五年。魏惠王后元十一年。韩宣王九年。赵武灵王二年。齐威王三十四年。燕易王九年。鲁景公二十二年。卫孝襄侯十一年。越王无疆十九年。中山先王四年。

张仪上朝，献策秦惠王："三年前我建议大王暂停伐魏，归还河东魏地，争取魏惠王、韩宣王承认大王称王。去年大王如愿称王，今年可按既定之策重新伐魏河东，我愿亲自领兵！"

秦惠王大喜。

张仪亲领秦军伐魏河东，攻取了陕邑（今河南三门峡）。驱逐魏民，填入秦民，修筑上郡要塞。[1]

魏国西部的黄河天险，至此全部归秦。

魏惠王没想到秦惠王过河拆桥，与韩宣王同往齐地阿邑（今山东阳谷），会见齐威王，希望联齐抗秦。[2]

秦、齐东西远隔，齐威王乐观秦、魏互战，以便坐收渔利，反应冷淡。

魏惠王问策群臣："秦惠王骗得寡人支持，去年成功称王，今年重新伐魏。如今齐威王不愿助魏抗秦，如何是好？"

惠施说:"大王如果去年不伐赵,或许秦惠王今年也不会伐魏。大王不肯与赵偃兵,天下怎能与魏偃兵?"

公孙衍说:"如今强齐在东,强楚在南,强秦在西,均为魏国大敌。相国除了偃兵,别无良策,怎能抵御三强威胁?大王只有与三强以外的诸侯重新结盟,才能与三强争霸天下。"

魏惠王听信公孙衍,不再信任惠施,命令公孙衍联络诸侯,共赴大梁结盟。

公孙衍派遣二弟公孙喜出使韩、赵,派遣三弟公孙弘出使中山,派遣季真出使燕国。[3]

滕定公(? —前324)死了。

太子姬弘继位,即滕文公。

滕文公召见然友:"前年寡人奉先君之命使楚,两次途经宋国,向孟轲请教治国之道,大受教益。如今先君亡故,你去邹国,向孟轲请教治丧之礼。"

孟轲前年归邹,遵循儒家之礼,为母服丧三年,至今两年。其间晋见邹穆公,劝其实行仁政,未获信用。[4]

然友至邹,拜见孟轲。

孟轲说:"诸侯的丧礼,我没学过。但我听说,夏商周三代,从天子到庶人,无不服丧三年。"

然友返滕复命。

滕文公召见宗室、百官:"孟轲教导寡人,应为父君服丧三年。"

宗室长辈、朝中百官无不反对:"孟轲妄托三代,信口雌黄,全无凭据。滕国先君,以及鲁国先君,从不服丧三年。主公不可违背周公之礼,擅行儒家之礼!《志》上有言:'丧祭之礼,遵从先祖。'"

滕文公又命然友:"寡人喜好驰马击剑,不好学问,无法引经据典说服宗室百官。你可再去请教孟轲,服丧三年有无经典依据。"

然友第二次往邹。

孟轲说:"孔子有言:'旧君死后,只要新君哭泣,百官不敢不哭,因为新君已经先哭。上有所好,下必甚焉。君子之德是风,小人之德是草。风吹草上,草必偃伏。'丧期长短,滕文公有权自行决定,何必征求宗室百官同意?"

然友返滕复命。

滕文公大喜:"孟轲言之有理!寡人身为国君,有权决定为父君服丧三年,臣民无权反对。"

为滕定公停棺五月,然后发丧。

周边弱小诸侯遣使吊丧,看见滕文公容颜悲戚,哭泣哀恸,仪式隆重,虽不符合周公之礼,然而符合儒家之礼,无不大悦。[5]

滕文公葬毕父君,又派然友第三次往邹,礼聘孟轲仕滕。

孟轲提前除丧,应聘至滕,住在上宫,担任客卿。[6]

滕文公问:"寡人应该如何治国?"

孟轲说:"贤君必定恭俭礼下,取财于民,均有定制。夏代是一夫五十亩而贡,商代是一夫七十亩而助,周代是一夫百亩而彻,虽有小异,其实都是什一税。商代之助,就是先耕私田,再助公田。《诗·小雅·大田》有言:'雨我公田,遂及我私。'可见周代也分公田、私田,也像商代一样助耕公田。《诗·大雅·文王》亦言:'周虽旧邦,其命维新。'可见周代之彻,类似商代之助、夏代之贡,仅是略有革新。王者兴起,无不师法古代圣王。主公治国,只要恢复西周井田制,滕国必将日新月异。"[7]

滕文公问:"滕是小国,是否适合恢复西周井田制?"

孟轲说:"以德行仁,必可称王。推行王政,不必大国。商汤最初只有方圆七十里,周文王最初只有方圆百里。师法周文王,恢复井田制,大国只要五年,小国只要七年,必可王天下。"

滕文公问:"井田制如何恢复?"

孟轲说:"主公欲行仁政,必须划定田亩经界。经界不正,井田必将不均，赋税必将不平，所以暴君贪官总是乱定经界。经界若正，分田定赋就正。滕国虽小，仍有君子、小人。没有君子就不能治理小人，没有小人就不能供养君子。所以乡野宜行九分取一的井田制，市邑宜征十分取一的什一税。方圆一里设一井，一井九百亩，中间百亩为公田，四周八百亩为私田。八家各种私田百亩，共种公田百亩。先种公田，后种私田。这是井田制的大略。"

滕文公心悦诚服，命令滕相毕战主持，客卿孟轲指导，恢复西周井田制。[8]

田不礼造毕武宫。

宋康王在武宫前面的广场，举行盛大阅兵。

召集画师画图，纪念殷商复兴。

画师们穿上朝服，戴上章甫冠，群集武宫，对宋康王鞠躬行礼。

宋康王尽管骄横，仍循古礼，对画师们作揖还礼。

画师太多，一半画师奉命进入武宫大殿，恭敬侍立，润笔磨墨，拘谨作画。

宋康王很不满意，又命殿外画师入殿。

另一半画师入殿，仍然恭敬侍立，润笔磨墨，拘谨作画。

宋康王仍不满意。

一位画师姗姗来迟，神情散淡，缓步走来，不对宋康王行礼，看完阅兵，径直回家。

宋康王十分奇怪，命令田不礼前往画师家中查探。

田不礼复命："那人回家，立刻脱掉上衣，开始赤膊作画。"

宋康王大喜："这才是真画师！"

这位画师之画，果然最好。

唐鞅说："大王文武双全，真是古今罕见！"

宋康王仰天大笑，得意至极。[9]

庄子四十六岁，带着蔺且前往大梁，拜见五十七岁的子华子。

庄子说:"令师杨朱,多年前曾往蒙邑,拜访吾师子綦。当时我年仅四岁,没能当面请教杨朱。等我长大以后,杨朱又已过世。如今天下大乱,特来拜会先生,请教杨朱所传老聃之道。"

子华子说:"老聃不反对君主制度,专言君主统治之术,故言君主四境:'太上不知有之,其次亲而誉之,其次畏之,其下侮之。'古代明王,多为民众不知的圣君,民众亲誉的贤君。近代暗主,多为民众畏惧的暴君,民众侮蔑的昏君。所以杨朱反对君主制度,专言民众全生之道,我概括为人生四境:'全生为上,亏生次之,死次之,迫生为下。'古代天民,多为顺道循德的全生之人,宁愿贫困而不愿亏生,宁愿死亡而不愿迫生。当今臣民,由于贪恋富贵,多为悖道丧德的亏生之臣,由于恐惧死亡,多为役人之役的迫生之民。"[10]

庄子说:"孟轲批评杨朱为我,损一毛以利天下而不为。先生如何看待?"

子华子说:"杨朱不仅主张'损一毛以利天下而不为',而且主张'悉天下以奉一身而不取'。前句不是重点,后句才是重点。孟轲只提前句,不提后句,乃是断章取义的恶意诋毁。"

庄子问:"杨朱为何主张'损一毛以利天下而不为'?"

子华子说:"一毛尽管微于肌肤,肌肤尽管微于一臂,然而积一毛而成肌肤,积肌肤而成一臂。二十年前魏、韩交战,我曾问过韩昭侯,损一臂而得天下,是否愿意?韩昭侯说不愿意。由此可见,今天愿意损一毛以利天下,明天愿意损肌肤以利天下,后天却不愿意损一臂以利天下,足证损一毛以利天下,正是悖道丧德之始。"

庄子问:"杨朱为何主张'悉天下以奉一身而不取'?"

子华子说:"杨朱反对臣民损一毛以利天下,意在反对悉天下以奉一身,亦即反对君主制度。因为臣民损一毛,不能利天下,只能利君主。君主制度,必然导致悉天下以奉君主一人。所以杨朱说:'人人不自损一毛,人人不利用天下,天下治矣。'"[11]

庄子又问:"如今孔子之徒遍天下,墨子之徒不多,老聃之徒更少,为何孟轲却说'天下之言,不归杨,则归墨'?"

子华子说："十人之中，六人归儒，三人归墨，一人归杨。孟轲不言归儒的六人，仅言不归儒的四人，夸大为不归于杨，必归于墨。杨朱从未妄想人人归杨，墨翟也未妄想人人归墨，只有孟轲才会妄想人人归儒，实现一人为君、众人为臣的所谓王道。"

庄子又问："孟轲又说：'杨朱为我，是无君。墨翟兼爱，是无父。无君无父，就是禽兽。'先生如何看待？"

子华子说："杨朱反对君主制度，主张顺道全生，正是无君。墨翟反对君位世袭，主张君位禅圣，正是无父。所以孟轲认为杨朱无君、墨翟无父，确是事实。但是孟轲谩骂杨朱、墨翟是禽兽，则是自诩人类比禽兽高贵。孔丘两岁丧父，孟轲三岁丧父，所以孟轲信奉以君为父的孔子之道。杨朱遵循以天为父的老聃之道，所以受到孟轲谩骂。如果以天为父就是禽兽，以君为父才是人类，那么人类就比禽兽低贱。因为禽兽从不违背天道，从不甘愿成为奴才，唯有人类才会违背天道，心甘情愿成为奴才。"

庄子说："先生之言，可为杨朱洗尽厚诬。"[12]

门客告诫惠施："听说庄子来到大梁，想要谋取相公之位。"

惠施不信："吾兄惠盎告诉我，庄子曾经拒绝楚威王千金聘相，怎会谋取魏相？"

门客说："楚国乃是南蛮，魏国却是诸夏。相公是宋人，不愿仕宋，却愿相魏。庄子也是宋人，可能不愿相楚，却愿相魏。庄子或许听说，大王经不住白圭、匡章、公孙衍一再进谗，对相公的信任大不如前，所以想来碰碰运气。"

惠施近年日益担心罢相，不得不信，于是派人在大梁城中，搜捕庄子三天三夜。

庄子闻讯，去见惠施："先生是否听说，南方有鸟，名叫鹓雏？鹓雏从南海起飞，飞往北海，不是梧桐不栖，不是楝果不食，不是甘泉不饮。鸱鹰得到一只腐烂发臭的死老鼠，看见鹓雏飞过头顶，于是仰头瞪眼大叫：'吓！'如今先生是否想用腐烂发臭的魏国相位吓我？"

惠施大为惭愧："怪我误信人言，以为先生也是谋取富贵的游士。"

竭诚挽留庄子师徒留在相府。

庄子盛情难却，逗留大梁，暂住相府，与惠施纵论天下大事。得闻许多诸侯内幕，对否君痞士加深了认知。[13]

笺注

[1]《秦本纪》：秦惠王十三年四月戊午（前325，去年），（魏）[秦]君为王，韩亦为王。使张仪伐取陕（前324，今年），出其人与魏。●《张仪列传》：仪相秦四岁（前325，去年），立惠王为王。居一岁（前324，今年），为秦将，取陕，筑上郡塞。▲杨宽：（陕邑）在今河南三门峡市西，为函谷关外重要城邑。……是时秦已占有河西、上郡，并在河东占有汾阴、皮氏等邑，更在河南占有陕，从此黄河天险全为秦所掌握，对东方六国压力甚大。■秦惠君为了成功称王而亲善魏、韩，去年称王得到魏、韩支持，今年过河拆桥，立刻伐魏。据《张仪列传》，《秦本纪》张仪伐陕误前一年（或为去年始伐，今年攻取）。

[2]《孟尝君列传》：田婴与韩昭侯（当作韩宣王）、魏惠王会齐宣王（当作齐威王）东阿南，盟而去。●《孟尝君列传索隐》引《竹书纪年》：梁惠王后元十一年（前324），梁惠王会韩威侯、齐威王平阿南。■《孟尝君列传》之"韩昭侯"、"齐宣王"均误，当作"韩宣王"、"齐威王"。

[3]魏相惠施与齐偃兵数年而齐伐魏，与秦偃兵数年而秦伐魏，虽未罢相，渐失魏惠王信任。明年（前323）魏将公孙衍主持魏、韩、赵、燕、中山"五国相王"，今年为筹备期。

[4]《孟子·梁惠王下》：邹与鲁哄。穆公问曰："吾有司死者三十三人，而民莫之死也。诛之，则不可胜诛；不诛，则疾视其长上之死而不救，如之何则可也？"孟子对曰："凶年饥岁，君之民老弱转乎沟壑，壮者散而之四方者，几千人矣；而君之仓廪实，府库充，有司莫以告，是上慢而残下也。曾子曰：'戒之戒之！出乎尔者，反乎尔者也。'夫民今而后得反之也。君无尤焉。君行仁政，斯民亲其上，死其长矣。"

[5]《孟子·滕文公上》：滕定公薨，世子谓然友曰："昔者孟子尝与我

言于宋，于心终不忘。今也不幸至于大故，吾欲使子问于孟子，然后行事。"然友之邹，问于孟子。孟子曰："不亦善乎！亲丧固所自尽也。曾子曰：'生，事之以礼；死，葬之以礼，祭之以礼，可谓孝矣。'诸侯之礼，吾未之学也。虽然，吾尝闻之矣：三年之丧，斋疏之服，飦粥之食，自天子达于庶人，三代共之。"然友反命，定为三年之丧。父兄百官皆不欲也，故曰："吾宗国鲁先君莫之行，吾先君亦莫之行也；至于子之身而反之，不可。且《志》曰：丧祭从先祖。"（世子）曰："吾有所受之也。"谓然友曰："吾他日未尝学问，好驰马试剑。今也父兄百官不我足也；恐其不能尽于大事。子为我问孟子。"然友复之邹，问孟子。孟子曰："然，不可以他求者也。孔子曰：'君薨，听于冢宰，飦粥，面深墨，即位而哭。百官有司，莫敢不哀，先之也。上有好者，下必有甚焉者矣。君子之德，风也；小人之德，草也。草上之风必偃。'在世子。"然友反命。世子曰："然，是诚在我。"五月居庐，未有命戒。百官族人，可谓曰知。及至葬，四方来观之。颜色之戚，哭泣之哀，吊者大悦。

[6]《孟子·尽心下》：孟子之滕，馆于上官。有业屦于牖上，馆人求之弗得。或问之曰："若是乎从者之廋也。"曰："子以是为窃屦来与？"曰："殆非也。夫子之设科也，往者不追，来者不拒。苟以是心至，斯受之而已矣。"

[7]《孟子·滕文公上》：滕文公问为国。孟子曰："民事不可缓也。《诗》云：'昼尔于茅，宵尔索绹。亟其乘屋，其始播百谷。'民之为道也，有恒产者有恒心，无恒产者无恒心。苟无恒心，放辟邪侈，无不为已。及陷乎罪，然后从而刑之，是罔民也。焉有仁人在位罔民而可为也？是故贤君必恭俭礼下，取于民有制。阳虎曰：'为富不仁矣，为仁不富矣。'夏后氏五十而贡，殷人七十而助，周人百亩而彻。其实皆什一也。彻者彻也，助者藉也。龙子曰：'治地莫善于助，莫不善于贡。贡者校数岁之中以为常。乐岁粒米狼戾，多取之而不为虐，则寡取之；凶年粪其田而不足，则必取盈焉。为民父母，使民盼盼然，将终岁勤动，不得以养其父母，又称贷而益之，使老稚转乎沟壑，恶在其为民父母也？'夫世禄，滕固行之矣。《诗》云：'雨我公田，遂及我私。'惟助为有公田。由此观之，虽周亦助也。设

为庠序学校以教之。庠者养也，校者教也，序者射也。夏曰校，殷曰序，周曰庠，学则三代共之，皆所以明人伦也。人伦明于上，小民亲于下。有王者起，必来取法，是为王者师也。《诗》云：'周虽旧邦，其命维新。'文王之谓也。子力行之，亦以新子之国。"

[8]《孟子·滕文公上》：使毕战问井地。孟子曰："子之君将行仁政，选择而使子，子必勉之。夫仁政必自经界始。经界不正，井地不均，谷禄不平。是故暴君污吏必慢其经界。经界既正，分田制禄，可坐而定也。夫滕壤地褊小，将为君子焉，将为野人焉。无君子莫治野人，无野人莫养君子。请野九一而助，国中什一使自赋。卿以下必有圭田。圭田五十亩，余夫二十五亩。死徙无出乡，乡田同井，出入相友，守望相助，疾病相扶持，则百姓亲睦。方里而井；井九百亩，其中为公田。八家皆私百亩，同养公田。公事毕，然后敢治私事，所以别野人也。此其大略也。若夫润泽之，则在君与子矣。"

[9]《庄子复原本·百里奚》（郭象拼接于《田子方》）：宋元君将画图，众史皆至，受揖而立，舐笔和墨，在外者半。有一史后至者，儃儃然不趋，受揖不立，因之舍。公使人视之，则解衣槃礴。君曰："可矣，是真画者也！"

[10]《吕览·贵生》：子华子曰："全生为上，亏生次之，死次之，迫生为下。"

[11]《列子·杨朱》：杨朱曰："伯成子高不以一毫利物，舍国而隐耕。大禹不以一身自利，一体偏枯。古之人损一毫利天下不与也，悉天下奉一身不取也。人人不损一毫，人人不利天下，天下治矣。"禽子问杨朱曰："去子体之一毛以济一世，汝为之乎？"杨子曰："世固非一毛之所济。"禽子曰："假济，为之乎？"杨子弗应。禽子出语孟孙阳。孟孙阳曰："子不达夫子之心，吾请言之。有侵若肌肤获万金者，若为之乎？"曰："为之。"孟孙阳曰："有断若一节得一国，子为之乎？"禽子默然有间。孟孙阳曰："一毛微于肌肤，肌肤微于一节，省矣。然则积一毛以成肌肤，积肌肤以成一节。一毛固一体万分中之一物，奈何轻之乎？"禽子曰："吾不能所以答子。然则以子之言问老聃关尹，则子言当矣；以吾言问大禹墨翟，则吾言当矣。"孟孙

阳因顾与其徒说他事。

[12]《孟子·滕文公下》：圣王不作，诸侯放恣，处士横议。杨朱、墨翟之言盈天下。天下之言，不归杨则归墨。杨氏为我，是无君也。墨氏兼爱，是无父也。无父无君，是禽兽也。……杨墨之道不息，孔子之道不著，是邪说诬民、充塞仁义也。仁义充塞，则率兽食人，人将相食。吾为此惧，间先圣之道，距杨墨，放淫辞，邪说者不得作。作于其心，害于其事；作于其事，害于其政。圣人复起，不易吾言矣。

[13]《庄子·秋水》：惠子相梁，庄子往见之。或谓惠子曰："庄子来，欲代子相。"于是惠子恐，搜于国中三日三夜。庄子往见之，曰："南方有鸟，其名为鹓雏，子知之乎？夫鹓雏，发于南海，而飞于北海，非梧桐不栖，非楝实不食，非醴泉不饮。于是鸱鸢得腐鼠，鹓雏过之，仰而视之曰：'吓！'今子欲以子之梁国而吓我邪？"●《太平御览》卷四六六引《庄子》佚文：惠子始与庄子相见而问焉。庄子曰："今日自以为见凤皇，而徒遭燕雀耳。"坐者俱笑。■此为庄、惠初见。

五国相王三强结盟，庄子讽魏蜗角争雄

前323年，岁在戊戌。庄周四十七岁。宋康王十五年。

周显王四十六年。秦惠王更元二年。楚怀王六年。魏惠王后元十二年。韩宣王十年。赵武灵王三年（称王）。齐威王三十五年。燕易王十年（称王）。鲁景公二十三年（卒）。卫孝襄侯十二年。越王无疆二十年。中山先王五年（称王）。

年初，魏、韩、赵、燕、中山五国诸侯应公孙衍之约，齐聚魏都大梁，举行叛周称王的盛大会盟。

魏惠王此前已在齐地徐州叛周称王，韩宣王此前已在魏地巫沙叛周称王。

赵武灵侯、燕易公、中山君魏䂮，此时在魏都大梁叛周称王。史称赵武灵王、燕易王、中山先王。

五国诸侯均戴王冠，分庭抗礼，歃血为盟，相互承认王号。史称五国相王。[1]

魏惠王七十八岁，成为五王盟主，更加倚重公孙衍，又重用其二弟公孙喜（字犀武）、三弟公孙弘。

惠施五十八岁，虽未罢相，已无实权。

公孙衍五十三岁，成功组建了以魏为首的中原五国联盟，广积天下人脉，赚足政治资本。天下仰视，不称其名，敬称其字：犀首。

五国相王一毕，魏惠王立刻召见公孙衍："寡人身为五国盟主，不可不报齐威王破魏杀子之仇。寡人打算派遣勇士，刺杀齐威王！"

公孙衍说："大王身为万乘之君，怎能以匹夫的方式报仇？我愿率领二十万甲兵，邀约韩、赵、燕、中山共同伐齐。掳获齐民，劫掠牛马，让齐威王内热发疮。攻破临淄，抓住田忌，打断其脊梁。"

魏惠王大悦。

季真进谏："修筑十仞的城墙，已经筑到七仞，却又拆毁，筑城工人必定怨苦。大王与诸侯偃兵七年，已经打下王业根基，足以号令天下，不该重启战端。公孙衍是作乱之人，大王不可听信！"

子华子进谏："公孙衍劝说大王伐齐报仇，确是作乱之人。季真劝说大王号令天下，也是作乱之人。惠施反对公孙衍，支持季真，仍是作乱之人。"

魏惠王问："那么寡人应该如何？"

子华子说："大王应该遵循天道！"

魏惠王瞠目结舌。

庄子四十七岁，去年游魏，逗留大梁至今，住在惠施相府，亲历五国相王。

惠施请求庄子："魏惠王为了称霸中原，争霸天下，两次伐赵，被齐威王连败于桂陵、马陵，国力大损，被迫接受我的偃兵主张。如今偃兵数年，国力小复，重建五国联盟，再起野心，又被好战的公孙衍唆使，打算伐齐报仇。先生曾经谏阻楚威王伐越，能否谏阻魏惠王伐齐？"

庄子慨然允诺。

庄子身穿打着补丁的粗布衣，用麻绳系着草鞋，晋见魏惠王。

魏惠王说："先生乃是天下大贤，为何如此困顿？"

庄子说："士人不能顺道循德而行，才是困顿。衣破鞋烂，仅是贫穷，并非困顿。我如此贫穷，乃是因为不遇有道之世。大王难道没见过腾跃的猿猴吗？猿猴如果栖于高大乔木，身处楠树、梓树、榆树、樟树之间，可以自由腾跃，攀揽树端，成为森林之王，即便后羿、逢蒙也不敢轻视。猿猴一旦栖于多刺灌木，身处柘树、棘树、枳树、枸树之间，只能慎行侧目，惊惶失措，成为虎狼的猎物。猿猴并非筋骨僵硬，不再柔软，而是外境险恶，难以发挥才能。如今我身处昏君乱相之间，怎么可能不贫穷呢？正是由于时势险恶，比干才被商纣剖心！"

魏惠王不悦："先生是否认为，寡人也是昏君，惠施也是乱相？"

庄子一笑："大王是否昏君，惠施是否乱相，无须我来评判，后世自有公论。《曹风·候人》有言：'彼其之子，不称其服。'世间常态，正是天之小人沐猴而冠，冒充人之君子；天之君子被褐怀玉，降为人之小人。"

魏惠王默然。

庄子话锋一转："大王知道蜗牛吗？"

魏惠王面色稍和："知道。"

庄子说："蜗牛左角的邦国，名叫触氏。蜗牛右角的邦国，名叫蛮氏。蛮、触之君，时常争地攻战，伏尸数万。追逐败北之敌，十五天才能返回。"

魏惠王失笑："先生之言，岂非虚妄？"

庄子说："并不虚妄，可为大王指实。大王认为，四方上下有无穷尽？"

魏惠王说："无穷尽。"

庄子说："大王既然能够游心无穷，那么返观天下，岂非渺小得若存若亡？"

魏惠王说："是的。"

庄子说："天下之中有魏国，魏国之中有大梁，大梁之中有大王。大王与蛮、触之君，有无分别？"

魏惠王说："无分别。"

庄子辞出，与蔺且离开大梁，返回蒙邑。

魏惠王对惠施感叹："庄子真是至人，尧舜不足以相提并论。寡人决定放弃伐齐！"

惠施说："人吹箫管，其声呜呜；人吹剑环，其声嘘嘘。世人无不称誉尧舜，但在庄子面前称道尧舜，犹如一声嘘嘘。"[2]

赵武灵王、燕易王、中山先王遣使通报天下："敝国之君，业已称王。今后两国交往，请以王礼相待。"

田婴献策齐威王："魏惠王举行五国相王，组建五国联盟，不利于齐国西进中原。大王若想瓦解五国联盟，不妨承认赵、燕称王，不承认中山称王。以免魏氏一宗两王，风头重新盖过齐国。"

齐威王于是拒见中山使者，命人申斥："齐国是万乘之国，中山是千乘之国。中山君怎么敢与寡人同享王号，与寡人分庭抗礼？"

随后接见赵、燕使者："寡人羞与中山君同享王号，愿与赵、燕共伐中山，命其取消王号。伐得中山之地，尽归赵、燕。"

中山先王大为恐惧，问策司马熹："齐威王以中山之地预许赵、燕，赵武灵王、燕易王必将贪地，背叛五国联盟，助齐伐我。寡人称王，反而招来亡国之祸。"

司马熹说："大王不必忧虑！我派张登使齐，必能阻止此事。"

张登奉命秘密使齐，献上重金，拜见田婴："齐威王邀约赵、燕共伐中山，以中山之地预许赵、燕，乃是为赵、燕驱羊。赵、燕瓜分中山之地以后，将比现在强大，不利齐国。"

田婴说："赵、燕、中山同时称王，大王独对中山大怒，乃因赵、燕亲齐，中山亲魏。"

张登说："中山弱小，害怕三国共伐。中山君愿意取消王号，朝拜齐威王，不再亲魏，改为亲齐。"

田婴笑纳重金，献策齐威王："大王邀约赵、燕共伐中山，不仅破费，而且危险。赵、燕瓜分中山之地，不利齐国。何况中山与魏同宗，魏惠王必定不肯坐视。大王不如遣使申斥中山君：'寡人不悦，乃是因为中山亲魏不亲齐。只要中山君来见寡人，寡人愿意承认中山称王。'魏、韩、赵、燕得知中山君朝齐，必将视为背叛五国联盟，而与中山绝交。那时大王再与中山绝交，中山君必将陷入孤立，只能取消王号。"

齐威王听从其言。

张登返回中山复命。

中山先王大悦，立刻前往临淄，朝拜齐威王。

齐威王大喜，允许中山保留王号。[3]

昭阳献策楚怀王："三年前秦惠君称王，韩威侯称王，大王姑息不伐，结果今年赵、燕、中山又一起称王。魏惠王举行五国相王，组建五国联盟，不利于楚国北进中原。大王不能再予姑息，应该立刻伐魏！"

楚怀王听从其言，命其伐魏。

昭阳领兵伐魏，在襄陵（今河南睢县）大败魏军，攻取了八座城邑。[4]

张仪献策秦惠王："魏惠王举行五国相王，组建五国联盟，不利于秦国东进中原。大王应与齐、楚共商对策。"

秦惠王听从其言，派遣张仪的亲信陈轸出使齐、楚。

陈轸到达临淄，晋见齐威王："秦惠王提议，秦、齐、楚三国之相共赴楚地，会商对付五国联盟之策。"

齐威王欣然同意。[5]

昭阳伐魏，已取八城。得知齐威王承认赵、燕、中山称王，于是移师伐齐。

齐威王问陈轸："秦惠王派遣先生联络齐、楚会盟，如今昭阳竟然伐齐，寡人怎能参加三国会盟？"

陈轸说："我正要使楚，愿为大王劝说昭阳退兵。"

陈轸前往楚营，拜见昭阳："按照楚国之法，武将破敌有何奖赏？"

昭阳说："官位可至上柱国，爵位可至三公。"

陈轸问："有无更高官位？"

昭阳说："只有令尹。令尹是最高文官，上柱国是最高武官。"

陈轸说："我有一个故事，相公是否愿闻？"

昭阳说："愿闻。"

陈轸说："有人赐给全体门客一壶酒。门客们互相商量：'这么多人喝一壶酒，不能尽兴。不如大家在地上画蛇，谁先画完，酒就归谁。'一个门客最先画完，左手拿起酒壶，右手又为蛇添上四足。尚未添完，另一个门客画完，夺过酒壶。相公官位已是令尹兼上柱国，爵位已至三公，仅在楚王一人之下。奉了王命伐魏大胜，已经不能升官晋爵。未奉王命擅自伐齐，实为画蛇添足，取胜不能升官晋爵，战败必将身死夺爵。"

昭阳说："先生言之有理，我立刻退兵！"

陈轸又说："秦惠王命我出使齐、楚，联络三国之相共赴楚地，商议应对五国联盟之策。齐威王已经同意派遣田婴赴会，只等楚怀王同意。"

昭阳于是班师，带着陈轸晋见楚怀王。

楚怀王同意举行三国会盟。[6]

陈轸返秦复命。

秦相张仪、齐相田婴随即共赴楚地啮桑（今江苏沛县西南），与楚相昭阳会商应对五国联盟之策。[7]

巴国之君，蜀国之君，得知五国相王，也趁乱称王。[8]

鲁景公姬匽，眼见天下诸侯纷纷叛周称王，痛心于周礼彻底崩坏，含恨而死，在位二十三年（前345—前323）。

太子姬叔继位，即鲁平公。[9]

宋康王召见群臣："以前魏国强盛，魏惠王举行四国朝魏、逢泽之会，强迫诸侯朝拜，每次都有宋国。如今魏国衰弱，魏惠王举行五国相王，与诸侯平等结盟，却邀请韩、赵、燕、中山，不邀请寡人。寡人难以容忍！"

唐鞅说："魏惠王举行四国朝魏、逢泽之会之时，魏相均为魏人白圭。如今魏惠王举行五国相王，魏相已是宋人惠施。惠施不邀请大王，乃是背叛母邦，蔑视大王。"

田不礼说："诸侯称王，都有其他诸侯承认。唯有大王称王，没有其他诸侯承认，十分孤立。大王只有扩充武备，强迫诸侯承认！"

宋康王听从唐鞅、田不礼，横征暴敛，扩军备战，欲与天下诸侯一决雌雄。[10]

庄子、蔺且从大梁回到蒙邑，宋康王正在征兵。

宋国境内的陶匠，负责烧制宋国步卒随身携带的陶釜，免服兵役。

庄遍学陶，得以免服兵役。

蔺且、庄咸年幼，免应兵役。

笺注

[1]《中山策》二：犀首立五王。●《中山策》三：中山与燕、赵为王。●《燕世家》：燕易王十年（前323），燕君为王。●《韩世家》：韩宣王十年（前323），君为王。●《楚世家》：楚怀王六年（前323），燕、韩君初称王。■魏惠王十二年前（前334）已在齐地徐州称王，韩宣王三年前（前325）已在魏地巫沙称王，见上第三十六章、第四十五章。赵武灵王、燕易王、中山先君均于魏惠王后元十二年（前323）在魏都大梁五国相王时称王。五国相王由魏将公孙衍发起，魏相惠施已失魏惠王信任。

[2]《庄子·则阳》：魏莹与田侯午（当作齐威王）约，田侯午背之。魏莹怒，将使人刺之。犀首闻而耻之曰："君为万乘之君也，而以匹夫从仇。衍请受甲二十万，为君攻之，虏其人民，系其牛马，使其君内热发于背；然后拔其国，忌也出走；然后抶其背，折其脊。"季子闻而耻之曰："筑十仞之城，城者既七仞矣，则又坏之，此胥靡之所苦也。今兵不起七年矣，此王之基也。衍乱人，不可听也。"华子闻而丑之曰："善言伐齐者，乱人也。善言勿伐者，亦乱人也。谓伐之与不伐乱人也者，又乱人也。"君曰："然则若何？"曰："君求其道而已矣。"惠子闻之，而见戴晋人。戴晋人曰："有所谓蜗者，君知之乎？"曰："然。""有国于蜗之左角者，曰触氏。有国于蜗之右角者，曰蛮氏。时相与争地而战，伏尸数万，逐北，旬有五日而

后返。"君曰:"噫!其虚言欤?"曰:"臣请为君实之。君以意在四方上下有穷乎?"君曰:"无穷。"曰:"知游心于无穷,而返在通达之国,若存若亡乎?"君曰:"然。"曰:"通达之中有魏,于魏中有梁,于梁中有王。王与蛮氏,有辨乎?"君曰:"无辨。"客出。而君惝然若有亡也。客出,惠子见。君曰:"客,达人也!圣人不足以当之。"惠子曰:"夫吹管也,犹有嗃也;吹剑首者,映而已矣。尧舜,人之所誉也;道尧舜于戴晋人之前,譬犹一映也。"

[3]《中山策》三:中山与燕、赵为王,齐(威王)闭关不通中山之使,其言曰:"我万乘之国也,中山千乘之国也,何倂名于我?"欲割平邑以赂燕、赵,出兵以攻中山。蓝诸君(司马熹)患之。张登谓蓝诸君曰:"公何患于齐?"蓝诸君曰:"齐强,万乘之国,耻其中山倂名,不惮割地以赂燕、赵,出兵以攻中山。燕、赵好位而贪地,吾恐其不吾据也。大者危国,次者废王,奈何吾弗患也?"张登曰:"请令燕、赵国辅中山,而成其王事遂定。公欲之乎?"蓝诸君曰:"此所欲也。"曰:"请以公为齐王,而登试说公,可乃行之。"蓝诸君曰:"愿闻其说。"登:"王之所以不惮割地以赂燕、赵,出兵以攻中山者,其实欲废中山之王也。王曰:'然。'然则王之为费且危。夫割地以赂燕、赵,是强敌也;出兵以攻中山者,首难也。王行二者,所求中山未必得。王如用臣之道,地不亏而兵不用,中山可废也。王必曰:'子之道奈何?'"蓝诸君曰:"然则子之道奈何?"张登曰:"王发重使,使告中山君曰:'寡人所以闭关不通使者,为中山之独与燕、赵为王,而寡人不与闻焉,是以隘之。王苟即著玉趾以见寡人,请亦佐君。'中山恐燕、赵之不己据也,今齐之辞云'即佐王',中山必遁燕、赵,与王相见。燕、赵闻之,怒绝之,王亦绝之,是中山孤,孤何得无废。以此说齐王,齐王听乎?"蓝诸君曰:"是则必听矣,此所以废之,何在其所存之矣。"张登曰:"此王所以存者也。齐以是辞来,因言告燕、赵而无往,以积厚于燕、赵。燕、赵必曰:'齐之欲割平邑以赂我者,非欲废中山之王也;徒欲以离我于中山,而己秦之也。'虽百平邑,燕、赵必不受也。"蓝诸君曰:"善。"遣张登往,果以是辞来。中山因告燕、赵而不往,燕、赵果俱辅中山而使其王,事遂定。●《中山策》二:犀首立五王,而中山后持。齐谓赵、魏(当

作燕）曰："寡人羞与中山并为王，愿与大国伐之，以废其王。"中山闻之大恐，召张登而告之曰："寡人且王，齐谓赵、魏（当作燕）曰，羞与寡人并为王，而欲伐寡人。恐亡其国，不在索王。非子莫能吾救。"登对曰："君为臣多车重币，臣请见田婴。"中山之君遣之齐，见婴子曰："臣闻君欲废中山之王，将与赵、魏（当作燕）伐之，过矣。以中山之小，而三国伐之，中山虽益废王，犹且听也。且中山恐，必为赵、魏（当作燕）废其王而务附焉，是君为赵、魏（当作燕）驱羊也，非齐之利也。岂若中山废其王而事齐哉？"田婴曰："奈何？"张登曰："今君召中山，与之遇而许之王，中山必喜而绝赵、魏（当作燕）。赵、魏（当作燕）怒而攻中山，中山急而为君难其王，则中山必恐，为君废王事齐。彼患亡其国，是君废其王而亡其国，贤于为赵、魏（当作燕）驱羊也。"田婴曰："诺。"张丑曰："不可。臣闻之，同欲者相憎，同忧者相亲。今五国相与王也，负海不与焉。此是欲皆在为王，而忧在负海。今召中山，与之遇而许之王，是夺五国而益负海也。致中山而塞四国，四国寒心，必先与之王而故亲之，是君临中山而失四国也。且张登之为人也，善以微计荐中山之君久矣，难信以为利。"田婴不听，果召中山君而许之王。张登因谓赵、魏（当作燕）曰："齐欲伐河东。何以知之？齐羞与中山之为王甚矣，今召中山，与之遇而许之王，是欲用其兵也。岂若令大国先与之王，以止其遇哉？"赵、魏（当作燕）许诺，果与中山王而亲之。中山果绝齐而从赵、魏（当作燕）。■《中山策》二之"赵、魏"，均当据《中山策》三作"赵、燕"。中山为魏之别封，且与中山不接壤，齐不可能邀魏同伐中山分其地。

[4]《魏世家》：魏襄王十二年（当作魏惠王后元十二年，前323），楚败我襄陵。●《楚世家》：楚怀王六年（前323），楚使柱国昭阳将兵而攻魏，破之于襄陵，得八邑。●《韩策二》五：襄陵之役，毕长谓公叔曰："请毋用兵，而楚、魏皆德公之国矣。夫楚欲置公子高，必以兵临魏。公何不令人说昭子曰：'战未必胜，请为子起兵以之魏，子有辞以毋战。'于是以太子扁（当作嗣）、昭扬、梁王皆德公矣。"■前339年魏公子高质于楚，魏太子嗣质于齐（齐返之）。前323年楚胜魏，魏惠王时年七十八岁，楚欲挟胜令魏改立公子高为太子，魏惠王未从。

[5]《楚世家》：楚怀王六年（秦惠王更元二年，前323），陈轸适为秦使齐。●《魏策一》十四：陈轸为秦使于齐，过魏，求见犀首。■此时公孙衍刚刚主持完五国相王，故陈轸不求见惠施，而求见公孙衍。公孙衍相秦之时，陈轸仕秦。

[6]《楚世家》：楚怀王六年（前323），楚使柱国昭阳将兵而攻魏，破之于襄陵，得八邑。又移兵而攻齐，齐王患之。陈轸适为秦使齐，齐王曰："为之奈何？"陈轸曰："王勿忧，请令罢之。"即往见昭阳军中，曰："愿闻楚国之法，破军杀将者何以贵之？"昭阳曰："其官为上柱国，封上爵执珪。"陈轸曰："其有贵于此者乎？"昭阳曰："令尹。"陈轸曰："今君已为令尹矣，此国冠之上。臣请得譬之。人有遗其舍人一卮酒者，舍人相谓曰：'数人饮此，不足以遍，请遂画地为蛇，蛇先成者独饮之。'一人曰：'吾蛇先成。'举酒而起，曰：'吾能为之足。'及其为之足，而后成人夺之酒而饮之，曰：'蛇固无足，今为之足，是非蛇也。'今君相楚而攻魏，破军杀将，功莫大焉，冠之上不可以加矣。今又移兵而攻齐，攻齐胜之，官爵不加于此；攻之不胜，身死爵夺，有毁于楚：此为蛇为足之说也。不若引兵而去以德齐，此持满之术也。"昭阳曰："善。"引兵而去。●《齐策二》四：昭阳为楚伐魏，覆军杀将，得八城。移兵而攻齐。陈轸为齐王使，见昭阳，再拜贺战胜，起而问："楚之法，覆军杀将，其官爵何也？"昭阳曰："官为上柱国，爵为上执珪。"陈轸曰："异贵于此者何也？"曰："唯令尹耳。"陈轸曰："令尹贵矣！王非置两令尹也，臣窃为公譬可也。楚有祠者，赐其舍人卮酒。舍人相谓曰：'数人饮之不足，一人饮之有余。请画地为蛇，先成者饮酒。'一人蛇先成，引酒且饮之，乃左手持卮，右手画蛇，曰：'吾能为之足。'未成，一人之蛇成，夺其卮，曰：'蛇固无足，子安能为之足。'遂饮其酒。为蛇足者，终亡其酒。今君相楚而攻魏，破军杀将，得八城，又移兵而欲攻齐，齐畏公甚，公以是为名足矣，官之上非可重也。战无不胜而不知止者，身且死，爵且后归，犹为蛇足也。"昭阳以为然，解军而去。■陈轸为秦使齐，又为齐王游说楚相昭阳放弃攻齐，得到楚相昭阳赏识，后被张仪排挤而离秦仕楚，成为张仪政敌。

[7]《张仪列传》：仪相秦四岁（前325），立惠王为王。居一岁（前

324），为秦将，取陕，筑上郡塞。其后二年（当作其后一年，前323），使与齐、楚之相会啮桑东。●《秦本纪》：秦惠王更元二年（前323），张仪与齐、楚大臣会啮桑。●《楚世家》：楚怀王六年（前323），燕、韩君初称王。秦使张仪与楚、齐、魏（魏字衍）相会，盟啮桑。●《楚世家正义》引徐广曰：（啮桑）在梁与彭城之间也。●《田世家》：齐湣王元年（当作齐威王三十五年，前323），秦使张仪与诸侯执政会于啮桑。●《魏世家》：魏襄王十二年（当作魏惠王后元十二年，前323），楚败我襄陵。诸侯执政与秦相张仪会啮桑。■大梁五国相王是公孙衍发动合纵之始。啮桑三国会盟，是张仪发动连横之始。合纵连横延续百年，离合中原诸侯，左右天下局势。

[8]《华阳国志·巴志》：战国时尝与楚婚，及七国称王，巴亦称王。

[9]《鲁世家》：鲁景公二十九年（当作二十三年，前323）卒，子叔立，是为平公。是时六国皆称王。■周平王东迁洛阳至今，共有十一个诸侯叛周称王。楚、吴（已为越灭）、越三国，春秋时期称王。齐、魏、宋、秦、韩、赵、燕、中山八国，战国时期称王。

[10]《燕策二》十一：客（苏秦）谓燕王曰："……今宋王射天笞地，铸诸侯之象，使侍屏匽，展其臂，弹其鼻。……"■此为以后之事，但宋康王与诸侯为敌，始于此时。

张仪相魏惠施逃楚，射稽合道庄子斥术

前322年，岁在己亥。庄周四十八岁。宋康王十六年。

周显王四十七年。秦惠王更元三年。楚怀王七年。魏惠王后元十三年。韩宣王十一年。赵武灵王四年。齐威王三十六年。燕易王十一年。鲁平公元年。卫孝襄侯十三年。越王无疆二十一年。中山先王六年。

惠施上朝，献策魏惠王："秦、齐、楚三国之相，在楚地啮桑会盟，意在遏制魏国重新崛起。大王只有继续与齐偃兵，才能避免秦、齐、楚联合伐魏。"

魏惠王听从其言，前往齐地甄邑（今山东鄄城）会见齐威王。[1]

张仪上朝，献策秦惠王："魏惠王举行五国相王，组建五国联盟，意在重新称霸中原，争霸天下。大王不能坐视，应该设法确保魏惠王不会西伐秦，只会南伐楚、东伐齐。魏惠王如果南伐楚，胜则魏强，败则楚强。楚、魏与秦相邻，无论谁强，都不利于秦。魏惠王如果东伐齐，无论胜负，都会两败俱伤，都有利于秦。如今魏惠王在甄邑会见齐威王，意在联齐伐秦，收复河东、河西。我愿使魏，劝说魏惠王联秦伐齐。"

秦惠王听从其言，命其使魏。

张仪到达大梁，晋见魏惠王："秦惠王满足于收复河西秦地，无意于攻取河东魏地，所以曾经听我之言，把河东魏地归还大王。大王两次伐赵，原本与齐无关，齐威王却两次救赵败魏，杀死大将庞涓和太子魏申。去年大王举行五国相王，同样与齐无关，齐威王却强迫中山叛魏亲齐。秦惠王如此敬重大王，齐威王如此侮辱大王，大王不该联齐伐秦，应该联秦伐齐。"

魏惠王大为心动，恭请张仪入住宾馆，等待回音。

魏惠王问策群臣："寡人违心朝齐，乃是为了等待时机，洗雪桂陵、马陵之耻，报复庞涓、太子之仇。如今张仪劝说寡人联秦伐齐，寡人颇为心动。"

惠施说："大王应该继续与齐偃兵，不可被张仪蛊惑。"

公孙衍说："相国言之有理！秦惠王归还河东魏地，意在诱骗大王亲往咸阳为其驾车，所以称王成功以后，立刻重伐河东。如今秦惠王担心大王率领五国联军伐秦收复河东、河西，又命张仪前来蛊惑大王。不过大王去年举行五国相王以后，秦惠王、齐威王不敢伐魏，唯有楚怀王伐魏攻取八城。如今当务之急，并非伐齐、伐秦，而是伐楚收复八城。"

魏惠王听从其言，命其伐楚。

公孙衍领兵伐楚，攻打去年楚侵八城之一承匡（今河南睢县），被楚军击败。

张仪留在大梁，不见魏惠王同意联秦伐齐，却见公孙衍伐楚，于是命令秦将甘茂伐魏。

甘茂率领秦军伐魏河东，重新攻取了曲沃（今山西闻喜），又攻取了平周（今山西介休西）。[2]

张仪又命甘茂停止伐魏，转而伐楚救魏。[3]

公孙衍伐楚失败，得到秦军援救，败归大梁。

张仪再次晋见魏惠王："大王不听我言，拒绝联秦伐齐，导致秦惠王怒而伐魏。其实秦惠王不愿与大王兵戎相见，所以听我之言停止伐魏，转而伐楚救魏。大王只有联秦伐齐，魏国才能重新强大！"

魏惠王无奈，再次问策群臣。

公孙衍伐楚兵败，又被秦军所救，只好假装支持张仪，赞成联秦伐齐。[4]

公孙喜、公孙弘、季真随之转向。

唯有惠施仍然反对联秦伐齐。

魏惠王怒斥惠施："群臣无不赞成联秦伐齐，先生为何独自反对？寡人心意已决，先生不必再言！"

惠施说："对于小事，群臣尚且意见不一，常常一半赞成，一半反对。如此大事，群臣一致赞成，必对魏国不利。大王不可不察！"

魏惠王不听。[5]

张仪得知惠施独自反对，再次晋见魏惠王："我是魏人，一心盼望魏国强大。当初我离魏仕秦，乃是因为大王忘记齐威王败魏杀子之仇，听信惠施蛊惑，三次屈尊朝齐。如今我虽然仕秦，仍然不忘母邦，希望借重秦军，帮助大王伐齐报仇！惠施乃是宋人，既不愿意魏国强大而危及宋国，又与齐相田婴暗中勾结狼狈为奸，所以一再阻止大王伐齐报仇。"

魏惠王听信其谗，勃然大怒，下令拘捕惠施。

惠施得到公孙衍通风报信，急出大梁东门，逃往宋国。

魏惠王想起当年未听公叔痤遗言而不杀商鞅，导致商鞅相秦以后反噬魏国，下令通缉惠施。

惠施东逃途中，遭到通缉，立刻变换衣冠，改道南行，逃往楚国。[6]

魏惠王七十九岁，任命五十九岁的张仪为相，派遣太子魏嗣前往咸阳朝拜秦惠王。

韩宣王追随魏惠王，也派太子韩仓前往咸阳朝拜秦惠王。[7]

张仪兼相秦、魏，长驻魏都大梁，筹备秦、魏联合伐齐。[8]

正在此时，魏国发生异事：一个大梁女子，突然变为男子。[9]

张仪祝贺魏惠王："阴化为阳，乃是大王与秦结盟的吉兆。预示魏国不再阴柔而趋弱，重振阳刚而复强。"

魏惠王大悦，坚定了联秦伐齐之心。

子华子感叹："阴化为阳，乃是泰道退隐、否术大盛的凶兆。魏国大祸将临，天下大战将至。"

不愿继续出仕，辞官归隐。

赵武灵王鉴于魏国衰弱以后仍然强于赵国，去年被迫参加五国相王，与中山勉强结盟。

今年前往韩地区鼠（今地不详）会见韩宣王，加强赵、韩之盟，静观各国动向。[10]

楚人许行，既反对儒家效法尧舜、文武，也反对墨家效法大禹，主张效法神农，率领弟子躬耕务农，成为农家祖师。

许行今年六十九岁，失望于楚怀王昏聩无能，得知滕文公重用孟轲，恢复井田制，于是带领弟子数十人，从楚至滕，晋见滕文公："远方之人，听说君侯推行仁政，非常向往。愿受井田，成为君侯治下之民。"

滕文公大悦，每人授田百亩。

宋人陈相、陈辛兄弟，原在宋国躬耕务农，失望于宋康王扩军备战，得知滕文公重用孟轲，恢复井田制，于是带领同宗数十人，从宋至滕，晋见滕文公："听说君侯实行王政，乃是当代圣人。愿受井田，成为圣人治下之民。"

滕文公大悦，每人授田百亩。

陈氏兄弟慕名拜访许行，见其师徒身穿麻衣，亲自耕作，编织草鞋、席子，大为敬佩，于是师从许行。

陈相拜见孟轲："滕文公虽是贤君，但还不是圣人，许行才是圣人。贤者应该与民并耕而食，共食而治。如今滕国却有仓廪府库，这是驱使民众劳苦，用于自养一身，怎能称为圣人？"

孟轲问:"许行是自己种粟而食吗?"

陈相说:"是。"

"许行是自己织布而衣吗?"

"是。"

"许行戴冠吗?"

"戴冠。"

"所戴何冠?"

"素冠。"

"素冠是自己做的吗?"

"不是。用粟交易得来。"

"许行为何自己不做素冠?"

"忙于耕种。"

"许行盛物用不用陶器,耕种用不用铁器?"

"用。"

"陶器、铁器是自己做的吗?"

"不是。也是用粟交易得来。"

"许行为何要与百工交易?"

"百工之事,耕夫难以兼顾。"

孟轲笑了:"那么治理天下的君主,怎能兼顾治理和耕种? 有大人之事,有小人之事。每人日常所需之物,必待百工,始得完备。如果全都自做自用,天下人必将无物可用。所以说:有人劳心,有人劳力。劳心者治人,劳力者治于人。劳力者供养劳心者,劳心者受供养于劳力者,乃是天下之通义。唐尧之时,洪水横流,泛滥天下,命令大禹治水,然后中国可以得食。大禹在外八年,三过其门而不入,即使想要耕种,哪里还有余暇? 农夫受田百亩耕种,只为一己之事忧虑。圣人教育万民尽忠,要为天下之事忧虑。尧舜治理天下,不必亲自耕种,仍是圣人。要找许行那样的农夫非常容易,要找滕文公这样的圣人极为困难!"[11]

四月,齐威王把功勋卓著的庶子田婴,封于薛邑(今山东滕州南),封号靖郭君，世称薛公。

楚怀王大怒："十二年前田婴策动齐、魏徐州相王，父王怒伐徐州。田婴主持齐、魏相王，又引发去年公孙衍策动五国相王。如今称王诸侯遍布天下，王号贬值已极，田婴乃是始作俑者。寡人决意伐齐，阻止齐威王册封田婴！"

齐威王得知，不愿惹怒强楚，考虑撤回对田婴的册封。

田婴愁肠百结。

门客公孙闲请命："主公不必发愁！我愿使楚，让楚怀王比大王更希望册封主公。"

田婴将信将疑，姑从其策。

公孙闲从齐至楚，晋见楚怀王："为何鲁、宋臣事大王，齐国却不臣事大王？因为齐国强大，鲁、宋弱小。为何大王希望鲁、宋弱小，却不希望齐国弱小？"

楚怀王说："寡人非常希望齐国弱小！"

公孙闲问："齐威王裂地分封田婴，必将削弱齐国。大王为何阻止？"

楚怀王说："先生言之有理！寡人不再阻止。"[12]

十月，田婴在薛邑修筑城墙。

张丑、公孙闲等众多门客，纷纷反对。

田婴下令："凡是反对筑城者，不许入见！"[13]

滕文公急召孟轲："滕是小国，夹在齐、楚两强之间，寡人应该事齐，还是应该事楚？"

孟轲说："我不能代替主公作主。非要我说，只有一个办法：凿深城池，筑高城墙，与民同守。齐、楚来攻，誓死固守，那样必将无忧。"

滕文公问："齐相田婴，正在封地薛邑修筑城墙。薛邑紧邻滕国（今山东滕州西南），寡人担心田婴为了扩大封地，准备伐滕，应该如何应对？"

孟轲说："周文王的祖父周太王，当年住在邠地，狄人来侵，周太王离开邠地，移居岐山脚下的周原。大部分邠人说：'真是仁德之人啊！不可失去如此仁君。'纷纷离开邠地，追随太王迁往周原。也有少数邠人说：'周人世居邠地，应该宁死不离。'主公可在两条路中，选择其一。周太王并非不喜欢邠地而喜欢周原，实为不得已。只要一意为善，后世子孙必有王者。君子创业垂统，只愿遵循可以持续之道。至于能否成功，在于天意。主公如果没有比周太王更好的办法，那就只有勉力为善。"[14]

宋人兒说二十九岁，游学稷下多年，虽为稷下学士，然而不受重用。听说田婴在薛邑筑城，于是离开临淄，前往薛邑求见："我只说三个字，一旦超过，相国可以烹杀我。"

田婴允许兒说入见。

兒说说了三个字："海大鱼。"转身就走。

田婴说："先生留步！这是何意？"

兒说说："我不敢拿性命当儿戏！"

田婴说："但说无妨。"

兒说说："相国没听说过海大鱼吗？用网捕不了，用箭射不死，然而一旦失水，却为蝼蚁所制。齐国，正是相国的大海。只要齐威王一直信任相国，薛邑何必修筑城墙？如果齐威王不再信任相国，薛邑的城墙即使高与天齐，能够抵御诸侯征伐吗？"

田婴说："先生所言极是。"

下令停止修筑城墙。

兒说从此取代公孙闳、张丑，成为田婴第一门客。[15]

宋康王被天下诸侯孤立，闲得无聊，命令苏贺建造青陵台。[16]

苏贺征调了二十岁到四十岁的大量宋民，充当建造青陵台的役夫。

庄遍二十七岁，无偿服役，自备干粮。

苏贺禀报宋康王："工程浩大，役夫不够。为了加快进度，必须放宽役夫年龄。"

宋康王听从其言。

蔺且十九岁，庄咸十八岁，均未成丁，也被征调服役。

支离疏身有残疾，仍然免于应役。

讴癸带领役夫，夯土筑墙。

讴癸领唱夯歌，工人应和夯歌，随着节奏，一起一落。

讴癸的夯歌，悦耳动听。工人不知疲倦，行人止步欣赏。

宋康王召见讴癸，予以奖赏。

讴癸说："我的夯歌，不及吾师射稽。"

宋康王征召射稽应役。

射稽领唱夯歌，工人应和夯歌，随着节奏，一起一落。

射稽的夯歌，毫不悦耳。工人感觉疲倦，行人都不止步。

宋康王问讴癸："你为何认为自己不及射稽？"

讴癸说："大王不能只听夯歌悦耳与否，要看筑墙效果如何。"

宋康王命令苏贺查验。

苏贺复命："讴癸领唱夯歌，一天筑墙四版，墙体不够坚固，巨木撞击一下，陷入五寸。射稽领唱夯歌，一天筑墙八版，墙体非常坚固，巨木撞击一下，陷入二寸。"

宋康王大悦，重赏射稽。

从此以后，宋康王白天在武宫练兵备战，晚上在青陵台饮酒作乐。[17]

庄子四十八岁，心忧天下大战将至。

蔺且服役归来，请教庄子："讴癸的夯歌悦耳动听，工人不知疲倦，行人止步欣赏，但是筑墙又慢又不坚固。射稽的夯歌毫不悦耳，工人感觉疲倦，行人都不止步，但是筑墙又快又坚固。是何缘故？"

庄子说："讴癸的夯歌，务外不务内，虽然悦耳，但是乱德。由于悦耳，所以行人止步，但是无助筑墙，只是场面好看。由于乱德，所以工人身倦之时，心不知倦，导致身心分离，作而不息，透支体力。如此以人逆天，逆德悖道，效率必低，所以筑墙既慢，又不坚固。射稽的夯歌，务内不务外，虽不悦耳，也不乱德。由于不悦耳，所以行人不止，场面并不好看。由于不乱德，所以工人身倦之时，心也知倦，因而身心合一，有作有息，循德而筑，量力而行，不必透支体力。如此以人合天，循德顺道，效率必高，所以筑墙既快，又很坚固。"

蔺且问："夫子所言之道，射稽是否明白？"

庄子说："众人不知其然，谓之道。射稽之技，虽然暗合于道，但是未必知其然。庖丁之技，不仅暗合于道，而且技进于道，已经知其然，悟其道。"

蔺且问："假如射稽也未必悟道，那么讴癸就更不可能悟道了？"

庄了说："暂时的高低，不足以决定未来的高低。讴癸虽然暂时不及射稽，但是能够自知不及射稽，假以时日，不仅有望抵达射稽之技，而且有望超越射稽，像庖丁一样技进于道。世人之可悲，并非其道不及庖丁，其技不及射稽，其智不能知人，而是缺乏讴癸的自知之明。所以《老子》有言：'知人者知也，自知者明也。'"

蔺且问："为何讴癸的自知之明，竟比射稽之技、庖丁之道更加可贵？"

庄子说："人之可贵，在于有知；知之可贵，在于自知；自知之可贵，在于自知无知。所以《老子》有言：'知不知，上矣。不知不知，病矣。是以圣人之不病，以其病病也，是以不病。'人若能够自知，必能知人，必能知地，必能知天。人若不能自知，必定不能知人，不能知地，不能知天。世人或是不自知仅有小成，反而自居大成，或是明知仅有小成，但是为了富贵爵禄而招摇撞骗，不肯像讴癸那样承认仅有小成，反而自欺欺人地冒充大成。缺乏自知之明者，无不止于小成。"

蔺且问："夫子所言之道，宋康王是否明白？"

庄子说："不可能明白！宋康王重赏射稽，仅是利用天道之力，强化人术之治。"

笺注

[1]《孟尝君列传索隐》引《竹书纪年》：梁惠王后元十三年（前322），梁惠王会齐威王于郢（当作甄）。

[2]《张仪列传》：张仪使与齐、楚之相会啮桑东（前323，去年），还而免相，相魏以为秦（前322），欲令魏先事秦，而诸侯效之，魏王不肯听仪，秦王怒，伐取魏之曲沃、平周。■张仪未免秦相，而是兼相秦、魏。

[3]《秦策一》六：张仪欲假秦兵以救魏。左成谓甘茂曰："子不如予之。魏不返秦兵，张子不敢返秦。魏若返秦兵，张子得志于魏，亦不返于秦矣。张子不去秦，张子必高子。"■张仪在魏，甘茂为了独得秦惠王重用，不愿张仪返秦，所以在秦积极配合张仪这些主张。秦惠王死后，秦武王逐张仪，遂以樗里疾、甘茂为左右丞相。参看《甘茂列传》："甘茂因张仪、樗里子而求见秦惠王，王见而说之，使将，而佐魏章略定汉中地。"

[4]《齐策二》三：犀首（公孙衍之字）以梁为（齐）[楚]战于承匡而不胜。张仪谓梁王："不用臣言以危国。"梁王因相仪，仪以秦、梁之齐合横亲。犀首欲败之，谓卫君曰："衍非有怨于仪也，值所以为国者不同耳。君必解衍。"卫君为告仪，仪许诺，因与之参坐于卫君之前。犀首跪行，为仪千秋之祝。明日，张子行，犀首送之，至于齐疆。齐王闻之，怒于仪曰："衍也吾仇，而仪与之俱，是必与衍鬻吾国矣。"遂不听。▲杨宽：上年楚大败魏于襄陵，得八城。承匡在今河南睢县西南，即在襄陵西南，当即为楚所攻取八城之一。承匡之战，犀首为将而大败。魏在为楚大败之后，惠王于是听信张仪连横策略，而以张仪为相。

[5]《魏策一》十八：张仪欲以魏合于秦、韩，而攻齐、楚。惠施欲以魏合于齐、楚，以案兵。人多为张子于王所。惠子谓王曰："小事也，谓可者谓不可者正半，况大事乎？以魏合于秦、韩而攻齐、楚，大事也，而王之群臣皆以为可。不知是其可也，如是其明耶？而群臣之知术也，如是其同耶？是其可也，未如是其明也，而群臣之知术也，又非皆同也，是其有半塞也。所谓劫主者，失其半者也。"●《韩非子·内储说上》：张仪欲以秦、韩与魏之势伐齐、荆，而惠施欲以齐、荆偃兵。二人争之。群臣左右皆为张子言，而以攻齐、荆为利，而莫为惠子言。王果听张子，而以惠子言为不可。攻齐、荆事已定，惠子入见。王言曰："先生毋言矣。攻齐、荆之事果利矣，一国尽以为然。"惠子因说："不可不察也。夫齐、荆之事诚利，一国尽以为利，是何智者之众也？攻齐、荆之事诚不利，一国尽以为

利，何愚者之众也？凡谋者，疑也。疑也者诚疑，以为可者半，以为不可者半。今一国尽以为可，是王亡半也。劫主者，固亡其半也。"

[6]《吕览·不屈》：惠王布冠而拘于鄄（当作甄），齐威王几弗受（前334）。惠子易衣变冠，乘舆而走，几不出乎魏境（前322）。

[7]《秦本纪》：秦惠王更元三年（前322），韩、魏太子来朝，张仪相魏。●《六国表》秦惠王更元三年：张仪免相，相魏。●《魏世家》：魏襄王十三年（当作魏惠王后元十三年），张仪相魏。■1983年广州象岗南越王墓秦戟铭文："王四年（更元四年，前321）相邦张义、庶长□操之造□戟。"可证秦惠王更元三年张仪免秦相，实为欺骗山东六国。前322年至前319年，张仪兼相秦、魏。

[8]《魏策一》二十：张仪欲并相秦、魏，故谓魏王曰。●《魏策一》十九：张仪以秦相魏，齐、楚怒而欲攻魏。雍沮谓张子曰："魏之所以相公者，以公相则国家安，而百姓无患。今公相而魏受兵，是魏计过也。齐、楚攻魏，公必危矣。"张子曰："然则奈何？"雍沮曰："请令齐、楚解攻。"雍沮谓齐、楚之君曰："王亦闻张仪之约秦王乎？曰：'王若相仪于魏，齐、楚恶仪，必攻魏。魏战而胜，是齐、楚之兵折，而仪固得魏矣；若不胜，魏必事秦以持其国，必割地以赂王。若欲复攻，其敝不足以应秦。'此仪之所以与秦王阴相结也。今仪相魏而攻之，是使仪之计当于秦也，非所以穷仪之道也。"齐、楚之王曰："善。"乃遽解攻于魏。

[9]《魏世家》(《六国表》同)：魏襄王十三年（梁惠王后元十三年，前322），魏有女子化为丈夫。

[10]《赵世家》：赵武灵王四年（前322），与韩会于区鼠。●《韩世家》：韩宣王十一年（前322），与赵会区鼠。■赵、韩今年（前322）区鼠结盟，明年（前321）赵武灵王娶韩女，立为王后，生第一位太子赵章。

[11]《孟子·滕文公上》：有为神农之言者许行，自楚之滕，踵门而告文公，曰："远方之人，闻君行仁政，愿受一廛而为氓。"文公与之处。其徒数十人，皆衣褐，捆屦、织席以为食。陈良之徒陈相与其弟辛，负耒耜而自宋之滕。曰："闻君行圣人之政，是亦圣人也，愿为圣人氓。"陈相见许行而大悦，尽弃其学而学焉。陈相见孟子，道许行之言曰："滕君则诚

贤君也；虽然，未闻道也。贤者与民并耕而食，饔飧而治。今也滕有仓廪府库，则是厉民而以自养也，恶得贤？"孟子曰："许子必种粟而后食乎？"曰："然。""许子必织布而后衣乎？"曰："否，许子衣褐。""许子冠乎？"曰："冠。"曰："奚冠？"曰："冠素。"曰："自织之与？"曰："否，以粟易之。"曰："许子奚为不自织？"曰："害于耕。"曰："许子以釜甑爨、以铁耕乎？"曰："然。""自为之与？"曰："否，以粟易之。""以粟易械器者，不为厉陶冶；陶冶亦以械器易粟者，岂为厉农夫哉？且许子何不为陶冶，舍皆取诸其宫中而用之？何为纷纷然与百工交易？何许子之不惮烦？"曰："百工之事，固不可耕且为也。""然则治天下独可耕且为与？有大人之事，有小人之事。且一人之身，而百工之所为备。如必自为而后用之，是率天下而路也。故曰：或劳心，或劳力。劳心者治人，劳力者治于人。治于人者食人，治人者食于人，天下之通义也。当尧之时，天下犹未平，洪水横流，泛滥于天下；草木畅茂，禽兽繁殖；五谷不登，禽兽逼人；兽蹄鸟迹之道，交于中国。尧独忧之，举舜而敷治焉。舜使益掌火；益烈山泽而焚之，禽兽逃匿。禹疏九河，瀹济、漯而注诸海，决汝、汉，排淮、泗，而注之江，然后中国可得而食也。当是时也，禹八年于外，三过其门而不入，虽欲耕，得乎？后稷教民稼穑，树艺五谷，五谷熟而民人育。人之有道也，饱食暖衣，逸居而无教，则近于禽兽。圣人有忧之，使契为司徒，教以人伦：父子有亲，君臣有义，夫妇有别，长幼有序，朋友有信。放勋曰：'劳之来之、匡之直之、辅之翼之、使自得之；又从而振德之。'圣人之忧民如此，而暇耕乎？尧以不得舜为己忧；舜以不得禹、皋陶为己忧。夫以百亩之不易为己忧者，农夫也。分人以财谓之惠，教人以善谓之忠，为天下得人者谓之仁。是故以天下与人易，为天下得人难。孔子曰：'大哉，尧之为君！惟天为大，惟尧则之。荡荡乎民无能名焉！君哉舜也！巍巍乎有天下而不与焉！'尧舜之治天下，岂无所用其心哉？亦不用于耕耳。吾闻用夏变夷者，未闻变于夷者也。陈良，楚产也；悦周公、仲尼之道，北学于中国，北方之学者，未能或之先也。彼所谓豪杰之士也。子之兄弟事之数十年，师死而遂倍之。昔者孔子没，三年之外，门人治任将归，入揖于子贡，相向而哭，皆失声，然后归。子贡反，筑室于场，独居三年，然后归。他日子夏、子张、子游以有若似圣人，欲以所事孔子事之，强曾子。曾子曰：'不可，江汉以濯之，秋阳以暴之，皜皜乎不可尚已。'今也南蛮鴃舌之人，非先王之道，子倍子之师而学之，亦异于曾子矣。吾闻出于幽谷、迁于乔木者，未闻下乔木而入于幽谷者。《鲁颂》曰：'戎狄是膺，荆舒是惩。'周公方且膺之，子是之学，亦为不善变矣。""从许子之道，则市贾不贰，国中无伪；虽使五尺之童适市，莫之或欺。布帛长短同，则贾相若；麻缕丝絮轻重同，则贾相若；五谷多寡同，则贾相若；屦大小同，则贾相若。"曰："夫物之不齐，物之情也。或相倍蓰，或相什百，或相千万；子比而同之，是乱天下也。巨屦小屦同贾，人岂为之哉？从许子之道，相率而为伪者也，恶能治国家？"■钱穆认为许行（前390—前315）是墨子再传弟子。

[12]《孟尝君列传索隐》引《竹书纪年》：梁惠王后元十三年（前322）四月，齐威王封田婴于薛。十月，齐城薛。●《田世家》：齐湣王三年（当作齐威王三十七年，前322），封田婴于薛。●《齐策一》二：齐将封田婴于薛。楚王闻之大怒，将伐齐。齐王有辍志。公孙闬曰："封之成与不，非在齐也，又将在楚。闬说楚王，令其欲封公也，又甚于齐。"婴子曰："愿委之于子。"公孙闬为谓楚王曰："鲁、宋事楚而齐不事者，齐大而鲁、宋小。王独利鲁、宋之小，不恶齐大，何也？夫齐削地而封田婴，是其所以弱也。愿勿止！"楚王曰："善。"因不止。■公孙闬原事邹忌，邹忌罢相之后转事田婴。楚威王伐徐州时，即怒田婴主持徐州相王，欲齐威王罢免之，见上第三十七章注5。

[13]、[15]《韩非子·说林下》（又见《齐策一》三、《新序·杂事二》十八、《淮南子·道应训》）：靖郭君（即田婴）将城薛，客多以谏者。靖郭君谓谒者曰："毋为客通。"齐人（当为宋人儿说）有请见者，曰："臣请三言而已矣！过三言，臣请烹。"靖郭君因见之。客趋进曰："海大鱼。"因反走。靖郭君曰："请闻其说。"客曰："臣不敢以死为戏。"靖郭君曰："愿为寡人言之。"答曰："君闻大鱼乎？网不能止，缴不能绁也，荡而失水，蝼蚁得意焉。今夫齐，亦君之海也。君长有齐荫，奚以薛为？君失齐，虽隆薛城至于天，无益也。"靖郭君曰："善。"乃辍，不城薛。●《齐策一》五：靖郭君（即田婴）善齐貌辨。■齐人即齐貌辨，齐貌辨即宋人儿说，参看

第五十一章注9。

[14]《孟子·梁惠王下》：滕文公问曰："滕，小国也，间于齐、楚，事齐乎？事楚乎？"孟子对曰："是谋非吾所能及也。无已，则有一焉：凿斯池也，筑斯城也，与民守之。效死而民弗去，则是可为也。"滕文公问曰："齐人将筑薛，吾甚恐，如之何则可？"孟子对曰："昔者大王居邠，狄人侵之，去之岐山之下居焉。非择而取之，不得已也。苟为善，后世子孙必有王者矣。君子创业垂统，为可继也。若夫成功，则天也，君如彼何哉？强为善而已矣。"●《孟子·梁惠王下》：滕文公问曰："滕，小国也，竭力以事大国，则不得免焉，如之何则可？"孟子对曰："昔者大王居邠，狄人侵之，事之以皮币，不得免焉，事之以犬马，不得免焉，事之以珠玉，不得免焉。乃属其耆老而告之曰：'狄人之所欲者，吾土地也。吾闻之也，君子不以其所以养人者害人。二三子何患乎无君？我将去之。'去邠，逾梁山，邑于岐山之下居焉。邠人曰：'仁人也，不可失也。'从之者如归市。或曰：'世守也，非身之所能为也，效死勿去。'君请择于斯二者。"▲钱穆：是年即梁惠王后元十三年（前322），四月田婴封薛，十月城薛。文公"如之何"之问，在四月后，十月前。■钱说不确，当在十月后。田婴十月城薛之后，滕文公才有"如之何"二问。

[16]《搜神记》卷十一：宋康王舍人韩凭，娶妻何氏，美，康王夺之。凭怨，王囚之，论为城旦。……臣苏贺对曰……。●《独异志》卷中引《搜神记》：宋康王以韩朋妻美而夺之，使筑青陵台。●《太平御览》卷一七八引《郡国志》：郓州须昌县有犀丘城青陵台，宋王令韩凭筑者。■据《搜神记》，负责建造青陵台之宋臣为苏贺，非韩凭，韩凭仅为城旦。《独异志》、《太平御览》之撮引，易误解为韩凭负责建造青陵台。

[17]《韩非子·外储说左上》：宋王与齐仇也，筑武宫。讴癸倡，行者止观，筑者不倦。王闻，召而赐之。对曰："臣师射稽之讴，又贤于癸。"王召射稽使之讴，行者不止，筑者知倦。王曰："行者不止，筑者知倦，其讴不胜如癸美，何也？"对曰："王试度其功。"癸四板，射稽八板；摘其坚，癸五寸，射稽二寸。

第五部

庄惠初游（前321—前305）

四九

惠施返宋庄子弃鱼，庄惠辩用天人两行

前321年，岁在庚子。庄周四十九岁。宋康王十七年。

周显王四十八年（卒）。秦惠王更元四年。楚怀王八年。魏惠王后元十四年。韩宣王十二年。赵武灵王五年。齐威王三十七年。燕易王十二年（卒）。鲁平公二年。卫孝襄侯十四年。越王无疆二十二年。中山先王七年。

田婴上朝，向齐威王进言："如今张仪兼相秦、魏，竭力鼓动魏惠王联秦伐齐。九年前张仪离魏入秦，与公孙衍争事秦惠王，结果张仪取代公孙衍成为秦相。公孙衍离秦返魏，与惠施争事魏惠王，前年策动五国相王，意在取代惠施成为魏相，结果又是张仪取代惠施成为魏相。因此公孙衍痛恨张仪至极，竭力阻挠联秦伐齐。公孙衍策动五国相王，受到韩、赵、燕、中山四国敬重，又与韩相公仲朋交好。我愿出使魏、韩，劝说魏惠王驱逐张仪归秦，重用公孙衍。劝说韩宣王、公仲朋向魏惠王施压，务必驱逐张仪归秦。"

齐威王大悦，命其出使魏、韩。

田婴从齐至魏，晋见魏惠王："大王当初采纳惠施之策，与齐偃兵。齐威王敬重大王，才与大王徐州相王，齐、魏已有二十年未曾交兵。秦惠王一直采纳张仪之策，不敬大王，羞辱大王为其驾车，攻取魏国河西、河东

442　　庄子传笺注本　上

之地。如今又命张仪挑唆大王联秦伐齐，意在坐收渔人之利。大王竟然听信张仪，驱逐惠施，导致天下亲魏者、亲齐者寒心。齐威王希望大王驱逐张仪归秦，改命公孙衍为相，联合齐、楚，共伐暴秦。"

魏惠王不听。[1]

田婴又从魏至韩，晋见韩宣王："魏惠王既畏惧暴秦，又轻信张仪，准备联秦伐齐。秦人是斩首计功的虎狼之国，攻取魏国河西、河东以后，已经逼近韩国，很快就会伐韩。大王与魏惠王交好，应该劝说魏惠王驱逐张仪归秦，改命公孙衍为相，中原诸侯共伐暴秦，这样韩国才能免于秦伐。"

韩宣王说："君侯言之有理，寡人一定劝说魏惠王！即使魏惠王不听劝告，寡人决不加入秦、魏伐齐。"

魏惠王在内受到公孙衍、公孙喜、公孙弘、季真阻挠，在外受到田婴、韩宣王、公仲朋施压，加上中山叛魏亲齐，只好暂缓联秦伐齐。[2]

赵武灵王按照去年在区鼠与韩宣王的盟约，今年加强赵、韩之盟，迎娶韩宣王之女，立为王后。生子赵章，立为太子。[3]

燕易王死了，在位十二年（前332—前321）。第十年参加五国相王，叛周称王。前十年为公，后二年为王。

太子姬哙继位，即燕王哙。

燕国首次以王礼为国君治丧，丧礼隆重盛大，诸侯无不遣使吊丧。[4]

周显王姬扁死了，在位四十八年（前368—前321）。第二年东周朝分裂为二，此后寄居东周国。在位期间，八大诸侯叛周称王，加上春秋时代叛周称王的楚、越，天下除了周天子，另有十王。东周王朝名存实亡。

太子姬定继位，即周慎靓王。继续寄居东周国，蛰居洛阳王宫。

东周国昭文君，仍以王礼为周显王治丧。

丧礼冷冷清清，诸侯均不遣使吊丧。[5]

惠施六十岁，逃出魏国，到达郢都，晋见楚怀王："张仪奉秦惠王之命，唆使魏惠王联秦伐齐、联秦伐楚。我主张天下偃兵，反对张仪。魏惠王被张仪蛊惑，将我罢相。我已无处可去，只好投奔大王！"

楚怀王三十八岁，大怒张仪，准备重用惠施。

冯赫谏阻："如今张仪兼相秦、魏，深得秦惠王、魏惠王信任，秦、魏不是东伐齐，就是南伐楚。大王重用惠施，必将得罪张仪。张仪就会劝说秦惠王、魏惠王先伐楚，后伐齐。"

楚怀王问："惠施相魏十九年，名重天下。如今投奔寡人，寡人应该如何处置？"

冯赫说："宋康王惋惜惠施不仕宋而仕魏，天下无人不知。大王不如赠以厚礼，护送惠施归宋。然后派人告诉张仪：'寡人敬重先生，所以不用惠施。'张仪必将感激大王，秦、魏必将不伐楚，只伐齐。惠施正在穷途末路，大王赠礼送归，也必感激大王。"

楚怀王采纳其策，赠送惠施马车百乘，护送归宋。[6]

庄子四十九岁，正在蒙泽岸边钓鱼。

午后，庄子已经钓了大半桶鱼，听到马车辚辚之声，众人围观之声，回头一看，惠施的盛大车队，正从泽畔经过。

惠施坐在车中，没有看见庄子。车队绕过蒙邑，直往商丘而去。

庄子心如止水，望着湖面。只见鸿鹄击水，划破水面，迎风高举，升至中天，飞向远方，消失于天际。于是倒掉半桶鱼，提前回家。

钟离氏十分奇怪："今天之鱼，为何少于平日？"

庄子说："我倒了半桶鱼。"

钟离氏不解："为什么？"

庄子笑了："我看见了惠施的盛大车队。"[7]

惠施仕魏二十二年，相魏十九年，一直未回宋国。去年罢相，逃离大梁，出奔楚国。今年以马车百乘的盛大仪仗，自楚归宋。

宋康王大喜，立刻召见惠施："寡人即位以前，先生离宋仕魏。相魏十九年，举行五国相王，辅佐魏惠王成为中原盟主。寡人敬慕先生已久，如今先生归宋，必能辅佐寡人富国强兵，复兴殷商之盛。"

惠施说："魏国原为中原最强，由于魏惠王好战，征伐友邦韩、赵，结果由盛转衰。魏惠王听我之言，与天下偃兵，获得喘息以后，又用公孙衍之策举行五国相王，希望凭借五国联盟，重新争霸天下，必将再遭重创。宋国远比魏国弱小，大王更不应该好战。大王即位十七年，一直置身诸侯征战之外，实为宋民之福。如今大王建造武宫，扩充武备，一旦卷入诸侯征战，必非宋民之福。"

宋康王不悦，犹豫是否重用惠施。

唐鞅说："大王忘了惠施不邀请大王参加五国相王，但是惠施没忘，担心大王责怪，才说五国相王是公孙衍之策。即使确为公孙衍之策，惠施身为魏相，也有襄赞之功。"

田不礼也说："惠施实非大才，相魏十九年，寸功未立。去年被魏惠王罢相，竟然不归宋而奔楚，又被楚怀王弃用，才无可奈何返宋。惠施如此不忠母邦，大王怎能重用？"

宋康王听信谗言，不再理睬惠施。[8]

惠施不愿求仕宋康王，闲居商丘无事，想起了见识非凡的庄子，于是前往蒙邑拜见："先生前年游历大梁，我错怪先生欲谋魏相，特来致歉！"

庄子说："我在大梁劝告先生激流勇退，先生不听，结果不仅被张仪驱逐，又差点送了性命。先生既然不愿助桀为虐，何必同流合污？"

惠施说："我相魏十九年，作用固然有限，毕竟实现了魏、齐偃兵，挽救了两国百姓。先生洁身自好，拒绝出仕，顺道循德，自适其适，立意虽高，但也比我更加无用。魏惠王曾经赐给我一种大葫芦的种籽，我种植而成，果实重达五石。用于盛水，硬度不足以自举其重。剖开做瓢，又忧愁过于阔大，无法舀水。我认为徒有其大，其实无用，因而砸碎了它。"

庄子说："人们行路，仅须脚下的尺寸之地。但是如果认为双脚之外的广大土地无用，还能行走天下吗？"

惠施说："不能。"

庄子说："那么表面看来无用的明道之言，实有大用，不是很明白吗？只有明白无用之道实有大用，方能明白有用之技仅有小用。先生已被魏惠王罢相，还用魏惠王的一时宠信，嘲笑我大而无用。看来先生虽有大才，其实拙于用大。"

惠施问："如何才是善于用大？"

庄子说："春秋末年，有个漂洗麻絮的宋人，配制了一种防治皮肤皲裂的药膏，子孙后代凭借这一祖传秘方，漂洗麻絮至今。当时有个吴人，愿出百金购买秘方。宋人漂洗麻絮，一年不过获利数金，于是卖了秘方。吴人购得秘方，进献吴王夫差，率领涂了药膏的吴军，冬天与越人水战，大败越人，成了封君。先生认为，是宋人善于用大，还是吴人善于用大？"

惠施说："药膏可以防治皮肤皲裂，功能并无不同，用途大为不同。吴人用于水战，成为封君。宋人漂洗麻絮，世世贫穷。宋人一定后悔自己仅知小用，不知大用。"

庄子说："先生错了！宋人及其子孙，从未后悔！"

惠施问："这是何故？"

庄子说："宋人及其子孙认为，吴人凭借这一秘方，杀死很多越人，因而成为封君，实在伤天害理。而且二十年后，越王勾践伐灭吴国，又杀死很多吴人，那个成为封君的吴人也被灭族。贪图爵禄的吴人，没有子孙后代。漂洗麻絮的宋人，子孙繁衍至今。先生虽被魏惠王罢相，但是用世之心不改，才会颠倒大用、小用。如今先生有五石的大葫芦，何不考虑作为大酒樽，系于腰间，浮于江湖，何须忧愁过于阔大，无法舀水？先生的德心，似乎塞满了蓬草！"

惠施语塞，话锋一转："我在大梁相府门前，种了一棵大树，世人称为臭樗。臭樗的大树干，臃肿不合绳墨。臭樗的小树枝，卷曲不合规矩。大树长在路边，木匠看也不看。如今先生的言论，大而无用，一如臭樗，难以立足世间，必被众人抛弃。"

庄子说："香椿、臭樗同种，天道眼中的香椿，在人道眼中却是臭樗。正如天道眼中的君子，在人道眼中却是小人；天道眼中的小人，在人道眼中却是君子。天道、人道，背驰两行。"

惠施问："先生为何认为，天道、人道背驰两行？"

庄子说："如果运用天道标准，张仪是小人，先生是君子。魏惠王运用人道标准评判，张仪就是君子，先生才是小人。先生为何也像魏惠王一样，运用人道标准评判我？难道魏惠王听信张仪，罢免先生，通缉先生，真是先生罪有应得？"

惠施强辩："魏惠王一时糊涂，早晚必将明白，谁是君子，谁是小人！"

庄子大笑："先生执迷不悟，莫非没见过狸猫、牦牛？狸猫低身伏于草丛，守候老鼠出洞，偶尔也有收获。但是东蹿西跳，不避高下，最后还是中了猎人的机关，死于猎人的罗网。牦牛虽比狸猫大得多，但是不能捕捉老鼠，也不会中了猎人的机关，死于猎人的网罗。如今先生拥有大树，不必忧虑无用，可以树立在无何有之乡，广漠的旷野。先生可以顺道无为地在大树周围散步，逍遥自在地在大树下面寝卧。能够不被否君的斧斤诛杀而中道夭亡，能够不被悖道外境奴役伤害，那么无所可用，何必感到苦恼？先生遵循墨子之道，主张非攻偃兵，用意固然不坏，可惜效果一如螳臂挡车，终将归于无用。"[9]

笺注

[1]《孟尝君列传索隐》引《竹书纪年》：梁惠王后元十四年（前321），薛子婴来朝。■"薛子婴"即薛公田婴，"来朝"乃魏史《竹书纪年》自雄之言。

[2]《韩策一》八：或谓张仪："臣谓齐王曰：'王不如资韩朋，与之逐张仪于魏。魏因相犀首，因以齐、魏废韩朋，而相公叔以伐秦。公仲闻之，必不入于齐。据公于魏，是公无患。'"●《韩非子·说林上》（《韩策一》七略同）：韩宣王谓樛留曰："吾欲两用公仲、公叔，其可乎？"对曰："不可。……"▲杨宽：此时魏以张仪为相，仍用犀首为将，韩以韩朋为相而兼用公叔。魏之两用张仪与犀首，韩之两用公仲与公叔，盖欲相互牵制，企求保持平衡。■公仲朋亲秦，公叔敌秦，两者轮流相韩。

[3]《赵世家》：赵武灵王五年（前321），娶韩女为夫人。■韩女为赵

武灵王第一任王后，生第一位太子赵章。

[4]《燕世家》：燕易王立十二年（前321）卒，子燕哙立。

[5]《周本纪》：周显王四十八年（前321），显王崩，子慎靓王定立。

[6]、[8]《楚策三》六：张仪逐惠施于魏。惠子之楚，楚王受之。冯赫谓楚（怀）王曰："逐惠子者，张仪也。而王亲与约，是欺仪也。臣为王弗取也。惠子为仪者来，而恶王之交于张仪，惠子必弗行也。且宋王之贤惠子也，天下莫不闻也；今之不善张仪也，天下莫不知也。今为事之故，弃所贵于仇人，臣以为大王轻矣。且为事耶？王不如举惠子而纳之于宋，而谓张仪曰：'请为子勿纳也。'仪必德王。而惠子穷人，而王奉之，又必德王。此不失为仪之实，而可以德惠子。"楚王曰："善。"乃奉惠子而纳之宋。

[7]《淮南子·齐俗训》引《庄子》佚文：惠子从车百乘，以过孟诸，庄子见之，弃其余鱼。●《尚书·禹贡》：荆、河惟豫州：伊、洛、瀍、涧既入于河，荥波既猪，导菏泽，被孟潴。■宋泽孟诸，在宋都商丘东北。

[9]《庄子·外物》：惠子谓庄子曰："子言无用。"庄子曰："知无用而始可与言用矣。夫地非不广且大也，人之所用容足耳，然则厕足而垫之致黄泉，人尚有用乎？"惠子曰："无用。"庄子曰："然则无用之为用也亦明矣。"●《庄子·逍遥游》：惠子谓庄子曰："魏王贻我大瓠之种，我树之成，而实五石。以盛水浆，其坚不能自举也。剖之以为瓢，则廓落无所容。非不枵然大也？吾为其无用而掊之。"庄子曰："夫子固拙于用大矣。宋人有善为不龟手之药者，世世以洴澼絖为事。客闻之，请买其方百金。聚族而谋曰：'我世世为洴澼絖，不过数金；今一朝而鬻技百金，请与之。'客得之，以说吴王。越有难，吴王使之将，冬与越人水战，大败越人，裂地而封。能不龟手一也，或以封，或不免于洴澼絖，则所用之异也。今子有五石之瓠，何不虑以为大樽，而浮乎江湖，而忧其廓落无所容？则夫子犹有蓬之心也夫！"●《庄子·逍遥游》：惠子谓庄子曰："吾有大树，人谓之樗。其大本臃肿而不中绳墨，其小枝卷曲而不中规矩。立之途，匠者不顾。今子之言，大而无用，众所同去也。"庄子曰："子独不见狸狌乎？卑身而伏，以候遨者；东西跳梁，不避高下，中于机辟，死于网罟。今夫斄牛，其大若垂天之云。此能为大矣，而不能执鼠。今子有大树，患其无用，何

不树之于无何有之乡，广漠之野，彷徨乎无为其侧，逍遥乎寝卧其下？不夭斤斧，物无害者，无所可用，安所困苦哉？"●《庄子·人间世》：汝不知夫螳螂乎？怒其臂以当车辙，不知其不胜任也，是其才之美者也。■庄惠二人两年前初识于大梁，交友始于惠施罢相归宋之后。

滕文问责孟轲至魏，庄惠辩儒孔子改宗

前320年，岁在辛丑。庄周五十岁。宋康王十八年。

周慎靓王元年。秦惠王更元五年。楚怀王九年。魏惠王后元十五年。韩宣王十三年。赵武灵王六年。齐威王三十八年。燕王哙元年。鲁平公三年。卫孝襄侯十五年。越王无疆二十三年。中山先王八年。

秦惠王三十七岁，巡视黄河北岸。
思量秦军东进之策，等待张仪在魏策动伐齐。[1]

田婴上朝，献策齐威王："张仪兼相秦、魏两年，未能策动秦、魏伐齐，必不死心。大王不如与秦联姻，挫败张仪的阴谋。"

齐威王说："秦人乃是虎狼之国，不受联姻约束。秦惠王的王后乃是魏惠王之女，不是照样伐魏？"

田婴说："秦人虽是虎狼之国，魏人却是礼仪之邦。如今秦、齐远隔，秦惠王想要伐齐，只有假手魏惠王。秦、齐如果联姻，魏惠王就会犹豫是否伐齐。"

齐威王采纳其策，请求与秦联姻。

秦惠王眼见张仪相魏两年未能伐齐，于是把女儿嬴氏嫁给三十二岁的齐国太子田辟疆，立为正夫人。[2]

毕战禀报滕文公："如今列国变法，无不废除井田制，扩大亩制，奖励开荒，以便人尽其力，地尽其材。主公听信孟轲，恢复井田制，实与天下大势背道而驰，只能画虎类犬。滕国仅有方圆五十里，尽管延用小亩制，每人授田百亩，土地也已授完，而且人未尽力，地未尽材，不仅没能国富兵强，反而更加国贫兵弱。慕名至滕的楚人许行，早已离滕往齐。慕名至滕的宋人陈相、陈辛，也已离滕返宋。"[3]

滕文公召见孟轲："先生曾说，师法周文王，恢复井田制，必可王天下，大国只要五年，小国只要七年。如今土地授完，难以为继。而且已经实行五年，为何收效甚微？"

孟轲明白，滕文公已对自己失去信任，于是带着弟子公孙丑离开滕国，前往魏国。[4]

魏惠王八十一岁，在大梁宫的人工湖边，兰台之上，召见五十三岁的孟轲："寡人无能，军旅三折于外，太子魏申被杀，大将庞涓战死，国库空虚，国力大损。寡人愧对先君，深感耻辱。老先生不远千里来到敝国，能否有利吾国？"

孟轲说："大王何必言利，为何不言仁义？假如国君仅仅考虑是否有利其国，大夫仅仅考虑是否有利其家，士民仅仅考虑是否有利其身，上下无不追逐利益，那么国家必定危险。万乘之国，弑杀其君的必是千乘之家。千乘之国，弑杀其君的必是百乘之家。人人先利后义，大肆争夺，永远不会满足。仁人不会遗弃亲人，义人不会不事君父。大王一心考虑仁义，才是治国正道，何必仅仅考虑是否有利？"

魏惠王指指湖中的大雁，岸边的麋鹿："老先生虽是贤人，难道面对这些不感到快乐？"

孟轲说："贤人首先考虑仁义，然后因为富贵而快乐。不贤者即使拥有富贵，仍然不会快乐。古代贤君，因为与民同乐，所以快乐。《尚书·汤誓》有言：'时日盍丧？予及汝偕亡。'如果臣民想与君王同归于尽，即使君王拥有台池鸟兽，怎能独自快乐？"

魏惠王说："寡人对于国事，非常尽心。一旦发生饥荒，必定运粮赈济。邻国君主不如寡人尽心，但是邻国民众没有减少，魏国民众没有增加，是何缘故？"

孟轲说："这是因为大王好战！我不如就以战事来做比方。假如魏、秦交战，兵刃相接，两个魏兵害怕秦军斩首，于是逃跑，一人逃了一百步，一人逃了五十步。逃了五十步的人，可以嘲笑逃了一百步的人吗？"

魏惠王说："不可以。少逃五十步，仍是逃跑。"

孟轲说："民众不饥不寒，养生送死没有遗憾，君主却不能使天下归服，这种情形从古至今未曾有过。如今魏国民众饿死，大王却说：'与我无关，这是年成不好！'魏国民众战死，大王却说：'与我无关，这是战事不利！'大王只有不再把罪责推托于年成不好、战事不利，天下民众才会奔赴魏国，否则别想指望魏国民众多于邻国民众。"

魏惠王说："老先生言之有理，寡人愿闻教诲！"

孟轲说："大王的厨房里有肥肉，马厩里有肥马，魏国的民众却有饥色，野地也有饿死者，这是大王率领野兽吃人！野兽互相残杀，人类尚且厌恶。大王率领野兽吃人，如何成为民之父母？"

魏惠王说："老先生知道，魏国原为天下最强。但是到了寡人手里，东败于齐，太子战死，西败于秦，丧地七百里，南败于楚，失去八座城邑，寡人深感耻辱，愿为死者报仇雪恨，如何才能做到？"

孟轲说："国家方圆百里，君主只要奉行王道，就能天下归服。大王如对人民施行仁政，减省刑罚，降低赋税，使民众安心耕作，孝悌忠信，在家事奉父兄，出门事奉官长。邻国君主一旦夺其农时，使民众不能安心耕作，不能孝养父母，父母冻饿，兄弟不睦，妻离子散，陷溺水火，大王就可以派遣义兵讨伐，即使手持木棒，也能打败秦、楚的坚甲利兵。仁者无敌，大王不必怀疑！"[5]

魏惠王召见白圭："先生一直劝说寡人遵循老聃之道，降低赋税，无为而治。寡人一直不听。如今孟轲也劝说寡人遵循孔子之道，降低赋税，仁义而治。寡人决定听从！"

白圭说："我能经商致富，乃是效法老聃弟子范蠡。《老子》有言：'民之饥也,以其上取食税之多也。'又说:'天之道,损有余而益不足。人之道不然,损不足而奉有余。'我一直告诫大王,老聃之道是天之道,孔子之道是人之道。没想到孟轲身为孔子之徒,竟然也主张降低赋税。"

魏惠王说:"既然全都主张降低赋税,先生就不必强分老聃之道、孔子之道了。先生可与孟轲商定减税方案。"

白圭拜见孟轲:"大王采纳先生之言,命我与先生商定减税方案。我打算废除什一税,改为二十税一,先生是否赞成?"

孟轲说:"这是胡人之道!人口万户的邦国,陶匠只有一人,可以吗?"

白圭说:"不可以,陶器不够用。"

孟轲说:"胡地物产不富,又无城郭、宫室、宗庙、祭祀的礼仪,不必供养封君的爵位,不必支付百官的俸禄,所以二十税一即已足够。中原乃是礼仪之邦,如果废除人伦,不养君子,如何治国?没有陶器,尚且不能治国,何况没有君子?税收比尧舜轻,就是胡人之道。税收比尧舜重,就是桀纣之道。"

白圭大失所望,向魏惠王复命:"八年前,孟轲出仕宋国,认为宋康王的什二税是桀纣之道,劝其遵循尧舜之道,实行什一税。宋康王不听,孟轲离宋归邹。五年前,孟轲出仕滕国,劝说滕文公遵循尧舜之道,恢复井田制,实行什一税。滕文公听从,实施五年失败,孟轲离滕至魏。魏国原本实行什一税,孟轲却劝大王降低赋税。大王采纳其言,命我与他商定减税方案。我主张废除什一税,改为二十税一。孟轲又说,二十税一是胡人之道,不足以供养君子,只有什一税才是尧舜之道,足以供养君子。"

魏惠王大怒:"孟轲身为孔子之徒,为何如此反复无常?先是批评寡人只图有利,不行仁政,结果事到临头,为了让寡人供养他这种君子,竟又反对减税!"

于是打消减税之念,不再理睬孟轲。[6]

庄子五十岁,子华子死于魏国,魏牟(中山王妃江姬之子,庄子再传弟子）生于中山。

庄咸二十岁，也师从蔺陶匠，学习制陶。

庄子带着蔺且，同往商丘，回访惠施。

惠施大悦："上次与先生谈论有用、无用、大用、小用，令我受益非浅。虽然如今老、孔、墨之道分道扬镳，其实老聃原是孔子之师，墨子原是孔子之徒，三者之间不妨求同存异。"

庄子问："先生学墨子之道，对老聃之道、孔子之道是否了解？"

惠施说："老聃主张无为，孔子主张有为。"

庄子问："先生是否知道，孔子六十岁以后，思想发生变化，对其初时所是，最终非之，对其初时所非，最终是之？"

惠施说："因为孔子勤勉励志，服从真知。"

庄子问："你是否明白具体过程和具体原因？"

惠施说："愿闻其详。"

庄子说："孔子早年，曾往周都洛阳，向东周史官老聃问礼，老聃告诉孔子：'失道而后德，失德而后仁，失仁而后义，失义而后礼。夫礼者，忠信之薄，而乱之首。'孔子执迷不悟，仍然只教弟子《诗》、《书》、《礼》、《乐》，不讲无法读懂的《周易》。孔子五十四岁离鲁，六十八岁归鲁，周游列国十四年，思想发生了根本变化。一是孔子在宋国得到《归藏》，始知《周易》难以读懂的原因是违背了《归藏》。二是孔子在陈国出仕两年，又向辞官归陈的老聃问道，老聃告诉孔子：'至阴肃肃出乎天，至阳赫赫发乎地。'孔子终于领悟天地之道，进而领悟君臣之道。"

惠施大惊："天下都说天属阳，地属阴，为何老聃却说'至阴肃肃出乎天，至阳赫赫发乎地'？"

庄子笑了："天属阳，地属阴，乃是否卦之象，大凶。天属阴，地属阳，才是泰卦之象，大吉。孔子闻道于老聃，始悟伏羲所画负阴抱阳的泰卦，亦即天柔地刚、君柔臣刚的泰道，才是天地之道、君臣之道。伏羲所画戴阳履阴的否卦，亦即天尊地卑、君尊臣卑的否术，违背天地之道、君臣之道。孔子始知早年主张天尊地卑、君尊臣卑，实为否术。孔子死前所言'五十知天命'，是说五十四岁周游列国以后，闻道老聃而领悟天道，于是思想发生变化，对其初时所是，最终非之，对其初时所非，最终是之。孔子晚年又说'假我数年，五十以学易，可以无大过矣'，乃是承认早年孔学确有大过，'大过'乃是六十四卦之一。早年孔学的大过，就是不知天柔地刚、君柔臣刚的泰道，鼓吹天尊地卑、君尊臣卑的否术。孔子死前所言'六十而耳顺'，是说六十八岁归鲁以前，又接受了老聃、接舆、长沮、桀溺、晨门等人对其早年主张的批评。晚年孔学，独传随其周游列国的颜回。然而孔子六十八岁归鲁，次年颜回即死，孔子哀叹'天丧我'，四年后含恨而死。所以如今孔子之徒鼓吹的天尊地卑、君尊臣卑，实为晚年孔子早已否定的早年孔学。"

惠施说："孔子晚年治易，撰写《易传》。我读过《易传》，与早年孔学似乎并无不同。"

庄子说："《易传》多有'子曰'，与《论语》相同，怎么可能是孔子所撰?《易传》实为子夏之徒所撰。子夏小孔子四十四岁，未随孔子周游列国，孔子归鲁以后才入孔门。孔子归鲁五年即死，子夏未能深入孔学堂奥。颜回一死，晚年孔学即失传人。因此子夏之徒所撰《易传》，坚执早年孔学，继续鼓吹晚年孔子早已否定的天尊地卑、君尊臣卑。"

惠施大受启发："如此看来，孔子死后，墨子离宋赴鲁学儒，然后返宋创立墨家，反对儒家所有主张，并非反对颜回死后失传的晚年孔学，而是反对子夏、曾参之徒鼓吹的早年孔学。"

庄子说："正是如此。孔子晚年领悟泰道，颜回死后失传。孔子死前警告子夏：'汝为君子儒，无为小人儒。'可惜警告无效。如今子夏之徒遍布天下，都是鼓吹否术的小人儒。墨子学儒以后，不满小人儒鼓吹否术，于是推崇泰道，公开叛儒，反对子夏之徒鼓吹的早年孔学。大致而言，老聃之道主张君主师天而尚柔，墨子之道主张臣民师地而尚刚，各重泰道一义。"

惠施说："经你一说，我不仅对老聃之道、孔子之道理解更深，也对自幼所学的墨子之道理解更深。"

二人相视而笑，惺惺相惜。[7]

笺注

[1]《秦本纪》：秦惠王更元五年（前320），王游至北河。

[2]《田世家》：齐湣王四年（当作齐威王三十八年，前320），迎妇于秦。■此非齐威王自娶，乃为太子田辟疆（齐宣王）娶秦女，当议定于三年前（前323）秦、齐、楚啮桑之会。去年（前321）赵武灵王年少而自娶韩女，今年（前320）齐威王年长而为太子娶秦女，均属政治联姻。

[3]滕文公采纳孟子建言恢复井田制，许行离楚至宋。井田制失败，许行（前390—前315）离滕往齐，成为稷下学士。

[4]《孟子·离娄上》：孟子曰："天下有道，小德役大德，小贤役大贤。天下无道，小役大，弱役强，斯二者，天也。顺天者存，逆天者亡。齐景公曰：'既不能令，又不受命，是绝物也。'涕出而女于吴。今也小国师大国，而耻受命焉，是犹弟子而耻受命于先师也。如耻之，莫若师文王，师文王，大国五年，小国七年，必为政于天下矣。"●《孟子·离娄上》：孟子曰："伯夷辟纣，居北海之滨，闻文王作兴，曰：'盍归乎来！吾闻西伯善养老者。'太公辟纣，居东海之滨，闻文王作兴，曰：'盍归乎来！吾闻西伯善养老者。'二老者，天下之大老也而归之，是天下之父归之也。天下之父归之，其子焉往？诸侯有行文王之政者，七年之内，必为政于天下矣。"▲钱穆：孟子至滕，即在滕定公卒岁（前324）。明年，孟子尚在滕，则为滕文公元年（前323）。而孟子游梁，则在惠王后元十五年（前320），是孟子在滕，先后有三年之久。■钱穆计算有误。魏惠王后元十一年（前324）滕定公死，滕文公（前在宋所遇世子）派然友至邹问丧礼，孟子教以三年之丧而"吊者大悦"（《孟子·滕文公上》）。同年（前324）孟子自邹至滕，献策滕文公恢复井田制，许以"师文王，大国五年，小国七年，必为政于天下矣"（《孟子·离娄上》）。魏惠王后元十五年（前320），滕文公恢复井田制五年而失败，孟子离滕往魏，故其在滕先后五年（前324—前320）。

[5]《魏世家》：魏惠王三十五年（当作魏惠王后元十五年，前

320）……惠王数被于军旅，卑礼厚币以招贤者。邹衍、淳于髡、孟轲皆至梁。梁惠王曰："寡人不佞，兵三折于外，太子虏，上将死，国以空虚，以羞先君宗庙社稷，寡人甚丑之，叟不远千里，辱幸至弊邑之廷，将何利吾国？"孟轲曰："君不可以言利若是。夫君欲利则大夫欲利，大夫欲利则庶人欲利，上下争利，国则危矣。为人君，仁义而已矣，何以利为！"●《孟子·梁惠王上》：孟子见梁惠王。王曰："叟！不远千里而来，亦将有以利吾国乎？"孟子对曰："王何必曰利？亦有仁义而已矣。王曰何以利吾国，大夫曰何以利吾家，士庶人曰何以利吾身，上下交征利，而国危矣。万乘之国，弑其君者必千乘之家。千乘之国，弑其君者必百乘之家。万取千焉，千取百焉，不为不多矣。苟为后义而先利，不夺不餍。未有仁而遗其亲者也，未有义而后其君者也。王亦曰仁义而已矣，何必曰利？"●《孟子·梁惠王上》：孟子见梁惠王，王立于沼上，顾鸿雁麋鹿，曰："贤者亦乐此乎？"孟子对曰："贤者而后乐此，不贤者虽有此不乐也。《诗》云：'经始灵台，经之营之，庶民攻之，不日成之。经始勿亟，庶民子来，王在灵囿，麀鹿攸伏。麀鹿濯濯，白鸟鹤鹤，王在灵沼，于牣鱼跃。'文王以民力为台为沼，而民欢乐之，谓其台曰灵台，谓其沼曰灵沼，乐其有麋鹿鱼鳖。古之人与民偕乐，故能乐也。《汤誓》曰：'时日盍丧？予及女偕亡。'民欲与之偕亡，虽有台池鸟兽，岂能独乐哉？"梁惠王曰："寡人之于国也，尽心焉耳矣。河内凶，则移其民于河东，移其粟于河内。河东凶，亦然。察邻国之政，无如寡人之用心者。邻国之民不加少，寡人之民不加多，何也？"孟子对曰："王好战，请以战喻：填然鼓之，兵刃既接，弃甲曳兵而走，或百步而后止，或五十步而后止。以五十步笑百步，则何如？"曰："不可。直不百步耳，是亦走也。"曰："王如知此，则无望民之多于邻国也。不违农时，谷不可胜食也；数罟不入洿池，鱼鳖不可胜食也。斧斤以时入山林，材木不可胜用也。谷与鱼鳖不可胜食，材木不可胜用，是使民养生丧死无憾也。养生丧死无憾，王道之始也。五亩之宅，树之以桑，五十者可以衣帛矣。鸡豚狗彘之畜，无失其时，七十者可以食肉矣。百亩之田，勿夺其时，数口之家可以无饥矣。谨庠序之教，申之以孝悌之义，颁白者不负戴于道路矣。七十者衣帛食肉，黎民不饥不寒，然而不王者，未之有也。狗龁食人食而不知检，涂有饿莩而不知发，人死则曰'非我也，岁也'，是何异于刺人而杀之？曰'非我也，兵也'。王无罪岁，斯天下之民至焉。"梁惠王曰："寡人愿安承教。"孟子对曰："杀人以梃与刃，有以异乎？"曰："无以异也。""以刃与政，有以异乎？"曰："无以异也。"曰："庖有肥肉，厩有肥马，民有饥色，野有饿莩，此率兽而食人也。兽相食，人且恶之；为民父母，行政不免于率兽而食人，恶在其为民父母也？仲尼曰：'始作俑者，其无后乎！'为其象人而用之也。如之何其使斯民饥而死也？"梁惠王曰："晋国，天下莫强焉，叟之所知也。及寡人之身，东败于齐，长子死焉；西丧地于秦七百里；南辱于楚。寡人耻之，愿比死者壹洒之。如之何则可？"孟子对曰："地方百里，而可以王。王如施仁政于民，省刑罚，薄税敛，深耕易耨；壮者以暇日修其孝悌忠信，入以事其父兄，出以事其长上，可使制梃以挞秦楚之坚甲利兵矣。彼夺其民时，使不得耕耨，以养其父母；父母冻饿，兄弟妻子离散。彼陷溺其民，王往而征之，夫谁与王敌？故曰：仁者无敌。王请勿疑！"●《孟子荀卿列传》：孟轲，驺人也。受业子思之门人。道既通，游事齐宣王，宣王不能用。适梁，梁惠王不果所言，则见以为迂远而阔于事情。▲崔述《孟子事实录》：孟子与齐宣王问答甚多，而与梁惠王殊少。在梁亦无他事，则孟子居梁盖不久。然犹及见襄王而后去，则孟子之至梁，当在惠王之卒前一二年。于《年表》则周慎靓王之元年二年也。▲江永《群经补义》：孟子见梁惠王，当在周慎靓王元年辛丑，是为惠王后元之十五年。至次年，壬寅，惠王卒，襄王立，孟子一见即去梁矣。▲钱穆：二氏（崔述、江永）之说甚是。今依江说，定孟子至梁在慎靓王元年（前320）也。《史记》："先游齐，事齐宣王，后适梁，见梁惠王。"先齐后梁不误，特不知孟子先游齐当威王世耳。《日知录集释七》引卫嵩曰："孟子游历先后，以本书证之，当是自宋归邹，之任，之薛，之滕，而后之梁，之齐。"以游梁、齐在宋、滕后，最为得之。■孟子先游于齐威王，齐威王不用而赠百金遣之，闻宋康王行王政而离齐至宋，在宋遇滕定公世子（滕文公）而教之，宋康王易辙为虐而离滕归邹奔母丧，宋康王赠七十金遣之。滕定公死，滕文公使然友至邹聘其至滕。在滕恢复井田制失败，遂离滕游魏。翌年（前319）魏惠王死，以魏襄王不似人君而再游齐，途中见齐威王太子（齐宣王）而赞之，至齐不久（前319）齐威王亦死，遂仕齐宣王。齐宣王伐燕之后（前314）离齐归邹，撰著《孟子》七篇。

[6]《孟子·告子下》：白圭曰："吾欲二十而取一，何如？"孟子曰："子之道，貉道也。万室之国，一人陶，则可乎？"曰："不可，器不足用也。"曰："夫貉，五谷不生，惟黍生之，无城郭、宫室、宗庙、祭祀之礼，无诸侯币帛饔飧，无百官有司，故二十取一而足也。今居中国，去人伦，无君子，如之何其可也？陶以寡，且不可以为国，况无君子乎？欲轻之于尧舜之道者，大貉、小貉也；欲重之于尧舜之道者，大桀、小桀也。"●《论语·颜渊》：哀公问于有若曰："年饥，用不足，如之何？"有若对曰："盍彻乎！"曰："二，吾犹不足；如之何其彻也？"对曰："百姓足，君孰不足？百姓不足，君孰与足？"●《公羊传》宣公十五年：古者什一而籍，古者曷为什一而籍？什一者，天下之中正也。多乎什一，大桀小桀；寡乎什一，大貉小貉。■孟子之言，本于《公羊传》。鲁哀公所行什二税，即儒家所言"多乎什一，大桀小桀"。汉初文景之时二十税一，清初康乾之时三十税一，即儒家所言"寡乎什一，大貉小貉"。汉武帝独尊儒术以后，从道家政策改为儒家政策，恢复周制什一税，即儒家所言"尧舜之道"。

[7]《庄子·寓言》：庄子谓惠子曰："孔子行年六十而六十化，始时所是，卒而非之。未知今之所谓是之非五十九非也？"惠子曰："孔子勤志服知也。"庄子曰："孔子谢之矣，而其未之尝言。孔子云：'夫受才乎大本，复灵以生，鸣而当律，言而当法。利义陈乎前而好恶是非，直服人之口而已矣。使人乃以心服而不敢强立，定天下之定。已乎！已乎！吾且不得及彼乎？'"

伐齐大败魏惠愤死，不知鱼乐惠施返魏

前319年，岁在壬寅。庄周五十一岁。宋康王十九年。

周慎靓王二年。秦惠王更元六年。楚怀王十年。魏惠王后元十六年（卒）。韩宣王十四年。赵武灵王七年。齐威王三十九年（卒）＝齐宣王元年。燕王哙二年。鲁平公四年。卫孝襄侯十六年。越王无疆二十四年。中山先王九年。

秦惠王三十八岁，倚仗四位重臣。

魏人张仪六十二岁，担任相国。庶弟樗里疾三十三岁，担任大将。将相不和，明争暗斗。

齐人陈轸为张仪副手，楚人甘茂为樗里疾副将。二人依违于张、樗之间。

张仪在秦之时，陈轸、甘茂逢迎张仪。如今张仪在魏，陈轸、甘茂倒向樗里疾。

樗里疾、陈轸、甘茂三人，全都希望秦惠王不再信任张仪。

樗里疾上朝，率先发难："张仪相魏三年，一再声称即将伐齐，至今毫无动静，显然与公孙衍一样，已经叛秦忠魏。"

秦惠王说："张仪对寡人忠心不二！迟迟不能伐齐，必是公孙衍暗中作梗，公仲朋暗中阻挠，田婴暗中捣鬼。"

陈轸说："大王可派甘茂领兵往魏，逼迫魏惠王伐齐。"

秦惠王采纳其策，命令甘茂驻兵秦、魏边境。

张仪上朝，威胁魏惠王："大王三年不伐齐，秦惠王大为失望，如今驻兵边境，准备伐魏！"

魏惠王说："寡人一直打算伐齐，但是公孙衍一再推托，说是尚未筹备就绪。"

张仪问："大王乃是国君，为何受制于臣子？"

魏惠王立刻召见公孙衍："寡人命你筹备伐齐，为何三年仍未准备就绪？"

公孙衍说："刚刚准备就绪，大王随时可以伐齐！不过相国既然说，秦、魏共同伐齐，乃是为魏，并非为秦，那么伐齐必须秦军为主，魏军为辅。魏军必须穿秦衣，打秦旗。只有这样，才能伐齐得胜，魏收其利，伐齐失败，秦承其咎。"

张仪急于向秦惠王表忠，立刻同意："全依将军之言！"

魏惠王随即派出使者，要求韩、赵、燕、中山遵守五国盟约，出兵助伐。

四国不愿卷入秦、魏、齐三强大战，拒绝出兵助伐。

甘茂率领秦军东行，越过秦、魏边境，穿越魏国西部，途经上党（今山西东南），借道韩国。

韩宣王采纳敌秦的公叔之言，拒绝向秦借道。

甘茂在鄢邑（今河南鄢陵）击败韩军，秦军到达魏国东部的大梁，与穿秦衣、打秦旗的魏军合兵，开赴魏、齐边境。[1]

陈仲子吩咐弟子匡章："商鞅变法以来，秦人斩首计功，伐取魏国河西、河东，未曾一败。秦、齐东西远隔，从未交战。我固然反对田因齐称王争霸，然而不愿齐民受到秦军屠戮。如今孙膑已遁，田忌已老，田因齐无人可用，你可请将出战，击败暴秦！"

匡章遵从师命，晋见齐威王："秦人斩首计功，滥杀无辜！我愿为了齐国百姓和天下万民，击败虎狼之秦！"

齐威王大悦，欲授将印。

田婴谏阻："陈仲子身为田氏宗室，反对大王称王，隐居於陵（今山东邹平），被天下士人敬称为於陵仲子。匡章身为大王臣民，反对大王称王，离齐仕魏多年，归齐以后虽被大王供养于稷下，仍然师从陈仲子，不断非议大王。此战关系重大，大王怎能任命匡章为将？"

齐威王说："陈仲子、匡章敢于反对寡人，正是《周易》所言'不事王侯，高尚其事'的贤人。寡人怎能不用贤人？"

仍命匡章为将，郑重许诺："秦惠王去年与齐联姻，今年悍然伐齐，毫无信义，将军不可轻敌！寡人听说，令尊杀死令堂，埋在马厩下面。将军一旦凯旋，寡人必定另选吉地，隆重迁葬令堂。"

匡章断然谢绝："家父杀死家母，自有理由。我身为人子，不能违背家父意愿，迁葬家母。"

匡章领兵迎敌，迟迟不与秦军开战。

田婴派人侦察，连续三人禀报："匡章畏惧秦军，迟迟不敢开战，似乎准备投降！"

齐威王不予理睬，随即传来捷报："匡章大败秦军！"

原来匡章得到仕魏之时交好的公孙衍密报，魏军穿秦衣，打秦旗，于是延迟开战，赶制秦衣秦旗，让齐军也穿秦衣，也打秦旗，另标暗记，然后开战。

秦、魏士兵难辨敌我，阵脚大乱，全军覆没。秦军遭遇商鞅变法以来首次败绩。

秦惠王急派使者至齐，谢罪求和，自称"西藩之臣"。

田婴问齐威王："连续三人都说匡章畏秦欲降，大王为何不疑匡章？"

齐威王说："匡章身为人子，不愿背叛死父。身为人臣，怎会背叛寡人？"[2]

魏惠王未雪桂陵、马陵之耻，未报庞涓、魏申之仇，第三次大败于齐，羞愤而死，终年八十二岁（前400—前319）。三十二岁即位，在位五十一年（前369—前319）。第三十六年称王改元，前元三十五年（前369—前335）为侯，后元十六年（前334—前319）为王。

魏文侯、魏武侯之时雄霸中原的强魏，到了魏惠王末年，已经变成向齐、秦称臣的弱魏。河西七百里地被秦收复，河东大片魏地被秦攻取。东又失地于齐，南又失地于楚。

太子魏嗣继位，即魏襄王。

魏国首次以王礼为国君治丧，诸侯无不遣使吊丧。

中山先王魏𧕓离开灵寿（今河北平山），亲赴大梁（今河南开封），吊唁堂伯魏惠王，朝拜堂兄魏襄王。

魏𧕓担心，魏惠王一死，中山更难凭借魏国抵御赵国威胁，于是更加亲齐。[3]

孟轲去年离滕至魏，魏惠王先予礼遇，后予冷落。如今魏惠王一死，孟轲又晋见魏襄王。

魏襄王问："天下如何才能安定？"

孟轲说："安定于统一天下的王者。"

魏襄王问："怎样的王者，才能统一天下？"

孟轲说："不好战嗜杀的王者，必能统一天下。"

魏襄王问："不好战嗜杀，谁能把天下给予王者？"

孟轲说："天下人无不愿意把天下给予不好战嗜杀的王者。大王是否知道如何种植禾苗？七八月份，如果大旱，禾苗就会枯槁。一旦天空油然成云，沛然下雨，禾苗立刻从枯槁转为兴盛，谁又能够阻止？当今天下诸侯，无不好战嗜杀。一旦出现不好战嗜杀的王者，天下万民必将伸长脖颈，仰慕归附，如同水之就下，谁又能够阻止？"

魏襄王大笑："真是书生之见，先生也太想当然了！"

孟轲愤然辞出，告诉弟子公孙丑："魏襄王远望不像人君，近看无法敬畏。魏惠王比我年长二十八岁，仍然非常尊重我，敬称我为老先生。魏襄王与我年纪相仿，竟然对我毫不尊重！"

立刻带着公孙丑，离魏往齐。[4]

途经齐国范邑（今河南范县），远远望见出游打猎的齐国太子田辟疆。

孟轲不禁赞叹："居处迁移气质，颐养改变体魄。如何居处颐养，真是大事！各国太子的宫室、车马、衣冠并无不同，但是齐国太子气质如此不凡，必是居处颐养与众不同。"

公孙丑受教。

孟轲五十四岁，离魏至齐。一到临淄，齐威王死了。[5]

齐威王田因齐，破格启用匡章，大胜未曾一败的暴秦，喜极而死。在位三十九年（前357—前319），实计三十八年。前三年不理国政，第三年变法图强，威行三十六年。三败强魏，一败暴秦，跃居中原最强，成为第一个叛周称王的中原诸侯。

三十三岁的太子田辟疆继位，即齐宣王。王后是秦惠王之女。

齐国首次以王礼为国君治丧，诸侯无不遣使吊丧。

齐宣王服丧一月即止，立刻即位，当年改元。[6]

孟轲大失所望："齐宣王极具圣君风范，竟然不知礼仪，服丧如此之短！"

公孙丑附和："是啊！至少应该遵循常例，服丧一年，明年改元。"

孟轲怒斥："服丧一年，仍然太短！你怎能降低标准，盲从常例？假如弟弟殴打哥哥，你难道会劝弟弟打得轻些，不能打得太重？你应该教导弟弟：必须尊敬哥哥，不能殴打哥哥！正如应该教导儿子：必须为父服丧三年，不能盲从常例！"

公孙丑附和老师，反被申斥，深感委屈。[7]

孟轲先去拜见齐威王之时的两位老友，稷下祭酒淳于髡，齐国大将匡章。得到举荐，三次晋见齐宣王，面谀气质非凡、圣君风范。

齐宣王大悦，礼聘孟轲为稷下学士、列大夫，食禄万钟。

公孙丑问:"夫子三次晋见齐宣王,为何仅仅称颂气质风范,却不批评服丧太短?"

孟轲说:"我先要攻其邪恶之心!邪恶之心乃是大体,服丧太短仅是小端。"

公孙丑说:"当年齐威王仅聘夫子为稷下学士,不聘为列大夫,夫子认为不受尊重,于是离齐往宋。如今齐宣王既聘夫子为稷下学士,又聘夫子为列大夫,夫子认为受到尊重,于是不斥其非。既然齐宣王是圣君,应该只有夫子所言恻隐之心、羞恶之心、辞让之心、是非之心,为何竟有邪恶之心?"

孟轲无言以对。[8]

齐威王在位之时,庶子田婴早早参政,取代邹忌为相,功勋卓著,授爵封君。

田辟疆身为太子,长期不能参政,对长期为相的庶兄田婴嫉恨已久。除丧即位以后,立刻罢免田婴。

田婴罢相,带着兒说、公孙闬、张丑等众多门客,回到封地薛邑。

兒说三十二岁,眼见田婴郁郁寡欢,又从薛邑返回临淄,晋见齐宣王:"薛公相齐二十三年,尽心辅佐先王,功勋卓著,齐国取代魏国,成为中原最强。大王为何刚刚即位,立刻罢免薛公?"

齐宣王强压怒气:"薛公对待先生,是否非常喜爱,言听计从?"

兒说说:"喜爱或有,听从则无。先王之时,我曾献策薛公:'太子面相不仁,将来必定不利主公。主公应向大王进言,改立卫姬之子田郊师为太子。'薛公立刻垂泪:'我怎么忍心伤害太子?'假如薛公对我言听计从,如今怎会罢相?"

齐宣王大惊:"没想到薛公竟对寡人如此情深义重!寡人年少无知,举措失当。"

即命兒说为使,恭请田婴复相。

亲往临淄郊外三十里,迎接田婴返都复相。[9]

庄子五十一岁，魏惠王、齐威王先后死去。

惠施六十二岁，得知魏惠王死讯，离开商丘北行，绕道蒙邑，告别庄子："张仪伐齐大败，魏惠王含恨而死。魏襄王必将罢免张仪，驱逐归秦。我准备重返大梁，特向先生告辞。"

庄子说："先生乃是君子，不是小人的对手。何必重返魏国，再次同流合污？"

惠施不听。

庄子带着蔺且，远送惠施。

三人乘舟，沿着濠水前往大梁。

船夫被惠施催促快行，与对面船只相撞。

双方船夫互相责怪，大起争执。

庄子告诫惠施："先生过于着急，反而欲速不达。"

船行数日，舍舟登岸。

庄子站在濠水桥梁之上，指着水中游鱼："你看那些鯈鱼，出游从容，多么快乐！"

惠施明白，庄子乃是即景设喻，劝阻自己返魏，于是反问："你不是鱼，如何得知鱼的快乐？"

庄子也反问："你不是我，如何得知我不知鱼的快乐？"

惠施说："我不是你，当然不知你。你不是鱼，同样不知鱼的快乐。"

庄子说："请你回到开头。你问我如何得知鱼的快乐，只有已知我得知鱼的快乐，才能如此问我。我得知鱼的快乐，是在濠水的桥梁之上。"

惠施没有闲心与庄子斗口，匆匆揖别庄子，换乘马车，直奔大梁而去。[10]

庄子站在桥上，目送马车渐行渐远，吟诵《小雅·鹤鸣》：

鹤鸣于九皋，声闻于野；鱼潜在渊，或在于渚。

乐彼之园，爰有树檀，其下维萚；它山之石，可以为错。

鹤鸣于九皋，声闻于天；鱼在于渚，或潜在渊。

乐彼之园，爰有树檀，其下维穀；它山之石，可以攻玉。

蔺且问："夫子吟《诗》，是不是说，惠施只求鹤鸣九皋，声闻于天，不愿鱼在于渚，或潜在渊？"

庄子说："惠施既有大才，又很正直，但以墨子之道，劝诫否君非攻偃兵，肯定无效。他与所有墨者一样，过于急躁。我们来时，惠施用舟急躁，结果发生撞船，双方吵架。驾舟而行，若有空船撞来，船夫即使天性急躁，终究不会发怒。忽见来船有人，船夫就会大喊对方左避，大喊对方右避。一喊对方不听，二喊对方不听，三喊必出恶声。船夫起初以为是空船，所以不怒。后来明白不是空船，才会发怒。人能虚己游世，谁又能够害他？惠施上次相魏，险些丧命。如今返魏谋求复相，恐怕仍然斗不过小人。"[11]

笺注

[1]《韩世家》：韩宣王十四年（前319），秦伐败我鄢。■韩宣王不欲秦、魏伐齐，不肯借道，因而遭到秦伐，败后被迫借道，详下注2。

[2]《齐策一》十三：秦假道韩、魏以攻齐，齐威王使章子将而应之。与秦交和而舍，使者数相往来，章子为变其徽章，以杂秦军。候者言章子以齐入秦，威王不应。顷之间，候者复言章子以齐兵降秦，威王不应。而此者三。有司请曰："言章子之败者，异人而同辞。王何不发将而击之？"王曰："此不叛寡人明矣，曷为击之！"顷间，言齐兵大胜，秦兵大败，于是秦王称西藩之臣而谢于齐。左右曰："何以知之？"曰："章子之母启，得罪其父，其父杀之，而埋马栈之下。吾使章子将也，勉之曰：'夫子之强，全兵而还，必更葬将军之母。'对曰：'臣非不能更葬先妾也。臣之母启得罪臣之父。臣之父未教而死。夫不得父之教而更葬母，是欺死父也。故不敢。'夫为人子，而不欺死父，岂为人臣欺生君哉？"■章子即匡章，仕魏时与公孙衍交好。公孙衍反对秦、魏伐齐，要求秦、魏伐齐均穿秦衣、打秦旗，并告匡章。故匡章迟迟不开战，"变其徽章，以杂秦军"，大败穿秦衣、打秦旗之秦、魏联军。

[3]杜预《春秋经传集解·后序》据《竹书纪年》曰：（魏）惠王三十六年（前334）改元，从一年始，至十六年（前319）而称惠成王卒。●《魏世家》：魏惠王三十一年（当作三十年，前340）……以公子赫（当作嗣）为太子。●《魏世家索隐》引《世本》：襄王名嗣。■"赫"为"嗣"之讹，魏惠王新太子为魏嗣（魏襄王）。

[4]《孟子·梁惠王上》：孟子见梁襄王，出，语人曰："望之不似人君，就之而不见所畏焉。卒然问曰：'天下恶乎定？'吾对曰：'定于一。''孰能一之？'对曰：'不嗜杀人者能一之。''孰能与之？'对曰：'天下莫不与也。王知夫苗乎？七、八月之间旱，则苗槁矣。天油然作云，沛然下雨，则苗浡然兴之矣。其如是，孰能御之？今夫天下之人牧，未有不嗜杀人者也。如有不嗜杀人者，则天下之民皆引领而望之矣。诚如是也，民归之，由水之就下，沛然谁能御之？'"■孟子去年（前320）游魏，今年（前319）魏惠王卒，魏襄王继位，孟子进言不获用，于是离魏往齐。

[5]《孟子·尽心上》：孟子自范之齐，望见齐王之子，喟然叹曰："居移气，养移体，大哉居乎！夫非尽人之子与？"又曰："王子宫室、车马、衣服多与人同，而王子若彼者，其居使之然也。"■孟子离魏往齐，途中在齐国范邑（今河南范县）望见齐太子田辟疆车队，嘉其"居移气，养移体"，于是往齐事之。赵岐《孟子注》误以"齐王之子"为齐威王庶子，魏源《孟子年表考》、钱穆《先秦诸子系年》均以"齐王之子"为齐威王太子（齐宣王）。

[6]《田世家》：齐威王三十六年（当作三十九年）卒，子宣王辟疆立。●《孟尝君列传索隐》引《竹书纪年》：梁惠王后元十五年（当作十六年）齐威王薨。■魏惠王、齐威王同年死（前319），魏惠王略早。齐威王三年不鸣，威行三十六年，故在位三十九年（前357—前319），因齐宣王短丧（孟子非之，见下注7）而当年改元，实计三十八年（前357—前320）。

[7]《孟子·尽心上》：齐宣王欲短丧。公孙丑曰："为期之丧，犹愈于已乎？"孟子曰："是犹或紾其兄之臂，子谓之'姑徐徐'云尔。亦教之孝弟而已矣。"王子有其母死者，其傅为之请数月之丧。公孙丑曰："若此者何如也？"曰："是欲终之而不可得也，虽加一日愈于已。谓夫莫之禁而弗

为者也。"■孟子亲见魏惠王之死,又见魏襄王而语之,出谓"望之不似人君",遂离魏往齐,途中在齐国范邑见齐威王太子田辟疆(齐宣王),嘉其"居移气,养移体",于是至齐,失望于齐宣王之短丧,均证魏惠王、齐威王同年死(前319)而魏惠王略早。诸家多将齐威王即位年误后一年,遂误以为齐威王比魏惠王早死一年,又不知齐宣王短丧而于齐威王卒年即当年改元,遂少齐威王在位年三年,不合齐威王"三年不鸣"而后"威行三十六年"。

[8]《荀子·大略》:孟子三见宣王,不言事。门人曰:"曷为三遇齐王而不言事?"孟子曰:"吾先攻其邪心!"●《韩诗外传》卷六:孟子说齐宣王而不说,淳于髡侍。孟子曰:"今日说公之君,公之君不说,意者其未知善之为善乎?"淳于髡曰:"夫子亦诚无善耳。昔者瓠巴鼓瑟而潜鱼出听,伯牙鼓琴而六马仰秣。鱼马犹知善之为善,而况君人者也?"孟子曰:"夫电雷之起也,破竹折木,震惊天下,而不能使聋者卒有闻。日月之明,偏照天下,而不能使盲者卒有见。今公之君若此也。"淳于髡曰:"不然。昔者揖封生高商,齐人好歌。杞梁之妻悲哭,而人称咏。夫声无细而不闻,行无隐而不形。夫子苟贤,居鲁而鲁国之削,何也?"孟子曰:"不用贤,削何有也?吞舟之鱼不居潜泽,度量之士不居污世。夫蓺冬至必雕,吾亦时矣。《诗》曰:'不自我先,不自我后。'非遭雕世者欤?"■淳于髡为稷下祭酒,孟子为稷下学士,"淳于髡侍"为尊孟儒生妄言。【附考】《孟子·离娄下》:储子曰:"王使人瞯夫子,果有以异于人乎?"孟子曰:"何以异于人哉?尧舜与人同耳。"■此事当发生于齐宣王元年(前319),孟子第二次游齐之初,三见齐宣王之前,故齐宣王命储子观其是否"有以异于人"。储子为齐宣王重臣,后因支持齐宣王伐燕(前315)而代田婴为相。

[9]《齐策一》五(《吕览·知士》略同):靖郭君(田婴)善齐貌辨。齐貌辨之为人也多疵,门人弗说。士尉以证靖郭君,靖郭君不听,士尉辞而去。孟尝君又窃以谏,靖郭君大怒曰:"划而类,破吾家。苟可慊齐貌辨者,吾无辞为之。"于是舍之上舍,令长子御,旦暮进食。数年,威王薨,宣王立。靖郭君之交,大不善于宣王,辞而之薛,与齐貌辨俱留。无几何,齐貌辨辞而行,请见宣王。靖郭君曰:"王之不说婴甚,公往必得死焉。"

齐貌辨曰："固不求生也，请必行。"靖郭君不能止。齐貌辨行至齐，宣王闻之，藏怒以待之。齐貌辨见宣王，王曰："子，靖郭君之所听爱夫？"齐貌辨曰："爱则有之，听则无有。王之方为太子之时，辨谓靖郭君曰：'太子相不仁，过颐豕视，若是者（信）[倍]反。不若废太子，更立卫姬婴儿郊师。'靖郭君泣而曰：'不可，吾不忍也。'若听辨而为之，必无今日之患也。此为一。至于薛，昭阳请以数倍之地易薛，辨又曰：'必听之。'靖郭君曰：'受薛于先王，虽恶于后王，吾独谓先王何乎？且先王之庙在薛，吾岂可以先王之庙与楚乎？'又不肯听辨。此为二。"宣王太息，动于颜色，曰："靖郭君之于寡人，一至此乎！寡人少，殊不知此。客肯为寡人来靖郭君乎？"齐貌辨对曰："敬诺。"靖郭君衣威王之衣冠，（舞）[带]其剑，宣王自迎靖郭君于郊，望之而泣。靖郭君至，因请相之。靖郭君辞，不得已而受。七日，谢病强辞。靖郭君辞不得，三日而听。当是时，靖郭君可谓能自知人矣。能自知人，故人非之不为沮。此齐貌辨之所以外生、乐患、趣难者也。

■齐貌辨即宋兒说。"貌"通"兒"，"辨"同"辩"，通"说"，因宋人仕齐而称"齐貌辨"。杨宽认为田婴早仕而比齐宣王年长，遂疑田婴非齐宣王庶弟。其实田婴虽早仕，未必年长。齐宣王为齐威王太子，不可干政。田婴为齐威王庶子且富才具，自可早仕。

[10]《庄子·秋水》：庄子与惠子游于濠梁之上。庄子曰："儵鱼出游从容，是鱼之乐也。"惠子曰："子非鱼，安知鱼之乐邪？"庄子曰："子非我，安知我不知鱼之乐邪？"惠子曰："我非子，固不知子矣；子固非鱼也，子之不知鱼之乐，全矣。"庄子曰："请循其本。子曰'汝安知鱼乐'云者，既已知吾知之而问我，我知之濠上也。"●《魏策二》六（《吕览·开春》、《论衡·死伪》略同）：魏惠王死，葬有日矣。天大雨雪，至于牛目，坏城郭，且为栈道而葬。群臣多谏太子者，曰："雪甚如此而丧行，民必甚病之。官费又恐不给，请弛期更日。"太子曰："为人子，而以民劳与官费用之故，而不行先生之丧，不义也。子勿复言。"群臣皆不敢言，而以告犀首。犀首曰："吾未有以言之也，是其唯惠公乎！请告惠公。"惠公曰："诺。"驾而见太子曰："葬有日矣。"太子曰："然。"惠公曰："昔王季历葬于楚山之尾，灓水啮其墓，见棺之前和。文王曰：'嘻！先君必欲一见群臣

百姓也夫，故使孌水见之。'于是出而为之张于朝，百姓皆见之，三日而后更葬。此文王之义也。今葬有日矣，而雪甚，及牛目，难以行，太子为及日之故，得毋嫌于欲亟葬乎？愿太子更日。先王必欲少留而扶社稷、安黔首也，故使雪甚。因弛期而更为日，此文王之义也。若此而弗为，意者羞法文王乎？"太子曰："甚善。敬弛期，更择日。"惠子非徒行其说也，又令魏太子未葬其先王而因又说文王之义。说文王之义以示天下，岂小功也哉！■惠施闻魏惠王死即自宋返魏，进言太子（今年继位，明年即位为魏襄王）延后魏惠王葬期。

[11]《庄子·山木》：方舟而济于河，有虚船来触舟，虽有褊心之人，终不怒也。忽有一人在其上，则一呼张之，一呼歙之。一呼而不闻，再呼而不闻，于是三呼也，则必以恶声随之。向不怒而今怒，向虚而今实也。人能虚己以游世，其孰能害之？

犀首合纵五国伐秦，秦宋结盟曹商骄庄

前318年，岁在癸卯。庄周五十二岁。宋康王二十年。

周慎靓王三年。秦惠王更元七年。楚怀王十一年。魏襄王元年。韩宣王十五年。赵武灵王八年。齐宣王二年。燕王哙三年。鲁平公五年。卫孝襄侯十七年。越王无疆二十五年。中山先王十年。

白圭上朝，向魏襄王进言："先王遗命大王，仍以张仪为相，继续联秦伐齐，以报齐国败魏杀兄之仇。但是张仪虽是魏人，其实一心为秦。大王不该继续重用张仪，不该继续联秦伐齐。因为魏国大敌并非齐、楚，而是暴秦。"

魏襄王确实不愿继续伐齐，若非长兄魏申死于马陵，自己不能继位，闻言正中下怀："父王被张仪蛊惑，第三次败于齐国，饮恨而死。寡人正在考虑罢免张仪，驱逐归秦。但在先生、惠施、公孙衍三人之中，寡人不知命谁为相。"

白圭说："我历仕三朝，已经老了，无意再任相国。大王驱逐张仪归秦，秦惠王必将伐魏。只有联合齐、楚，才能抵御秦伐。大王可命惠施、公孙衍分别出使齐、楚，各带马车百乘，以示对两国同等重视。然后根据两国接待二人的规格高低，判断二人的国际声望，决定命谁为相。"

魏襄王采纳其策，派遣惠施使楚，公孙衍使齐。

惠施六十三岁，奉魏襄王之命使楚。

先派门客至楚，通报楚相昭阳："魏襄王命我使楚，又命公孙衍使齐，各带马车百乘。根据两国接待魏使的规格高低，决定亲楚还是亲齐。"

昭阳向楚怀王进言："惠施回报大王三年前的礼遇，事先通风报信。大王只要隆重接待惠施，魏襄王就会亲楚。"

楚怀王听从其言，亲往郢都郊外三十里，隆重迎接惠施。[1]

公孙衍五十八岁，奉魏襄王之命使齐。

齐宣王怒于去年秦、魏伐齐，导致齐威王猝死，拒见公孙衍。

公孙衍使齐失败，返魏途中，得知惠施使楚成功，于是绕道韩国，晋见韩宣王："张仪去年伐齐大败，导致魏惠王含恨而死，担心魏襄王治罪，为了将功补过，献策魏襄王：'魏军进攻韩国南阳，秦军进攻韩国三川，韩国必败！'魏襄王贪图南阳富庶，所以不肯罢免张仪。大王不如主动割让南阳给魏，魏襄王就会废除秦、魏之盟，驱逐张仪归秦，亲善韩国而命我相魏。我一旦相魏，立刻策动中原诸侯合纵伐秦。大王只要加入合纵伐秦，我就劝说魏襄王归还南阳。"

韩宣王听从敌秦的公叔之言，主动把南阳献给魏国。[2]

惠施、公孙衍归魏复命。

魏襄王罢免张仪，改命公孙衍为相，重用其弟公孙喜、公孙弘。礼聘惠施为客卿，负责外交折冲。

公孙衍相魏，立刻策动中原诸侯合纵伐秦。

公孙衍亲自出使楚国，恭请天下霸主楚怀王担任纵长。

楚怀王大悦，同意加入合纵伐秦。

公孙衍派遣二弟公孙喜出使韩、赵、燕。

韩宣王、赵武灵王、燕王哙痛恨秦军斩首计功，同意加入合纵伐秦。

公孙衍派遣三弟公孙弘出使中山。

中山先王近年亲齐，鉴于齐宣王仍然怒魏，拒绝加入魏国发起的合纵伐秦。

公孙衍成功策动五国合纵伐秦，于是劝谏魏襄王："韩宣王加入合纵伐秦，大王应该归还南阳。"

魏襄王贪图南阳富庶，又是战略要地，拒绝归还。

陈轸与门客田莘之商议："张仪相魏四年[3]，大王倚重樗里疾、甘茂和我。如今张仪伐齐失败，被免魏相，一旦回到咸阳，不敢诋毁樗里疾，必定诋毁甘茂和我。你可去见大王，如此如此。"

田莘之奉命，向秦惠王进言："商鞅变法至今，秦军征伐中原，四十余年未曾一败。张仪奉大王之命相魏，三年不伐齐，去年终于伐齐，秦军遭遇首败，不仅大损秦威，更有叛秦之嫌。如今张仪归秦，引来五国合纵伐秦，叛秦之迹更明。大王欲败五国合纵伐秦，一要凭借擅长用兵的甘茂，二要凭借擅长用计的陈轸。张仪回来，如果诋毁甘茂、陈轸，即为叛秦铁证，大王不可听信！"

张仪回到咸阳，晋见秦惠王："我在魏国筹备三年，然后伐齐，竟然失败，恳请大王治罪。我一定戴罪立功，挫败公孙衍策动的五国合纵伐秦。另外，伐齐失败的主要责任固然在我，陈轸在后方决策失误，甘茂在前方指挥不当，大王也应治罪！"

秦惠王大怒，不让张仪复相。[4]

公孙衍立刻发起战国史上第一次中原诸侯合纵伐秦。

魏、韩、赵、燕、楚五国联军，一路西进，势如破竹，得到秦占之地的河东魏民配合，迅速击败驻守河东魏地的秦军。

五国联军攻至河西，直逼函谷关（今河南灵宝东北）。[5]

樗里疾、甘茂领兵攻出函谷关，先败作为联军主力的魏军，后败助魏伐秦的韩、赵、燕、楚之军。

正在此时，义渠王也应公孙衍之约，北面偷袭秦国。

秦国腹背受敌，被迫兵分二路。

甘茂率领秦军步卒，在李帛（今甘肃天水东）迎战义渠骑兵，惨败。

樗里疾率领秦军车兵，追击败退东撤的五国联军，重新攻至河东。[6]

匡章向齐宣王进言："大王虽然恼怒去年魏惠王助秦伐齐，不愿加入魏襄王、公孙衍策动的合纵伐秦。但是魏惠王已死，魏襄王又派公孙衍示好，大王如果听任秦军大败诸侯，联军损失过大，不利于阻止秦祸东来。"

齐宣王听从其言，命其率领齐军，接应五国联军东撤。

五国联军且战且退，缓慢东撤，齐军断后。

秦军去年大败于匡章，心有余悸，不敢猛追联军。[7]

惠施向魏襄王进言："五国合纵伐秦，先胜后败。魏军损失最大，死伤一半。大王不如请纵长楚怀王出面，与秦议和。"

魏襄王听从其言，命其使楚。

惠施至楚，晋见楚怀王："魏襄王希望大王以纵长身份出面，与秦议和。"

楚怀王说："不如就请先生入秦，代表寡人与秦议和。"

东周国昭文君结好张仪，亲附秦国，派遣国相杜赫使楚，献策楚相昭阳："五国合纵伐秦，实为魏相公孙衍策动，大王却贪图虚名而担任纵长。如今伐秦失败，大王如果再派魏使惠施由楚入秦议和，秦惠王必将认定：伐秦主谋是楚国，议和主谋是魏国。这样就会魏国得利，楚国受怨。不如让惠施返魏，另派楚使入秦议和。这样才能楚国得利，魏国受怨。"

昭阳采纳其策，回复惠施："先生由魏至楚，经楚入秦，代表楚国与秦议和，秦惠王必将认定：伐秦主谋是魏国，议和主谋是楚国。这样就会魏国受怨，楚国得利，有失楚国的大国风范。不如先生先回魏国，然后楚国遣使至魏，经魏入秦，代表魏国与秦议和，这样就会魏国得利，楚国受怨，才是楚国的应有担当。"

惠施返魏复命。

魏襄王不悦。

杜赫又向昭阳进言："去年魏惠王伐齐失败，今年魏襄王又伐秦失败，魏国损失惨重。如果楚国阻止魏国与秦议和，魏襄王必将不再亲楚，转而亲齐、亲秦，不利楚国。如今楚国东有越国牵累，假如再与魏国失欢，又与齐、秦交恶，必将陷入孤立。相国必须尽快遣使，经魏入秦，代表魏襄王与秦议和。"

昭阳即命杜赫经魏入秦，代表魏襄王与秦议和。[8]

赵武灵王召见群臣："五国合纵伐秦，又有义渠骑兵配合，仍然大败而归，寡人深感耻辱。寡人没有称王之实，不敢再居称王之名。今后不许再称寡人为王，改称寡人为君。"

赵国群臣奉命，更加爱戴赵武灵王。[9]

八年前，曹商献玉宋康王，受赏百金，重新开张曹氏旅店，重振家业。

曹商不满足于受赏，希望得到重用，苦思良策，等待良机。

五国伐秦失败，曹商抓住机会，向宋康王进言："宋国夹在魏、齐、楚三强之间，无一盟国，十分孤立。去年魏惠王、齐威王新死，今年楚怀王策动五国伐秦大败，正是大王复兴殷商的天赐良机！"

宋康王不解："天赐良机何在？"

曹商说："中原诸侯，不是周室同姓，就是周室功臣，无不鄙视殷商遗邦宋国，所以五国相王也好，五国伐秦也罢，都把大王晾在一边。如今五国伐秦失败，秦国已为天下最强。大王只要与秦结盟，中原诸侯必将再也不敢无视宋国。"

宋康王说："魏、齐、楚三强，尚且不愿与寡人结盟，如今秦国比魏、齐、楚更强，秦惠王怎么愿意与寡人结盟？"

曹商说："中原诸侯鄙视秦国，又远远超过鄙视宋国。秦、宋均无盟国，正是同仇敌忾的天然盟友。秦惠王为了避免中原诸侯再次合纵伐秦，必然希望分化、牵制中原诸侯，必定愿与大王结盟。"

宋康王大喜，赐以马车十乘，派遣曹商使秦。

曹商四十六岁，为宋使秦，到了咸阳，先去拜见张仪。

张仪正在苦思戴罪立功之策，喜出望外，立刻晋见秦惠王："中原诸侯首次合纵伐秦，虽然大败，但是残部得到齐军接应，顺利东撤。如果中原诸侯重振旗鼓，齐宣王也加入伐秦，胜败殊难预料。难得宋康王派遣曹商使秦，愿与大王结盟。宋国虽然弱小，但是大王与宋结盟，可以分化中原诸侯，牵制中原诸侯再次合纵伐秦。"

秦惠王大喜，立刻召见曹商："寡人久闻宋康王是文武全才的贤君，苦于秦、宋远隔，无缘一见。先生转告宋康王，寡人愿意与宋结盟。如今秦军正在追击东撤的联军残部，希望宋康王配合寡人，出兵狙击联军残部。"

曹商一口答应。

秦惠王大喜，赏赐马车百乘。

曹商使秦成功，返宋复命。

宋康王大喜，任命曹商为大夫。

命令田不礼加紧练兵，准备配合秦军狙击联军残部。

庄子五十二岁，曹商马车百乘，衣锦还乡，回到蒙邑，直奔东门，来见庄子。

曹商洋洋得意："当年你愿做散木，我愿做文木，如今怎样？住在穷街陋巷，困窘地编织草鞋，脖子枯槁如树枝，耳朵蜡黄像死人，我不擅长。一晤万乘之王，立刻马车百乘，我很擅长。"

庄子放下编织的草鞋，淡淡一笑："听说秦惠王得了痔疮，召集医生治病。谁能挤破痔疮，赏赐马车一乘。谁愿舔吮痔疮，赏赐马车五乘。治疗方式越下贱，赏赐马车越多。你能受赏马车百乘，莫非正是舔吮痔疮之人？去你的吧！"

曹商大怒而去。[10]

蔺且问："曹商投机钻营半生，一直失败，为何这次竟能成功？"

庄子说："拜公孙衍、张仪失策所赐！公孙衍举行五国相王，发动五国伐秦，不拉宋国入伙。张仪无所不用其极，却没想到秦、宋同被诸侯蔑视，均无盟国。天下痞士都没想到利用其失策，唯有聪明的曹商，在五国伐秦之后的第一时间，立刻想到利用其失策，于是投机成功。公孙衍、张仪的大失策，实为宋民的大幸运。曹商的小聪明，却是宋民的大不幸。痞士的聪明，不仅自己会付出代价，还会让别人乃至天下人付出代价。聪明的代价，常常大于愚蠢的代价。所以《老子》有言：'俗人昭昭，我独昏昏；俗人察察，我独闷闷。'"

蔺且又问："宋康王派遣曹商使秦，仅仅赐车十乘。秦惠王为何如此赏识曹商，竟然赐车百乘？"

庄子说："宋康王派遣别人使秦求盟，秦惠王同样也会赐车百乘。曹商不知自己仅是张仪外交布局的棋子，才会如此自鸣得意。按照周礼：万乘之王，使者百乘；千乘之侯，使者十乘。宋是千乘之国，宋君偃尽管逞强称王，然而无人承认，主动向秦求盟，又是攀附，不敢僭用使者百乘的王礼，于是降用使者十乘的侯礼。秦是万乘之国，秦惠王对宋国使者赐车百乘，乃是变相承认宋君偃称王，表示强秦与弱宋平等结盟。戴偃受此抬举，必将感恩图报，为秦所用，不惜与中原诸侯为敌。宋国必将卷入天下乱战，宋民再无宁日！"

笺注

[1]《魏策二》九：魏（襄）王令惠施之楚，令犀首之齐，均二子者乘数。均，将测交也。施因令人先之楚，言曰："魏令犀首之齐，惠施之楚，均二子者，将测交也。"楚（怀）王闻之，因郊迎惠施。■楚欲魏亲楚不亲齐。

[2]《魏策一》二一：魏（襄）王将相张仪，犀首弗利，故令人谓韩公叔曰："张仪已合秦、魏矣。其言曰：'魏攻南阳，秦攻三川，韩氏必亡。'且魏所以贵张子者，欲得地，则韩之南阳举矣。子盍少委焉？以为衍功，则秦、魏之交可废矣。如此则魏必图秦而弃仪，收韩而相衍。"公叔以为信，因而委之，犀首以为功，果相魏。●《张仪列传》：张仪为秦之魏，魏（襄）王相张仪。犀首弗利，故令人谓韩公叔曰："张仪已合秦、魏矣，其言曰：'魏攻南阳，秦攻三川。'魏（襄）王所以贵张子者，欲得韩地也。且韩之南阳已举矣，子何不少委焉以为衍功，则秦、魏之交可错矣。然则魏必图秦而弃仪，收韩而相衍。"公叔以为便，因委之犀首以为功。果相

魏，张仪去。■旧多误视《魏策一》、《张仪列传》之"魏王"为魏惠王，实为魏襄王。魏惠王以张仪为相四年（前322—前319），与"（犀首）果相魏，张仪去"不合。魏襄王元年（前318），张仪罢魏相，犀首相魏后，立刻发动第一次五国合纵伐秦。

[3]《张仪列传》：相魏以为秦……张仪惭，无以归报。留魏四岁（前322—前319）而魏襄王（当作魏惠王）卒，哀王（当作襄王）立。张仪复说哀王（当作襄王），哀王（当作襄王）不听（前318）。于是张仪阴令秦伐魏。魏与秦战，败。明年（前317），齐又来败魏于观津（当作观泽）。■张仪于前322年离秦至魏，兼相秦、魏，至前319年魏惠王卒，正是四年。前318年魏襄王即位，张仪复说魏襄王联秦，魏襄王不听而相公孙衍，张仪离魏归秦。同年公孙衍发动五国伐秦大败。翌年（前317）秦败三晋于修鱼，齐败魏于观泽。

[4]《秦策一》十一：田莘之为陈轸说秦惠王曰："臣恐王之若郭君（郭通虢）。夫晋献公欲伐郭（虢），而惮舟之侨存。荀息曰：'《周书》有言：美女破（后）[舌]。'乃遗之女乐，以乱其政。舟之侨谏而不听，遂去。因而伐郭（虢），遂破之。又欲伐虞，而惮宫之奇存。荀息曰：'《周书》有言：美男破老。'乃遗之美男，教之恶宫之奇。宫之奇以谏而不听，遂亡。因而伐虞，遂取之。今秦自以为王，能害王者之国者，楚也。楚知横门君之善用兵，与陈轸之智，故骄。张仪以五国来，必恶是二人，愿王勿听也。"张仪果来，辞因言轸也，王怒而不听。■"美女破舌"见《逸周书·武称》，王念孙、段玉裁校正，杨宽从之，事在公孙衍相魏之后发动五国伐秦之时。张仪相魏失败而引来五国伐秦。陈轸知张仪恶己，故使田莘之说秦惠王，谓秦之骄在"横门君之善用兵，与陈轸之智"，又谓魏人张仪意在残秦，故先助秦残六国为伪，后助六国残秦为真。因秦惠王倚重张仪、樗里疾、陈轸、甘茂（横门君）四人，而樗里疾为秦惠王弟，张仪必不敢谗，故田莘之不言。田莘之为免秦惠王疑其为陈轸所使，故先言横门君善用兵，后言陈轸善用智。张仪返秦以后果谗陈轸、甘茂。其后秦惠王知张仪真心为秦，复相张仪，陈轸遂离秦仕楚。【附考】《秦策一》八：张仪之残樗里疾也，重而使之楚。因令楚王为之请相于秦。张子谓秦王曰："重樗里疾而使之者，

将以为国交也。今身在楚，楚王因为请相于秦。臣闻其言曰：'王欲穷仪于秦乎？臣请助王。'楚王以为然，故为请相也。今王诚听之，彼必以国事楚王。"秦王大怒，樗里疾出走。▲杨宽：张仪逼疾出走，虚妄也。《樗里子列传》未见出走事。■杨说是。樗里疾为秦惠王弟，张仪疏不间亲，必不愚蠢至此。

[5]《魏世家》：魏襄王元年（前318），五国共攻秦，不胜而去。●《赵世家》：赵武灵王八年（前318），韩击秦，不胜而去。●《燕世家》（《燕策一》九同）：燕王哙三年（前318），与楚、三晋攻秦，不胜而还。●《六国表》：秦惠王更元七年（前318），五国共攻秦，不胜而还。●《秦本纪》：秦惠王更元七年（前318），韩、赵、魏、燕、齐帅匈奴（即义渠）共攻秦。●《六国表》：魏、韩、赵、楚、燕击秦不胜。■魏惠王时五国相王，魏襄王时五国伐秦，其中魏、韩、赵、燕四国相同，后者以楚取代中山。原因有二，一是五国相王之后，齐威王欲伐中山，中山被迫亲齐；二是五国相王之后，楚怀王怒而伐魏。因此魏襄王时五国伐秦，采纳公孙衍之策，剔除中山，拉拢楚国，请楚怀王担任五国合纵伐秦之纵长。【附考】《张仪列传》："张仪已卒之后，犀首入相秦。尝佩五国之相印，为约长。"甚误。张仪卒后，秦武王以樗里疾、甘茂为相。秦武王卒后，秦昭王以樗里疾、魏冉为相。犀首不仅未再相秦，亦未再相魏、韩，逐渐淡出政坛，而其二弟公孙喜仍为魏将，三弟公孙弘则转为孟尝君门客，鼓动其发动第二次合纵伐秦。此后苏秦始为燕使齐而重用于齐，与赵相李兑共同发动第三次合纵伐秦。《史记》误以犀首合纵为苏秦合纵，又误以苏秦合纵为犀首合纵，遂颠倒先后。

[6]《秦策二》四：义渠君之魏，公孙衍谓义渠君曰："道远，臣不得复遇矣，请谒事情。"义渠君曰："愿闻之。"对曰："中国无事于秦，则秦且烧焫君之国；中国为有事于秦，则秦且轻使重币而事君之国也。"义渠君曰："谨闻命！"居无几何，五国伐秦。陈轸谓秦王曰："义渠君者，蛮夷之贤君，王不如赂之以抚其心。"秦王曰："善。"因以文绣千匹，好女百人，遗义渠君。义渠君致群臣而谋曰："此乃公孙衍之所谓也。"因起兵袭秦，大败秦人于李帛之下。●《张仪列传》：义渠君朝于魏。犀首闻张仪复相秦，害之。犀首乃谓义渠君曰："道远不得复过，请谒事情。"曰："中国无事，秦

得烧掇焚杆君之国；有事，秦将轻使重币事君之国。"其后五国伐秦，会陈轸谓秦王曰："义渠君者，蛮夷之贤君也，不如赂之以抚其志。"秦王曰："善。"乃以文绣千纯，妇女百人，遗义渠君。义渠君致群臣而谋曰："此公孙衍所谓邪？"乃起兵袭秦，大败秦人李伯（即李帛）之下。▲《日知录》卷二十九"烧荒"：烧烆，即烧荒。■《秦策二》"烧烆"，义同《张仪列传》"烧掇焚杆"。五国伐秦、义渠袭秦之前，陈轸在秦，此后离秦仕楚。

[7]《楚世家》：楚怀王十一年（前318），苏秦（当作公孙衍）约从山东六国共攻秦，楚怀王为从长。至函谷关，秦出兵击六国，六国兵皆引而归，齐独后。■公孙衍先合纵五国，故魏、赵、燕《世家》及《六国表》均言"五国"。齐因陈轸之言而后从（《齐策一》十五），故《秦本纪》记齐于末，《楚世家》则曰："秦出兵击六国，六国兵皆引而归，齐独后。"

[8]《楚策三》七：五国伐秦，魏欲和，使惠施之楚。楚将入之秦而使行和。杜赫谓昭阳曰："凡为伐秦者，楚也。今施以魏来，而公入之秦，是明楚之伐而信魏之和也。公不如无听惠施，而阴使人以请听秦。"昭子曰："善。"因谓惠施曰："凡为攻秦者，魏也。今子从楚为和，楚得其利，魏受其怨。子归，吾将使人因魏而和。"惠子反，魏不说。杜赫谓昭阳曰："魏为子先战，折兵之半，谒病不听，请和不得，魏折而入齐、秦，子何以救之？东有越累，北无晋，而交未定于齐、秦，是楚孤也。不如速和。"昭子曰："善。"因令人谒和于魏。■杜赫为东周国昭文君之相。

[9]《赵世家》：赵武灵王八年（前318），韩击秦，不胜而去。五国相王，赵独否，曰："无其实，敢处其名乎！"令国人谓已曰"君"。▲杨宽：是年赵武灵王取消"五国相王"时所称王号，并非是年有"五国相王"之事。■杨说是。

[10]《庄子复原本·曹商》（郭象拼接于《列御寇》）：宋人有曹商者，为宋王使秦。其往也，得车数乘。王悦之，益车百乘。返于宋，见庄子曰："夫处穷闾隘巷，困窘织屦，槁项黄馘者，商之所短也。一晤万乘之主，而从车百乘者，商之所长也。"庄子曰："秦王有疾召医，破痈溃痤者，得车一乘。舐痔者，得车五乘。所治愈下，得车愈多。子岂舐其痔邪？何得车之多也？子行矣！"

五三

宋王动武燕哙让国，庄子访友木雁两难

前317年，岁在甲辰。庄周五十三岁。宋康王二十一年。

周慎靓王四年。秦惠王更元八年。楚怀王十二年。魏襄王二年。韩宣王十六年。赵武灵王九年。齐宣王三年。燕王哙四年（禅）。鲁平公六年。卫孝襄侯十八年。越王无疆二十六年。中山先王十一年。

樗里疾追击败退东撤的五国联军残部，追至函谷关以东五百里的韩邑修鱼（今河南原阳西南），擒获担任联军统帅的韩将申差，击败赵将公子赵渴、韩将公子韩奂，斩首八万二千。八万是士兵之首，二千是平民之首。

张仪大败五国联军，又与宋国成功结盟，重获秦惠王信任，复任秦相。[1]

陈轸已与张仪反目，不愿再居张仪之下，离秦奔楚，投靠赏识自己的楚相昭阳，从此转仕楚国。[2]

宋康王应秦惠王之约，命令田不礼配合秦军，领兵伐魏，袭击败退东撤的伐秦联军残部。

齐宣王眼看秦追宋袭，伐秦联军败局已定，决定落井下石，命令接应联军东撤的匡章反戈一击。

宋军、齐军配合，在魏邑观泽（今河南清丰西南）痛击伐秦联军残部。

公孙衍发动的第一次五国合纵伐秦，至此彻底失败。[3]

魏襄王收回公孙衍的相印，降任大将。改命齐人田需为相，与齐宣王和解。

田需相魏，拜见惠施讨教："中山成公仅仅相魏两年，张仪仅仅相魏四年，公孙衍仅仅相魏一年。先生却能相魏十九年，有何诀窍？"

惠施说："善待左右！比如杨树，横插也能活，倒插也能活，折断插入也能活。但是十人种植，一人拔除，最易种植的杨树，仍然无一能活。因为种植困难，拔除容易。如今唯有大王一人愿意种植你，其他人都想拔除你。你若不能善待左右，相魏必难长久！"

田需再拜受教。[4]

戴盈虽已罢相，仍然进谏宋康王："秦人是斩首计功的虎狼之国，大王不该听信小人之言，与秦结盟。"

宋康王不悦，命令戴盈退休。[5]

惠盎已免右师，也进谏宋康王："大王重用墨者，应该保境安民，不该出境征伐。袭击败退东撤的伐秦联军，更加违背仁义！宋国一旦卷入诸侯乱战，必将后患无穷！"

宋康王大怒，处以惠盎刖刑，斩去一足。

士人公文轩，在商丘街头遇见惠盎，觉得面熟："你为何独足？是天生残疾，还是人君治罪？"

惠盎说："天道生我，原有双足。但是天道使我德心浅薄，未能知殆而止，所以我被人君治罪，变为独足。"

公文轩惊呼："原来先生竟是右师惠盎，为何被大王刖足？"

惠盎说："五国相王、五国伐秦与宋无关，使宋免于战祸，原是宋民之福。大王却视为宋国之辱，听信曹商之言，与虎狼之秦结盟，卷入诸侯乱战。戴盈反对，遭到罢官。我也反对，被刖一足。吾弟惠施一再劝我不要仕宋，我德心浅薄而不听，才会有此结果。不过这样我倒解脱了，从此不必再与小人为伍。"

公文轩说："令弟惠施差一点被魏惠王杀掉，魏惠王死后又重新返魏。如果先生仕宋是德心浅薄，那么惠施仕魏也是德心浅薄。你们兄弟二人，似乎半斤八两。"

惠盎说："我们遵循墨子之道，一心救世，不计得失。"

公文轩说："墨者救世之心，固然可嘉，但是效果如何？与其出仕庙堂同流合污，不如散处江湖洁身自好。江湖野鸡为了葆全真德，宁可十步一啄食，百步一饮水，也不愿囚禁在庙堂樊笼之中。庙堂家禽尽管丰衣足食，荣华富贵，身形如同王者，德心其实不善。"

惠盎默然。[6]

燕王哙在位四年，崇信墨子之道，仿效圣王大禹。不慕女乐，不修台榭，不喜畋猎，亲操农具，躬耕田垄，自苦其身，心忧万民。

燕国臣民额手相庆："上古圣王明君，不过如此！"[7]

东周国洛阳人苏代，齐威王时游于稷下，长期不受重用，如今晋见齐宣王："燕王哙崇信墨子之道，任命墨者子之为相。我愿使燕，劝说燕王哙遵循墨子之道，仿效尧、舜、禹禅让，禅位子之。太子姬平与燕国群臣必将反对，燕国必将陷入内乱。大王就能以戡乱为名，北伐燕国，解除后顾之忧，然后西进中原，代周为王。"

齐宣王大悦，命其使燕。

苏代到达蓟城，晋见燕王哙。

燕王哙问："齐宣王是不是明君？"

苏代说："不是能够称霸天下、代周为王的明君。"

燕王哙问："是何缘故？"

苏代说："能够称王称霸的明君，必定用人不疑，疑人不用。秦孝公对商鞅信而不疑，成功称霸。秦惠王对张仪信而不疑，成功称王。齐宣王即位以后，立刻罢免田婴，很快又让田婴复相，然而不予信任，怎能算是明君?"

燕王哙大为自得:"寡人不是这样,非常信任子之。"

燕王哙原本信任子之,从此更加信任子之。

子之感激苏代,赠以百金。

苏代笑纳百金,自留五十金,取出五十金,转赠子之的死党鹿毛寿。[8]

鹿毛寿向燕王哙进言:"唐尧禅位许由,魏惠王禅位惠施,许由、惠施全都拒绝,唐尧、魏惠王没有禅位之实,而有禅让之名,人称圣王明君,流芳百世,天下颂扬。大王既然崇信墨子之道,应该仿效尧、舜、禹,禅位子之,子之必定会像许由、惠施一样拒绝。大王没有禅位之实,而有禅让之名,必被视为圣王明君,流芳百世,天下颂扬。"

燕王哙听从其言,不愿像魏惠王一样虚情假意,决定假戏真做,认真筹备禅位大典。

苏代返齐复命。

齐宣王重赏苏代千金,静等燕国内乱。[9]

庄子五十三岁,与蔺且同往商丘。

庄子看见沿途农田,收割得寸草不留,于是吟诵《小雅·大田》:

> 彼有不获稺,此有不敛穧。
> 彼有遗秉,此有滞穗,伊寡妇之利。

蔺且问:"夫子为何吟诵此诗?"

庄子说:"古时赋轻税少,农夫收割,总是留下一些麦穗谷粒,既养寡妇,也养鸟兽,以此感恩上苍。如今赋重税繁,农夫收割,总是颗粒归仓,寸草不留。古时人力耕种,耕具粗陋,耕地少而亩产低,然而赋税低微,宫庙简陋,战事稀少,所以国泰民安,百姓和乐。如今畜力耕种,耕具精进,耕地多而亩产高,然而赋税高涨,宫庙奢华,战事频繁,所以国否民瘼,百姓遭殃。"

二人走进蒙山，听见丁丁伐树之声。

伐木工人正在吟唱《魏风·伐檀》：

> 坎坎伐檀兮，置之河之干兮！河水清且涟猗。
> 不稼不穑，胡取禾三百廛兮？
> 不狩不猎，胡瞻尔庭有悬貆兮？
> 彼君子兮，不素餐兮？

庄子问："那棵枝叶茂盛的大树，为何不伐？"

工人说："那是不成材的散木，没有用处。"

庄子感叹："古语有云：'直木先伐，甘井先竭。'此树因为不成材，得以终其天年。"

庄子到达商丘，拜访戴盈："先生当年在朝为官，曾经两次来访，我不便回访。日前听说，先生谏阻宋康王与秦结盟和对外用兵，被迫退休，特来看望！"

戴盈大感欣慰，吩咐僮仆杀鹅待客。

僮仆问："两只鹅，一只会叫，一只不会叫，杀哪只？"

戴盈说："杀不会叫的。"

庄子与戴盈秉烛夜谈，忧虑宋康王卷入诸侯乱战，宋民即将大祸临头。

次日，庄子告辞，返回蒙邑。

蔺且问："昨天山里的大树，因为不材，免于斧斤。戴盈家里的哑鹅，因为不材，却被先杀。夫子如何抉择？"

庄子说："老聃主张'大器免成'，子綦主张'神人不材'，他们所处时代，否术尚未大盛，刑网尚不绵密，只要免于成器，就能逃刑免患。如今否术大盛，刑网绵密，仅仅免于成器，仍难逃刑免患，只有处于材与不材之间，才能免于患累。"

蔺且说："闻愿其详。"

庄子说:"处于材与不材之间,必须致无赞誉,致无非毁,一时如龙,一时如蛇。因应外境,随时变化,不肯固执行为。一时下行,一时上行,以与外物和谐为量度。这样就能驾驭外物而不被外物驾驭,从而顺道循德,沉浮遨游,免于患累。"

蔺且问:"这与众人的处世方式,有何不同?"

庄子说:"众人的俗情,人伦的传统,就是对于友爱者必予离间,对于有成者必予非毁,对于锋利者必予钝挫,对于尊贵者必予贬损,对于有为者必予物议,对于贤良者必予谋害,对于不肖者必予欺辱。那么成材者与不材者,怎能免于患累呢?"

蔺且说:"弟子谨记!只有顺道循德,才能逃刑免患!"[10]

笺注

[1]《秦本纪》:秦惠王更元七年(前318),韩、赵、魏、燕、齐帅匈奴(即义渠)共攻秦。秦使庶长疾(樗里疾)与战修鱼,虏其将申差,败赵公子渴、韩太子奂,斩首八万二千。八年(前317),张仪复相秦。▲杨宽:今本《秦本纪》有脱误。原本当作"七年韩、赵、魏、燕、齐帅匈奴共攻秦。八年五国攻秦,秦使庶长疾与战修鱼……"。修鱼为韩邑,在今河南原阳县西南,已在函谷关以东五百里以外。浊泽在今河南长葛县西北,相距有一百六十里以上,不可能在修鱼大败三晋之军,而在浊泽虏得韩将申差等人。●《樗里子列传索隐》引《秦记》:秦惠王更元八年(前317),五国共围秦,使庶长疾与战修鱼,斩首八万。张仪复相秦。●《韩世家》:韩宣王十六年(前317),秦败我修鱼,虏得韩将鲠、申差于浊泽。●《韩世家正义》:浊泽者盖误,当作"观泽"。●《赵世家》:赵武灵王九年(前317),与韩、魏共击秦,秦败我,斩首八万级。▲杨宽:秦、韩战于浊泽,为别一战役。又"韩太子奂"殆"公子奂"之误,不是"太子仓"之误。《韩世家》"浊泽"、《魏世家》"观津"均为"观泽"之误。■杨说是。太子死为一国大事,史籍必记。史籍未言韩宣王太子死。

[2]《秦策一》十二:张仪又恶陈轸于秦王,曰:"轸驰楚、秦之间,今

楚不加善秦而善轸，然则是轸自为而不为国也。且轸欲去秦而之楚，王何不听乎？"王谓陈轸曰："吾闻子欲去秦而之楚，信乎？"陈轸曰："然。"王曰："仪之言果信也。"曰："非独仪知之也，行道之人皆知之。曰：'孝己爱其亲，天下欲以为子；子胥忠乎其君，天下欲以为臣。卖仆妾售乎闾巷者，良仆妾也；出妇嫁乡曲者，良妇也。'吾不忠于君，楚亦何以轸为忠乎？忠且见弃，吾不之楚，何适乎？"秦王曰："善。"乃止之也。●《秦策一》十三：陈轸去楚之秦。张仪谓秦王曰："陈轸为王臣，常以国情输楚。仪不能与从事，愿王逐之。即复之楚，愿王杀之。"王曰："轸安敢之楚也。"王召陈轸告之曰："吾能听子言，子欲何之？请为子车约。"对曰："臣愿之楚。"王曰："仪以子为之楚，吾又自知子之楚。子非楚，且安之也？"轸曰："臣出，必故之楚，以顺王与仪之策，而明臣之楚与不也。楚人有两妻者，人挑其长者，詈之；挑其少者，少者许之。居无几何，有两妻者死。客谓挑者曰：'汝取长者乎？少者乎？''取长者。'客曰：'长者詈汝，少者和汝，汝何为取长者？'曰：'居彼人之所，则欲其许我也。今为我妻，则欲其为我詈人也。'今楚王明主也，而昭阳贤相也。轸为人臣，而常以国输楚王，王必不留臣，昭阳将不与臣从事矣。以此明臣之楚与不。"轸出，张仪入，问王曰："陈轸果安之？"王曰："夫轸天下之辩士也，孰视寡人曰：'轸必之楚。'寡人遂无奈何也。寡人因问曰：'子必之楚也，则仪之言果信矣！'轸曰：'非独仪之言也，行道之人皆知之。昔者子胥忠其君，天下皆欲以为臣；孝己爱亲，天下皆欲以为子。故卖仆妾不出里巷而取者，良仆妾也；出妇嫁于乡里者，善妇也。臣不忠于王，楚何以轸为？忠尚见弃，轸不之楚，而何之乎？'王以为然，遂善待之。●《张仪列传》：陈轸者，游说之士。与张仪俱事秦惠王，皆贵重，争宠。张仪恶陈轸于秦王曰："轸重币轻使秦楚之间，将为国交也。今楚不加善于秦而善轸者，轸自为厚而为王薄也。且轸欲去秦而之楚，王胡不听乎？"王谓陈轸曰："吾闻子欲去秦之楚，有之乎？"轸曰："然。"王曰："仪之言果信矣。"轸曰："非独仪知之也，行道之士尽知之矣。昔子胥忠于其君而天下争以为臣，曾参孝于其亲而天下愿以为子。故卖仆妾不出闾巷而售者，良仆妾也；出妇嫁于乡曲者，良妇也。今轸不忠其君，楚亦何以轸为忠乎？忠且见弃，轸不之楚何归乎？"王以其言为然，遂善待之。居秦期年（前318—前317），秦惠王终相张仪，而陈轸奔楚。楚未之重也，而使陈轸使于秦（当作齐）。■旧多误系《张仪列传》"秦惠王终相张仪，而陈轸奔楚"于秦惠王十年（前328）张仪初相秦之时，误前十一年。张仪初相秦之后，秦惠王更元二年（前323）陈轸为秦使齐，复为齐游说楚相昭阳不攻齐。秦惠王更元三年（前322）张仪离秦至魏兼相秦、魏，陈轸仍然仕秦。秦惠王更元六年（前319）魏惠王死，魏襄王罢免张仪转相公孙衍（前318），张仪归秦与陈轸争事秦惠王而胜，复任秦相，陈轸才离秦仕楚。

[3]《赵世家》：赵武灵王九年（前317），齐败我观泽。●《魏世家》：哀王（当作襄王）二年（前317），齐败我观津（当作观泽）。●《田世家》：齐湣王七年（当作齐宣王三年，前317），与宋攻魏，败之观泽。●《宋世家》：君偃……西败魏军。●《楚世家》：楚怀王十二年（前317），齐湣王（当作齐宣王）伐败赵、魏军，秦亦伐败韩，与齐争长。■秦军西败三晋于韩邑修鱼，齐、宋联军东败三晋于魏邑观泽，《楚世家》得其实。魏邑观泽在今河南清丰县六塔乡观寨，赵邑观津在今河北武邑县。齐宣王去年（前318）加入五国伐秦，今年（前317）齐、宋联军在魏邑观泽狙击正在东撤的三晋联军残部。【附考】《宋世家》"君偃……东败齐，取五城；南败楚，取地三百里；西败魏军"，次序有误。宋康王二十一年（前317），助齐攻魏观泽而胜，即"西败魏军"。宋康王二十六年（前312），助齐攻魏煮枣而败。宋康王三十五年至三十九年（前303—前299），齐相孟尝君发动齐、魏、韩三国合纵伐楚五年（前303—前299），第三年（前301）垂沙之役大败楚军，杀楚将唐昧；宋康王乘机伐楚取淮北，即"南败楚，取地三百里"，参看《宋卫策》八"宋康王……取淮北之地"。宋康王四十五年（前293），齐湣王听信秦国间谍吕礼谗言，孟尝君罢相归薛，楚顷襄王伐薛，导致孟尝君弃薛奔魏；宋康王乘机伐薛取五城，即"东败齐，取五城"，参看《宋卫策》八"宋康王……伐薛"。《宋世家》于宋康王之拓地，又遗漏了宋康王四十二年（前296）灭滕。

[4]《魏策二》：田需贵于魏（襄）王，惠子曰："子必善左右。今夫杨，横树之则生，倒树之则生，折而树之也生。然使十人树杨，一人拔之，则

无生杨矣。故以十人之众，树易生之物，然而不胜一人者，何也？树之难而去之易也。今子虽自树于王，而欲去子者众，则子必危矣。"■惠施于魏惠王卒后自宋返魏谋复魏相失败，仍然仕魏为客卿。

[5]《荀子·解蔽》：唐鞅蔽于欲权而逐戴子。■戴子即宋相戴盈。唐鞅先取代戴盈为宋相，后向宋康王进谗而逐戴盈。

[6]《庄子·养生主》：公文轩见右师而惊曰："是何人也？恶乎介也？天欤？其人欤？"曰："天也，非人也。天之生是使独也，人之貌有与也。以是知其天也，非人也。泽雉十步一啄，百步一饮，不祈畜乎樊中。形虽王，不善也。"■庄子未言右师为何人，当即惠施之兄惠盈。

[7]《韩非子·说疑》：燕君子哙，邵公奭之后也，地方数千里，持戟数十万，不安子女之乐，不听钟石之声，内不湮污池台榭，外不罼弋田猎，又亲操耒耨，以修畎亩。子哙之苦身以忧民，如此其甚也，虽古之所谓圣王明君者，其勤身而忧世，不甚于此矣。然而子哙身死国亡，夺于子之，而天下笑之，此其何故也？不明乎所以任臣也。■燕王哙崇信墨家学说，仿效大禹而亲操耒耨，苦身忧民，又仿效尧舜禹之禅让。

[8]《燕策一》九：子之相燕，贵重主断。苏代为齐使于燕，燕王（哙）问之曰："齐宣王何如？"对曰："必不霸。"燕王曰："何也？"对曰："不信其臣。"苏代欲以激燕王以厚任子之也，于是燕王大信子之。子之因遗苏代百金，听其所使。鹿毛寿谓燕王（哙）曰："不如以国让子之。人谓尧贤者，以其让天下于许由，由必不受，有让天下之名，实不失天下。今王以国让相子之。子之必不敢受，是王与尧同行也。"燕王因举国属子之，子之大重。●《韩非子·外储说右下》：子之相燕，贵而主断。苏代为齐使燕，王问之曰："齐王亦何如主也？"对曰："必不霸矣。"燕王曰："何也？"对曰："昔桓公之霸也，内事属鲍叔，外事属管仲，桓公被发而御妇人，日游于市。今齐王不信其大臣。"于是燕王因益大信子之。子之闻之，使人遗苏代金百镒，而听其所使之。一曰：苏代为齐使燕，见无益子之，则必不得事而还，贡赐又不出，于是见燕王，乃誉齐王。燕王曰："齐王何若是之贤也？则将必王乎？"苏代曰："救亡不暇，安得王哉？"燕王曰："何也？"曰："其任所爱不均。"燕王曰："其亡何也？"曰："昔者齐桓公爱管仲，置以为

仲父，内事理焉，外事断焉，举国而归之，故一匡天下，九合诸侯。今齐任所爱不均，是以知其亡也。"燕王曰："今吾任子之，天下未之闻也？"于是明日张朝而听子之。

[9]《韩非子·外储说右下》：潘寿谓燕王曰："王不如以国让子之。人所以谓尧贤者，以其让天下于许由，许由必不受也，则是尧有让许由之名，而实不失天下也。今王以国让子之，子之必不受也，则是王有让子之之名，而与尧同行也。"于是燕王因举国而属之，子之大重。●《韩非子·内储说上》：子之相燕，坐而佯言："走出门者何，白马也？"左右皆言不见。有一人走追之，报曰："有。"子之以此知左右之不诚信。■《燕策一》九、《燕世家》潘寿作鹿毛寿。

[10]《庄子·山木》：庄子行于山中，见大木，枝叶盛茂。伐木者止其旁而不取也。问其故。曰："不材之散木，无所可用。"庄子曰："此木以不材，得终其天年。"夫子出于山，及邑，舍于故人之家。故人喜，具酒肉，命竖子杀雁而享之。竖子请曰："其一能鸣，其一不能鸣，请奚杀？"主人公曰："杀不能鸣者。"明日，弟子问于庄子曰："昨日山中之木，以不材得终其天年；主人之雁，以不材死。先生将何处？"庄子笑曰："周将处乎材与不材之间。材与不材之间，似之而非也，故未免乎累。若夫乘道德而浮游，则不然。无誉无訾，一龙一蛇；与时俱化，而无肯专为；一下一上，以和为量。浮游乎万物之祖，物物而不物于物，则胡可得而累邪？此神农、黄帝之法则也。若夫万物之情、人伦之传则不然：合则离，成则毁，廉则挫，尊则亏，有为则议，贤则谋，不肖则欺，胡可得而必哉？悲夫！弟子志之！其唯道德之乡乎！"■"木雁两难"，困扰后人两千年。

墨家助秦伐灭巴蜀，宋王骄横强夺民妻

前316年，岁在乙巳。庄周五十四岁。宋康王二十二年。

周慎靓王五年。秦惠王更元九年。楚怀王十三年。魏襄王三年。韩宣王十七年。赵武灵王十年。齐宣王四年。燕王子之元年。鲁平公七年。卫孝襄侯十九年。越王无疆二十七年。中山先王十二年。

年初，燕王哙举行禅位大典，邀请天下诸侯观礼。

燕相子之，受禅为王，入住王宫。

燕王姬哙，禅位为臣，迁出王宫。

天下哗然，诸侯激愤，拒绝遣使观礼。[1]

季真不满田需取代公孙衍，向魏襄王进言："农夫耕地，如果既骑牛，又赶马，即使牛马累死，仍无尺寸之功。大王治魏，却以齐人田需为相，而以魏人公孙衍为将，如同骑牛赶马耕地，怎能有利魏国？"

魏襄王心有所动，犹豫不决。[2]

公孙衍随即晋见魏襄王："我一心要为大王立功，田需处处与我作对，大王却对田需言听计从，我怎能成功？假如大王继续重用田需，我就离开魏国！"

魏襄王说："寡人重用田需，意在联齐抗秦。寡人命他不再与将军作对，如果不听，必定驱逐归齐。"

公孙衍说："田需虽是齐国宗室，却非齐国重臣。大王真想联齐抗秦，不如礼聘田婴之子田文相魏。"

魏襄王听从其言，派遣公孙衍使齐。

田婴喜出望外，派遣苏代护送三十岁的田文至魏，担任魏相。[3]

田需罢相，面临逐回齐国，于是夜访苏代，赠以百金："久闻先生足智多谋，乐于为人排忧解难。恳请先生劝说魏襄王，不要把我驱逐归齐。"

苏代笑纳百金，晋见魏襄王："田文是齐相田婴之子，为魏更多，还是为齐更多?"

魏襄王说："为齐更多。"

苏代又问："公孙衍娶妻韩女，又与韩国重臣公叔交好，为魏更多，还是为韩更多?"

魏襄王说："为韩更多。"

苏代说："如果田需时刻窥伺在侧，田文就不敢过于亲齐，公孙衍就不敢过于亲韩。将、相均无外心，有利魏国!"

魏襄王听从其言，不再驱逐田需归齐，聘为客卿。[4]

田需相魏两年期间，遵循惠施之教，善事左右，与魏襄王嬖信的男宠张寿交好。

公孙衍连仕两朝，三兄弟均为魏国重臣，党羽众多，根基深厚，不屑于结交以色事君的张寿。

国人皆知，田需与张寿交好，公孙衍与张寿交恶。

田需痛恨公孙衍，命人暗杀了张寿。

魏襄王大怒，疑心张寿为公孙衍所杀。

公孙衍惧诛，逃往韩国。

韩宣王听从敌秦的公叔，罢免亲秦的公仲朋，改命公孙衍为相。[5]

秦惠王问策群臣："寡人幸赖先君庇佑，将相辅佐，挫败了山东诸侯首次合纵伐秦。如何阻止山东诸侯再次合纵伐秦？"

张仪说："大王不如伐韩！当年我取代公孙衍而相秦，公孙衍离秦归魏，从此与秦为敌。后来我又取代惠施而相魏，公孙衍未能相魏，从此与我为敌。魏惠王死后，公孙衍终于取代我而相魏，立刻发动合纵伐秦。幸而合纵伐秦大败，田需取代公孙衍而相魏。田需不愿与秦为敌，公孙衍又唆使魏襄王，让田文取代田需而相魏。如今韩宣王明知大王痛恨公孙衍，竟敢命其为相！大王只有立刻伐韩，才能警告山东诸侯：重用公孙衍者，必遭秦伐！无人敢用公孙衍，山东诸侯就难以发动第二次合纵伐秦！"

司马错说："山东诸侯合纵伐秦，并非系于公孙衍一人。如今秦国地狭财寡，即使山东诸侯不再合纵伐秦，大王仍难进霸中原。大王想要进霸中原，必须首先伐蜀！尽得蜀地，尽取蜀财，国必更富，兵必更强。然后东伐中原，既无后顾之忧，又能粮草丰足，必将战无不胜！"

秦惠王说："二卿所言，都有道理。寡人决定：先伐蜀，后伐韩！"[6]

司马错担任伐蜀主将，墨家巨子唐姑果担任都尉副将，从汉中出发，经石牛道伐蜀。[7]

蜀王亲自领兵，在葭萌（今四川广元）迎敌，大败而逃。

秦军追至武阳（今四川彭山），诛杀蜀王，伐灭蜀国。

司马错乘胜进兵，一鼓作气伐灭了苴国、巴国。[8]

蜀国、苴国、巴国，均成秦之属国，巴蜀从此成为秦国粮仓。秦军东进中原，再无粮草之虞，不必春耕秋战，而能连年久战。

秦惠王允许蜀王太子通继位，降为蜀侯。任命陈庄为蜀相。[9]

秦惠王又命甘茂伐赵，攻取了赵国西部边邑西都（今地不详）、中阳（今山西吕梁）。[10]

鹿毛寿奉燕王子之之命，晋见退位的燕王哙："大禹禅位伯益，百官仍是大禹之子夏启的亲信。大禹死后，夏启取代伯益自立。所以后人都说：'大禹名为禅位伯益，实为让夏启取代伯益自立。'如今大王名为禅位子之，百官仍是太子姬平的亲信，岂非与大禹相同？大王莫非是假装崇信墨子之道？"

燕王哙说："寡人是真诚崇信墨子之道，真心禅位子之！"

于是收回百官的官印，全部交给燕王子之。

燕王子之重新任命百官，启用死党，清洗旧臣。[11]

滕文公病重将死，遗命毕战："七年前孟轲告诉寡人：'师法周文王，恢复井田制，必可王天下，大国只要五年，小国只要七年。'寡人轻信孟轲大言，如今七年已到，滕国不仅没有富强，反而更加贫弱。寡人死后，相国尽心辅佐太子，废除井田制！"

滕文公姬弘悔恨而死，在位八年（前323—前316），实计七年（前323—前317）。

太子继位，即滕成公。鉴于滕文公误信孟子为三年之丧而误国，滕成公仿效齐宣王而短丧，当年改元。

滕国弱小，依附齐国，诸侯多不遣使吊丧。

齐宣王召见孟轲："先生教导寡人，遵循孔子之道，以仁义取天下。如今滕文公死了，诸侯不吊，正是寡人显示仁义之时。先生事奉滕文公五年，必定思念故主。寡人特命先生担任正使，王骥担任副使，马车百乘，赴滕吊丧！"

孟轲赴滕吊丧，仪仗盛大，心情郁闷。往返齐、滕数月，不与副使王骥交谈一言。[12]

宋康王巡视去年助秦伐魏攻取的封丘（今河南封丘），看见一位美貌女子，一边采桑，一边唱歌。

宋康王问："你是谁家女儿？"

采桑女说："我是封丘舍人韩凭的妻子息露。"

宋康王召来韩凭，命其献出妻子。

韩凭问息露："你是愿意做我妻子，还是愿意侍奉宋王？"

息露以歌作答："南山有鸟，北山张罗。鸟自高飞，罗当奈何？乌鹊双飞，不乐凤凰。妾是庶人，不乐宋王！"

宋康王大怒，留给韩凭百金，把息露强行带回商丘，关在青陵台。

封丘民众纷纷吟诵《召南·鹊巢》：

> 维鹊有巢，维鸠居之。之子于归，百两御之。
> 维鹊有巢，维鸠方之。之子于归，百两将之。
> 维鹊有巢，维鸠盈之。之子于归，百两成之。

韩凭日夜思念妻子，前往商丘，请求放归。

宋康王大怒，拘捕韩凭，罚为修筑城墙的苦役。

息露日夜思念丈夫，请求侍卫送信。

信被截获，侍卫被杀。

宋康王展读息露之信："其雨淫淫，河大水深，日出当心。"不明其意。

苏贺说："其雨淫淫，意为忧悲思念。河大水深，意为不得往来。日出当心，意为心有死志。"

宋康王欺骗息露："韩凭收到信后，跳下城墙而死。你若依从，寡人立你为后。"

息露说："容我沐浴更衣，拜辞故夫亡灵。"

宋康王大喜。

息露沐浴更衣一毕，在青陵台上望空而拜，跃下高台而死。

息露的裙带之中，留下遗书："生虽异室，死愿同穴。乞赐尸骨，与夫合葬。"

宋康王大怒，诛杀韩凭，将其与息露分葬在濠水两岸。

葬后三天，两墓各生一树。

三月以后，树高三丈。树干越过河面，树枝交抱，树叶相拥，摩挲有声。上栖二鸟，交颈悲鸣。

封丘民众纷纷传言："相思树，连理枝，比翼鸟，均为韩凭夫妇精魂所化。"[13]

庄子五十四岁，惠施从大梁来信。

蔺且问："夫子收到惠施来信，为何摇头叹息？"

庄子说："惠施忧心忡忡，墨家遭遇了墨子以来的最大危机。"

蔺且问："什么危机？"

庄子说："墨子创立墨家至今，历任墨家巨子禽滑釐、孟胜、田襄子、腹䵍，无论在宋、在楚、在秦，全都独立于诸侯，主张非攻，坚持墨守，全力帮助受攻之国防守，震慑天下好战诸侯。田襄子死后，墨家总部移至秦国，成为秦惠王的莫大心病，希望笼络墨家为秦所用。恰好腹䵍之子杀人，秦惠王召见腹䵍：'先生已经年老，仅有一子。先生只要与寡人合作，令郎可以不必抵命。'腹䵍断然拒绝：'墨家之法规定：杀人者死，伤人者刑。禁止杀人伤人，乃是天下大义。大王可以不行秦国之法，我不能不行墨家之法！'亲自处死独子，拒绝为秦所用。但是腹䵍死时，把巨子之位传给唐姑果，墨家终于为秦所用。"[14]

蔺且问："新任巨子唐姑果做了何事？"

庄子说："唐姑果贪图富贵爵禄，接受秦惠王笼络，出任都尉之职。齐国墨者田鸠，东方墨者谢子，入秦劝阻秦军东进，放弃斩首计功，不再滥杀平民。唐姑果为了专宠，不许其他墨者晋见秦惠王。田鸠留秦三年，没能晋见秦惠王，只好离秦往楚[15]。谢子违抗唐姑果之命，晋见秦惠王，然而进谏无效，只好离秦东归[16]。今年秦惠王伐蜀，任命唐姑果为副将。唐姑果放弃墨守，转为墨攻，放弃独立，为秦所用。天下墨者不再承认唐姑果是墨家巨子，墨家分裂为秦国墨者、南方墨者、北方墨者三派，各奉巨子。不属三派的墨者，星散天下，成了行侠仗义的侠客。"

蔺且问："墨家推崇五帝之道，效法尧、舜、禹禅让，实行禅圣让贤。前四任巨子均为圣贤，唐姑果为何不圣不贤？"

庄子说："巨子禅让在唐姑果以后变质，正如五帝禅让在大禹以后变质。后任巨子由前任巨子一人指定，理论上必须是圣贤，事实上未必是圣贤，因为理有必然，事无必至。一旦有墨者伪装圣贤，就能骗取前任巨子信任，窃取权位。"

蔺且又问："世人都说，大禹传位夏启，父死子继，终结了五帝的公天下，开启了三王的家天下。有人替大禹辩护，认为大禹没有传位夏启，而是禅位伯益，不料夏启取代伯益自立。也有人认为，大禹禅位伯益并非真心，实为让夏启取代伯益自立。真相究竟如何？"

庄子说："大禹禅位伯益，是否真心，空论无益。夏启取代伯益，篡位自立，则是史实。大禹嫡长子有扈氏，怒于庶弟夏启背叛父命，于是讨伐夏启，结果兵败而死。"

蔺且大惊："原来有扈氏竟是夏启之兄，为何史书却说有扈氏是叛乱者？"

庄子说："因为历史由胜利者书写！《尚书·甘誓》是夏后启镇压有扈氏的誓辞，所谓'有扈氏威侮五行，怠弃三正'，都是查无实据的空洞之言，罗织罪名的诬陷之辞。后人或是轻信夏后启的诬陷之辞，或是信奉成者为王，败者为寇，于是有扈氏从正义者变成了叛乱者[17]。其实《归藏》开篇就说：'坤曰：不仁者夏后启，筮以登天。帝弗良，而投之渊，寅共工坠启江中。'正是以天帝的名义，批评夏后启背叛大禹遗命，把五帝的公天下，变成了三王的家天下。"[18]

蔺且又问："滕文公重用孟轲，奉行孔子之道，恢复西周井田制，为何失败？"

庄子说："古今如同水陆，各有其宜。西周宜行井田制，如同舟船宜行水中。如今宜行田赋制，如同马车宜行陆地。以为井田制可行于古，必定可行于今，如同以为舟船可行于水，必定可行于陆。推舟行陆，必然劳而无功。所以《老子》有言：'执今之道，以御今之有。'"[19]

笺注

[1]《魏世家》：哀王（当作襄王）十年（前316），燕相子之为君，君反为臣。■此谓今年（前316）为燕王子之元年。五年后（前311）燕昭王复国，抹去子之纪年。

[2]《魏策一》二七：公孙衍为魏将，与其相田需不善。季子为衍谓梁王曰："王独不见夫服牛骖骥乎？不可以行百步。今王以衍为可使将，故用

之也；而听相之计，是服牛骖骥也。牛马俱死，而不能成其功，王之国必伤矣！愿王察之。"▲钱穆：（季子）指季真；非季梁。《庄子》书称季子，皆季真，非季梁。■钱说是。于鬯、杨宽等未明此策系年，误以"季子"为季梁。季梁、季真为伯、侄，季真稍后于季梁。"季梁死，杨朱望其门而歌"（《列子·仲尼》），今年（前316）季梁（前410—前340）、杨朱（前395—前335）已死二十年以上。《韩非子·说林下》称季真为"季子"，称季梁为"梁子"，亦证此策之"季子"为季真（前395—前315），非季梁。

[3]《魏策二》二：犀首见梁（襄）君曰："臣尽力竭知，欲以为王广土取尊名，田需从中败臣，王又听之，是臣终无成功也。需亡，臣将侍；需侍，臣请亡。"王曰："需，寡人之股掌之臣也。为子之不便也，杀之亡之，外之毋谓天下何，内之无若群臣何也！今吾为子外之，令毋敢入子之事。入子之事者，吾为子杀之亡之，胡如？"犀首许诺。于是东见田婴，与之约结；召文子而相之魏，身相于韩。●《魏策二》八：田需、周宵相善，欲罪犀首。犀首患之，谓魏（襄）王曰："今所患者，齐也。婴子（田婴）言行于齐王，王欲得齐，则胡不召文子而相之？彼必务以齐事王。"王曰："善。"因召文子（田文）而相者。犀首以倍田需、周宵。■周宵欲为田需言于魏襄王，欲罪公孙衍兵败于齐、秦。公孙衍乃谓不患齐而患秦，故欲相田婴之子田文而攻秦，魏襄王听之。张仪不得施其故技于魏，遂施故技于楚。【附考】《孟子·滕文公下》：周霄问曰："古之君子仕乎？"孟子曰："仕。传曰：'孔子三月无君，则皇皇如也。出疆必载质。'公明仪曰：'古之人三月无君则吊。'""三月无君则吊，不以急乎？"曰："士之失位也，犹诸侯之失国家也。《礼》曰：'诸侯耕助，以供粢盛。夫人蚕缫，以为衣服。牺牲不成，粢盛不洁，衣服不备，不敢以祭。惟士无田，则亦不祭。'牺杀器皿衣服不备，不敢以祭，则不敢以宴，亦不足吊乎？""出疆必载质，何也？"曰："士之仕也，犹农夫之耕也。农夫岂为出疆舍其耒耜哉？"曰："晋国亦仕国也，未尝闻仕如此其急。仕如此其急也，君子之难仕，何也？"曰："丈夫生而愿为之有室，女子生而愿为之有家。父母之心，人皆有之。不待父母之命、媒妁之言，钻穴隙相窥，逾墙相从，则父母、国人皆贱之。古之人未尝不欲仕也，又恶不由其道。不由其道而往者，与钻穴隙之类

也。"■《魏策二》八之周宵，即《孟子·滕文公下》之周霄。孟子于魏惠王末年游魏求仕，故魏人周霄问仕。

[4]《魏策二》三：苏代为田需说魏（襄）王。曰："臣请问：文之为魏，孰与其为齐也？"王曰："不如其为齐也。""衍之为魏，孰与其为韩也？"王曰："不如其为韩也。"而苏代曰："衍将右韩而左魏，文将右齐而左魏。二人者，将用王之国，举事欲世，中道而不可，王且无所闻之矣。王之国虽渗乐而从之可也。王不如舍需于侧，以稽二人者之所为。二人者曰：'需非吾人也，吾举事而不利于魏，需必挫我于王。'二人者必不敢有外心矣。二人者之所为之，利于魏与不利于魏，王厝于侧以稽之，臣以为身利而便于事。"王曰："善。"果厝需于侧。■田需于魏襄王三年（前316）罢免魏相，并未离魏，魏襄王八年（前311）复相。

[5]《韩非子·内储说下·经三》：陈需（即田需）杀张寿而犀首走。●《韩非子·内储说下·说三》：犀首与张寿为怨，陈需（即田需）新入，不善犀首，固使人微杀张寿，魏（襄）王以为犀首也，乃诛之。▲王先慎："诛之"疑"逐之"之误。▲顾广圻：张寿，张旄也。陈需，田需也。大致与《战国策·楚策》所云张旄果令要靳尚而刺之为一事，传之不同也。■陈需即田需。田齐源于陈国而姓陈，陈仲子为田齐宗室。田齐取代姜齐之后改为姓田，"田"为"陳"之省文。犀首逃魏至韩而相韩，其后史事尚多，详下各章。

[6]、[9]《秦策一》七：司马错与张仪争论于秦惠王前。司马错欲伐蜀，张仪曰："不如伐韩。"王曰："请闻其说。"对曰："亲魏善楚，下兵三川，塞轘辕、缑氏之口，当屯留之道，魏绝南阳，楚临南郑，秦攻新城、宜阳，以临二周之郊，诛周主之罪，侵楚、魏之地。周自知不救，九鼎宝器必出。据九鼎，安图籍，挟天子以令天下，天下莫敢不听，此王业也。今夫蜀，西辟之国，而戎狄之长也，弊兵劳众不足以成名，得其地不足以为利。臣闻：'争名者于朝，争利者于市。'今三川、周室，天下之市朝也。而翁不争焉，顾争于戎狄，去王业远矣。"司马错曰："不然，臣闻之，欲富国者，务广其地；欲强兵者，务富其民；欲王者，务博其德。三资者备，而王随之矣。今王之地小民贫，故臣愿从事于易。夫蜀，西辟之国也，而戎狄之

长，而有桀、纣之乱。以秦攻之，譬如使豺狼逐群羊也。取其地，足以广国也；得其财，足以富民；缮兵不伤众，而彼以服矣。故拔一国，而天下不以为暴；利尽西海，诸侯不以为贪。是我一举而名实两附，而又有禁暴正乱之名，今攻韩劫天子，劫天子，恶名也，而未必利也，又有不义之名，而攻天下之所不欲，危！臣请谒其故：周，天下之宗室也；齐，韩、周之与国也。周自知失九鼎，韩自知亡三川，则必将二所并力合谋，以因于齐、赵，而求解乎楚、魏。以鼎与楚，以地与魏，王不能禁。此臣所谓危，不如伐蜀之完也。"惠王曰："善！寡人听子。"●《张仪列传》：苴、蜀相攻击，各来告急于秦。秦惠王欲发兵以伐蜀，以为道险狭难至，而韩又来侵秦，秦惠王欲先伐韩，后伐蜀，恐不利，欲先伐蜀，恐韩袭秦之敝。犹豫未能决。司马错与张仪争论于秦惠王之前。司马错欲伐蜀。张仪曰："不如伐韩。"王曰："请闻其说。"仪曰："亲魏善楚，下兵三川，塞什谷之口，当屯留之道，魏绝南阳，楚临南郑，秦攻新城、宜阳，以临二周之郊，诛周王之罪，侵楚、魏之地。周自知不能救，九鼎宝器必出。据九鼎，案图籍，挟天子以令于天下，天下莫敢不听，此王业也。今夫蜀，西僻之国，而戎翟之伦也。敝兵劳众，不足以成名。得其地，不足以为利。臣闻：争名者于朝，争利者于市。今三川、周室，天下之朝市也，而王不争焉，顾争于戎翟，去王业远矣。"司马错曰："不然。臣闻之，欲富国者，务广其地；欲强兵者，务富其民；欲王者，务博其德。三资者备，而王随之矣。今王地小民贫，故臣愿先从事于易。夫蜀，西僻之国也，而戎翟之长也，有桀、纣之乱。以秦攻之，譬如使豺狼逐群羊。得其地，足以广国。取其财，足以富民；缮兵不伤众，而彼已服焉。拔一国而天下不以为暴，利尽西海而天下不以为贪，是我一举而名实附也，而又有禁暴止乱之名。今攻韩，劫天子，恶名也，而未必利也，又有不义之名，而攻天下所不欲，危矣。臣请谒其故：周，天下之宗室也；齐，韩之与国也。周自知失九鼎，韩自知亡三川，将二国并力合谋，以因乎齐、赵，而求解乎楚、魏，以鼎与楚，以地与魏，王弗能止也。此臣之所谓危也。不如伐蜀完。"惠王曰："善。寡人请听子。"卒起兵伐蜀，十月取之，遂定蜀，贬蜀王更号为侯，而使陈庄相蜀。蜀既属秦，秦以益强，富厚，轻诸侯。■《张仪列传》误系此事于秦惠君九年（前329），据《秦本纪》（见下注7），事在秦惠王更元九年（前316）。

[7]《太史公自序》：自司马氏去周适晋，分散，或在卫，或在赵，或在秦。……在秦者名错，与张仪争论，于是惠王使错为将，遂拔，因而守之。错孙靳……靳孙昌……昌生无泽……无泽生喜……喜生谈，谈为太史公。●《华阳国志》卷三《蜀志》：周显王二十二年（当作三十二年，前337）蜀侯使朝秦，秦惠王数以美女进，蜀王感之，故朝焉。惠王知蜀王好色，许嫁五女于蜀。蜀遣五丁迎之，还要梓潼，见一大蛇入穴中，一人揽其尾，掣之不禁，至五人相助，大呼拽蛇，山崩，时压杀五人及秦五女，并将从；而山分为五岭，直顶上有平石。蜀王痛伤，乃登之，因命五妇冢山。川平石上为望妇堠，作思妻台，今其山或名五丁冢。●《华阳国志》卷三《蜀志》：周显王之世，蜀王有褒汉之地，因猎谷中，与秦惠王遇。惠王以金一笥遗蜀王，蜀王报珍玩之物，物化为土，惠王怒。群臣贺曰："天承我矣，王将得蜀土地。"惠王喜，乃作石牛五头，朝泻金其后，曰："牛便金。"有养卒百人。蜀人悦之，使使请石牛，惠王许之，乃遣五丁迎石牛。既不便金，怒遣还之，乃嘲秦人曰："东方牧犊儿。"秦人笑之曰："吾虽牧犊，当得蜀也。"●《水经·沔水注》引来敏《本蜀论》：秦惠王欲伐蜀而不知道，作五古牛，以金团里尾下，言能屎金。蜀王负力，令五丁引之成道。秦使张仪、司马错寻路灭蜀，因曰石牛道。■司马迁八世祖司马错，为秦伐蜀之主将。

[8]《秦本纪》：秦惠王更元九年（前316），司马错伐蜀，灭之。●《秦本纪索隐》引《蜀王本纪》：张仪伐蜀，蜀王开战不胜，为仪所灭也。●《华阳国志》卷三《蜀志》：蜀王别封弟葭萌于汉中，号苴侯，命其邑曰葭萌焉。苴侯与巴王为好，巴与蜀仇，故蜀王怒，伐苴侯。苴侯奔巴，求救于秦。秦惠王方欲谋楚，群臣议曰："夫蜀，西僻之国，戎狄为邻，不如伐楚。"司马错、中尉田真黄曰："蜀有桀、纣之乱，其国富饶，得其布帛金银，足给军用。水通于楚，有巴之劲卒，浮大舶船以东向楚，楚地可得。得蜀则得楚，楚亡则天下并矣。"惠王曰："善"。周慎王五年（前316）秋，秦大夫张仪、司马错、都尉墨等从石牛道伐蜀。蜀王自于葭萌拒之，败

绩。王遁走，至武阳，为秦军所害。其相、傅及太子退至逢乡，死于白鹿山，开明氏遂亡。凡王蜀十二世。冬十月，蜀平，司马错等因取苴与巴。■《蜀王本纪》谓"张仪伐蜀"，乃因秦相张仪为决策者。《秦本纪》据《秦记》而谓"司马错伐蜀"，更为准确。《华阳国志》则并言"张仪、司马错、都尉墨"，"都尉墨"即仕秦之墨家巨子唐姑果。

[10]《秦本纪》：秦惠王更元九年（前316），伐取赵中都、西阳。●《六国表》秦惠王更元九年（前316）：取赵中都、西阳、安邑。●《赵世家》：赵武灵王十年（前316），秦取我西都及中阳。■《秦本纪》、《六国表》作"中都、西阳"，《赵世家》作"西都及中阳"，今从后者。

[11]《韩非子·外储说右下》：潘寿，隐者。燕使人聘之。潘寿见燕王曰："臣恐子之之如益也。"王曰："何益哉？"对曰："古者禹死，将传天下于益，启之人因相与攻益而立启。今王信爱之子，将传国子之，太子之人尽怀印，为子之之人，无一人在朝廷者。王不幸弃群臣，则子之亦益也。"王因收玺，自三百石以上皆效之子之，子之大重。夫人主之所以镜照者，诸侯之士徒也，今诸侯之士徒，皆私门之党也。人主之所以自羽翼者，岩穴之士徒也，今岩穴之士徒皆私门之舍人也。是何也？夺褫之资在子之也。故吴章曰："人主不佯憎爱人。佯爱人不得复憎也；佯憎人不得复爱也。"一曰：燕王欲传国于子之也，问之潘寿，对曰："禹爱益而任天下于益，已而以启人为吏。及老，而以启为不足任天下，故传天下于益，而势重尽在启也。已而启与友党攻益而夺之天下，是禹名传天下于益，而实令启自取之也，此禹之不及尧、舜明矣。今王欲传之子之，而吏无非太子之人者也，是名传之，而实令太子自取之也。"燕王乃收玺，自三百石以上皆效之子之，子之遂重。●《燕策一》九：或曰："禹授益，而以启为吏。及老，而以启为不足任天下，传之益也。启与支党攻益而夺之天下，是禹名传天下于益，其实令启自取。今王言属国子之，而吏无非太子人者，是名属子之，而太子用事。"王因收印自三百石吏而效之子之。子之南面行王事，而哙老不听政，顾为臣，国事皆决子之。■燕王哙三年（前318），五国攻秦不胜而还。燕王哙四年（前317），子之相燕，苏代使燕说燕王哙，于是大信子之。鹿毛寿进言传国，乃禅子之。燕王哙五年（前316，子之元年）子

之为王，太子平之人为吏，鹿毛寿又进言收吏印。燕王哙六年（前315，子之二年），太子平攻子之，燕大乱，齐于孟冬伐燕。战事延至燕王哙七年（前314，子之三年），燕王哙、子之皆死。燕王哙卒后二年（前313—前312），燕国无君。燕王哙卒后三年（前311，燕昭王元年），燕昭王复国。

[12]《孟子·公孙丑下》：孟子为卿于齐，出吊于滕，王使盖大夫王驩为辅行。王驩朝暮见，反齐、滕之路，未尝与之言行事也。公孙丑曰："齐卿之位，不为小矣；齐、滕之路，不为近矣。反之而未尝与言行事，何也？"曰："夫既或治之，予何言哉？"■滕成公鉴于滕文公误信孟子为三年之丧而误国，故仿效齐宣王而短丧，当年改元。孟子奉齐宣王之命，赴滕吊滕文公丧。往滕途中，因滕文公死而心情极坏。返齐途中，因滕成公短丧且对其冷淡而心情极坏。故其往返齐、滕数月，不与副使王驩交谈一言。

[13]《搜神记》卷十一：宋康王舍人韩凭娶妻何氏，美，康王夺之。凭怨，王囚之，论为城旦。妻密遗凭书，缪其辞曰："其雨淫淫，河大水深，日出当心。"既而王得其书，以示左右，左右莫解其意。臣苏贺对曰："其雨淫淫，言愁且思也。河大水深，不得往来也。日出当心，心有死志也。"俄而凭乃自杀。其妻乃阴腐其衣，王与之登台，妻遂自投台，左右揽之，衣不中手而死。遗书于带曰："王利其生，妾利其死，愿以尸骨赐凭合葬。"王怒，弗听，使里人埋之，冢相望也。王曰："尔夫妇相爱不已，若能使冢合，则吾弗阻也。"宿昔之间，便有大梓木生于二冢之端，旬日而大盈抱，屈体相就，根交于下，枝错于上。又有鸳鸯，雌雄各一，恒栖树上，晨夕不去，交颈悲鸣，音声感人。宋人哀之，遂号其木曰"相思树"。"相思"之名，起于此也。南人谓：此禽即韩凭夫妇之精魂。今睢阳有韩凭城，其歌谣至今犹存。●《独异志》卷中引《搜神记》：宋康王以韩朋妻美而夺之，使筑青陵台，然后杀之。其妻请临丧，遂投身而死。王令分埋台左右。期年各生一梓树，及大，树林相交，有二鸟哀鸣其上。因号之曰相思树。

[14]《吕览·去私》：墨者有钜子腹䵍，居秦，其子杀人，秦惠王曰："先生之年长矣，非有他子也，寡人已令吏弗诛矣，先生之以此听寡人也。"腹䵍对曰："墨者之法曰：'杀人者死，伤人者刑。'此所以禁杀伤人也。夫禁杀伤人者，天下之大义也。王虽为之赐，而令吏弗诛，腹䵍不可不行墨

子之法。"不许惠王，而遂杀之。子，人之所私也。忍所私以行大义，钜子可谓公矣。■腹䵍（前385—前315）为禽滑釐（前470—前400）、孟胜（前420—前381）、田襄子（前410—前355）之后的第四代墨家巨子。

[15]《吕览·首时》（《淮南子·道应训》略同）：墨者有田鸠，欲见秦惠王，留秦三年而弗得见。客有言之于楚王者，往见楚王。楚王说之，与将军之节以如秦。至，因见惠王。告人曰："之秦之道，乃之楚乎？"固有近之而远、远之而近者，时亦然。●《韩非子·外储说左上》：楚王谓田鸠曰："墨子者，显学也。其身体则可，其言多而不辩，何也？"曰："昔秦伯嫁其女于晋公子，令晋为之饰装，从衣文之媵七十人。至晋，晋人爱其妾而贱公女。此可谓善嫁妾而未可谓善嫁女也。楚人有卖其珠于郑者，为木兰之椟，薰以桂椒，缀以珠玉，饰以玫瑰，辑以翡翠。郑人买其椟而还其珠。此可谓善卖椟矣，未可谓善鬻珠也。今世之谈也，皆道辩说文辞之言，人主览其文而忘有用。墨子之说，传先王之道，论圣人之言，以宣告人。若辩其辞，则恐人怀其文，忘其直，以文害用也。此与楚人鬻珠、秦伯嫁女同类，故其言多不辩。"■齐国墨者田鸠（前360—前300）至秦，因秦国墨家巨子唐姑果阻挠而不得晋见秦惠王。转道往楚见楚怀王，楚怀王悦之而使之持将军之节往秦，始得晋见秦惠王。

[16]《吕览·去宥》：东方之墨者谢子，将西见秦惠王。惠王问秦之墨者唐姑果。唐姑果恐王之亲谢子贤于己也，对曰："谢子，东方之辩士也。其为人甚险，将奋于说，以取少主也。"王因藏怒以待之。谢子至，说王，王弗听。谢子不说，遂辞而行。■《说苑·杂言》二"谢子"作"祁射子"，唐姑果作"唐姑"，《淮南子·修务训》作唐姑梁。"巨子"为墨子首徒之号。墨子死后，史载五代巨子：禽滑釐，孟胜，田襄子，腹䵍，唐姑果。此后墨离为三，各奉巨子。

[17]《尚书·甘誓》：大战于甘，乃召六卿。王曰："嗟！六事之人，予誓告汝：有扈氏威侮五行，怠弃三正，天用剿绝其命。今予惟恭行天之罚。左不攻于左，汝不恭命；右不攻于右，汝不恭命；御非其马之正，汝不恭命。用命，赏于祖；弗用命，戮于社。予则孥戮汝。"●《夏本纪》：夏后帝启，禹之子，其母涂山氏之女也。有扈氏不服，启伐之，大战于甘。将

战，作《甘誓》，乃召六卿申之。启曰："嗟！六事之人，予誓告女：有扈氏威侮五行，怠弃三正，天用剿绝其命。今予维共行天之罚。左不攻于左，右不攻于右，女不恭命。御非其马之政，女不恭命。用命，赏于祖；不用命，僇于社，予则帑僇女。"遂灭有扈氏。天下咸朝。●《夏本纪正义》引《帝王纪》：尧禅舜，命之作士。舜禅禹，禹即帝位，以（咎）[皋]陶最贤，荐之于天，将有禅之意。未及禅，会皋陶卒。●《淮南子·齐俗训》：昔有扈氏为义而亡，知义而不知宜也。■皋陶即伯益。参看《尚书·大禹谟》，禹始欲征有苗，伯益说禹以泰道，弃征修德，有苗始服。

[18]《孟子·万章上》：万章问曰："人有言'至于禹而德衰，不传于贤而传于子'，有诸？"孟子曰："否然也。天与贤则与贤，天与子则与子。昔者舜荐禹于天，十有七年舜崩，三年之丧毕，禹避舜之子于阳城；天下之民从之，若尧崩之后不从尧之子而从舜也。禹荐益于天，七年禹崩，三年之丧毕，益避禹子于箕山之阴；朝觐讼狱者，不之益而之启，曰：'吾君之子也。'讴歌者不讴歌益而讴歌启，曰：'吾君之子也。'丹朱之不肖，舜之子亦不肖；舜之相尧、禹之相舜也，历年多，施泽于民久。启贤，能敬承继禹之道；益之相禹也，历年少，施泽于民未久。舜、禹、益相去久远，其子之贤不肖皆天也，非人之所能为也。"

[19]《庄子·天运》：孔子西游于卫。颜渊问师金曰："以夫子之行，为奚如？"师金曰："惜乎！尔夫子其穷哉！"颜渊曰："何也？"师金曰："夫刍狗之未陈也，盛以箧衍，巾以文绣，尸祝斋戒以将之。及其已陈也，行者践其首脊，苏者取而爨之而已。将复取而盛以箧衍，巾以文绣，游居寝卧其下，彼不得梦，必且数眯焉。今尔夫子，亦取先王已陈刍狗，聚弟子游居寝卧其下，故伐树于宋，削迹于卫，穷于商周，是非其梦邪？围于陈蔡之间，七日不火食，死生相与邻，是非其眯邪？夫水行莫如用舟，而陆行莫如用车。以舟之可行于水也，而求推之于陆，则没世不行寻常。古今非水陆欤？周鲁非舟车欤？今蕲行周于鲁，是犹推舟于陆也，劳而无功，身必有殃。彼未知夫无方之转，应物而不穷者也。且子独不见夫桔槔者乎？引之则俯，舍之则仰。彼，人之所引，非引人者也，故俯仰而不得罪于人。故夫三皇五帝之礼仪法度，不矜于同而矜于治。故譬三皇五帝之礼仪法度，

其犹柤梨橘柚、果蓏之属邪？虽其味相反，而皆可于口。故礼仪法度者，应时而变者也。今取猨狙而衣以周公之服，彼必龁啮挽裂，尽去而后慊。观古今之异，犹猨狙之异乎周公也。故西施病心而矉，其里之丑人见而美之，归亦捧心而矉。其里之富人见之，坚闭门而不出；贫人见之，挈妻子而去之走。彼知矉美，而不知矉之所以美。惜乎！尔夫子其穷哉！"